Stadionverbote im Lichte der Verfassung

Kölner Schriften zu Recht und Staat

Herausgegeben von
Prof. Dr. Hartmut Schiedermair und
Prof. Dr. Bernhard Kempen

Band 65

PETER LANG

MARIUS STEINBACH

Stadionverbote im Lichte der Verfassung

Ein Beitrag zur Diskussion über die Grundrechtswirkung im Privatrecht

PETER LANG

Bibliografische Information der Deutschen Nationalbibliothek
Die Deutsche Nationalbibliothek verzeichnet diese Publikation in der Deutschen Nationalbibliografie; detaillierte bibliografische Daten sind im Internet über http://dnb.d-nb.de abrufbar.
Zugl.: Köln, Univ., Diss., 2022

Die Rechtswissenschaftliche Fakultät der Universität zu Köln hat diese Arbeit im Jahre 2022 als Disseration angenommen.

Abbildung auf dem Umschlag:
Historisches Universitätssiegel
der Universität zu Köln.

FAZIT-STIFTUNG
Die Drucklegung wurde durch die FAZIT-STIFTUNG gefördert.

D 38
ISSN 1433-0253
ISBN 978-3-631-88100-2 (Print)
E-ISBN 978-3-631-88279-5 (E-PDF)
E-ISBN 978-3-631-88280-1 (EPUB)
DOI 10.3726/ b19867

Peter Lang – Berlin · Bern · Bruxelles · New York ·
Oxford · Warszawa · Wien

Diese Publikation wurde begutachtet.

www.peterlang.com

Meinen Eltern

Vorwort

Grundrechte schützen nicht nur den Bürger vor dem Staat, sondern verpflichten Letzteren auch zur Gewährleistung eines verfassungsrechtlichen Schutzminimums gegenüber anderen Bürgern. Dieser Grundsatz der Schutzpflichtenlehre prägt nicht nur die kontrovers diskutierte Entscheidung des Bundesverfassungsgerichts über Stadionverbote, sondern hat bedeutenden Einfluss auf das gesamte Privatrecht. Dem tatsächlich nie beendeten Diskurs um die Wirkung der Grundrechte im Privatrecht hat die Stadionverbot-Entscheidung neuen Treibstoff gegeben. Die Arbeit stellt dem in vieler Hinsicht kritikwürdigen Urteilsspruch aus Karlsruhe einen praktikablen Ratgeber zu den Voraussetzungen von Stadionverboten gegenüber, der zugleich einen wichtigen grundsätzlichen Beitrag zur Lösung der Grundrechtswirkung im Privatrecht über die Schutzpflichtenlehre aufzeigt.

Ich danke meinem Doktorvater, Herrn Prof. Dr. Bernhard Kempen, für die Übernahme der Betreuung der Arbeit und die rasche Anfertigung der Gutachten. Er hat mein Promotionsvorhaben stets mit viel Interesse und Engagement begleitet und meine juristische Denk- und Arbeitsweise nachhaltig geprägt. Ein besonderer Dank gilt außerdem meinem Zweitgutachter, Herrn Prof. Dr. Jan F. Orth, der mir während der Anfertigung der Arbeit nicht nur mit gewinnbringendem Fachwissen, sondern auch immer mit einem offenen Ohr zur Seite stand.

Einen wichtigen Beitrag zum Gelingen meines Vorhabens leisteten auch meine Studienkollegen Alexander Drakos, Severin Popp, Leon Birck, Markus Meier und Marco Feyhl, die sich als große Hilfe beim Korrekturlesen und fachlichem Austausch hervorgetan haben. Bei dem Peter Lang Verlag bedanke ich mich für die gute Zusammenarbeit und die Aufnahme meiner Arbeit in die Schriftenreihe „Kölner Schriften zu Recht und Staat". Auch der FAZIT-Stiftung gilt ein großer Dank für die finanzielle Förderung der Drucklegung.

Letztlich möchte ich mich bei meiner Familie und Freunden bedanken, allen voran meinen Eltern, Monika und Willi Steinbach, denen ich diese Arbeit widme. Ohne Eure Unterstützung während des gesamten Projekts wäre die Fertigstellung dieser Arbeit so nicht möglich gewesen. Einen großen Anteil leisteten auch mein Lebenspartner, mein Bruder und meine Großeltern, die mir immer den Rücken gestärkt und Motivationsfähigkeit bewiesen haben. Euch allen bin ich in tiefer Dankbarkeit verbunden.

Köln, im April 2022
Marius Steinbach

Inhaltsverzeichnis

§ 1 Einleitung

I. Problemaufriss

Die Entscheidung des Bundesverfassungsgerichts zum Stadionverbot (Stadionverbot-Entscheidung)[1] hat nicht nur die Stadionverbote, sondern gleichermaßen die Reichweite der Grundrechtswirkung im Privatrecht wieder in den Fokus der rechtswissenschaftlichen Diskussion gerückt.[2] Eine Analyse der Stadionverbot-Entscheidung[3], der Folgerechtsprechung[4] sowie neu hervorgebrachter Ansätze[5] deckt auf, dass die Rechtswissenschaft trotz jahrzehntelang anhaltendem Diskurs noch zu keinem abschließenden Urteil in der Problematik zur Grundrechtswirkung im Privatrecht gelangt ist.[6]

In der öffentlichen Wahrnehmung sind Stadionverbote überwiegend als zivilrechtliches Hausverbot bekannt und werden von den Vereinen und Verbänden als Veranstalter festgesetzt.[7] Dennoch ist nicht zu verkennen, dass gleichermaßen

---

1 BVerfGE 148, 267; besprochen von: *Sachs*, JuS 2019, 89 ff.; *Muckel*, JA 2018, 553 ff.

2 *Kainer*, NZA 2018, 894 ff.; *Hellgardt*, JZ 2018, 901 ff. sieht in der Entscheidung „systemsprengendes Potential"; *Michl*, JZ 2018, 910 ff.; *Muckel*, in: VVDStRL, 2019, 246 ff.; *Schönberger*, in: VVDStRL, 2019, 290 ff.; *Smets*, NVwZ 2019, 34 ff.; *Ruffert*, JuS 2020, 1 ff.; *Jobst*, NJW 2020, 11 ff.; *Kulick*, Horizontalwirkung im Vergleich, 2020, S. 207 ff.; eine nur rudimentäre Behandlung der Grundrechtsbindung im Privatrecht (insb. für das Hausverbot) liefert *Bressensdorf*, Das private „Hausrecht", 2020, S. 178 ff.

3 BVerfGE 148, 267.

4 BVerfG, NJW 2019, 1935 (1936); BVerfGE 152, 152 (185 ff.); 153, 182 (245); BGH, NJW 2020, 3382.

5 *Michl*, JZ 2018, 910 (911 ff.) spricht von einer „situativ staatsgleichen Grundrechtsbindung statt mittelbarer Drittwirkung"; *Hellgardt*, JZ 2018, 901 (901 ff.) bezeichnet die Stadionverbot-Entscheidung als „Anerkennung der unmittelbaren Drittwirkung"; *Smets*, NVwZ 2019, 34 ff. nennt die Stadionverbot-Entscheidung eine „Umwälzung der Grundrechtssicherung auf Private"; *Jobst*, NJW 2020, 11 ff. stellt die Konsequenzen einer unmittelbaren Grundrechtsbindung dar; *Kulick*, Horizontalwirkung im Vergleich, 2020, S. 76 ff. liefert einen gänzlich neuen Ansatz, indem er durch eine „zweistufige Anwendung" für eine unmittelbare Grundrechtsbindung Privater plädiert.

6 Es entstehe der Eindruck, dass wir noch nicht zum Kern der Horitzontalwirkungsproblematik vorgedrungen seien, siehe dazu *Kulick*, Horizontalwirkung im Vergleich, 2020, S. 212.

7 *Walker*, in: Gödicke/Hammen u.a., FS Schapp, 2010, 491 (492 f.); *Orth/Schiffbauer*, RW 2011, 177 (179, 189); *Klein*, Sicherheit durch Stadionverbote?, 2019, S. 83;

öffentlich-rechtliche Maßnahmen wie etwa Aufenthaltsverbote nach § 34 Abs. 2 PolG NRW oder Bewährungsweisungen nach § 56c StGB existieren, die zu einem Stadionverbot im weiteren Sinne führen können.[8] Das Nebeneinander von öffentlich- und zivilrechtlichen Stadionverboten ist darauf zurückzuführen, dass neben den privaten Veranstaltern zugleich Gefahrenabwehrbehörden für die Sicherheit der Sportgroßveranstaltungen zuständig sind.[9] Behörden und Veranstalter haben in der Vergangenheit ihre Zusammenarbeit im Bereich der Gewaltprävention bei Sportgroßveranstaltungen sogar intensiviert, um möglichst effektiv gegen Gewalttäter im Sport vorgehen zu können.[10]

Die Maßnahmen verschiedener Rechtsnatur lassen die Frage aufkommen, welches das effektivste und damit vorzugswürdigere Stadionverbot ist. In diesem Zusammenhang ist entscheidend, welchen Einfluss die Verfassung, insbesondere die Grundrechte, auf die verschiedenen Arten von Stadionverboten nimmt.[11] Nach Ansicht des Bundesverfassungsgerichts zeigt sich die grundrechtsrelevante Wesentlichkeit[12] der Entscheidung dadurch, dass Stadionverbote „in erheblichem Umfang über die Teilnahme am gesellschaftlichen Leben entscheiden".[13] Die in diesem Zusammenhang entscheidende Frage, welche Reichweite die

---

Auerbach/Kugelmann, in: Kubera u.a., Fußballgroßveranstaltungen im Spannungsverhältnis, 2019, S. 318, 348.

8 Die folgenden Maßnahmen werden in der Praxis nicht als Stadionverbote benannt, führen aber im Ergebnis zu einem solchen. Aus strafrechtlicher Perspektive siehe AG München, Urt. v. 11.5.2016 – 821 Ds 467 Js 213716/14 (unveröffentlicht); aus polizeirechtlicher Perspektive siehe *Hecker*, in: Roggan/Kutscha, Recht der Inneren Sicherheit-HdB, 2006, 331 ff.; *Siegel*, NJW 2013, 1035 ff.; *Stoll/Lüers*, DÖV 2014, 222 ff.; *Finger*, DVP 2015, 367 ff.; *Hecker*, NVwZ 2016, 1301 ff.

9 *Böttger*, Gewalt, Fankultur und Sicherheit im deutschen Fußball, 2014, S. 36 ff.; *Breucker*, NJW 2006, 1233 (1234); *Siegel*, NJW 2013, 1035 (1036).

10 Siehe dazu etwa den Bericht des WDR über die Allianz zwischen Innenminister Reul und den aktuell neun Bundesligaclubs in NRW, um gegen Gewalt im Stadion besser vorgehen zu können, abrufbar unter: <www1.wdr.de/nachrichten/ruhrgebiet/fussball-bvb-allianz-gegen-gewalt-im-stadion-100.html>, zuletzt abgerufen am 01.08.2021.

11 Bislang fehlt es hierzu an einer ausreichenden kritischen Beurteilung, siehe dazu beispielhaft *Vieweg*, Normsetzung und -anwendung deutscher und internationaler Verbände, 1990, S. 190 f.; *Schmitt*, Das bundesweite Fußball-Stadionverbot, 2013, S. 131; *Henseler*, Die rechtlichen Dimensionen des bundesweiten Stadionverbots, 2016, S. 326 ff.

12 *Grzeszick*, in: Maunz/Dürig, GG, 94. EL Januar 2021, Art. 20 Rn. 106.

13 BVerfGE 148, 267 (283 f.).

Grundrechtswirkung im konkreten Fall zivilrechtlicher Stadionverbote hat, ist in dieser Arbeit zu beantworten.

Grundsätzlich ist die Lehre zur mittelbaren Drittwirkung der Grundrechte im Privatrecht seit der Lüth-Entscheidung[14] des Bundesverfassungsgerichts allgemein anerkannt gewesen.[15] Nicht erst seit der Stadionverbot-Entscheidung[16] des Bundesverfassungsgerichts, aber zunehmend lauter, geriet die Lehre zur mittelbaren Drittwirkung in die Kritik und Diskussion der Literatur.[17] Dem Bundesverfassungsgericht wird von nicht wenigen Stimmen vorgeworfen, in der Theorie weiterhin von einer mittelbaren Drittwirkung zu sprechen, praktisch aber die Grundrechte unmittelbar zur Anwendung zu bringen.[18] Begriffe aus der zur Stadionverbot-Entscheidung entstandenen Literatur wie „zweistufige Anwendung",[19] „sozialmächtige Private"[20] und „situationsbedingte Grundrechtsbindung"[21] befeuern die Debatte dramatisch und liefern umfangreichen Diskussionsstoff, der aufzuarbeiten ist. Anhand der Stadionverbotsthematik ist aufzuzeigen, dass mit der zur herrschenden Meinung heranwachsenden Schutzpflichtenlehre[22] der Lehre zur unmittelbaren Grundrechtsbindung im Privatrecht eine klare Absage zu erteilen ist.

Neben den Sportgroßveranstaltungen stehen auch andere – vergleichbar sozialmächtige – private Akteure wie Facebook im Fokus der Debatte.[23] Diese weisen erhebliche Besonderheiten auf, sodass sich die Arbeit im Folgenden

---

14 BVerfGE 7, 198 (207).

15 *Blomeyer*, JZ 1954, 309 ff.; *Dürig*, in: Maunz, FS Nawiasky, 1956, 157 ff.; *Lindner*, Theorie der Grundrechtsdogmatik, 2005, S. 441 f.; insbesondere wird sie in Ausbildungszeitschriften als herrschende Lehre angeboten, siehe dazu *Schaaf*, Jura 2021, 249 (256).

16 BVerfGE 148, 267.

17 Die Folge war eine regelrechte „Flut" an Zeitschriftenbeiträgen, siehe statt vieler *Kainer*, NZA 2018, 894 ff.; *Michl*, JZ 2018, 910 ff.; *Hellgardt*, JZ 2018, 901 ff.; *Smets*, NVwZ 2019, 34 ff.; *Jobst*, NJW 2020, 11 ff.; *Neuner*, NJW 2020, 1851 ff.; *Kulick*, AöR 2020, 650 ff.; *Ruffert*, JuS 2020, 1 ff.; siehe ferner die Werke von *Kulick*, Horizontalwirkung im Vergleich, 2020, S. 207 ff.; *Bressensdorf*, Das private „Hausrecht", 2020, S. 178 ff.

18 *Michl*, JZ 2018, 910 (916 ff.); *Hellgardt*, JZ 2018, 901 (908 ff.); *Smets*, NVwZ 2019, 34 (37); *Jobst*, NJW 2020, 11 (12 ff.); *Neuner*, NJW 2020, 1851 (1853).

19 *Kulick*, Horizontalwirkung im Vergleich, 2020, S. 76 ff.; *Kulick*, AöR 2020, 650 (675 ff.).

20 *Sachs*, JuS 2019, 89 (90).

21 *Michl*, JZ 2018, 910 (915); *Jobst*, NJW 2020, 12 f.

22 *Muckel*, in: VVDStRL, 2019, 246 (274); *Kulick*, Horizontalwirkung im Vergleich, 2020, S. 102 Fn. 310 m. w. N.

23 Ausführlich zu diesem Themenkomplex *Knebel*, Die Drittwirkung der Grundrechte und -freiheiten gegenüber Privaten, 2018; ferner *Muckel*, in: VVDStRL, 2019, 246 ff.

auf private Sportgroßveranstaltungen beschränkt. Die Verbindung der Themen Stadionverbote und Grundrechtswirkung im Privatrecht soll aufzeigen, welche Auswirkungen die Grundrechte auf das Privatrecht und im konkreten Fall auf die Rechtmäßigkeit von Stadionverboten haben. Im Folgenden wird die Grundrechtswirkung ausschließlich für den Fall der Stadionverbote untersucht und beurteilt. Zudem liegt der Schwerpunkt auf dem Polizeirecht des Landes Nordrhein-Westfalen, das in der Fußballsaison 2018/19 die oberen Ligen mit 14 Vereinen zahlenmäßig dominierte.[24] Die daraus entstandenen „Revierderbys“ von räumlich beieinanderliegenden Fußballvereinen führen zu einer hohen Anzahl an sog. Risikospielen mit hohem Gewaltpotenzial (Spielen mit erhöhtem Risiko).[25] Andere landesrechtliche Vorschriften sind nur einzubeziehen, sofern Besonderheiten bestehen. Relevante Unterschiede ergeben sich aber regelmäßig nicht, da der verfassungsrechtliche Einfluss im Fokus der Bearbeitung steht.[26]

II. Gang der Arbeit

In § 1 und § 2 der Arbeit wird das Thema Fanszene und Fangewalt als Ursprung der Stadionverbote vorangestellt. Ohne die wachsende Fanszene und die zunehmende Fangewalt in deutschen Fußballstadien wäre das Verbot eines Stadionbesuchs als *Ultima Ratio* nicht erforderlich.[27] Im Ausgangspunkt werden die Zuschauer und das Phänomen des „Fans“ untersucht: Welche Zuschauer können noch als „Fans“ bezeichnet werden? Wie ist die Fanszene ausgestaltet? Welche Gruppierungen finden sich im Stadion wieder? Neben diesen Fragen bezüglich des Fanbegriffs sind theoretische und faktische Ursachen für die Gewalt in Stadien zu erforschen. Die gewonnenen Erkenntnisse zur Fanszene und Fangewalt können letztlich in § 3 zur Feststellung von Bekämpfungsstrategien durch staatliche und private Akteure zusammengeführt werden.

---

24 Durch die besondere Entwicklung der Zuschauerzahlen nach Ausbruch der Corona-Pandemie sind die statistischen Daten in zeitlicher Hinsicht bis zu den Spielen der Saison 2018/19 erfasst, siehe dazu ZIS Jahresbericht Fußball Saison 2018/2019, S. 5.

25 Der Begriff wurde maßgeblich durch verbandsrechtliche Richtlinien des DFB geprägt, siehe dazu § 32 der 3. Richtlinien zur Verbesserung der Sicherheit bei Bundesspielen.

26 Eine Differenzierung entfällt, da die Grundrechte bundesweite Geltung haben.

27 Zumindest lässt sich in den letzten zwanzig Jahren eine zunehmende Tendenz erkennen: 2018/2019 sind 5.627 Strafverfahren eingeleitet worden, waren es 2000/20001 (nur) 2.901, siehe dazu ZIS Jahresbericht Fußball Saison 2000/2001, S. 5 und 2018/2019, S. 14 f.

Darauf aufbauend werden in § 4 die Grundzüge von Stadionverboten dargestellt, das heißt es erfolgt die Darstellung verschiedener Arten von Stadionverboten sowie deren gesellschaftlicher Bedeutung. Als klassisches Instrument ist das zivilrechtliche Stadionverbot in § 5 als Maßnahme gegen Fangewalt zu untersuchen. Da dieses auf dem zivilrechtlichen Hausrecht beruht, sind zunächst die einschlägigen Vorschriften aus dem Zivilrecht aufzuzeigen. Hinzu kommt, dass durch die Stadionverbotsrichtlinien (SVRL) verbandsrechtliche Besonderheiten für die Bevollmächtigung zu einem bundesweiten Stadionverbot bestehen. Schwerpunkt dieses Abschnitts und Gegenstand der Stadionverbot-Entscheidung[28] sind aber nicht die zivilrechtlichen Rechtsgrundlagen des Hausrechts selbst, sondern der Einfluss des Verfassungsrechts auf die Voraussetzungen der zivilrechtlichen Stadionverbote. Die Grundrechtswirkung im Privatrecht ist nicht nur auf Grundlage dieser Entscheidung, sondern auch durch daraus resultierende Stellungnahmen aus der Literatur[29] neu zu bewerten. Kritik an den gängigen Lehren sowie neue Ansätze zur Schutzpflichtenlehre im Privatrecht sollen einen wissenschaftlichen Beitrag zur Problematik der Grundrechtswirkung im Privatrecht leisten.

Neben dem zivilrechtlichen Stadionverbot sind in § 6 Maßnahmen zur Festsetzung von öffentlich-rechtlichen Stadionverboten zu ermitteln. Im Fokus stehen polizeirechtliche Maßnahmen wie Aufenthaltsverbot, Platzverweisung, Meldeauflage, Verbringungsgewahrsam, sowie Gefährderansprache, die zu einem Stadionverbot im weiteren Sinne führen können. Aus strafrechtlicher Perspektive ist die Bewährungsweisung nach § 56c StGB anzuführen, die durch Aufenthaltsverbote, Meldeauflagen oder Kontaktverbote ein Stadionverbot begründen kann. Sowohl im Bereich des Zivil- als auch des Öffentlichen Rechts ist die besondere Rolle der Grundrechte von Bedeutung und aus verfassungsrechtlicher Perspektive hervorzuheben. Zu beachten ist ferner, dass durch die Zusammenarbeit von staatlichen und privaten Akteuren die Grenzen von staatlichem und privatrechtlichem Handeln uferlos erscheinen. Aufzuwerfen ist die

---

28 BVerfGE 148, 267.

29 Statt vieler: *Kainer*, NZA 2018, 894 ff.; *Michl*, JZ 2018, 910 ff.; *Hellgardt*, JZ 2018, 901 ff.; *Smets*, NVwZ 2019, 34 ff.; *Jobst*, NJW 2020, 11 ff.; *Neuner*, NJW 2020, 1851 ff.; *Kulick*, AöR 2020, 650 ff.; *Ruffert*, JuS 2020, 1 ff.; siehe ferner die Werke von *Kulick*, Horizontalwirkung im Vergleich, 2020, S. 207 ff.; *Bressensdorf*, Das private „Hausrecht", 2020, S. 178 ff.

Frage, wie die staatliche Anregung[30] von zivilrechtlichen Stadionverboten juristisch zu bewerten ist.

Abschließend ist in § 7 der Arbeit ein Vergleich zwischen zivil- und öffentlichrechtlichen Stadionverboten zu ziehen und möglicherweise bestehende Konkurrenzen sind festzustellen. Ein Fazit in § 8 durch thesenartige Zusammenfassung und ein Ausblick auf zukünftige Handlungsformen sowie gegebenenfalls entstandener gesetzgeberischer Handlungsbedarf beschließen die Arbeit.

30 „Die Polizei regt konsequent Stadionverbote an", siehe dazu NKSS 2012, S. 33; *Ruch*, JZ 2015, 936 ff.

§ 2 Zur Fanszene

I. Fanbegriff

Um die Entstehung und die Existenz von Fangewalt in Fußballstadien einordnen zu können, ist in einem ersten Schritt die Fanszene des Fußballsports genauer zu untersuchen. Dabei kommen der Definition und der Bedeutung des Fanbegriffs tragende Rollen zu, um zu kategorisieren, welche Personen hinter dem Begriff des Fans stehen und welchen Bezug sie zum Sport haben. Im Hinblick auf die Stadionverbote sind die Ergebnisse der Analyse von Fanbegriff und Fanszene entscheidend für die Beurteilung von Reichweite und Intensität der Grundrechtseingriffe.[31]

1. Allgemeiner Sprachgebrauch

Vorwegzunehmen ist, dass keine homogene Gruppe von Fans existiert, sondern zwischen verschiedenen Fangruppierungen zu differenzieren ist.[32] Die im Duden banal als „begeisterter Anhänger“ [33] verwendete Beschreibung des Fans verkennt, dass hinter diesem häufig mehr als nur eine bloße Begeisterung oder Anhängerschaft steckt, sodass eine differenzierte Einteilung erforderlich ist. Während Gelegenheitszuschauer nur von Zeit zu Zeit und zu Unterhaltungszwecken ins Stadion gehen,[34] versprechen einige Fans dem Fanobjekt ihre bedingungslose Liebe und bleiben ihm oft trotz wiederholter Enttäuschungen ein Leben lang treu.[35] Führt man sich letztere Definition vor Augen, liegt die Bedeutung eines „Fanatikers“, der im Duden als „blinder, rücksichtsloser

---

31 Der Beschwerdeführer in der Stadionverbot-Entscheidung rügt die Verletzung der Grundrechte „in Anbetracht der überragend sozialen Bedeutung und des öffentlichen Stellenwerts, den der Fußball in der Gesellschaft einnehme“, siehe dazu BVerfGE 148, 267 (275).

32 *Kübert/Neumann*, in: Kübert, Fußball, Medien und Gewalt, 1994, 21 ff.; *Moldenhauer/Scherer*, in: Grau/Heyde u.a., Sozialwissenschaftliche Perspektiven der Fußballfanforschung, 2017, 176 (182 f.).

33 *Dudenredaktion*, Duden, 2020, S. 440.

34 *König*, Fankultur, 2002, S. 11.

35 *Roose/Schäfer/Schmidt-Lux*, in: dies., Fans: Soziologische Perspektiven, 2017, 1 (2 f.); ähnlich auch *Winter*, in: Holly/Püschel, Medienrezeption als Aneignung, 1993, 69 (71), wonach „Ein Fan jemand ist, der enthusiastisch und exzessiv seiner Leidenschaft nachgeht“.

Eiferer" beschrieben wird,[36] nicht mehr fern. Für eine extensive Auslegung des Fanbegriffs sprechen auch ideologische und religiöse Bezüge, die sich in etymologischer Hinsicht ergeben. Untersuchungen nach geht der Fanbegriff auf den lateinischen Begriff „fanum" zurück, was übersetzt Tempel bedeutet.[37] In der Literatur wird vereinzelt nicht nur von einer Verbindung zur Religion gesprochen, sondern die Fangemeinschaft beziehungsweise das Fanobjekt – explizit auch im Fußball – als eine eigene Religion aufgefasst, der die Fans als Mitglieder angehören.[38] Völlig fernliegend ist diese These nicht, wenn im allgemeinen Sprachgebrauch Stadien als „Tempel"[39], Siege als „Wunder"[40] oder Spieler als „Fußballgott"[41] bezeichnet werden.[42]

Konsequenterweise schließen sich die Begriffe nur in eine Richtung aus: Jeder Fanatiker ist ein Fan, aber nicht jeder Fan ein Fanatiker. Es gibt nicht *den* Fan, der eindeutig anhand von verschiedenen Merkmalen bestimmbar ist. Bislang ist eine solche Abgrenzung in der Literatur auch kaum thematisiert worden, denn oftmals werden Fans oder Stadionbesucher vereinfacht unter dem Oberbegriff des Publikums oder der Zuschauer zusammengefasst, der sowohl Fans als auch Gelegenheitszuschauer umfasst.[43]

2. Versuch einer Definition

Durch Bestimmung eines Maximums (Fanatiker) und Minimums (Gelegenheitszuschauer) ist trotz heterogener Fanszene der Versuch einer Definition zu unternehmen. Eine starre Grenze, wann jemand als Fan zu bezeichnen ist, lässt sich schwerlich ziehen. Als Richtlinie können neben den äußersten Grenzen

---

36 *Dudenredaktion*, Duden, 2020, S. 440.

37 *Dembowski*, in: BAFF, Ballbesitz ist Diebstahl, 2004, 8 (22); *König*, Fankultur, 2002, S. 44.

38 *Gebauer*, in: Herzog, Fußball als Kulturphänomen, 2002, 305 (312 ff.); *Aschenbeck*, Fußballfans im Abseits, 1998, S. 89.

39 Siehe dazu einen Beitrag der SZ vom 04.06.2020, online abrufbar unter: <www.sueddeutsche.de/sport/mailand-stadion-abriss-giuseppe-meazza-san-siro-1.4922162?reduced=true>, zuletzt abgerufen am 01.08.2021.

40 *Jöckel*, Vom „Wunder von Bern" zum „Sommermärchen", 2015, S. 77 ff., 112 ff.

41 Siehe dazu einen Beitrag der FAZ vom 26.08.2020, „Vom Fußballgott verstoßen", online abrufbar unter: <www.faz.net/aktuell/sport/fussball/messi-das-bedeutet-der-abgang-fuer-barcelona-16922721.html>, zuletzt abgerufen am 01.08.2021.

42 Eine Subsumtion unter Art. 4 Abs. 1 GG ist jedenfalls aus juristischer Perspektive aber fernliegend.

43 *Schmidt-Lux*, in: Roose/Schäfer u.a., Fans: Soziologische Perspektiven, 2017, 37 (39); *Kübert/Neumann*, in: Kübert, Fußball, Medien und Gewalt, 1994, 21 (21).

durch Fanatiker und Gelegenheitszuschauer aber jedenfalls folgende Merkmale zur Bestimmung des Fanbegriffs herangezogen werden:

> *„Wir verstehen Fans als Menschen, die längerfristig eine leidenschaftliche Beziehung zu einem für sie externen, öffentlichen, entweder personalen, kollektiven, gegenständlichen oder abstrakten Fanobjekt haben und in die emotionale Beziehung zu diesem Objekt Zeit und/oder Geld investieren."*[44]

Beständigkeit, eine leidenschaftliche Beziehung, ein Fanobjekt und die Investition von Zeit und/oder Geld sind mithin typische Merkmale eines Fans. Die Leidenschaftlichkeit der Fanbeziehung zeigt sich in einer enthusiastischen Haltung oder durch große Aufregung gegenüber dem Fanobjekt,[45] während die Langfristigkeit der Beziehung von bloßen „Schwärmereien" abgrenzen soll. Fanobjekte können der Verein, Spieler, aber auch die Fanclubs selbst sein, in welche der Fan Zeit und/oder Geld durch Choreos, Fanbanner, Ticketkauf, Pay-TV, Merchandise oder Spenden investiert.

Die Gelegenheitszuschauer, zu denen auch Personen gezählt werden können, die sich nicht live im Stadion befinden, sondern via Fernsehübertragung aus dem eigenen Wohnzimmer zuschalten, repräsentieren das Minimum des Fanbegriffs. Zwar besteht zwischen den bloßen Gelegenheitszuschauern und dem Fanobjekt keine nennenswerte emotionale Bindung, aber investieren diese dennoch gelegentlich Zeit und/oder Geld in das Fanobjekt.[46] Es würde zu weit gehen, jedem miteifernden Fernseh- oder gelegentlichem Sitztribünenzuschauer, der sich selbst als Fan bezeichnen würde, die Faneigenschaft gänzlich abzusprechen.[47]

Demgegenüber stellen die Fans auf den Stehplatztribünen, die durch ihre übermäßige Leidenschaft sowie regelmäßige Zeit- und Geldinvestitionen aus dem Publikum hervorstechen, das Maximum des Fanbegriffs dar. Sie grenzen sich von den übrigen Zuschauern durch das Anfeuern im Stehplatzblock sowie durch optisch und akustisch auffällige Rituale wie Choreos, Gesänge oder Fahnenschwenken ab.[48]

---

44 *Roose/Schäfer/Schmidt-Lux*, in: dies., Fans: Soziologische Perspektiven, 2017, 1 (4).

45 *Groebel*, in: Thein, Fußball, deine Fans, 2013, 25 (25 f.).

46 *Roose/Schäfer/Schmidt-Lux*, in: dies., Fans: Soziologische Perspektiven, 2017, 1 (4).

47 Zustimmend *König*, Fankultur, 2002, S. 44.

48 *Schulz/Weber*, in: Pilz, Sport und körperliche Gewalt, 1986, 55 (55 f.); sie bilden eine Subgruppe zu den übrigen Zuschauern, siehe dazu *Herrmann*, Die Fußballfans, 1977, S. 11; *Aschenbeck*, Fußballfans im Abseits, 1998, S. 89 f.

3. Enger, erweiterter und weiter Fanbegriff

Die aus dem allgemeinen Sprachgebrauch und der soziologischen Wissenschaft angeführte Definition beziehungsweise Richtlinien überzeugt nur bedingt. Durch die heterogene Fanszene drängt es sich regelrecht auf, verschiedene Arten von Fanbegriffen zu entwickeln.[49]

Als intensivste Beziehungsstufe kommt ein *enger Fanbegriff* in Betracht, der sich an die typischen Merkmale eines Fans anlehnt.[50] Unter diesen sind alle Personen zu fassen, die eine längerfristige Beziehung zu einem Fanobjekt haben und durch emotionale Bindung einen Großteil ihrer Zeit und Geld in das Fanobjekt investieren. In diese Gruppe der Fans wäre beispielsweise der Fanatiker einzuordnen, der das Fandasein über alle anderen Lebensbereiche stellt und das Fanobjekt bedingungslos unterstützt. Auf der nächsten Stufe steht der *erweiterte Fanbegriff*, der weniger strenge Voraussetzungen an die Bindung erwarten lässt. Unter diesen fallen alle Personen, die eine auf einige Dauer angelegte Beziehung zu einem Fanobjekt haben und in die Beziehung zu diesem Objekt Zeit und/oder Geld investieren. Zuletzt ist der *weite Fanbegriff* einzuführen, der alle Personen umfasst, die eine nur vorübergehende Beziehung zu dem Fanobjekt haben und in dieses Objekt (nur) gelegentlich Zeit und/oder Geld investieren. Letzterer Begriff umfasst insbesondere auch die Fans vor den heimischen Bildschirmen und die Gelegenheitszuschauer in den Stadien, die – wenn auch nicht immer sichtbar – ihren Teil zur Fanszene beitragen.

Die Verwendung verschiedener Fanbegriffe wird den unterschiedlich ausgeprägten emotionalen Bindungen zum Fanobjekt in beide Richtungen gerecht. Sowohl der Fanatiker als auch der Gelegenheitszuschauer sind als Maximum beziehungsweise Minimum unter den Fanbegriff zu fassen. Für eine detaillierte Einteilung ist auf die Stufen des engen, erweiterten und weiten Fanbegriffs zurückzugreifen.

4. Gewaltbereitschaft

Kommt es zu gewalttätigen Ausschreitungen oder verbalen Hassbotschaften im Stadion, distanzieren sich Vereine, Spieler und die übrigen Zuschauer regelmäßig

---

49 Die hier vorgeschlagene Lösung orientiert sich an der Einteilung des Versammlungsbegriffs in drei Stufen, siehe dazu *Höfling*, in: Sachs, GG, 2021, Art. 8 Rn. 16 ff.; *Gusy*, in: v. Mangoldt/Klein u.a., GG, 2018, Art. 8 Rn. 18 ff.

50 Siehe zur Orientierungshilfe *Roose/Schäfer/Schmidt-Lux*, in: dies., Fans: Soziologische Perspektiven, 2017, 1 (4).

und unmittelbar mit Sätzen wie „Das sind keine Fans“ von den Gewalttätern.[51] Gemeint sind damit etwa Stadionbesucher, die Spiele durch gewalttätige Ausschreitungen oder Zünden von pyrotechnischen Gegenständen zum Abbruch zwingen, weil sie mehr an der Gewalt als dem tatsächlichen Spiel interessiert sind. Aus der Distanzierung von Vereinen, Spielern und übrigen Zuschauern lässt sich aber nicht automatisch der Schluss ziehen, dass die Gewaltbereitschaft beziehungsweise die Anwendung von Gewalt ein ausschließendes Merkmal für den Fanbegriff ist und ein Friedlichkeitsmerkmal die Definition ergänzen müsste. Die überzeugende Auffassung, dass unter einem Fußballfan nur derjenige Anhänger zu verstehen ist, der einen Verein durch seine Anwesenheit im Stadion unterstützt, ohne dabei gewaltbereit zu sein, befürwortet zwar einen solchen Friedlichkeitsvorbehalt, spricht dem gewalttätigen Fan allerdings das Fandasein nicht gänzlich ab, sondern misst der Fanbeziehung einen anderen Wert bei.[52] Ausgehend von den typischen Merkmalen eines Fans,[53] lässt sich auch einem gewalttätigen Fußballfan eine leidenschaftliche und emotionale Beziehung zu einem Verein als Fanobjekt nicht absprechen.[54] Dies muss insbesondere dann gelten, wenn er aus Emotionen zum Verein heraus gewalttätig wird. Wirft ein Fan beispielsweise einen Bierbecher aufs Feld, weil er sich über eine Entscheidung des Schiedsrichters gegen seine Mannschaft empört, kann ihm eine leidenschaftliche Beziehung zum Verein nicht aberkannt werden. Die äußerste Grenze ist bei einem gewaltsuchenden Zuschauer zu ziehen, der eine gewalttätige Ausschreitung provoziert, ohne dass er Interesse am eigentlichen Spiel hat.[55] Ein solcher Zuschauer weist keine emotionale Bindung zum Fanobjekt auf und ist als (bloßer) Gewalttäter einzustufen. Im Zweifel führen exzessive und gewalttätige Ausschreitungen sogar zu Strafen, die sich negativ auf den Verein und die Mannschaft auswirken können.[56]

---

51 Siehe dazu beispielhaft den Beitrag der FAZ vom 19.10.2020, online abrufbar unter: <www.sueddeutsche.de/sport/fussball-moukoko-verurteilt-rassismus-sind-keine-fussballfans-dpa.urn-newsml-dpa-com-20090101-201018-99-989254>, zuletzt abgerufen am 01.08.2021.

52 *Willms*, in: Jäger/Viehrig, Sicherheit und Medien, 2009, 125 (127).

53 *Roose/Schäfer/Schmidt-Lux*, in: dies., Fans: Soziologische Perspektiven, 2017, 1 (4).

54 Siehe oben § 2 I., S. 22 ff.

55 Ausgeschlossen ist insbesondere die Hooliganszene, siehe dazu *Böttger*, Die Gewalt der Hooligans – eine Folge moderner gesellschaftlicher Entwicklungsprozesse?, 1998, S. 9.

56 Siehe dazu Richtlinie für die Arbeit des DFB-Kontrollausschusses in sportgerichtlichen Verfahren gegen Vereine und Kapitalgesellschaften, S. 3, online abrufbar unter: <www.dfb.de/fileadmin/_dfbdam/175970-Richtlinie_Kontrollausschuss.pdf>,

Auch wenn es richtig ist, dass ein pauschaler Ausschluss von gewalttätig gewordenen Zuschauern nicht möglich ist,[57] können ausschließlich gewaltsuchende Zuschauer nicht unter den Fanbegriff fallen. Bei wiederholter Gewaltanwendung unter vollständiger Ignoranz der Interessen des Fanobjektes handelt es sich lediglich um Straftäter, die sich unter die tatsächlichen Fans mischen und den Fußballsport für ihre Zwecke missbrauchen.

II. Fankultur

In den vergangenen Jahren hat sich nicht nur der Fanbegriff, sondern eine ebenfalls heterogene Fankultur entwickelt.[58] Im Fußballsport reicht die Geschichte der Fans bis in die Antike zurück und ist von Traditionen und Ritualen wie beispielsweise das Singen von Hymnen geprägt.[59] Für die Untersuchung der Kultur ist es unerlässlich, Bezüge zu anderen Ländern und Sportarten herauszustellen, jedoch liegt der Fokus angesichts des thematischen Zuschnitts dieser Arbeit auf der Fankultur des deutschen Fußballsports.

1. Historische Entwicklung

Die Anfänge einer Fankultur traten weit vor der Entstehung des eigentlichen Fanbegriffs zum Vorschein. Anfangs waren die Zuschauer meist Männer, die selbst Sportler waren und als leidenschaftliche und lautstarke Unterstützer der Akteure beschrieben werden können.[60] In der römischen Antike waren Sportarten wie Gladiatorenwettkämpfe und Wagenrennen, die von Brutalität und Kampf geprägt sind, besonders beliebt.[61] Einige von den Zuschauern gingen bereits regelmäßig in die Arenen und feuerten das jeweilige Fanobjekt leidenschaftlich an.[62] Der Chronologie nach finden sich zudem im Mittelalter bei

---

zuletzt abgerufen am 01.08.2021; ferner *Gerlach/Manzke*, SpuRt 2020, 282 (282) zu den sog. Verbandsstrafen wie z. B. Geisterspiele.

57 *Willms*, in: Jäger/Viehrig, Sicherheit und Medien, 2009, 125 (127).

58 Unter Kultur ist die Summe aller Institutionen, Bräuche, Werkzeuge, Normen und Wertordnungssysteme in einer konkreten Gesellschaft zu verstehen, siehe dazu *König*, Fankultur, 2002, S. 5.

59 Das Olympia Stadion aus dem 4. Jahrhundert konnte bereits 50.000 Zuschauer umfassen, siehe dazu *Bremer*, Fußball ist unser Leben!?, 2004, S. 29.

60 *Schmidt-Lux*, in: Roose/Schäfer u.a., Fans: Soziologische Perspektiven, 2017, 37 (42).

61 *Lämmer*, in: Höfling/Horst, Sport und Gewalt, 2011, 11 (13 f.).

62 Diese Beschreibung kommt in die Nähe der typischen Merkmale eines Fans, siehe oben § 2 I., S. 22 ff.; *Schmidt-Lux*, in: Roose/Schäfer u.a., Fans: Soziologische Perspektiven, 2017, 37 (42).

Ritterturnieren und Bogenschieß-Wettkämpfen weitere Ansätze einer Fankultur.[63] Auch bei diesen Sportarten war es der brutale Kampf, der die Zuschauer zu den Veranstaltungen lockte. Durch das zunehmend auch weibliche Publikum standen die Unterhaltsamkeit der Veranstaltung und die Präsentation von Stärke vor dem anderen Geschlecht im Mittelpunkt der Veranstaltung.[64]

Anders als bei den brutalen und mittelalterlichen Sportarten hat es im Fußballsport lange gedauert, bis sich eine Fankultur abzeichnen konnte. Da weder festes Spielfeld noch Regeln vorhanden waren, ist eine Unterscheidung von Zuschauern und Spielern kaum möglich gewesen.[65] Das bloße Zuschauen galt als Schwäche, sodass bis zu einem Londoner Fußballspiel aus dem Jahre 1314 lange Zeit keine Aufzeichnungen zum Publikum selbst existierten.[66] Das bis dahin bekannte Fußballspiel lebte von gewalttätigen Auseinandersetzungen und Ausschreitungen, für die es (noch) keine Regularien und Sanktionen gab.[67] Ein richtiges Regelwerk entwickelte sich erst zwischen 1830 und 1863 durch elitäre Schulen, wodurch der Fußball zivilisierter wurde und somit die Mittel- und Oberschicht begeistern konnte.[68] Im Jahre 1884 wurden erstmals Schiedsrichter für Fußballspiele eingesetzt, die für eine weitere Abnahme der Brutalität des Spiels sorgten.[69] Durch die zunehmende Regulierung des Sports wurde auch eine Trennung von Publikum und Sportlern möglich, sodass einzelne Fangruppierungen innerhalb des Publikums sichtbar wurden.[70] Anders als heutzutage waren Spieler und Fans aber meist Repräsentanten des eigenen Viertels und hatten eine persönliche Beziehung zueinander.[71]

Durch die rasante Entwicklung der Zuschauerzahlen im 19. und 20. Jahrhundert wurde die ehemals enge Beziehung von Fans und Spielern zunehmend

---

63 *Ders.*, in: Roose/Schäfer u.a., Fans: Soziologische Perspektiven, 2017, 37 (42).

64 *Guttmann*, Sports spectators, 1986, S. 39 f.

65 *Kübert/Neumann*, in: Kübert, Fußball, Medien und Gewalt, 1994, 21 (28); *König*, Fankultur, 2002, S. 8.

66 *Sommerey*, Die Jugendkultur der Ultras, 2010, S. 27.

67 *Aschenbeck*, Fußballfans im Abseits, 1998, S. 10 f.

68 Eines der ersten Regelwerke hieß „Law of Football as Played in Rugby School", siehe dazu *König*, Fankultur, 2002, S. 8 f.; *Aschenbeck*, Fußballfans im Abseits, 1998, S. 11, 18.

69 *Claus*, Hooligans, 2018, S. 35; die Schiedsrichter sorgten für die Umsetzung weiterer Regeleinführungen wie dem Verbot des Schubsens, Tretens und Stoßens, siehe dazu *König*, Fankultur, 2002, S. 9.

70 *Schmidt-Lux*, in: Roose/Schäfer u.a., Fans: Soziologische Perspektiven, 2017, 37 (44).

71 Die Protagonisten kannten sich persönlich aus der Nachbarschaft, der Schule oder der Dorfkneipe, siehe dazu *Sommerey*, Die Jugendkultur der Ultras, 2010, S. 34.

distanzierter.[72] Tageszeitungen erhielten einen eigenen Sportteil, Stadien wurden für eine Vielzahl an Zuschauern gebaut und der Fußball gewann sukzessiv an Dominanz in der Fan- und Sportwelt.[73] In Deutschland war das Zuschauerinteresse zu Beginn des 20. Jahrhunderts zunächst zurückhaltend, bis auch hier ein stetiger Boom eintrat.[74] Der Fußball war in den Phasen des Wiederaufbaus und der Orientierungslosigkeit nach dem Krieg eine willkommene Ablenkung für die Bevölkerung, sodass sich die Blütezeit des Fußballsports auch nach dem Zweiten Weltkrieg fortsetzen konnte.[75] Zu Beginn übten sich die Zuschauer in Deutschland durch Passivität und geringe Sachkenntnis im Hinblick auf die Stimmung noch in Zurückhaltung,[76] da das Publikum überwiegend aus Angestellten, gekleidet mit traditionell bürgerlichen Hüten, bestand.[77] Mitte der 1970er-Jahre stagnierten die Zuschauerzahlen in Deutschland, da durch die zunehmende Kommerzialisierung eine Identifikation mit dem Verein und den Spielern abnahm und zugleich gewalttätige Ausschreitungen zunahmen.[78] In diesem Zusammenhang trugen auch die Katastrophen von Bradford 1985, Heysel 1985 und Hillsborough 1989, die zum Tod vieler Menschen führten, zur Abnahme der Zuschauerzahlen weltweit bei.[79]

Erst durch Ausweitung der Sicherheitskonzepte und ein Umdenken in der Gesellschaft kamen zu Beginn der 1990er-Jahre wieder vermehrt Zuschauer aus

---

72 Verfolgten 1872 in England gerade einmal 2.000 Zuschauer das FA-Cup-Finale, so waren es 1901 schon 111.000 und 1923 ca. 250.000 Zuschauer, siehe dazu *ders.*, Die Jugendkultur der Ultras, 2010, S. 30.

73 *Guttmann*, Sports spectators, 1986, S. 85.

74 Die deutsche Fankultur orientierte sich dabei eng an der englischen Szene, siehe dazu *König*, Fankultur, 2002, S. 9; das erste Pokalendspiel im Jahr 1903 schauten sich 1.500 Zuschauer an, wogegen es beim Endspiel um die deutsche Meisterschaft im Jahre 1922 schon 58.000 Zuschauer waren, siehe dazu *Sommerey*, Die Jugendkultur der Ultras, 2010, S. 29 f.

75 *Sommerey*, Die Jugendkultur der Ultras, 2010, S. 29; *Schmidt-Lux*, in: Roose/Schäfer u.a., Fans: Soziologische Perspektiven, 2017, 37 (46) bezeichnet die Fankultur als Massenphänomen der Moderne.

76 *Bremer*, Fußball ist unser Leben!?, 2004, S. 38.

77 Das lag vor allem daran, dass sich die Mannschaften selbst aus Angestellten der Heimatstadt zusammensetzten, siehe dazu *ders.*, Fußball ist unser Leben!?, 2004, S. 36 ff.

78 *Schulze-Marmeling*, Fußball: Zur Geschichte eines globalen Sports, 2000, S. 201 ff.; *Sommerey*, Die Jugendkultur der Ultras, 2010, S. 30.

79 *Critcher*, in: Hopf, Fußball, 1998, 150 (150); *Schulze-Marmeling*, in: ders., Fans und Fußball, 1995 (19); *Klein*, Sicherheit durch Stadionverbote?, 2019, S. 36 ff.

der Mittel- und Oberschicht sowie auch Frauen zu den Spielen.[80] Anfang des 21. Jahrhunderts hatte sich die Zuschauerzahl wieder vollständig erholt und ist mit 22 Millionen Besuchern in den ersten drei Ligen pro Jahr stetig steigend.[81] Dazu beigetragen hat auch die in Deutschland aufgekommene Euphorie für den Fußball nach der im eigenen Land ausgetragenen Fußballweltmeisterschaft 2006.[82]

2. Aktuelle Entwicklung

Die Merkmale der Fankultur des 21. Jahrhunderts treten besonders während des Spielgeschehens im Stadion hervor. Stehplatztribünen, Fangesänge, überdimensionale Fahnen und die dauerhafte Unterstützung der Mannschaft während des Spiels gehören zum standardmäßigen Repertoire der Fanszene. Aber auch das Zünden von pyrotechnischen Gegenständen oder die Provokation der gegnerischen Fans zählen heutzutage zu den wiederkehrenden Phänomenen, die in den Fankurven zu beobachten sind. Ungeachtet der Frage, ob Straftaten wie der Einsatz von pyrotechnischen Gegenständen nach §§ 40 Abs. 1 Nr. 3 i. V. m. 26 Abs. 1 Nr. 2 SprengG[83] als Tradition angesehen werden können, gehören auch die unerfreulichen Verhaltensweisen der Fans zumindest zu Verhaltensmustern, die der Fankultur zuzurechnen sind.[84]

Neue Herausforderungen bringen Entwicklungen wie die Kommerzialisierung, die Zunahme von Sicherheitsmaßnahmen sowie die Medialisierung mit sich.[85] Besonders tief greift die Kommerzialisierung des Profifußballsports in die Fankultur ein, die einen Wandel vom aktiven Fan zum passiven

80 *Bremer*, Fußball ist unser Leben!?, 2004, S. 48.

81 ZIS Jahresbericht Fußball Saison 2018/2019, S. 5; der Fußball ist in Deutschland Volkssport Nummer Eins, siehe dazu *Klesczewski*, JZ 2010, 251 (251 f.).

82 Ausführlich zur Sicherheit bei der Fußballweltmeisterschaft *Lange*, Sicherheit im „Sommermärchen", 2013.

83 Neben der Strafbarkeit aus öffentlich-rechtlicher Perspektive verbieten auch die privatrechtlichen Stadionordnungen oder die Allgemeinen Ticket-Geschäftsbedingungen das Einbringen und Abbrennen von pyrotechnischen Gegenständen, siehe dazu *Gerlach/Manzke*, SpuRt 2020, 282 (282).

84 BT-Drs. 17/8051, S. 6.

85 *Schmidt-Lux*, in: Roose/Schäfer u.a., Fans: Soziologische Perspektiven, 2017, 37 (47); die Fans sehen den Erhalt der authentischen Fankultur durch diese Prozesse als gefährdet an, siehe dazu *Aschenbeck*, Fußballfans im Abseits, 1998, S. 135.

Fußballkonsumenten begünstigt.[86] Belegbar ist dieser Prozess beispielsweise an den zu zahlenden Mitgliedschaftsbeiträgen an die Vereine, dem Gang an die Börse oder steigenden Ticketpreise für den Eintritt ins Stadion.[87] Letztere Entwicklung und das sog. Pay-TV für Live-Übertragungen erschweren den finanziellen Zugang zu Fußballspielen für Fans aus unteren sozialen Schichten. Die Herausforderung der Vereine besteht darin, die Stadionbesucher aus der Region trotz der Verwandlung in ein international erfolgreiches Unternehmen beizubehalten und deren Traditionen zu bewahren.[88] Es besteht die Gefahr, dass der Fußballsport zu einem Produkt wird, das die Fankultur in den Schatten stellt.[89]

Nicht allein die Kommerzialisierung, sondern auch der Trend hin zu mehr Sicherheitsmaßnahmen bringt Verbote mit sich, die sich negativ auf den Erhalt der Fankultur auswirken könnten. Es entsteht die Gefahr, dass durch Verbote die kulturellen Gebräuche, wie beispielsweise das Mitbringen von überdimensionalen Fahnen, aus Sicherheitsgründen verboten werden.[90] Auch Versuche, die Stehplätze in den Stadien abzuschaffen, stellen die Fankultur vor unliebsame Veränderungen.[91] Seit 1998 gilt bei internationalen Spielen bereits ein von der Union of European Football Associations (UEFA) ausgesprochenes Stehplatzverbot,[92] auch wenn Deutschland dieses Konzept zur Freude der Fans für nationale Wettbewerbe bislang nicht übernommen hat.[93] Ferner schränken Maßnahmen

86 Der Fußballsport ist zu einer Eventkultur geworden, siehe dazu *Bremer*, Fußball ist unser Leben!?, 2004, S. 49, 74.

87 Den Schritt an die Börse wagte bereits Borussia Dortmund, siehe dazu *Lehmann/Weigand*, in: Herzog, Fußball als Kulturphänomen, 2002, 93 (94); auch der Stadionname wurde an den Signal Iduna Konzern verkauft.

88 *Dies.*, in: Herzog, Fußball als Kulturphänomen, 2002, 93 (108).

89 *Sommerey*, Die Jugendkultur der Ultras, 2010, S. 48; daraus folgt ein Identifikationsverlust der Fans mit der Mannschaft und dem Verein, siehe dazu *Bremer*, Fußball ist unser Leben!?, 2004, S. 74.

90 Siehe dazu beispielhaft einen Artikel der FAZ vom 17.07.2015, online abrufbar unter: <www.faz.net/aktuell/sport/fussball/bundesliga/wegen-fans-bvb-muss-90-000-euro-strafe-zahlen-13708254/bis-zum-jahresende-muessen-13708336.html>, zuletzt abgerufen am 01.08.2021.

91 *Aschenbeck*, Fußballfans im Abseits, 1998, S. 146 f.

92 Siehe dazu Art. 18 UEFA-Stadioninfrastruktur Reglement.

93 NKSS 2012, S. 17; darin ist ein Erfolg für die traditionellen Fans gegen den Abbau von Fankultur zu sehen.

wie etwa Eingangskontrollen, die polizeiliche Begleitung der Anreise von auswärtigen Fans oder das Festhalten im Fanblock die Freiheiten der Fans ein.[94]

Darüber hinaus ist der Prozess der Medialisierung zu berücksichtigen, der maßgeblich zum Erfolg des Fußballs und somit zur Entwicklung einer Fankultur beigetragen hat.[95] Der Anteil am Erfolg des Fußballsports wird schon durch Mitbestimmungsanteile deutlich, die Medien auf die Ausgestaltung der Spieltage haben.[96] Die Fernsehübertragung ermöglicht zum einen, dass keine lange Anreise zum Stadion erforderlich ist, und zum anderen, dass mehr Zuschauer, als die begrenzten Kapazitäten der Stadien erlauben würden, das Spiel verfolgen können.[97] Durch die Fernsehberichterstattung, das Radio oder ganzen Sportteilen in der Tageszeitung ist der Fußballsport zu einem Massenphänomen geworden, das grundsätzlich für jeden zugänglich ist.

Festzuhalten ist, dass traditionelle Faninteressen durch Kommerzialisierung, Medialisierung und hohe Sicherheitsmaßnahmen zunehmend in den Hintergrund gerückt sind. Zumindest die fanatischen Fußballfans auf den Stehtribünen befinden sich in einem stetigen Konflikt mit der dynamischen Entwicklung des Fußballsports und kämpfen für den Erhalt der Fankultur. Angesprochen werden dafür vermehrt Gelegenheitszuschauer, die sich von der Kommerzialisierung und dem Eventcharakter des Fußballspiels nicht abschrecken lassen.[98]

III. Gruppierungen

Die Begründung unterschiedlicher Fanbegriffe hat bereits aufgezeigt, dass die Intensität, in der sich der Fan mit seinem Fanobjekt auseinandersetzt, je nach Individuum unterschiedlich ausgeprägt ist.[99] Demzufolge existiert auch keine homogene Gruppierung von Fußballfans, sondern vielmehr lassen sich die Fans in verschiedene Gruppierungen einordnen.[100] Einige dieser Gruppierungen

---

94 *Kubera/Werner*, in: Kubera/Kugelmann, Fußballgroßveranstaltungen im Spannungsverhältnis, 2019, 55 (56).

95 *König*, Fankultur, 2002, S. 11 f.

96 *Sommerey*, Die Jugendkultur der Ultras, 2010, S. 48; dabei wird deutlich, dass Privatsender das Fußballspiel als Event inszenieren, die das sportliche Ereignis in den Hintergrund rücken lassen, siehe dazu *Aschenbeck*, Fußballfans im Abseits, 1998, S. 23.

97 *Aschenbeck*, Fußballfans im Abseits, 1998, S. 19 f.

98 *Bremer*, Fußball ist unser Leben!?, 2004, S. 49, 74.

99 Siehe oben § 2 I., S. 22 ff.

100 *König*, Fankultur, 2002, S. 44; *Friedmann*, Polizei und Fans – ein gestörtes Verhältnis?, 2009, S. 4.

entfernen sich in ihren Merkmalen augenscheinlich so weit von den Fanbegriffen, sodass sie nicht mehr als Fans einzuordnen sind. Verfolgen lässt sich ein soziologischer und ein sicherheitsbezogener Ansatz. Letztere Einteilung der Fans ist insbesondere für die Sicherheitsbehörden von Bedeutung, denn wenn diese erfassen können, welche Fangruppierungen sich im Stadion aufhalten, können die Ursachen der Gewalt erforscht und die passenden Maßnahmen zur Bekämpfung getroffen werden.

1. Soziologischer Ansatz

In der Soziologie hat sich eine Dreiteilung durchgesetzt, um die verschiedenen Gruppierungen in Kategorien einzuordnen.[101] In diesem Zusammenhang kann festgestellt werden, ob alle drei Gruppierungen unter die Fanbegriffe subsumierbar sind. Hinzuweisen ist darauf, dass es bei einzelnen Gruppierungen zu Überschneidungen kommen kann und eine randscharfe Abgrenzung nicht immer möglich ist.

a) Konsumorientierte Fans

Das Verhalten des konsumorientierten Fans ist mit dem Verhalten eines Verbrauchers beim Einkauf im Supermarkt vergleichbar.[102] Sollte der Verein über einen längeren Zeitraum eine schwache Leistung zeigen, ist es nicht unwahrscheinlich, dass der konsumorientierte Zuschauer dem Stadion in dieser Zeit fern bleibt.[103] In räumlicher Hinsicht sind die konsumorientierten Fans nicht in den Stehplatzkurven, sondern im Sitzbereich zu verorten.[104] Sie besuchen das Stadion überwiegend allein oder in kleineren Gruppen, denn auf ein Gemeinschaftsgefühl kommt es ihnen nicht an.[105] Die Ansicht, dass die Gefühlsbindung

---

101 *Heitmeyer/Peter*, Jugendliche Fußballfans, 1992, S. 31 ff.; maßgebliches Kriterium für die Einteilung ist der Grad an Bedeutung, den der Fußballsport im Leben der Zuschauer einnimmt, siehe dazu *Sommerey*, Die Jugendkultur der Ultras, 2010, S. 36.

102 Dem konsumorientierten Fan ist es dabei besonders wichtig, dass er für sein Geld eine gute Leistung geboten bekommt, siehe dazu *Aschenbeck*, Fußballfans im Abseits, 1998, S. 91.

103 *Klein*, Sicherheit durch Stadionverbote?, 2019, S. 21 f.; im allgemeinen Sprachgebrauch werden diese Fans auch als sog. Erfolgs- oder Mode-Fans bezeichnet, siehe dazu *Meier*, Der Fußballfan: ein Gewalttäter?, 2017, S. 16.

104 *Heitmeyer/Peter*, Jugendliche Fußballfans, 1992, S. 33; *Meier*, Der Fußballfan: ein Gewalttäter?, 2017, S. 16.

105 *Sommerey*, Die Jugendkultur der Ultras, 2010, S. 36.

an den Verein nur schwach und der Erfolg das zentrale Kriterium dieser Fanggruppierung ist,[106] vermag nach dieser Einschätzung zu überzeugen. Wenn das Erleben von Spannungssituationen und nicht die Unterstützung des Vereins im Vordergrund steht, ist das fußballerische Erlebnis austauschbar.[107]

In Anbetracht dieser Feststellungen ist die Gruppierung der konsumorientierten Fans nach soziologischen Gesichtspunkten (noch) unter den weiten Fanbegriff zu fassen, da durch gelegentliche Ticketkäufe Zeit und Geld in das Fanobjekt investiert werden. Dass der Ticketkauf nur Unterhaltungszwecken und nicht der Unterstützung der Mannschaft dient, ist dabei unerheblich. Anders sieht es der Fanforscher *Aschenbeck*, der in seiner Differenzierung nicht mehr von einem Fan, sondern „konsumorientierten Kunden“ spricht.[108] Ihm ist zuzustimmen, dass die persönliche Befriedigung für den Kunden über dem Wohl der Mannschaft beziehungsweise des Vereins steht, allerdings können auch konsumorientierte Kunden – gleichermaßen wie beim Kaufverhalten – eine Abhängigkeit beziehungsweise einen Drang dazu entwickeln, häufig ins Stadion zu gehen. Es kann nicht jedem Kunden, der primär zu Unterhaltungszwecken ins Stadion geht, gleichzeitig die Faneigenschaft abgesprochen werden.

b) Erlebnisorientierte Fans

Eine weitere Gruppierung ist die der erlebnisorientierten Fans. Für sie steht die Spannung, die sie zum Teil selbst durch Stimmung erzeugen, im Vordergrund des Stadionbesuchs.[109] Ihnen ist bekannt, dass im Stadion Unterhaltung geboten wird, und entfliehen ihrem Alltag durch dieses Kontrastprogramm.[110] Für einige Fans dieser Gruppierung ist die Stimmung im Stadion aber nicht ausreichend, um ihre Sensationslust zu befriedigen, sondern es kommt zu gewalttätigen Ausschreitungen, die sie von der Realität des Alltags ablenken sollen.[111] Mit dem

---

106 *Bremer*, Fußball ist unser Leben!?, 2004, S. 60.

107 *Heitmeyer/Peter*, Jugendliche Fußballfans, 1992, S. 33.

108 *Aschenbeck*, Fußballfans im Abseits, 1998, S. 91.

109 *Klein*, Sicherheit durch Stadionverbote?, 2019, S. 22; eine extreme Ausformung dieser Gruppierung sind die Hooligans, die durch gewalttätige Ausschreitungen die Stimmung künstlich erzeugen möchten, siehe dazu *Aschenbeck*, Fußballfans im Abseits, 1998, S. 91 f.; *Krahm*, Polizeiliche Maßnahmen zur Eindämmung von Hooligangewalt, 2007, S. 28 f.

110 *Heitmeyer/Peter*, Jugendliche Fußballfans, 1992, S. 33.

111 *Kübert/Neumann*, in: Kübert, Fußball, Medien und Gewalt, 1994, 21 (23).

Verein und der Mannschaft besteht häufig nur eine geringe Identifikation beziehungsweise Bindung.[112]

Ebenso wie der konsumorientierte lässt sich der erlebnisorientierte Fan mangels enger Beziehung zum Fanobjekt allenfalls unter den weiten Fanbegriff subsumieren, da zumindest Zeit und Geld durch Ticketkäufe und Stadionbesuche in das Fanobjekt investiert werden. Der Umstand, dass die Sensationslust und das Stadionerlebnis im Vordergrund des Stadionbesuches stehen, lässt nicht pauschal darauf schließen, dass gänzlich keine Verbindung zum Verein als Fanobjekt besteht.

c) Fußballzentrierte Fans

Ganz im Gegensatz zu den beiden anderen Gruppierungen steht für den fußballzentrierten Fan die sportliche Darbietung im Vordergrund, die nicht austauschbar ist.[113] Sie sind nicht ausschließlich leistungsfixiert, sondern primär zählt die Treue zum Verein, (auch) bei sportlichen Misserfolgen, zu ihren Prinzipien.[114] Nach dem Motto „Fußball ist mein Leben" stellt diese Gruppierung den eigentlichen Kern der Fanszene dar.[115] In räumlicher Hinsicht wird der Stehplatzblock als ihr „Revier" angesehen, in dem sie ihre Mannschaft bedingungslos und leidenschaftlich anfeuern.[116] Mit der Begründung, dass ein Großteil der Fans zwischen 14 und 22 Jahre alt ist, wird häufig von einer jugendlichen Subkultur innerhalb dieser Gruppierung gesprochen.[117]

Durch die Treue zum Verein und der zentralen Stellung des Fußballs im Leben der fußballzentrierten Fans ist diese Gruppierung zweifelsohne unter den engen Fanbegriff zu fassen. Wer mit Leidenschaft eine dauerhafte Unterstützung

---

112 *Bremer*, Fußball ist unser Leben!?, 2004, S. 61; *Sommerey*, Die Jugendkultur der Ultras, 2010, S. 37.

113 *Heitmeyer/Peter*, Jugendliche Fußballfans, 1992, S. 33.

114 *Heitmeyer/Peter*, Jugendliche Fußballfans, 1992, S. 33; zum Ausdruck gebracht wird die Treue durch eine Mitgliedschaft in einem Fanclub oder im Verein selbst, siehe dazu *Aschenbeck*, Fußballfans im Abseits, 1998, S. 91.

115 *Moldenhauer/Scherer*, in: Grau/Heyde u.a., Sozialwissenschaftliche Perspektiven der Fußballfanforschung, 2017, 176 (182).

116 An diesem Standort finden sich auch die sog. Kuttenfans wieder, die sich durch Schals, Mützen und die entsprechenden Kutten auffällig kleiden, siehe dazu *Sommerey*, Die Jugendkultur der Ultras, 2010, S. 37; heutzutage sind die Kuttenfans aber nur noch eher selten zu finden, siehe dazu *Böttger*, Gewalt, Fankultur und Sicherheit im deutschen Fußball, 2014, S. 10.

117 *Schulz/Weber*, in: Pilz, Sport und körperliche Gewalt, 1986, 55 (62).

der Mannschaft bietet, zählt zu den traditionellen Fans. Ihre Anwesenheit, ihr Organisationsgrad und ihr Auftreten gleichen einem oppositionellen und unabhängigen Gremium als Gegenpol zu Vereinen und Verbänden. Nicht nur für die Stimmung im Stadion, sondern auch für verbands- und vereinskritische Themen ist die in den Kurven zum Ausdruck gebrachte Meinung der fußballzentrierten Fans von Bedeutung und spiegelt die leidenschaftliche Beziehung zum Fanobjekt wider.

2. Sicherheitsbezogener Ansatz

Einen anderen Ansatz zur Einordnung der verschiedenen Fangruppierungen verfolgen die Sicherheitsbehörden. Die zuständige Behörde für Gewalt im Sport ist die Zentrale Informationsstelle Sporteinsätze (ZIS), welche die Zuschauergruppierungen seit 1991 in die Kategorien A, B und C einteilt.[118] Unter die Kategorie A fällt der friedliche „Fan“, die Kategorie B umfasst den gewaltbereiten/-geneigten „Fan“ und die Kategorie C beheimatet die gewaltsuchenden „Fans“.[119] Dass die ZIS den Begriff „Fan“ in Anführungszeichen setzt, deutet darauf hin, dass ihrer Ansicht nach nicht jede der in die Kategorien A, B und C eingeordneten Personen als solcher bezeichnet werden könne. Im Gegensatz zur soziologischen Begriffsbestimmung ist aber nicht die emotionale Bindung der Fans, sondern das für die Sicherheitsbehörden relevante Merkmal der Gewaltbereitschaft von Bedeutung. Nach den bisher getroffenen Feststellungen ist nach hier vertretener Ansicht aber einzig den gewaltsuchenden „Fans“ die Faneigenschaft abzusprechen,[120] sodass die Anführungszeichen im Folgenden auch nur für diesen Fall verwendet werden.

a) Friedliche Fans

Die Fans der Kategorie A sind friedliche Fans, von denen kein Gewaltpotenzial ausgeht. Zu dieser Gruppierung zählen insbesondere die konsumorientierten Fans, die das Spiel vergleichsweise geräuscharm von der Sitzplatztribüne aus betrachten.[121] Sie beteiligen sich weder an geplanter noch an spontaner Gewalt

118 Relevantes Kriterium für die Dreiteilung ist die Gewaltbereitschaft der Fans. Die emotionale Bindung der Fans dagegen – wie aus soziologischer Sicht – ist für diese Einteilung ohne Bedeutung.

119 Siehe dazu beispielhaft ZIS Jahresbericht Fußball Saison 2001/2002, S. 2; 2018/2019, S. 11; ferner BT-Drs. 17/8051, S. 2.

120 Siehe oben § 2 I. 4., S. 26 ff.

121 *König*, Fankultur, 2002, S. 11.

und tragen auch nicht durch Provokationen zu Ausschreitungen bei.[122] Trotz des nicht vorhandenen Gewaltpotenzials ist diese Kategorie für die Beurteilung der Sicherheitslage nicht auszulassen, da sie die große Mehrheit der Zuschauer repräsentiert. Sind es in der Saison 2018/2019 insgesamt 13.374 Zuschauer der Kategorie B und C gewesen, so verbleiben immer noch Millionen von friedlichen Fans, gemessen an der Zuschauerzahl von 22 Millionen Stadionbesuchern jährlich.[123] Auch wenn hinsichtlich des gewählten Themas Maßnahmen gegen die gewalttätigen Zuschauer im Vordergrund der Arbeit stehen, darf nicht vergessen werden, dass es sich bei den friedlichen Fans um die herausragende Mehrheit der Zuschauer handelt.

Für die Beurteilung der Verfassungsmäßigkeit von Stadionverboten ist die Feststellung der Gefahr für die friedlichen Fans aus dem Grund relevant, dass dem Staat eine verfassungsrechtliche Schutzpflicht[124] bezüglich Leib und Leben gemäß Art. 2 Abs. 2 S. 1 GG zukommt.[125] Aus den Statistiken ergibt sich, dass auch friedliche Fans unfreiwillig in gewalttätige Konflikte geraten und Opfer von Gewalttaten werden.[126] In der Saison 2018/19 verletzten sich 435 Unbeteiligte allein an pyrotechnischen Gegenständen oder polizeilichen Reizstoffen.[127] Die Zahl der friedlichen Zuschauer, die verletzt worden sind, ist vor dem Hintergrund relevant, dass gewalttätige Ausschreitungen im Stadion die friedlichen Fans vor weiteren Besuchen abschrecken könnten. Oberstes Ziel der Behörden muss es sein, dass friedliche Fans in ihrem Grundrecht auf Leib und Leben gemäß Art. 2 Abs. 2 S. 1 GG vor Gewalt geschützt werden und ohne Angst die Stadien besuchen können.

b) Gewaltbereite und -geneigte Fans

Zu den Fans der Kategorie B gehören gewaltbereite und -geneigte Zuschauer, dessen Anzahl in der Saison 2018/2019 von den Polizeibehörden mit 10.303 angegeben worden ist.[128] Darunter fallen alle Personen, die anlassbezogen zu

---

122 *Meier*, Der Fußballfan: ein Gewalttäter?, 2017, S. 15 f.

123 ZIS Jahresbericht Fußball Saison 2018/2019, S. 5; dazu schon *Krahm*, Polizeiliche Maßnahmen zur Eindämmung von Hooligangewalt, 2007, S. 30.

124 Zur Schutzpflichtenlehre siehe unten § 5 III. 1. d), S. 141 ff.

125 *Götz*, in: Isensee/Kirchhof, HStR IV, 2006, § 85 Rn. 24; *Lange*, Sicherheit im „Sommermärchen", 2013, S. 49.

126 *Bliesener/Lösel*, in: Herzog, Fußball als Kulturphänomen, 2002, 253 (253).

127 ZIS Jahresbericht Fußball Saison 2018/2019, S. 14.

128 ZIS Jahresbericht Fußball Saison 2018/2019, S. 19.

Gewalt bereit sind beziehungsweise dazu neigen.[129] Anlassbezogen bedeutet, dass sie zwar nicht primär zur Ausübung von Gewalt in die Stadien kommen, aber durch Provokationen der gegnerischen Fans oder ein verlorenes Spiel der Gewalt nicht abgeneigt sind.[130] Insbesondere kann übermäßiger Alkoholkonsum auf die Gewaltbereitschaft dieser Fangruppierung Einfluss nehmen.[131]

In der Saison 2007/2008 zählten die Sicherheitsbehörden noch die Gruppierung der Ultras zu den gewaltbereiten und -geneigten Zuschauern hinzu, selbst wenn einige von ihnen der Kategorie C zuzuordnen sind.[132] Dieser Trend hat sich nicht fortgesetzt, denn seit dem Jahresbericht 2013/2014 wurde der überwiegende Teil der Ultras sogar der Kategorie A zugerechnet.[133]

c) Gewaltsuchende „Fans"

Die Gruppierung mit dem höchsten Gewaltpotenzial ist die der gewaltsuchenden „Fans" aus der Kategorie C, dessen Anzahl in der Saison 2018/2019 mit 3.071 Personen beziffert worden ist.[134] Darunter sind solche Zuschauer zu verstehen, die überwiegend in Gruppen auftreten und Freude an gewalttätigen Auseinandersetzungen haben.[135] Sie suchen die Spiele nicht wegen des Fußballsports auf, sondern sehen das Stadion beziehungsweise das Umfeld primär als geeigneten Austragungsort für gewalttätige Auseinandersetzungen an.[136] Zu dieser Kategorie zählt klassisch die Gruppierung der Hooligans, die regelmäßig durch ihre hohe Gewaltbereitschaft Schlagzeilen macht.[137] Es ist die geplante und aktive Suche nach Konfrontation mit gegnerischen Fans und Sicherheitsbehörden, die als Erkennungsmerkmal dieser Gruppierung dient.[138] Auffällig werden die gewaltsuchenden „Fans" durch Straftaten wie Körperverletzungsdelikte (25,4 %)

---

129 *Klein*, Sicherheit durch Stadionverbote?, 2019, S. 23.

130 *Lange*, Sicherheit im „Sommermärchen", 2013, S. 21; *Klein*, Sicherheit durch Stadionverbote?, 2019, S. 23.

131 *Meier*, Der Fußballfan: ein Gewalttäter?, 2017, S. 15.

132 BT-Drs. 17/8051, S. 2; ZIS Jahresbericht Fußball Saison 2007/2008, S. 6; *Lange*, Sicherheit im „Sommermärchen", 2013, S. 21.

133 Dennoch ist weiterhin davon auszugehen, dass gewaltbereites Potenzial durch den zunehmenden Organisationsgrad der Ultras besteht, siehe dazu ZIS Jahresbericht Fußball Saison 2013/2014, S. 6 ff.

134 ZIS Jahresbericht Fußball Saison 2018/2019, S. 11.

135 *Klein*, Sicherheit durch Stadionverbote?, 2019, S. 23.

136 *Müller-Eiselt*, NVwZ 2016, 643 (643).

137 BT-Drs. 17/8051, S. 2.

138 *Meier*, Der Fußballfan: ein Gewalttäter?, 2017, S. 15.

und Verstöße gegen das Sprengstoffgesetz (12,7 %), die häufig auch abseits der Fußballstadien stattfinden.[139]

3. Hohes Gewaltpotenzial

Die namhaftesten Gruppierungen innerhalb der Fanszene sind die Hooligans und Ultras. Beide Gruppierungen werden in der Gesellschaft und den Medien gleichermaßen mit hohem Gewaltpotenzial verbunden,[140] wobei sich bezüglich der Gewaltmotive und -intensität signifikante Unterschiede ergeben.[141]

a) Hooligans

Als gewaltsuchend einzustufen sind Hooligans, die sich meist zu Gruppen aus 10–15 Personen zusammenschließen und im Verbund mit anderen Gruppen einen sog. Mob bilden können, der aus Hunderten von Hooligans besteht.[142] Einzelne Gruppierungen werden in der Fachsprache „Firms" oder „Crews" genannt und haben einen harten Kern von circa 30–100 Mitgliedern, die zumeist zwischen 18 und 23 Jahren alt sind.[143]

Eine genaue Definition ist durch die unterschiedlichen Strömungen innerhalb des Hooliganismus schwierig, sodass sich die folgenden Ausführungen auf kennzeichnende Merkmale beschränken.[144] Der Begriff „Hooligan" stammt von einer irischen Familie namens „Houlihan" ab, die durch aggressive, gewalttätige

---

139 Gefolgt von Sachbeschädigung (6,4 %), Widerstand (3,4 %) und Landesfriedensbruch (3,0 %), siehe dazu ZIS Jahresbericht Fußball Saison 2018/19, S. 16.

140 Siehe zur fehlerhaften Gleichsetzung von Hooligan und Ultras beispielhaft die Entscheidung des AG Duisburg, BeckRS 2009, 29835, in welcher der Beklagte behauptet, unter den Fans hätten sich etwa „120 Ultras", welche der „Hooligangruppierung Schickeria X3" angehören, befunden.

141 BT-Drs. 17/8051, S. 2; allerdings darf nicht verkannt werden, dass es zwischen den Gruppierungen Überschneidungen gibt, siehe dazu *Pilz/Wölki*, in: Pilz/Behn u.a., Wandlungen des Zuschauerverhaltens im Profifußball, 2006, 63 (216 f.).

142 Bei Spielen der Nationalmannschaft ist es denkbar, dass sich in der Bundesliga verfeindete Hooligangruppierungen zusammenschließen und gegen Hooligans anderer Nationalitäten kämpfen, siehe dazu *Friedmann*, Polizei und Fans – ein gestörtes Verhältnis?, 2009, S. 20.

143 *Bliesener/Lösel*, in: Herzog, Fußball als Kulturphänomen, 2002, 253 (255).

144 *Niemeier*, Gefahrenabwehrrechtliche Möglichkeiten der Bekämpfung ritualisierten Gewaltverhaltens im Zusammenhang mit Fußballveranstaltungen, 2015, S. 24.

und körperliche Auseinandersetzung bekannt wurde.[145] In Deutschland wurde der Begriff seit 1985 anstelle der sog. Fußballrowdys verwendet, welche sich an Gewalttaten im Umfeld von Fußballspielen beteiligten.[146] Die Bundesregierung definiert Hooligans als Personen, die im Zusammenhang mit Fußballbegegnungen durch Aggression und Gewaltbereitschaft auffallen und den Kontakt zu Gleichgesinnten des gegnerischen Vereins suchen.[147] Im Vordergrund des Stadionbesuches steht für die Gruppierung die Lust und Freude an der zielgerichteten Suche nach Gewalt.[148] Auch wenn nicht jedem Hooligan ein Interesse am Fußballsport gänzlich abzusprechen ist, ist das Fußballspiel regelmäßig nur eine Möglichkeit sich zu präsentieren und seine Gewaltfantasien auszuleben.[149]

Den Vorurteilen nach ist der Hooliganismus geprägt von Männlichkeit, Rechtsextremismus und Anerkennung.[150] Die Dominanz der Männlichkeit unbestritten, sticht in der gesellschaftlichen Anschauung und insbesondere auch in der medialen Berichterstattung das Merkmal des Rechtsextremismus heraus.[151] Diese Annahme bestätigt sich dadurch, dass Rechtextremismus unter

---

145 *König*, Fankultur, 2002, S. 69; *Friedmann*, Polizei und Fans – ein gestörtes Verhältnis?, 2009, S. 16; andere gehen von einem slawischen Ursprung aus, da die Bezeichnung Hooligan seit 1900 schon in Russland verwendet wurde, siehe dazu *Klein*, Sicherheit durch Stadionverbote?, 2019, S. 27.

146 *Pilz*, Sport, Fairplay und Gewalt, 2013, S. 86; *Bliesener/Lösel*, in: Herzog, Fußball als Kulturphänomen, 2002, 253 (259).

147 BT-Drs. 17/8051, S. 2; *Lange*, Sicherheit im „Sommermärchen", 2013, S. 24.

148 *Böttger*, Die Gewalt der Hooligans – eine Folge moderner gesellschaftlicher Entwicklungsprozesse?, 1998, S. 9; es bedarf keiner anlassbezogenen Provokation durch das Spielgeschehen oder rivalisierender Fans, siehe dazu *König*, Fankultur, 2002, S. 69; *Niemeier*, Gefahrenabwehrrechtliche Möglichkeiten der Bekämpfung ritualisierten Gewaltverhaltens im Zusammenhang mit Fußballveranstaltungen, 2015, S. 24.

149 *Müller-Eiselt*, NVwZ 2016, 643 (643); *Meier*, Der Fußballfan: ein Gewalttäter?, 2017, S. 11; an der Faneigenschaft zweifelnd *Kirchhoff*, NJW 2017, 294 (294).

150 Der überwiegend männliche Anteil an Hooligans ist statistisch belegt, siehe dazu *Lösel/Bliesener/Fischer u.a.*, Hooliganismus in Deutschland, 2001, S. 146; eingehend dazu auch *Krahm*, Polizeiliche Maßnahmen zur Eindämmung von Hooligangewalt, 2007, S. 52 ff.

151 Siehe dazu beispielhaft einen Beitrag der FAZ vom 08.10.2019, online abrufbar unter: <www.faz.net/aktuell/politik/inland/buergerwehr-von-rechtsextremen-hooligans-und-rockern-16423166.html>, zuletzt abgerufen am 01.08.2021; gestützt wird diese These dadurch, dass Hooligans bei Länderspielen auftreten, wo nationales Gedankengut präsentiert wird und ausländische Fans als Feindbild betrachtet werden, siehe dazu *König*, Fankultur, 2002, S. 81; Fangruppierungen sind nach wie vor eine allgemeine Anlaufstelle für Extremisten, siehe dazu *Orth*, SpuRt 2021, 53.

Hooligans nicht nur in Stadien sichtbar wird, sondern auch in den Innenstädten politische Demonstrationen gegen Ausländer stattgefunden haben.[152] Die Ehre, die nationale Identität und der internationale Ruf deutscher Hooligans sollen nach Wunsch der Gruppierung insbesondere bei Spielen der Nationalmannschaft verteidigt und ausgebaut werden.[153]

Auch das Streben nach Anerkennung ist ein hervorstehendes Merkmal für einen Hooligan. Darunter fallen sowohl der Respekt in der Szene selbst als auch das Ziel, ein gefürchtetes Ansehen in der Öffentlichkeit zu erlangen. Um dieses Ansehen zu gewinnen, muss der jeweilige Hooligan sowohl Kämpfe gewinnen als auch mediale Aufmerksamkeit erlangen.[154] Eine Besonderheit hinsichtlich des Ansehens ist der sog. Ehrenkodex, der selbst innerhalb der Szene umstritten ist.[155] Der Kodex beinhaltet Regeln für den Kampf wie beispielsweise ein Waffenverbot, faire Bedingungen, Alkohol- und Drogenverbot oder das Kooperationsverbot mit der Polizei.[156]

Der heute moderne Hooligan zeigt ein zum englischen Vorbild[157] konträres Bild: durchtrainiert, wenig bis gar nicht alkoholisiert, dafür mit verbotenen Substanzen[158] aufgeputscht und in allen sozialen Schichten wiederzufinden.[159] Herausentwickelt hat sich eine zunehmend organisierte Form von Gewalt,

---

152 *Meier*, Der Fußballfan: ein Gewalttäter?, 2017, S. 11 f.; *Claus*, Hooligans, 2018, S. 39 f.; *Kübert/Neumann*, in: Kübert, Fußball, Medien und Gewalt, 1994, 21 (33).

153 *Krahm*, Polizeiliche Maßnahmen zur Eindämmung von Hooligangewalt, 2007, S. 40 ff.

154 *Friedmann*, Polizei und Fans – ein gestörtes Verhältnis?, 2009, S. 19 f.

155 *König*, Fankultur, 2002, S. 84 f.

156 Allerdings ist allgemein bekannt, dass der Kodex nicht immer eingehalten wird, siehe dazu *Lösel/Bliesener/Fischer u.a.*, Hooliganismus in Deutschland, 2001, S. 125 f.; *Lange*, Sicherheit im „Sommermärchen", 2013, S. 26 f.; *Niemeier*, Gefahrenabwehrrechtliche Möglichkeiten der Bekämpfung ritualisierten Gewaltverhaltens im Zusammenhang mit Fußballveranstaltungen, 2015, S. 34 f.

157 Die englischen Hooligans dienten als Vorbild für die deutsche Hooligankultur und sind bis heute weltweit gefürchtet, siehe dazu *Friedmann*, Polizei und Fans – ein gestörtes Verhältnis?, 2009, S. 18.

158 Besonders beliebt ist der Stoff Tilidin, da er angst- und schmerzhemmend ist, siehe dazu *ders.*, Polizei und Fans – ein gestörtes Verhältnis?, 2009, S. 24.

159 Bei einer Festnahme von Hooligans während der Fußballeuropameisterschaft 2006 wurden die Personalien von zwei Köchen, einem Manager, einem Wirtschaftsprüfer und einem Mathelehrer festgestellt, siehe dazu *Claus*, Hooligans, 2018, S. 12 f.; *Pilz*, Sport, Fairplay und Gewalt, 2013, S. 87; *Klein*, Sicherheit durch Stadionverbote?, 2019, S. 28.

die über die Jahre hinweg professionalisiert wurde.[160] Besonders auffällig ist zudem eine Verlagerung der Gewalt aus den Stadien hin zu Drittorten, um ein Zusammentreffen mit der Polizei zu verhindern.[161] Die ZIS vermutet eine hohe Dunkelziffer an gewalttätigen Auseinandersetzungen unter Hooligans, da die Polizeibehörden durch die absichtlich gewählte Distanz zum Stadion nicht immer vor Ort sein können.[162] Insbesondere Erkenntnisse aus zurückliegenden Spielzeiten haben gezeigt, dass Gewalttäter sich zunehmend weit abgesetzt von den Stadien oder auch in anderen Städten zu Auseinandersetzungen verabredet haben.[163] Das heißt aber nicht, dass die Hooligans aus den Innenstädten gänzlich verschwunden sind, sondern vielmehr geraten diese weiterhin auch im innenstädtischen Bereich in Konflikte mit den Polizeibehörden.[164]

b) Ultras

Neben den Hooligans stellen die Ultras eine namenhafte Gruppierung mit hohem Gewaltpotenzial dar, auch wenn dieses im Vergleich zu den Hooligans geringer ist.[165] Aufgeteilt werden kann die Struktur der Ultraszene in drei unterschiedliche Gruppierungen: Zum einen gibt es den „harten Kern", der Führungspersonen umfasst und sich intensiv für die aus mehreren Hundert Personen bestehende Gruppe engagiert. Zum anderen gibt es die Sympathisanten, die lediglich aus Sympathie an Aktionen der Ultras beteiligt sind, ohne selbst Mitglied zu sein. Dazwischen liegen die Ultras im engeren Sinne, die regelmäßig an Spielen und vereinzelt an Treffen des „harten Kerns" teilnehmen.[166]

---

160 Begünstigend ist die zunehmende Verbreitung elektronischer Kommunikationsmittel, siehe dazu *Krahm*, Polizeiliche Maßnahmen zur Eindämmung von Hooligangewalt, 2007, S. 41.

161 *Lösel/Bliesener/Fischer u.a.*, Hooliganismus in Deutschland, 2001, S. 148.

162 ZIS Jahresbericht Fußball Saison 2018/19, S. 20 f.

163 Bekannt unter dem Begriff des sog. Gewalttourismus, siehe dazu *Friedmann*, Polizei und Fans – ein gestörtes Verhältnis?, 2009, S. 24.

164 Siehe dazu beispielhaft einen Beitrag der HAZ vom 16.02.2020, „Hooligans von Dynamo Dresden randalieren in Bispingen", online abrufbar unter <www.haz.de/Nachrichten/Der-Norden/Nach-St.-Pauli-Spiel-Hooligans-von-Dynamo-Dresden-randalieren-in-Bispingen>, zuletzt abgerufen am 01.08.2021.

165 *Pilz/Wölki*, in: Pilz/Behn u.a., Wandlungen des Zuschauerverhaltens im Profifußball, 2006, 63 (127 ff.).

166 Zur Struktur der Ultraszene siehe BT-Drs. 17/8051, S. 5; ferner *Gabler*, Die Ultras, 2013, S. 55 f.

Auch für die Ultras lässt sich keine allgemeine Definition finden, sondern vielmehr nur eine Begriffsbestimmung mit gängigen Merkmalen herleiten.[167] In die deutsche Sprache übersetzt heißt der lateinische Begriff „über etwas hinaus",[168] während der Duden diesen sogar mit Fanatismus, Rechtsextremismus oder Hooliganismus gleichsetzt.[169] Letzterer Vergleich ist schlichtweg fehlerhaft, zeigen sich doch signifikante Unterschiede zwischen Hooligans und Ultras auf. In der Fanszene des Sports soll der Begriff der Ultras auf die über dem Durchschnitt liegende Identifikation des Fans mit dem Verein hinweisen.[170]

Die Motivationslage für einen Stadionbesuch der Ultras besteht nicht aus Gewaltfantasien, sondern der Sport steht im Vordergrund des Geschehens.[171] Im Gegensatz zu Hooligans sprechen sich die Ultras in der Theorie sogar frei von Gewalt, distanzieren sich aber zugleich von den bloß konsumorientierten Zuschauern.[172] Zur Unterstützung der gewaltfreien Position lassen sich die erfassten Daten der ZIS anführen, welche die Ultras zum Großteil in die Kategorie A einstuft.[173] Dass dennoch Gewalt in der Ultraszene besteht, liegt nicht an dem Wunsch körperlicher Auseinandersetzung, sondern ist vielmehr situativ vom Spielgeschehen abhängig.[174] Mit anderen Worten ist die Gewalt lediglich ein akzeptiertes Mittel zur Durchsetzung von Faninteressen oder Auseinandersetzung mit rivalisierenden Ultras.[175] Da die Ultras kein primäres Interesse an einer gewalttätigen Auseinandersetzung haben, sondern nur dazu bereit sind, handelt es sich im Vergleich zu den Hooligans überwiegend um eine geringere Intensität von Gewaltausübung. Beispielhaft können hier verbale Provokationen,

---

167 Auch die Bundesregierung nimmt keine Definition vor, siehe dazu BT-Drs. 17/8051, S. 2.

168 *Lange*, Sicherheit im „Sommermärchen", 2013, S. 24.

169 *Dudenredaktion*, Duden, 2020, S. 1163.

170 *Niemeier*, Gefahrenabwehrrechtliche Möglichkeiten der Bekämpfung ritualisierten Gewaltverhaltens im Zusammenhang mit Fußballveranstaltungen, 2015, S. 37 f.

171 Aussage eines szenekundigen Polizeihauptkommissars in einem Verfahren gegen einen Ultra, siehe dazu OVG Bremen, Beschl. v. 10.2.2010 – 1 B 30/10, juris, Rn. 14.

172 *Pilz/Wölki*, in: Pilz/Behn u.a., Wandlungen des Zuschauerverhaltens im Profifußball, 2006, 63 (127 ff.); *Sommerey*, Die Jugendkultur der Ultras, 2010, S. 61.

173 ZIS Jahresbericht Fußball Saison 2013/2014, S. 6 ff.

174 *Niemeier*, Gefahrenabwehrrechtliche Möglichkeiten der Bekämpfung ritualisierten Gewaltverhaltens im Zusammenhang mit Fußballveranstaltungen, 2015, S. 26, 42; *Pilz/Wölki*, in: Pilz/Behn u.a., Wandlungen des Zuschauerverhaltens im Profifußball, 2006, 63 (215 ff.).

175 Aussage eines szenekundigen Polizeihauptkommissars in einem Verfahren gegen einen Bremer Ultra, OVG Bremen, Beschl. v. 10.2.2010 – 1 B 30/10, juris, Rn. 14.

Beleidigungen, Würfe von Bierbechern und Feuerzeugen, Vandalismus sowie Rangeleien angeführt werden.[176]

Auffällig sind die Choreografien und die Fangesänge der Ultras, die eine besondere Atmosphäre und Stimmung im Stadion erzeugen.[177] Zu den besonderen Werten der Ultras zählen Stärke, Macht, Durchsetzungsvermögen und Männlichkeit.[178] Innerhalb der Gruppierung sind außerdem Engagement, Gruppenzusammenhalt und Verantwortungsgefühl von herausragender Bedeutung für die Ultras.[179] Deutlich wird das Gemeinschaftsgefühl der Ultras während der Zuschauerbeschränkungen zur Corona-Pandemie 2020, in welcher die Ultras den Stadien ohne die Erlaubnis des gemeinsamen Zusammenstehens fernblieben.[180]

Ultras gelten als verbands- beziehungsweise vereinspolitisch engagiert und sind bekannt für ihre Demonstrations- und Protestkultur gegen ihre klassischen Feindbilder.[181] Zwar bedeutet das „Ultra-Sein" die bedingungslose Liebe zu ihrem Verein, aber gilt diese Bindung nicht automatisch für dessen Repräsentanten.[182] Ziel der Proteste sind beispielsweise die Abschaffung der Kommerzialisierung des Fußballsports und der Erhalt von Traditionen.[183] Damit einher geht die bereits angesprochene Abgrenzung der Ultras zu den konsumorientierten Fans, die sich von der Kommerzialisierung des Fußballs leiten lassen. Mit

176 Eingehend zu der Gegenüberstellung siehe *Pilz/Wölki*, in: Pilz/Behn u.a., Wandlungen des Zuschauerverhaltens im Profifußball, 2006, 63 (215 f.).

177 BT-Drs. 17/8051, S. 2; *Meier*, Der Fußballfan: ein Gewalttäter?, 2017, S. 12; überdimensionale Fahnen, Spruchbanner und pyrotechnische Gegenstände gehören zu ihrem Standardrepertoire, siehe dazu *Pilz/Wölki*, in: Pilz/Behn u.a., Wandlungen des Zuschauerverhaltens im Profifußball, 2006, 63 (71).

178 *Kauerhof*, in: Kauerhof/Nagel u.a., Stadionverbote im internationalen Vergleich, 2012, 43 (52).

179 *Gabler*, Die Ultras, 2013, S. 57; aber auch Diskriminierung bei den Themen Sexismus und Homophobie lässt sich weiterhin feststellen, siehe dazu *Pilz/Wölki*, in: Pilz/Behn u.a., Wandlungen des Zuschauerverhaltens im Profifußball, 2006, 63 (103 f.).

180 Siehe dazu einen Beitrag der FAZ vom 14.10.2020, online abrufbar unter <www.faz.net/aktuell/sport/fussball/bundesliga/fussball-warum-die-ultras-nicht-mehr-ins-stadion-wollen-16999857.html>, zuletzt abgerufen am 01.08.2021.

181 Zu diesen Feindbildern zählen traditionell die Polizeibehörden, Verbände, Medien und vermehrt sogar die eigene Vereinsführung, siehe dazu *Pilz*, Sport, Fairplay und Gewalt, 2013, S. 89, 97 f.; *König*, Fankultur, 2002, S. 57 ff.

182 *Gabler*, Die Ultras, 2013, S. 67.

183 *Lindner/Breuer*, in: Hopf, Fußball, 1998, 162 ff.

Ausnahme von verbands- und vereinspolitischen Themen sehen sich die Ultras selbst jedoch als unpolitisch an.[184]

IV. Fazit

Unter Fans sind Personen zu verstehen, die eine leidenschaftliche Beziehung zu einem Fanobjekt haben und in die emotionale Beziehung zu diesem Objekt Zeit und/oder Geld investieren.[185] Um den verschiedenen Stufen von Intensität Ausdruck zu verleihen, ist der Fanbegriff in den engen, erweiterten und weiten Fanbegriff einzuteilen. Extreme Fans wie Fanatiker (Maximum) oder Gelegenheitszuschauer (Minimum) sind unter den engen beziehungsweise weiten Fanbegriff zu fassen. Gewaltbereite Fans sind, insbesondere wenn sie aus ihren Emotionen heraus handeln, nicht grundsätzlich von der Fangemeinschaft auszuschließen, müssen allerdings eine Abgrenzung hin zu gewaltsuchenden Straftätern erfahren.

Die deutsche Fankultur orientiert sich stark an dem englischen Vorbild. Es hat mangels Regelwerk und Popularität lange gebraucht, bis sich auch in Deutschland eine erkennbare Fankultur abzeichnen konnte. Diese ist heute geprägt von Fangesängen, überdimensionalen Fahnen und Choreografien, aber auch durch pyrotechnische Gegenstände und gewalttätigen Ausschreitungen. Gefährdet ist der Erhalt der Fankultur durch Prozesse wie Kommerzialisierung, Medialisierung und zunehmenden Sicherheitsmaßnahmen, gegen die traditionelle Fangruppierungen wie die Ultras versuchen, durch Demonstrations- und Protestkultur anzukämpfen.[186]

Sowohl die Einteilung nach konsumorientierten, erlebnisorientierten und fußballzentrierten Fans[187] als auch in die Sicherheitskategorien A, B und C[188] geben einen anschaulichen Überblick über die verschiedenen Zuschauergruppierungen. Der Umstand, dass diese Gruppierungen im jährlichen Bericht der ZIS verwendet werden, spricht dafür, dass die Eigenschaften der Fanszene insbesondere aus sicherheitspolitischer Sicht relevant sind. Besonderes Augenmerk ist auf die Gruppierungen der Hooligans und Ultras zu legen, die ein erhöhtes

---

184 *Sommerey*, Die Jugendkultur der Ultras, 2010, S. 97 f.; a. A. *Pilz/Wölki*, in: Pilz/Behn u.a., Wandlungen des Zuschauerverhaltens im Profifußball, 2006, 63 (116 f.).

185 *Roose/Schäfer/Schmidt-Lux*, in: dies., Fans: Soziologische Perspektiven, 2017, 1 (4).

186 *Pilz*, Sport, Fairplay und Gewalt, 2013, S. 89, 97 f.

187 *Heitmeyer/Peter*, Jugendliche Fußballfans, 1992, S. 31 ff.

188 Siehe dazu beispielhaft ZIS Jahresbericht Fußball Saison 2001/2002, S. 2; 2018/2019, S. 11; BT-Drs. 17/8051, S. 2.

Gewaltpotenzial aufweisen. Insbesondere Hooligans, die primär nach Gewalt suchen, stellen eine Gefahr für die Sicherheit in den Stadien, aber auch in den Innenstädten dar.[189]

189 *Friedmann*, Polizei und Fans – ein gestörtes Verhältnis?, 2009, S. 24; *Claus*, Hooligans, 2018, S. 13 f.

§ 3 Zur Fangewalt

Fast schon gewohnheitsmäßig präsent in den Medien sind Gewaltexzesse aus der Fanszene, die in den Fußballstadien und deren Umfeld stattfinden.[190] In diesem Abschnitt ist der Frage nachzugehen, wie sich die Gewalt in der Fanszene entwickelt hat und welche Ursachen für dessen Entstehung auszumachen sind. Aus den gewonnenen Erkenntnissen lassen sich Bekämpfungsstrategien erarbeiten, die letztlich auch zu der Maßnahme der Stadionverbote als *Ultima Ratio* geführt haben.

I. Entwicklung der Fangewalt

Gewalttätige Auseinandersetzungen unter Fans haben eine lange Historie und waren bereits in den Jahren vor Christus festzustellen.[191] Um einen Entwicklungstrend ausmachen zu können, sind prominente Fälle von Gewalt sowie aktuelle Statistiken auszuwerten. Insbesondere gilt es der Frage nachzugehen, ob die Gewalt in den Fußballstadien zugenommen hat.[192]

1. Historischer Hintergrund

Dass Fangewalt im Zusammenhang mit Sportveranstaltungen bereits in der Antike existierte, belegt ein Alkoholverbot in Delphi um 450 vor Christus, das gewalttätige Ausschreitungen von Fans verhindern sollte.[193] Weiterhin existieren Berichte über einen Sportwettkampf zwischen Pompeji und Nivevia aus dem Jahre 59 nach Christus, bei der es heftige Zuschauerausschreitungen gegeben haben soll und als Folge dessen eine Spezialeinheit zur Gewährleistung der öffentlichen Sicherheit und Ordnung gegründet worden ist.[194] Waren es in der

---

190 *Riederer/Frevel*, in: Kubera/Kugelmann, Fußballgroßveranstaltungen im Spannungsverhältnis, 2019, 33 (34).

191 *Claus*, Hooligans, 2018, S. 35.

192 Diese Frage ist unter Gewaltforschern umstritten, siehe dazu *Riederer/Frevel*, in: Kubera/Kugelmann, Fußballgroßveranstaltungen im Spannungsverhältnis, 2019, 33 (37 f.).

193 *Pilz*, in: Bierhoff/Wagner, Aggression und Gewalt, 1998, 128 (129); *Bremer*, Fußball ist unser Leben!?, 2004, S. 29.

194 *Pilz*, in: Bierhoff/Wagner, Aggression und Gewalt, 1998, 128 (129); *Deusch*, Polizeiliche Gefahrenabwehr bei Sportgroßveranstaltungen, 2005, S. 82 f.

Antike noch Gladiatorenwettkämpfe oder andere Sportarten, die für gewalttätige Ausschreitungen bekannt waren, wurde sukzessiv der Fußballsport zum Brennpunkt der Fangewalt. Im Jahre 1314 verbat ein Londoner Bürgermeister im Namen des Königs Fußballspiele, da diese zu großer Aufruhr in der Stadt führen würden.[195] Laut der Aussage des Bürgermeisters würde der Fußballsport gewalttätige Ausschreitungen und Landfriedensbruch begünstigen. Grund hierfür könnten die wenigen Regeln und die brutale Art der Austragung gewesen sein, die den Fußballsport in seiner Anfangszeit ausmachten.[196] Eine Abnahme der Gewalt erfolgte erst mit der Einführung von Regularien, doch lässt sich auch in Deutschland die Fangewalt seit den 1970er-Jahren nicht mehr gänzlich aus den Stadien vertreiben.[197]

Ein Vergleich von Gewalt früher und heute gelingt erst mit der Erkenntnis, dass Gewalt im Mittelalter beziehungsweise in der frühen Neuzeit nicht tabuisiert, sondern vielmehr ein Zeichen von Stärke war.[198] Wirft man einen Gesamtblick von der Entstehung des Fußballsports bis zur heutigen Spielform, spricht einiges gegen die These der Zunahme von Zuschauergewalt. Der Fußball war als Sportart mangels Regularien früher deutlich härter und auch die Verhaltensweisen der Zuschauer waren analog geprägt von Brutalität und Härte.[199] Die Vermutung, dass die Gewalt in den Stadien signifikant zugenommen hat, ist nach Analyse des historischen Hintergrundes nicht zu bestätigen.

2. Prominente Beispiele

Die Wahrnehmung von Gewalt wird durch mediale Präsenz bekannter Fälle beeinflusst. Zu erwähnen ist beispielsweise das Länderspiel zwischen Peru und Argentinien, welches 1964 mehr als 300 Tote forderte, sowie das Spiel der Rivalen Rangers und Celtic in Glasgow, welches 66 Tote forderte.[200] Beide

---

195 *Aschenbeck*, Fußballfans im Abseits, 1998, S. 10; *Lange*, Sicherheit im „Sommermärchen", 2013, S. 18.

196 Siehe oben § 2 II., S. 27 ff.

197 *Schulz/Weber*, in: Pilz, Sport und körperliche Gewalt, 1986, 55 (55); *Nolte*, NVwZ 2001, 147 (147) spricht von „bürgerkriegsähnlichen" Zuständen.

198 *Niemeier*, Gefahrenabwehrrechtliche Möglichkeiten der Bekämpfung ritualisierten Gewaltverhaltens im Zusammenhang mit Fußballveranstaltungen, 2015, S. 22.

199 Grund für den Anschein der Gewaltzunahme ist vielmehr, dass wir bewusster und empfindlicher auf Berichte zu Fangewalt in Stadien reagieren, siehe dazu *Pilz*, in: Hopf, Fußball, 1998, 171 (173).

200 *Riederer/Frevel*, in: Kubera/Kugelmann, Fußballgroßveranstaltungen im Spannungsverhältnis, 2019, 33 (36).

Ereignisse forderten eine hohe Anzahl an Toten, wie sie heute für ein Fußballspiel undenkbar wäre. Weiter berichtete *Der Spiegel* von einer Katastrophe aus dem Heysel-Stadion in Brüssel 1985, bei dem britische Zuschauer einen italienischen Fanblock stürmten und auf die Fans der gegnerischen Mannschaft sieben Minuten lang einprügelten. An diesem Tag kamen infolgedessen 39 Menschen ums Leben.[201]

Einer der international bekanntesten Fälle ist der Angriff auf den französischen Polizeibeamten *Daniel Nivel* während der Fußballweltmeisterschaft 1988 in Frankreich.[202] Deutsche Hooligans traten auf den schon wehrlos am Boden liegenden Polizeibeamten ein, woraufhin *Nivel* sechs Wochen im Koma lag und noch heute unter den gesundheitlichen Folgen des Angriffs zu leiden hat.[203] Dieser Beispielsfall verdeutlicht die skrupellose Gewalt der Hooligans gegen Sicherheitsbeamte. Nach diesem Ereignis wurde im Jahre 2000 die *Daniel-Nivel-Stiftung* gegründet, die Zuschauergewalt im Fußballsport untersuchen und präventiv verhindern soll.[204]

Die Todeszahlen, die sich aus Berichten des 20. Jahrhunderts wiederfinden lassen, sind heute kaum vorstellbar. Vielmehr sind es Einzelfälle, die von den Medien hervorgehoben werden und den Eindruck von zunehmender Fangewalt erwecken. Diese These soll die Gewalt in Stadien keinesfalls verharmlosen, aber es muss betont werden, dass einzelne Fälle nicht repräsentativ sind. Die mediale Aufmerksamkeit einiger Ereignisse kann nicht darüber entscheiden, ob eine Gewaltzunahme in den Fußballstadien stattgefunden hat. Sie vermitteln dem Informationsempfänger und der Gesellschaft lediglich einen (fehlerhaften) Eindruck, der von Einzelfällen bestimmt ist.

3. Statistische Auswertung

Heranzuziehen ist idealerweise eine Auswertung der Sicherheitslage in deutschen Fußballstadien auf Grundlage der Statistiken der ZIS. Dazu wurden im

---

201 Siehe dazu einen Artikel aus Der Spiegel 23/1985, S. 114 ff., „England raus aus Europa", online abrufbar unter: <www.spiegel.de/politik/england-raus-aus-europa-a-d5bc8ac6-0002-0001-0000-000013513612?context=issue>, zuletzt abgerufen am 01.08.2021; *Bremer*, Fußball ist unser Leben!?, 2004, S. 46.

202 *Willms*, in: Jäger/Viehrig, Sicherheit und Medien, 2009, 125 (132); *Lange*, Sicherheit im „Sommermärchen", 2013, S. 24.

203 *Willms*, in: Jäger/Viehrig, Sicherheit und Medien, 2009, 125 (132).

204 Online abrufbar, <www.dfb.de/daniel-nivel-stiftung>, zuletzt abgerufen am 01.08.2021.

Folgenden die Jahresberichte 2000/2001, 2010/2011 und 2018/19 ausgewertet, die sich jeweils auf eine Saison erstrecken.[205] Anhaltspunkte liefern die Anzahl eingeleiteter Strafverfahren, verletzter Personen sowie die der gewaltbereiten/-geneigten beziehungsweise gewaltsuchenden Stadionbesucher.

In der Saison 2000/2001 wurden insgesamt 2.901 Strafverfahren eingeleitet, 2010/2011 waren es bereits 5.818 und 2018/19 zuletzt 5.627 Verfahren. Insbesondere in den 2010er-Jahren ist ein deutlicher Anstieg der Verfahren zu erkennen, der sich auch nicht mit dem Hinweis auf eine möglicherweise steigende Anzahl an Fußballspielen entkräften lässt. Waren es 2000/2001 noch 748 Fußballspiele, sind es 2018/2019 nur noch 646 Spiele gewesen, während die Anzahl der Zuschauer von 11,6 auf 18,9 Millionen gestiegen ist. Mit anderen Worten: Je mehr Menschen an einem Ort zusammenkommen, desto höher ist das Sicherheitsrisiko, welches sich bereits in den steigenden Strafverfahren realisiert haben könnte. Die Ansicht, dass ein deutlicher Anstieg in den 2010er-Jahren an Gewalt stattgefunden hat, lässt sich aber nicht mit dem Argument entkräften, dass gleichermaßen die Zuschauerzahl deutlich gestiegen ist, da die Sicherheitslage nicht prozentual an der Gesamtzuschauerzahl zu messen ist.

Ein weiterer Punkt zur Beurteilung von Fangewalt ist die Anzahl von verletzten Personen bei Fußballspielen. Unterschieden werden kann zwischen beteiligten und unbeteiligten Verletzten sowie verletzten Polizeibeamten. Beispielhaft zeigt die Zahl der unbeteiligten Verletzten einen Trend hin zu mehr Gewalt. Wurden in der Saison 2000/2001 noch 111 unbeteiligte Personen verletzt, waren es 2010/11 bereits 344 Personen und 2018/19 schon 435 Personen.

Letztlich gibt die Zahl der durch die Polizei als gewaltbereit/-geneigt und gewaltsuchend eingeordneten Stadionbesucher Auskunft über das Gewaltpotenzial. In der Saison 2000/2001 schätzten die Behörden die Personen der Kategorie C auf 2.558, 2010/2011 auf 2.445 und 2018/19 auf 3.071 Personen. Im Vergleich dazu ist die Zahl der gewaltbereiten/-geneigten Personen (Kategorie B) von 4.163 Personen in der Saison 2000/2001 auf 10.303 in der Saison 2018/2019 gestiegen, sodass insbesondere in Kategorie B ein deutlicher Anstieg zu verzeichnen ist.

Im Gesamtbild kann in den letzten zwanzig Jahren ein statistischer Anstieg der Fangewalt beobachtet werden, der aber (zumindest teilweise) auch auf steigende Zuschauerzahlen zurückzuführen ist. Doch selbst wenn nicht die zunehmende Brutalität des einzelnen Zuschauers, sondern nur die steigende Anzahl an Zuschauern insgesamt Grund für die Zunahme von Gewalt ist, bleibt es bei

205 Siehe zum ganzen Vergleich ZIS Jahresbericht Fußball Saison 2000/2001; 2010/2011; 2018/19.

einer tatsächlichen Zunahme, welche die Sicherheitsbehörden vor neue Herausforderungen stellt.

4. Zusammenfassung

Die Untersuchungen zur historischen Entwicklung, bekannter Fälle und Statistiken ergeben insgesamt ein gespaltenes Bild. Aus der historischen Entwicklung lässt sich erkennen, dass die Gewalt vor dem 18. Jahrhundert eine brutalere Form hatte und eine Vielzahl von Todesfällen hervorrief. Heute ist die Gesellschaft sensibler für Berichte über Gewalttaten geworden,[206] sodass insbesondere nicht repräsentative Einzelfälle aus den Medien ein falsches Bild vermitteln können.[207] Statistisch gesehen lässt sich ein leichter Anstieg des Gewaltpotenzials in den 2000er- und 2010er-Jahren erkennen, was auch auf explosionsartig steigende Zuschauerzahlen zurückzuführen ist. Es lässt sich daher resümieren, dass das Gewaltpotenzial und die Brutalität auf die Jahrhunderte gesehen abgenommen haben, in den letzten Jahrzehnten aber wieder eine leicht zunehmende Tendenz zu erkennen ist. Die Gründe dafür sind im folgenden Kapitel näher zu untersuchen.

II. Ursachen von Fangewalt

Die Ursachen von Fangewalt zu erforschen, dient nicht nur einem besseren Verständnis der Persönlichkeit von Gewalttätern, sondern führt zu einem Gewinn an neuen Bekämpfungsstrategien, die am Ursprung von Gewalt ansetzen. Es sind verschiedene Ursachen bekannt, die sich jeweils negativ auf das Gewaltpotenzial auswirken und kumulativ für die Ausschreitungen verantwortlich sind.[208] Zu differenzieren ist zwischen theoretischen Ansätzen und begünstigenden Faktoren.

---

206 *Niemeier*, Gefahrenabwehrrechtliche Möglichkeiten der Bekämpfung ritualisierten Gewaltverhaltens im Zusammenhang mit Fußballveranstaltungen, 2015, S. 22.

207 *Riederer/Frevel*, in: Kubera/Kugelmann, Fußballgroßveranstaltungen im Spannungsverhältnis, 2019, 33 (34).

208 *Schulz/Weber*, in: Pilz, Sport und körperliche Gewalt, 1986, 55 (59); *Krahm*, Polizeiliche Maßnahmen zur Eindämmung von Hooligangewalt, 2007, S. 51 spricht von einem „differenzierten Ursachengeflecht“; *Lange*, Sicherheit im „Sommermärchen“, 2013, S. 19.

1. Theoretische Ansätze

Aus historischer Perspektive existiert eine Vielzahl an Theorien für die Ursache von Gewalt, die sich zum Teil auf die spezielle Form der Fangewalt übertragen lassen. Angesichts dieses Umstandes und dem Untersuchungsgegenstand der Arbeit kann nur verkürzt auf einen Teil ausgewählter Theorien eingegangen werden.

Beginnend mit der berühmten Frustrations-Aggressions-Hypothese ging *Dollard* davon aus, dass die im Menschen entstehenden Aggressionen im Zusammenhang mit Frustration stehen.[209] Seiner These zufolge sei die Intensität von Aggression abhängig von der Intensität der Frustration, das heißt einer negativen Erfahrung. Vom heutigen Kenntnisstand aus ist die These nur teilweise überzeugend, denn Frustration und Aggression können zwar in einem kausalen Zusammenhang stehen, dieser ist aber nicht zwingend.[210] Doch selbst mit dem Hinweis, die Frustration sei nur ein bloßer Anreiz,[211] zählt diese heute im Hinblick auf Stadionverbote zumindest zu den mittelbaren Ursachen von Fangewalt.[212] Besonders zeigt sich der Wahrheitsgehalt dieser Theorie durch die Entladung von Frustration und Gewalt nach einer Niederlage der favorisierten Mannschaft.[213]

Einen völlig anderen Ansatz zur Erklärung von Gewalt liefert die im Jahr 1979 entwickelte soziale Lerntheorie. Nach dieser gehe die Aggression von einem erlernten Verhalten aus, das durch Nachahmung und Belohnung begünstigt wird.[214] Wenn Gewalt mit positiven Gefühlen wie Selbstwertschätzung oder Anerkennung anderer als Belohnung verbunden werde, würden Menschen dieses Verhalten als positiv in Erinnerung behalten.[215] Übertragen auf die Fangewalt ahmen jüngere Fans das Verhalten von älteren Gewalttätern nach.[216] Noch wichtiger als die Nachahmung ist im Hinblick auf die Fangewalt aber die Belohnung

---

209 *Dollard*, Frustration und Aggression, 1973, S. 9; *Bierhoff/Wagner*, in: Bierhoff/Wagner, Aggression und Gewalt, 1998, 2 (8).

210 *Bierhoff/Wagner*, in: Bierhoff/Wagner, Aggression und Gewalt, 1998, 2 (8 f.).

211 *Miller*, Psychol. Rev. 1941, 337 ff.;.

212 *Friedmann*, Polizei und Fans – ein gestörtes Verhältnis?, 2009, S. 107.

213 *Pilz*, in: Hopf, Fußball, 1998, 171 (183).

214 Dadurch könne aggressives Verhalten erlernt werden, siehe dazu *Bierhoff/Wagner*, in: Bierhoff/Wagner, Aggression und Gewalt, 1998, 2 (8).

215 Zum Einsatz von Strafe als kriminalpolitisches Instrument siehe *Kinzig*, in: Schönke/Schröder, StGB, 2019, § 46 Rn. 43; *Bärsch/Bärsch*, Theorien zur Gewalt, 2007, S. 37.

216 *Klein*, Sicherheit durch Stadionverbote?, 2019, S. 126.

durch positive Würdigung und Solidaritätsbekundungen innerhalb der eigenen Gruppierung.[217] Am Beispiel der Hooligans, die sich zusammen gegen Sicherheitsbehörden solidarisieren können,[218] wird deutlich, dass der Respekt und die Anerkennung von anderen Gruppen das Gewaltpotenzial verstärken.

2. Begünstigende Faktoren

Als Ursache für Fangewalt sind neben den theoretischen Ansätzen konkrete begünstigende Faktoren anzuführen. Zwar können die theoretischen Ansätze teilweise zur Erforschung von Fangewalt übertragen werden, aber bestehen für Sportgroßveranstaltungen spezifische Besonderheiten.[219] Die Entstehung von Fangewalt bei Sportgroßveranstaltungen ist geprägt von Menschenmassen, Emotionen und anderen Faktoren, die das Gewaltpotenzial auf eine besondere Art und Weise beeinflussen. Zu differenzieren ist zwischen personenbezogenen, situationsbezogenen und soziologischen Faktoren, die sich begünstigend auf das Gewaltpotenzial auswirken.

a) Personenbezogene Faktoren

Ein auffälliger Faktor im Zusammenhang mit dem Gewaltpotenzial ist das Alter. Jugendliche und Personen im frühen Erwachsenenalter sind überdurchschnittlich oft an Gewalttaten beteiligt.[220] Als Grund dafür sind unter anderem die Anforderungen der Arbeits- und Leistungsgesellschaft, die für einige Jugendliche keinen Platz bieten, anzuführen.[221] Im Hinblick auf Stadionverbote stellt das Fandasein das Mittel zum Zweck dar, um die persönliche Identitätssuche der Jugendlichen zu erfüllen, die ihnen die Gesellschaft nicht bietet.[222] Dabei ist zwischen denjenigen zu unterscheiden, die nur eine vorübergehende pubertäre

---

217 *Friedmann*, Polizei und Fans – ein gestörtes Verhältnis?, 2009, S. 100.

218 Siehe oben § 2 III. 3. a), S. 40 ff.

219 BVerfGE 148, 267 (286 f.); BGH, NJW 2010, 534 (536); *Breucker*, NJW 2006, 1233 (1235); *Breucker*, JR 2005, 133 (136); *Siegel*, NJW 2013, 1035 (1036); *Kirchhoff*, NJW 2017, 294 (295) nennt als Besonderheit die emotional aufgeheizte Stimmung zwischen rivalisierenden Gruppen und häufige Ausschreitungen.

220 *Nolting*, Psychologie der Aggression, 2015, S. 76.

221 Wer sich von der Gesellschaft ausgeschlossen fühlt, neigt häufiger zu einem rebellischen Verhalten, siehe dazu *Bärsch/Bärsch*, Theorien zur Gewalt, 2007, S. 46 ff.

222 *Kübert/Neumann*, in: Kübert, Fußball, Medien und Gewalt, 1994, 21 (23); *Pilz*, in: Bierhoff/Wagner, Aggression und Gewalt, 1998, 128 (133); *Deusch*, Polizeiliche Gefahrenabwehr bei Sportgroßveranstaltungen, 2005, S. 40.

Phase der Gewalttätigkeit durchleben, und anderen, die schon im Kindesalter und vermutlich ihr ganzes Leben ein aggressives Grundverhalten an den Tag legen werden.[223]

Darüber hinaus ist das Geschlecht zu benennen, das häufig als Ursache für Gewalt angeführt wird.[224] Bekannt ist das vertraute Vorurteil, dass Männer durch männliche Attribute wie Kampfbereitschaft, Mut und Stärke grundsätzlich zu mehr Aggressivität als Frauen neigen.[225] Zutreffend ist mit Blick auf die Statistiken die These, dass Männer wesentlich mehr Gewaltkriminalität als Frauen ausüben.[226] Auch im Stadion sind es meist Männer, die für gewalttätige Ausschreitungen verantwortlich sind.[227] Für dieses Phänomen gibt es in der Psychologie verschiedene Erklärungsansätze.[228] Eine Antwort auf die Frage, welche Theorie die Hauptursache für Gewalt von Männern ist, kann diese Arbeit im Hinblick auf den Untersuchungsgegenstand nicht liefern. Unabhängig von den

---

223 Grundsätzlich sinkt die Aggressions- und Kriminalitätsrate im Alter zwischen 20 und 25 Jahren langsam wieder ab, siehe dazu *Nolting*, Psychologie der Aggression, 2015, S. 21, 79.

224 *Kauerhof*, in: Kauerhof/Nagel u.a., Stadionverbote im internationalen Vergleich, 2012, 43 (51 f.).

225 *Bärsch/Bärsch*, Theorien zur Gewalt, 2007, S. 52.

226 Siehe dazu eine Statistik des Statistischen Bundesamtes, Anzahl der rechtskräftig verurteilten Personen in Deutschland nach Geschlecht von 2008 bis 2018, online abrufbar unter <de.statista.com/statistik/daten/studie/1068769/umfrage/rechtskraeftig-verurteilte-personen-in-deutschland-nach-geschlecht/>, zuletzt abgerufen am 01.08.2021.

227 In der gewaltgeneigten Ultraszene wird der Anteil der Frauen lediglich auf circa 5 % geschätzt, siehe dazu *Pilz/Wölki*, in: Pilz/Behn u.a., Wandlungen des Zuschauerverhaltens im Profifußball, 2006, 63 (87).

228 Einerseits seien männliche Personen ohne negativen Anlass aggressiver als Frauen, um Güter, Macht und Anerkennung zu erlangen. Andererseits könnte auch die Evolutions-Hypothese eine Erklärung bieten, nach der Aggressivität die Chance, eine Frau zu erobern, erhöhe und diese Eroberung die Möglichkeit biete, die eigenen Gene weiterzugeben. Auch die körperliche Überlegenheit und Kraft könnten durch häufigere Erfolge im Kampf – anknüpfend an die Lerntheorie – zu einer stärkeren Aggressivität führen. Ein weiterer Erklärungsansatz ist die Hormon-Hypothese, nach der sich das gesteigerte Gewaltpotenzial auf höhere Testosteronwerte zurückführen lässt. Letztlich könnte auch die Geschlechtsrollen-Hypothese zugrunde gelegt werden, nach der die Unterschiede von gesellschaftlichen Rollenbildern Auswirkungen auf die Aggressivität haben, siehe dazu *Nolting*, Psychologie der Aggression, 2015, S. 85 f.; *Smeritschnig*, Grundzüge der Kriminologie, 2019, S. 52 f.

Theorien, warum Männer mehr Gewalt als Frauen ausüben, lässt sich aber festhalten, dass es zumeist Männer sind, die durch Fangewalt auffällig werden.

Ein weiterer Faktor ist die sog. Lustaggression, die sich aus der Persönlichkeit der betroffenen Personen ergibt.[229] Unter den Faktor der Lustaggression ist insbesondere die Bewegung der Hooligans zu fassen, die sich aus der Freude am Kampf zu Schlägereien verabredet.[230] Hooligans sind ein Paradebeispiel dieses Erklärungsansatzes, da sie die Gewalt als primäres Ziel ihres Stadionbesuches sehen.[231] Das Fußballspiel ist lediglich Mittel zum Zweck der Gewaltausübung und dient ihnen als Bühne zur Darstellung ihrer Brutalität und Männlichkeit.[232] Bei der Ausübung von Gewalt wird das Glückshormon Endorphin im Körper freigesetzt, welches die Lust an der Aggression verstärken kann.[233] Dieser begünstigende Faktor erscheint besonders problematisch für die Sicherheitsbehörden, da polizeiliche Maßnahmen kontraproduktive Wirkung entfalten können.[234] Den betroffenen Personen ist gerade nicht durch ein hartes Vorgehen der Polizei entgegenzuwirken, da sie ohnehin auf der Suche nach Gewalt sind.

Letztlich ist der Alkohol- und Drogenkonsum als begünstigender Faktor anzuführen.[235] An dieser Stelle ist hinzuzufügen, dass auch Fans der Sicherheitskategorie A, die ansonsten friedlich das Stadion besuchen, unter Alkoholeinfluss und einer hoch emotionalen Stimmung zu Gewalt neigen können.[236] Kommunikationsversuche mit den Sicherheitskräften wirken bei alkoholisierten Menschen nicht mehr zielführend.[237] Die betroffenen Konsumenten haben eine abgesunkene Hemmschwelle und sind leicht reizbar.[238] Alkoholverbote haben in der Vergangenheit gezeigt, dass sie bei frühzeitiger und konkreter Anwendung

229 *Nolting*, Psychologie der Aggression, 2015, S. 60.

230 Siehe oben § 2 III. 3. a), S. 40 ff.

231 *Böttger*, Die Gewalt der Hooligans – eine Folge moderner gesellschaftlicher Entwicklungsprozesse?, 1998, S. 9.

232 *Müller-Eiselt*, NVwZ 2016, 643 (643); *Meier*, Der Fußballfan: ein Gewalttäter?, 2017, S. 11.

233 *Bärsch/Bärsch*, Theorien zur Gewalt, 2007, S. 54.

234 *Kübert/Neumann*, in: Kübert, Fußball, Medien und Gewalt, 1994, 21 (43 f.); *Pilz*, Sport, Fairplay und Gewalt, 2013, S. 99 f.

235 *Franz/Günther*, NWVBl 2006, 201 (204).

236 *Friedmann*, Polizei und Fans – ein gestörtes Verhältnis?, 2009, S. 109.

237 *Ders.*, Polizei und Fans – ein gestörtes Verhältnis?, 2009, S. 98.

238 *Smeritschnig*, Grundzüge der Kriminologie, 2019, S. 45.

das Gewaltpotenzial in den Stadien deutlich reduzieren können.[239] Populär geworden ist demzufolge als Alternative die ohnehin schon verbotene Substanz Tilidin, die für eine enthemmende und schmerzlindernde Wirkung sorgt und deshalb bei Hooligans besonders beliebt ist.[240]

b) *Situationsbezogene Faktoren*

Unbeschadet Straftaten begehen zu können, macht Zuschauergewalt für die Täter besonders reizvoll.[241] In der Masse des Publikums lässt sich für die Sicherheitskräfte oft schwer herausfinden, wer aus der Menge heraus etwa eine Flasche oder pyrotechnische Gegenstände geworfen hat. Polizeiliche Festnahmen in größeren Gruppen sind äußerst schwierig und risikobehaftet, da sich die Masse mit der straffällig gewordenen Person solidarisieren kann.[242] Kommt es in der Praxis zu gewalttätigen Ausschreitungen, wird deutlich, dass es sich meist nicht um Einzeltäter, sondern um ganze Gruppierungen handelt.[243] Gemeinsame Begeisterung und Aufregung in Form einer Gruppendynamik fördern das Potenzial einer kollektiven Gewaltausübung, zu der auch Personen hingerissen werden können, die bisher nicht aggressiv in Erscheinung getreten sind.[244] Diese Art von Gewaltursache kann für die Sicherheitslage besonders gefährlich werden, wenn sich größere Gruppierungen gewaltbereiter Personen bilden.[245]

Zudem sind die Bauweise des Stadions, die Anzahl der Zuschauer, die Nähe zum Spielfeld und andere planungstechnische Elemente Faktoren, die Gewalt durch Zuschauer begünstigen beziehungsweise vermindern können.[246] Je mehr

239 Siehe dazu das Alkoholverbot in Delphi um 450 vor Christus, *Pilz*, in: Bierhoff/Wagner, Aggression und Gewalt, 1998, 128 (129); heute festgelegt im NKSS 2012, S. 20 f.

240 Siehe oben § 2 III. 3. a), S. 40 ff.

241 *Pilz*, in: Hopf, Fußball, 1998, 171 (173); *Franz/Günther*, NWVBl 2006, 201 (202).

242 *Friedmann*, Polizei und Fans – ein gestörtes Verhältnis?, 2009, S. 100.

243 *Walker*, in: Gödicke/Hammen u.a., FS Schapp, 2010, 491 (492) m. w. N.; die Organisation durch Massenmedien wie Facebook begünstigt den Prozess, siehe dazu *Krahm*, Polizeiliche Maßnahmen zur Eindämmung von Hooligangewalt, 2007, S. 41.

244 Gemeinsamkeitsgefühl und Anerkennung vermindern die Hemmungen der Täter, siehe dazu *Nolting*, Psychologie der Aggression, 2015, S. 121, 124 f.; *Friedmann*, Polizei und Fans – ein gestörtes Verhältnis?, 2009, S. 100.

245 Beispielsweise kann sich bei Hooligans ein sog. Mob bilden, siehe dazu *Friedmann*, Polizei und Fans – ein gestörtes Verhältnis?, 2009, S. 20.

246 *Pilz*, in: Hopf, Fußball, 1998, 171 (180); insbesondere ist auch die Nähe zum Spielfeld zu benennen siehe dazu *Kirsch*, Gewalt bei sportlichen Großveranstaltungen, 2000, S. 169.

Zuschauer auf engem Raum zusammenstehen, desto höher ist das Gewaltpotenzial durch ein dichtes Gedränge der Massen. Die Verbindung von planungstechnischen Elementen und Gewaltverhalten der Zuschauer ist schon durch die Katastrophe im Sheffielder Hillsborough Stadion zum Vorschein gekommen, als Fans auf einer überfüllten Stehplatztribüne gegenseitig erdrückt wurden oder als im Brüsseler Heysel-Stadion rivalisierende Fans die Blocktrennungen durchbrachen und sich gegenseitig zu Tode prügelten.[247] Auch wenn zumindest der Vorfall im Hillsborough Stadion mit einem Unglück verbunden war, ist nicht von der Hand zu weisen, dass auch planungstechnische Fehler die Emotionen der Fans negativ beeinflussen können.

Der Fußballsport selbst beeinflusst das Verhalten der Fans, indem Spannung, Dynamik und Sensationslust die Atmosphäre prägen, während andere Sportarten wie Reiten oder Eiskunstlauf, die von Ästhetik, Ruhe und Geschick dominiert sind, beruhigend auf den Zuschauer einwirken.[248] Je dynamischer und aggressiver die Sportart ist, desto mehr Gewaltpotenzial bestehe auch auf der Tribüne. Als Beleg dafür ist anzuführen, dass besonders nach dem Fußballspiel, das heißt nach Betrachtung des dynamischen Spielgeschehens, die Gewaltbereitschaft deutlich erhöht ist.[249] Je brutaler das Spiel (Fouls, Elfmeter, Rote Karten), desto höher ist das Gewaltpotenzial der Fans.[250] In diesem Zusammenhang ist auf die Vorbildfunktion der Spieler hinzuweisen. Folgt man der zutreffenden Ansicht, dass sich die Stimmung der Spieler auf die Zuschauer übertragen lässt,[251] können sich auf der anderen Seite Fairness und sportliches Verhalten beruhigend auf die Fans auswirken.

Über das sportliche Verhalten der Spieler hinaus ist der Ausgang des Spiels maßgeblich für die Reaktion der Zuschauer. Viele Fans identifizieren sich mit

247 *Schulze-Marmeling*, in: ders., Fans und Fußball, 1995 (19 f.); *Bremer*, Fußball ist unser Leben!?, 2004, S. 46 f.

248 *Pilz*, in: Hopf, Fußball, 1998, 171 (176); *Kauerhof*, in: Kauerhof/Nagel u.a., Stadionverbote im internationalen Vergleich, 2012, 43 (51).

249 *Schulz/Weber*, in: Pilz, Sport und körperliche Gewalt, 1986, 55 (63); anders dagegen Hooligans, die unabhängig vom Spiel die gewalttätigen Ausschreitungen als „dritte Halbzeit" bezeichnen, siehe dazu *Nolte*, NVwZ 2001, 147 (149); *Krahm*, Polizeiliche Maßnahmen zur Eindämmung von Hooligangewalt, 2007, S. 49.

250 *Pilz*, in: Bierhoff/Wagner, Aggression und Gewalt, 1998, 128 (130); dieses Phänomen kommt insbesondere auch bei den sog. Revierderbys zum Vorschein, siehe dazu *Friedmann*, Polizei und Fans – ein gestörtes Verhältnis?, 2009, S. 106.

251 *Pilz*, in: Bierhoff/Wagner, Aggression und Gewalt, 1998, 128 (130).

ihrer Mannschaft und erwarten eine gute Leistung.[252] Zeigt die favorisierte Mannschaft eine enttäuschende Darbietung, können sich Frust und Enttäuschung in Gewalt entladen. Durch Sachbeschädigungen und körperlichen Auseinandersetzungen heben die enttäuschten Fans ihr durch die Niederlage stark gesunkenes Selbstwertgefühl wieder an.[253] Maßgeblich sind aber nicht nur Sieg oder Niederlage, sondern insbesondere auch, ob eine gute oder schwache Leistung gezeigt wurde.[254] Verliert die Mannschaft nur knapp und mit guter Leistung gegen einen starken Gegner, steige das Aggressivitätslevel nicht zwingend an.

Schlussendlich ist das Verhalten der Sicherheitskräfte ein weiterer gewaltbegünstigender Faktor. Es macht einen entscheidenden Unterschied, ob die Polizeikräfte beziehungsweise die privaten Ordnungshüter sich passiv gegenüber den gewaltbereiten Fans präsentieren oder eine aggressive und kämpferische Haltung einnehmen. Letzteres kann zu einer noch massiveren Eskalation der Gewalt führen.[255] Das Auftreten der Polizei in Kampfausrüstung lässt die Stimmung bedrohlicher wirken und fordert die Hooligans zum Kampf heraus.[256] Beginnen die Polizeibeamten eine Maßnahme mit Schlagstockeinsatz, sehen gewaltbereite Hooligans darin die Möglichkeit, Gewalt gegenüber einem würdigen Gegner ausüben zu können.[257] Gehen die Polizeibeamten von einer Schutzwehr in eine aggressive Trutzwehr über, droht die Lage zu eskalieren und gewaltbereite Fans werden provoziert.[258]

c) Soziologische Faktoren

Die These, die immer wieder von den Fußballverbänden in den Raum gestellt wird, ist, dass sich das Gewaltpotenzial der Gesellschaft im Zuschauerverhalten der Fans widerspiegelt.[259] Begründen lasse sich die These damit, dass die

---

252 *Kauerhof*, in: Kauerhof/Nagel u.a., Stadionverbote im internationalen Vergleich, 2012, 43 (50 f.); *Lange*, Sicherheit im „Sommermärchen", 2013, S. 18 f.

253 *Pilz*, in: Hopf, Fußball, 1998, 171 (183).

254 *Schulz/Weber*, in: Pilz, Sport und körperliche Gewalt, 1986, 55 (64).

255 *Kübert/Neumann*, in: Kübert, Fußball, Medien und Gewalt, 1994, 21 (43 f.); *Bremer*, Fußball ist unser Leben!?, 2004, S. 77; *Pilz*, Sport, Fairplay und Gewalt, 2013, S. 99 f.

256 Auch bei Polizeibeamten kann sich eine Gruppendynamik entwickeln, die die Lage eskalieren lässt, siehe dazu *Friedmann*, Polizei und Fans – ein gestörtes Verhältnis?, 2009, S. 62, 100, 109.

257 *Kirsch*, Gewalt bei sportlichen Großveranstaltungen, 2000, S. 162 f.; maßgeblichen Einfluss darauf hat auch der abnehmende Respekt gegenüber staatlichen Institutionen wie der Polizei; *Friedmann*, Polizei und Fans – ein gestörtes Verhältnis?, 2009, S. 123.

258 *Kirsch*, Gewalt bei sportlichen Großveranstaltungen, 2000, S. 163.

259 *Pilz*, in: Hopf, Fußball, 1998, 171 (173).

Zuschauer als Menschen alle sozialen Schichten der Gesellschaft repräsentieren. Dem ist entgegenzuhalten, dass zwischen gesellschaftlicher und fanspezifischer Gewalt kein belegbarer Zusammenhang existiert.[260] Gewalt ist in der heutigen Zeit für die überwiegende Mehrheit der Bevölkerung ein gesellschaftliches Tabu,[261] was im Übrigen auch für einen Großteil der Stadionbesucher gilt. Den Gewalttätern ist bewusst, dass sie sich durch Gewaltexzesse im Stadion nicht der Beliebtheit anderer Zuschauer erfreuen dürfen, sondern vielmehr mit Pfiffen zu rechnen ist. Führt man sich die Tabuisierung von Gewalt[262] und die sinkenden Zahlen von Gewaltkriminalität[263] in der Bevölkerung vor Augen, vermag die Ausgangsthese der Verbände nicht zu überzeugen.[264] Vielmehr hat die Gewalt nach Auswertung der ZIS-Statistiken in den Stadien trotz abnehmender Gewalt in der Bevölkerung zugenommen.[265]

Zu fragen ist weiterhin, ob konkrete gesellschaftliche Aspekte wie Arbeitslosigkeit, soziale Desorientierung oder Armut relevante Gewaltursachen sein können und sich auf das Zuschauerverhalten auswirken. Auch wenn es richtig ist, dass Armut zu aggressivem und auffälligem Verhalten führen kann,[266] ist der Zusammenhang im Hinblick auf die Fangewalt nicht belegbar. Laut Statistischem Bundesamt steigt die Armutsgefährdungsquote in Deutschland fast jährlich an, während die Kriminalitätsrate abnimmt.[267] Mit diesem Wissen den voreiligen

---

260 Das kann insbesondere an den spezifischen Gegebenheiten von Sportgroßveranstaltungen festgemacht werden, siehe dazu nur BVerfGE 1a48, 267 (286 f.).

261 *Niemeier*, Gefahrenabwehrrechtliche Möglichkeiten der Bekämpfung ritualisierten Gewaltverhaltens im Zusammenhang mit Fußballveranstaltungen, 2015, S. 22.

262 *Dies.*, Gefahrenabwehrrechtliche Möglichkeiten der Bekämpfung ritualisierten Gewaltverhaltens im Zusammenhang mit Fußballveranstaltungen, 2015, S. 22.

263 Siehe dazu die Polizeiliche Kriminalstatistik 2019, ausgewählte Zahlen des BMI, S. 26, online abrufbar unter <www.bmi.bund.de/SharedDocs/downloads/DE/publikationen/themen/sicherheit/pks-2019.pdf?__blob=publicationFile&v=10>, zuletzt abgerufen am 01.08.2021; *Kauerhof*, in: Kauerhof/Nagel u.a., Stadionverbote im internationalen Vergleich, 2012, 43 (54); zum subjektiven Sicherheitsempfinden siehe *Lange*, Sicherheit im „Sommermärchen", 2013, S. 7.

264 *Böttger*, Gewalt, Fankultur und Sicherheit im deutschen Fußball, 2014, S. 26.

265 Siehe oben § 3 I. 3., S. 50 ff.

266 *Smeritschnig*, Grundzüge der Kriminologie, 2019, S. 51 f.; *Pilz*, in: Bierhoff/Wagner, Aggression und Gewalt, 1998, 128 (133 f.).

267 Siehe dazu eine Statistik des Statistischen Bundesamtes, Armutsgefährdungsquote in Deutschland von 2005 bis 2019, online abrufbar unter: <de.statista.com/statistik/daten/studie/72188/umfrage/entwicklung-der-armutsgefaehrdungsquote-in-deutschland/>, zuletzt abgerufen am 01.08.2021.

Schluss zu ziehen, dass zunehmende Fangewalt im Stadion mit gesellschaftlicher Armut verbunden sei, schlägt fehl. Die Entwicklungen der Hooligans hin zu einer Mitgliedergewinnung aus oberen gesellschaftlichen Schichten spricht sogar dafür, dass Gewalt in Stadien kein Problem der Gesellschaft ist, sondern explizit ein Problem des Fußballsports.[268] Dass die Gewalt nicht zwingend mit Armut verbunden ist, zeigt sich bereits dadurch, dass Gefährderansprachen in der Praxis zum Teil am Arbeitsplatz der Betroffenen erfolgen.[269]

Großen Einfluss auf die Gesellschaft haben darüber hinaus die Vertreter der Medien, wenn es um die Darstellungsweise von Gewalt geht. Durch die oberflächliche und bewusst dramatisierende Darstellung von gewalttätigen Ausschreitungen in Stadien werden Stimmung und Gewaltverhalten zusätzlich angeheizt,[270] wenn medial überspitzte Formulierungen wie „Schlachtfest" verwendet werden.[271] Nicht selten sind die gewalttätigen Ausschreitungen Mittelpunkt der Berichterstattung, obwohl sie nur am Rande des Spiels ausgetragen werden. Die Gewalttäter erlangen dadurch mediale Aufmerksamkeit und fühlen sich durch die Berichterstattung motiviert, weitere Auftritte zu inszenieren.[272] Betonen die Medien doch immer wieder, dass die gewalttätigen Ausschreitungen den Fußballsport schädigen, widmen sie den Störern auffällig viel Sendezeit. Grund für die ausführliche Berichterstattung sind hohe Auflagen und Einschaltquoten, die gewalttätige Szenen den Medien einbringen.[273] Dem Zuschauer vor dem Fernseher wird ein Spektakel geboten, das vom vergleichsweise „langweiligen" Fußballspiel ablenken soll.

III. Bekämpfungsstrategien

Die Ursachen von Fangewalt bei Sportgroßveranstaltungen stehen in engem Zusammenhang mit den als Reaktion entwickelten Bekämpfungsstrategien.

---

268 Siehe oben § 2 III. 3. a), S. 40 ff.

269 *Bleckmann*, SpuRt 2018, 6 ff.

270 *Pilz*, in: Bierhoff/Wagner, Aggression und Gewalt, 1998, 128 (132); *Kauerhof*, in: Kauerhof/Nagel u.a., Stadionverbote im internationalen Vergleich, 2012, 43 (54).

271 Siehe dazu beispielhaft einen Beitrag der Allgemeine Zeitung vom 25.02.2020, online abrufbar unter: <www.allgemeine-zeitung.de/sport/fussball/fc-kaiserslautern/svw-fans-kundigen-schlachtfest-von-lautern-schweinen-an_21304696>, zuletzt abgerufen am 01.08.2021; *Pilz*, in: Hopf, Fußball, 1998, 171 (178 f.).

272 *Friedmann*, Polizei und Fans – ein gestörtes Verhältnis?, 2009, S. 27.

273 *Riederer/Frevel*, in: Kubera/Kugelmann, Fußballgroßveranstaltungen im Spannungsverhältnis, 2019, 33 (34).

Neben den staatlichen sind auch eine Reihe von privatrechtlichen Maßnahmen durch Verbände und Vereine ergangen, mit denen der Versuch unternommen wurde, die Gewalt innerhalb und außerhalb der Stadien zu minimieren. Der folgende Abschnitt fasst die wichtigsten Strategien mit Ausnahme des Stadionverbotes zusammen, da dieses im nächsten Kapitel einer gesonderten Betrachtung bedarf.[274]

1. Staatliche Maßnahmen

Der Staat verfolgte im 20. Jahrhundert die Strategie auf brutale Fangewalt mit ebenso körperintensiven polizeilichen Maßnahmen zu reagieren.[275] Die Polizei ging in Ausrüstung und mit Schlagstockeinsatz gegen Gewalttäter im Stadion vor, um eine abschreckende Wirkung zu erzielen. Durch die Eskalation der Polizei trat aber keine Besserung ein, sondern vielmehr wurden die Ausschreitungen brutaler. Als Beispiele lassen sich ein 1990 von Polizisten erschossener Fan in Berlin oder das Pokalspiel 1991 in Dresden, das wegen Ausschreitungen abgebrochen werden musste, anführen.[276] Mitbestimmend in diesen Fällen und als Grund für die Eskalation wurden nicht nur das Gewaltpotenzial der Fans benannt, sondern ebenso die polizeilichen Maßnahmen, die zu einer angespannten und aggressiven Stimmung im Stadion beigetragen haben.[277]

Als Reaktion auf diese Einsicht ist das *Low Policing* oder auch *Friendly but firm Policing* entstanden.[278] Die aggressiv aufgeladene Stimmung zwischen Zuschauern und Polizei solle dadurch gehemmt werden, dass die Polizei zwar präsent ist, sich aber im Hintergrund hält und deeskalierend auftritt. Auch in Deutschland wurde diese Strategie im NKSS 2012 vertreten.[279] Unter anderem mit diesem Konzept wurden neue Sicherheitskonzepte geschaffen, die einen Rahmen für die Sicherheitslage bei Sportgroßveranstaltungen geben sollen. In Deutschland wurde nach der Katastrophe von Hillsborough das NKSS von der ständigen

---

274 Siehe unten § 4 ff., S. 67 ff.

275 *Kirsch*, Gewalt bei sportlichen Großveranstaltungen, 2000, S. 162 f.

276 *BAFF*, in: ders., Ballbesitz ist Diebstahl, 2004, 165 (165).

277 Siehe oben § 3 II. 2. b), S. 56 ff.

278 *Duttler/Bresemann*, in: Kubera/Kugelmann, Fußballgroßveranstaltungen im Spannungsverhältnis, 2019, 13 (19).

279 „Die eingesetzten Polizeibeamtinnen und Polizeibeamten nutzen ihre Kommunikation mit den Fans und Unbeteiligten. Insbesondere in kritischen und dynamischen Situationen sind deeskalierende Strategien besondere Mittel, um Aggressionen und Gewalt entgegen zu wirken.“, siehe dazu NKSS 2012, S. 32.

Konferenz der Innenminister beschlossen und 1993 verabschiedet.[280] Das Konzept diente dazu, die baulichen und organisatorischen Bedingungen in Stadien zu verbessern sowie durch enge sozialpädagogische, ordnungsdienstrechtliche und polizeiliche Zusammenarbeit eine bessere Koordination zu ermöglichen. Weiterhin wurde durch das NKSS die Arbeit von Fanprojekten gefördert, Stadionverbote eingeführt und der Ordnungsdienst professionalisiert.[281] Im Jahre 2012 wurde das NKSS grundlegend überarbeitet, um neue Entwicklungen und Phänomene wie das *Low Policing* einzubeziehen.[282]

Ein weiterer wichtiger Baustein des Sicherheitskonzeptes ist die Gründung der ZIS im Jahre 1992, deren Aufgabe in der Sammlung, Bewertung, Aufbereitung und Steuerung anlassbezogener Informationen bei Sportgroßveranstaltungen, insbesondere bei Fußballspielen dient. Sie koordiniert den Informationsaustausch, setzt Szenekundige Beamten (SKB) ein, erstellt den „ZIS Jahresbericht Fußball" und verwaltet die Datei Gewalttäter Sport (DGS). In der letztgenannten Datei werden Daten von Personen gespeichert, gegen die im Zusammenhang mit Sportveranstaltungen ein strafrechtliches Ermittlungsverfahren eingeleitet wurde. Auch die Daten von Personen, die einen Platzverweis o. ä. polizeirechtliche Maßnahmen im Umfeld des Stadions erhalten haben, werden in der Datei erfasst.[283]

Letztlich wurde präventives Handeln dem repressiven vorgezogen, um eine bessere Wirksamkeit zu erzielen.[284] Aus diesem Grund wurden beispielsweise die Gästeblöcke eingezäunt, um rivalisierendes Aufeinandertreffen von vorneherein zu vermeiden.[285] Beginnend bei der Anreise, werden Fans nach Waffen und gefährlichen Gegenständen durchsucht, Identitätsfeststellungen durchgeführt, Gegenstände sichergestellt, Bild- und Tonaufnahmen angefertigt sowie

---

280 Nationale und europäische Politik erkannten den Handlungsbedarf erst in den 1990er-Jahren, siehe dazu *Nolte*, NVwZ 2001, 147 (147 f.).

281 *BAFF*, in: ders., Ballbesitz ist Diebstahl, 2004, 165 (166).

282 NKSS 2012, S. 3.

283 Das Bundesverwaltungsgericht hat die Rechtmäßigkeit der Datenerhebung bereits in einem rechtskräftigen Urteil bestätigt, siehe dazu BVerwGE 137, 113 (114, 119); seine Rechtsgrundlage hat die Datei Gewalttäter Sport im BKAG, das 2018 umfassend novelliert wurde, siehe dazu BT-Drs. 18/11163.

284 Es gilt als widerlegt, dass harte Strafen für alle Personengruppen abschreckend wirken, siehe dazu *Baier*, in: Erich/Fünfsinn, Gewalt und Radikalität, 2019, 13 (67); größeren Einfluss auf die Begehung von Straftaten als die Höhe der Strafe hat die Strafwahrscheinlichkeit, siehe dazu *Nolting*, Psychologie der Aggression, 2015, S. 285 ff.

285 *Bremer*, Fußball ist unser Leben!?, 2004, S. 78.

die Anzahl privater Sicherheitskräfte und verdeckter Polizeibeamter in den Stadien erhöht.[286]

2. Private Maßnahmen

Als private Akteure sind sowohl Vereine und Verbände, als auch die Spieler der Vereine selbst in die Verantwortung zu nehmen. Neben den Stadionverboten setzt der Deutsche Fußball-Bund (DFB) als sportliche Institution auf die Vorbildfunktion der Spieler und hält diese an, sich sportlich und fair zu verhalten. Diese Präventionsmaßnahme knüpft an die These an, unfaires Spielerverhalten übertrage sich auf das Gewaltpotenzial der Zuschauer.[287] In dem DFB-Regelwerk „Spielregeln 2018/19" werden in der Kategorie „Fouls und unsportliches Betragen" verbotene Verhaltensweisen der Spieler aufgelistet, die das Gewaltverhalten der Zuschauer begünstigen können. Dazu zählen beispielsweise das Hochklettern am Zaun, das Zeigen provozierender oder höhnischer Gesten in Richtung der Fans, aber auch grobe Foulspiele, beleidigende Äußerungen oder das Anspucken von anderen Personen sind verboten.[288]

Die Vereine setzen zur Eindämmung von Fangewalt im Stadion auf private Ordnungskräfte, die als nicht-staatliche Institution zur Deeskalation beitragen sollen. Sie üben das Hausrecht des Vereins aus, arbeiten aber dennoch eng mit der Polizei zusammen. Im Gegensatz zu dieser haben sie kein gestörtes beziehungsweise feindliches Verhältnis zu Ultra- oder Hooligangruppierungen, sodass ihnen eine positive Wirkung auf Fans zugeschrieben wird.[289] Dadurch, dass die heimischen Fans oftmals eine soziale Bindung zu den Ordnungskräften in ihren Fanblöcken aufgebaut haben, können diese feinfühliger als unbekannte Polizeikräfte in Uniform auf die Fans einwirken.[290] Gegen die positive Wirkung von privaten Ordnungskräften sprechen negative Berichte über Hooligans in Ordnerjacken, die sich unter dem Deckmantel der Sicherheitsdienste an Ausschreitungen beteiligen würden.[291]

---

286 *Bremer*, Fußball ist unser Leben!?, 2004, S. 77; zu diesen Maßnahmen zählen auch die im Vorfeld von der Polizei gesuchten Aufklärungsgespräche, die ein sensibles Gewaltempfinden erwecken sollen, siehe dazu *Nolte*, NVwZ 2001, 147 (150 f.).

287 Siehe oben § 3 II 2. b), S. 56 ff.

288 DFB Spielregeln 2018/19, Regel 12, S. 75.

289 *Friedmann*, Polizei und Fans – ein gestörtes Verhältnis?, 2009, S. 121.

290 *Kübert/Neumann*, in: Kübert, Fußball, Medien und Gewalt, 1994, 21 (49).

291 *BAFF*, in: ders., Ballbesitz ist Diebstahl, 2004, 165 (173).

Neben der Symptombekämpfung durch private Ordnungskräfte sollen aber vor allem präventiv gesellschaftliche Ursachen durch soziale und pädagogische Maßnahmen bekämpft werden.[292] Mitte der 1980er-Jahre entstanden in diesem Zusammenhang Fanprojekte zur präventiven Jugendarbeit, die Gewalt in Stadien reduzieren sollte.[293] Den Jugendlichen soll dadurch die Möglichkeit von adäquaten Handlungsspielräumen und alternativem Handeln aufgezeigt werden.[294] Durch den Einsatz von Sozialpädagogen kann der Versuch unternommen werden, das Sozialverhalten der Jugendlichen langfristig zu verändern.[295] Fanprojekte und -betreuer sind privatrechtlich organisiert und werden entweder von den Bundesligavereinen oder bundesweiten Stellen wie z. B. der Koordinationsstelle Fanprojekte (KOS) geleitet.[296] Sie gelten als unabhängige Einrichtungen der Jugendhilfe und sollen die Jugendlichen von Problemgruppen fernhalten.[297]

IV. Fazit

Die Fangewalt unterliegt einer ständigen Dynamik und ist seit der Antike bei Sportgroßveranstaltungen präsent. In den letzten Jahrhunderten hat sowohl die Fangewalt als auch die Gewalt in der Gesellschaft abgenommen.[298] Anderslautende Sichtweisen sind auf die dramatisierende Darstellung der Medien und auf ein gesteigertes Gewaltempfinden der Bevölkerung zurückzuführen.[299] Der auf die Jahrhunderte gesehene Abwärtstrend hat sich zuletzt nicht fortgesetzt, da die das Gewaltpotenzial nach Auswertungen der Statistiken in den letzten Jahrzehnten wieder leicht zugenommen hat.[300]

Die Ursache für die Gewalt ist nicht in der Gesellschaft wieder zu finden, sondern ist an speziellen Besonderheiten von Sportgroßveranstaltungen im

---

292 *König*, Fankultur, 2002, S. 113.

293 *Bremer*, Fußball ist unser Leben!?, 2004, S. 79.

294 *Lösel/Bliesener/Fischer u.a.*, Hooliganismus in Deutschland, 2001, S. 156.

295 *Schulz/Weber*, in: Pilz, Sport und körperliche Gewalt, 1986, 55 (71).

296 NKSS 2012, S. 10; durch die privatrechtliche Organisation und die Unabhängigkeit gegenüber dem Staat genießen die Fanprojekte mehr Respekt in der Fanszene, siehe dazu *Friedmann*, Polizei und Fans – ein gestörtes Verhältnis?, 2009, S. 124.

297 NKSS 2012, S. 7; kritisch dazu *Pilz*, in: Hopf, Fußball, 1998, 171 (188).

298 *Kauerhof*, in: Kauerhof/Nagel u.a., Stadionverbote im internationalen Vergleich, 2012, 43 (54).

299 *Niemeier*, Gefahrenabwehrrechtliche Möglichkeiten der Bekämpfung ritualisierten Gewaltverhaltens im Zusammenhang mit Fußballveranstaltungen, 2015, S. 22.

300 Siehe zum ganzen Vergleich ZIS Jahresbericht Fußball Saison 2000/2001; 2010/2011; 2018/19.

Fußballsport festzumachen. Es gibt nicht *die* primäre Ursache, sondern vielmehr ist ein Verbund an personen-, situationsbezogenen und soziologischen Faktoren maßgeblich für das erhöhte Gewaltpotenzial im Fußballstadion.[301] Als Bekämpfungsstrategie geben neue Ansätze wie das *Low Policing*[302] sowie Prävention statt Repression[303] neue Hoffnungen auf eine wirksame Bekämpfung der Gewaltzunahme. Sowohl private als auch staatliche Akteure haben das Problem erkannt und sind bemüht, die Sicherheit rund um die Stadien durch Maßnahmen ihrerseits zu verbessern.

301 *Schulz/Weber*, in: Pilz, Sport und körperliche Gewalt, 1986, 55 (59); *Krahm*, Polizeiliche Maßnahmen zur Eindämmung von Hooligangewalt, 2007, S. 51 spricht von einem „differenzierten Ursachengeflecht“; *Lange*, Sicherheit im „Sommermärchen“, 2013, S. 19.

302 *Duttler/Bresemann*, in: Kubera/Kugelmann, Fußballgroßveranstaltungen im Spannungsverhältnis, 2019, 13 (19).

303 *Baier*, in: Erich/Fünfsinn, Gewalt und Radikalität, 2019, 13 (67); *Bremer*, Fußball ist unser Leben!?, 2004, S. 77 f.

§ 4 Grundzüge der Stadionverbote

Nicht nur im Vordergrund dieser Arbeit, sondern auch immer wiederkehrend im Fokus der rechtswissenschaftlichen Diskussion, stehen die Stadionverbote als Maßnahme gegen Fangewalt.[304] Dieser Umstand folgt zum einen daraus, dass Stadionverbote sowohl zivil- als auch öffentlich-rechtliche Gebiete berühren und somit eine Vielzahl rechtswissenschaftlicher Probleme hervorbringen. Zum anderen nimmt der verfassungsrechtliche Einfluss auf Stadionverbote stetig zu, da der Profifußballsport seit einigen Jahrzehnten zu den populärsten Sportarten in Deutschland herangewachsen ist und Stadionbesuche mithin einen hohen Stellenwert in der Gesellschaft erlangt haben.[305] Der durch ein Stadionverbot ausgesprochene Ausschluss von Stadionbesuchern betrifft also einen verfassungsrechtlich relevanten gesellschaftlichen Partizipationsakt.

I. Verschiedene Arten von Stadionverboten

Überwiegend werden Stadionverbote – zumindest in der rechtswissenschaftlichen Literatur – als zivilrechtliche Maßnahme wahrgenommen. [306] In den DFB-Richtlinien zur Verbesserung der Sicherheit bei Bundesspielen (RLVSB) wurden die Vereine 1991 erstmals verpflichtet, die verhängten Stadionverbote dem DFB mitzuteilen und den anderen Vereinen die Möglichkeit zu geben, ebenfalls ein solches Verbot in deren Namen auszusprechen.[307] In den 4. Richtlinien zur

---

304 Statt vieler: BVerfGE 148, 267; BGH, NJW 2010, 534; *Walker*, in: Gödicke/Hammen u.a., FS Schapp, 2010, 491 ff.; *Orth/Schiffbauer*, RW 2011, 177 ff.; *Schmitt*, Das bundesweite Fußball-Stadionverbot, 2013; *Stoll/Lüers*, DÖV 2014, 222 ff.; *Henseler*, Die rechtlichen Dimensionen des bundesweiten Stadionverbots, 2016; *Hecker*, NVwZ 2016, 1301 ff.; *Muckel*, in: VVDStRL, 2019, 246 ff.; *Kulick*, Horizontalwirkung im Vergleich, 2020, S. 207 ff.

305 BVerfGE 148, 267 (283 f.); *König*, Fankultur, 2002, S. 41 ff.

306 *Walker*, in: Gödicke/Hammen u.a., FS Schapp, 2010, 491 ff.; *Schmitt*, Das bundesweite Fußball-Stadionverbot, 2013; *Henseler*, Die rechtlichen Dimensionen des bundesweiten Stadionverbots, 2016; *Klein*, Sicherheit durch Stadionverbote?, 2019, S. 83; anders dagegen *Niemeier*, Gefahrenabwehrrechtliche Möglichkeiten der Bekämpfung ritualisierten Gewaltverhaltens im Zusammenhang mit Fußballveranstaltungen, 2015, S. 69 ff.

307 Ergebnisbericht der Arbeitsgruppe NKSS, S. 20, online abrufbar unter <m.bpb.de/system/files/dokument_pdf/nkss-1292_0.PDF>, zuletzt abgerufen am 01.08.2021.

einheitlichen Behandlung von Stadionverboten (SVRL) wurde das Mittel des Stadionverbotes vereinheitlicht und näher ausgeführt, sodass sich aus § 1 Abs. 1 SVRL folgende Definition ergibt:

„Ein Stadionverbot ist
- *die auf der Basis eines Hausrechts*
- *gegen eine natürliche Person*
- *wegen einer die Menschenwürde verletzenden Art und Weise oder sicherheitsbeeinträchtigenden Auftretens im Zusammenhang mit dem Fußballsport, insbesondere anlässlich einer Fußballveranstaltung,*
  - *innerhalb oder außerhalb einer Platz- oder Hallenanlage*
  - *vor, während oder nach der Fußballveranstaltung*
- *festgesetzte Untersagung*
- *bei vergleichbaren zukünftigen Veranstaltungen*
- *eine Platz- oder Hallenanlage zu betreten bzw. sich dort aufzuhalten.“*

Die darin enthaltene Formulierung „auf Basis eines Hausrechts“ zeigt deutlich, dass ausschließlich das zivilrechtliche Verbot definiert ist, da das Hausrecht für deutsche Fußballstadien grundsätzlich nicht in öffentlicher Hand liegt.[308] Sofern ein Stadionverbot im Sinne der SVRL verhängt wird, vermag diese Art der Definition zu überzeugen. Im Hinblick auf die Anzahl der jährlich ergehenden Maßnahmen scheint ein ausschließlicher Fokus auf die zivilrechtlichen Stadionverbote aber unbegründet, da signifikant mehr öffentlich-rechtliche Maßnahmen zu einem Stadionverbot im weiteren Sinne führen.[309] Um auch öffentlich-rechtliche Stadionverbote in Gestalt von polizei- und strafrechtlichen Maßnahmen zu berücksichtigen, sind unter einem Stadionverbot im weiteren Sinne Maßnahmen jeder Rechtsnatur zu fassen, die ein Betreten des Stadions verbieten oder zumindest faktisch unmöglich machen.

Diese Gegenüberstellung macht es erforderlich, neben den im Fokus der Öffentlichkeit stehenden zivilrechtlichen Stadionverboten, auch den öffentlich-rechtlichen Maßnahmen in dieser Arbeit die gebotene Aufmerksamkeit zu schenken und einen Vergleich der verschiedenen Maßnahmen anzustellen.

---

308 *Breucker*, JR 2005, 133 (133); *Schmitt*, Das bundesweite Fußball-Stadionverbot, 2013, S. 49.

309 In der Saison 2018/2019 wurden deutschlandweit insgesamt 766 örtliche und bundesweite Stadionverbote nach den SVRL ausgesprochen, während die Bundes- und Landespolizei 9.140 freiheitsentziehende beziehungsweise -beschränkende Maßnahmen im Zusammenhang mit Fußballspielen verhängte, siehe dazu ZIS Jahresbericht Fußball Saison 2018/2019, S. 17 f., 21.

1. Zivilrechtliche Stadionverbote

Rechtsgrundlagen für Stadionverbote zivilrechtlicher Natur sind das zivilrechtliche Hausrecht des aussprechenden Vereins sowie ergänzend die SVRL im Hinblick auf die erforderliche Vertretungsmacht für ein bundesweites Stadionverbot.[310] Ersteres stellt die gesetzliche Grundlage für das Betretungsverbot dar und ist auf zivilrechtliche Beseitigungs- und Unterlassungsansprüche gemäß §§ 858 ff., 903, 1004 BGB (analog) zurückzuführen.[311]

In Abgrenzung zu Fällen des örtlichen Hausrechts ergänzen die SVRL das hausrechtliche Betretungsverbot, um eine einheitliche Behandlung von bundesweiten Stadionverboten in Deutschland zu gewährleisten.[312] Das dem jeweiligen Veranstalter zustehende Hausrecht für das eigene Stadion bleibt von den Bestimmungen der SVRL unberührt, da dieses allein auf zivilrechtliche Beseitigungs- und Unterlassungsansprüche zu stützen ist.[313] Umso erstaunlicher ist es, dass die SVRL nicht nur bundesweite Stadionverbote, sondern gemäß § 4 Abs. 2 SVRL auch Voraussetzungen zur Verhängung eines örtlichen Stadionverbotes festsetzen. Die Hausrechtsinhaber können sich zwar an diesen Voraussetzungen orientieren, sind aber aus rechtlicher Perspektive nicht an diese gebunden.

Im Rahmen der Rechtmäßigkeit zivilrechtlicher Stadionverbote steht der Charakter als Präventivmaßnahme kontrovers zur Diskussion.[314] Grundsätzlich sind an präventive und repressive Maßnahmen unterschiedlich strengere Anforderungen zu stellen,[315] sodass die Einordnung des Charakters sinnvoll zur Beurteilung der Rechtmäßigkeit von Stadionverboten ist. Die Abgrenzungsfrage

---

310 *Breucker*, JR 2005, 133 (133 f.).

311 BGH, NJW 2010, 534 (535); *Breucker*, JR 2005, 133 (133 f.); *Walker*, in: Gödicke/Hammen u.a., FS Schapp, 2010, 491 (494); *Orth/Schiffbauer*, RW 2011, 177 (196 ff.); *Klein*, Sicherheit durch Stadionverbote?, 2019, S. 83.

312 Ergebnisbericht der Arbeitsgruppe NKSS, S. 20, online abrufbar unter <m.bpb.de/system/files/dokument_pdf/nkss-1292_0.PDF>, zuletzt abgerufen am 01.08.2021.

313 *Walker*, in: Gödicke/Hammen u.a., FS Schapp, 2010, 491 (494); *Orth/Schiffbauer*, RW 2011, 177 (185).

314 Statt vieler: LT-Ds. NRW 16/5199, S. 2; *Orth/Schiffbauer*, RW 2011, 177 (186); *Stoll/Lüers*, DÖV 2014, 222 (227); *Moldenhauer/Scherer*, in: Grau/Heyde u.a., Sozialwissenschaftliche Perspektiven der Fußballfanforschung, 2017, 176 (184 f., 188); *Klein*, Sicherheit durch Stadionverbote?, 2019, S. 86; zur Legitimität von Sportstrafen siehe *Orth*, in: Cherkeh/Momsen u.a., Handbuch Sportstrafrecht, 2021, 2. Kapitel Rn. 86 ff.

315 Beispielhaft sind die Anforderungen an die Gefahrenprognose von polizeilichen Präventivmaßnahmen gem. § 34 PolG NRW mit denen einer strafrechtlichen Verurteilung nach § 267 Abs. 1 StPO zu vergleichen.

ist im konkreten Fall der Stadionverbote auch durchaus berechtigt, da sowohl (primär) präventive aber auch repressive Merkmale zu erkennen sind.

Der DFB geht in § 1 Abs. 2 SVRL davon aus, dass der Charakter der zivilrechtlichen Stadionverbote primär präventiver Natur sei. Zweck der Stadionverbote sei es, zukünftiges sicherheitsbeeinträchtigendes Verhalten zu vermeiden und die Betroffenen zur Friedfertigkeit anzuhalten, um die Sicherheit anlässlich von Fußballveranstaltungen zu gewährleisten. Für einen solchen Charakter ist anzuführen, dass der Zweck darin liegt, die aus der vertraglichen Schutzpflicht gemäß § 241 Abs. 2 BGB und den allgemeinen Verkehrspflichten gemäß §§ 823 ff. BGB entstandene Pflicht des Veranstalters, die Sicherheit der Besucher zu gewährleisten, zu erfüllen.[316] Auch die Voraussetzungen nach § 4 Abs. 3 SVRL sprechen für einen präventiven Charakter, da für die Verhängung eines Stadionverbotes keine Verurteilung, sondern lediglich ein eingeleitetes Ermittlungsverfahren erforderlich ist. Selbst wenn das strafrechtliche Ermittlungsverfahren wegen Geringfügigkeit eingestellt wird, kann das Stadionverbot gemäß § 7 Abs. 2 SVRL nach wiederholter Überprüfung aufrechterhalten werden.[317] Anders als im Strafrecht gilt nicht die Unschuldsvermutung, sondern der bloße Verdacht als solcher ist für die Verhängung des Stadionverbotes ausreichend.[318] Vergleichbar sind die Voraussetzungen der SVRL mit präventivpolizeilichen Maßnahmen aus dem Gefahrenabwehrrecht, die regelmäßig nur eine Gefahr und keine strafrechtliche Verurteilung voraussetzen.[319] Erst eine Verletzung des bereits ausgesprochenen Stadionverbots löst eine tatsächliche strafrechtliche Konsequenz wegen Hausfriedensbruch gemäß § 123 StGB aus.[320]

Ein repressiver Charakter in Form von Strafe ist dennoch für zivilrechtliche Stadionverbote nicht gänzlich auszuschließen, da die Verbote regelmäßig erst als Reaktion auf ein sicherheitsbeeinträchtigendes Verhalten ausgesprochen werden.[321] Anders als im Gefahrenabwehrrecht, wo der zeitliche Umfang der

---

316 *Breucker*, NJW 2006, 1233 (1233 f.); *Kauerhof*, in: Kauerhof/Nagel u.a., Stadionverbote im internationalen Vergleich, 2012, 43 (55).

317 BGH, NJW 2010, 534 (536).

318 BGH, NJW 2010, 534 (536); AG Freiburg, SpuRt 2005, 257.

319 Siehe dazu beispielhaft das Aufenthaltsverbot gem. § 34 Abs. 2 PolG NRW

320 Ausführlich dazu *Schild*, in: WFV, Das Recht der Sportstätte, 1985, 66 (69 ff.), der zumindest die Alt. 2 für einschlägig hält.

321 *Kübert/Neumann*, in: Kübert, Fußball, Medien und Gewalt, 1994, 21 (43) bezeichnet Stadionverbote als Sanktion; *Orth*, Vereins- und Verbandsstrafen, 2009, S. 135 ff.; *Orth/Schiffbauer*, RW 2011, 177 (179, 186); *Stoll/Lüers*, DÖV 2014, 222 (227); *Müller-Eiselt*, Die Gewährleistung der Sicherheit bei Fußballspielen, 2015, S. 291 f.;

Maßnahme deutlich begrenzt ist,[322] können Stadionverbote in besonders schweren Fällen gemäß § 5 Abs. 3 SVRL bis zu 60 Monate aufrechterhalten werden. Auch strafrechtliche Elemente wie Regelbeispiele gemäß § 4 Abs. 3 Nr. 1–15 SVRL oder die fehlende Einsichtigkeit und Reue des Betroffenen gemäß § 5 Abs. 2 SVRL sind in den Richtlinien enthalten.[323] In ähnlicher Weise werden auch Geisterspiele, die infolge von Ausschreitungen der Fans angeordnet werden können, als Strafe bezeichnet.[324] Angesichts der Höchstdauer und der strafähnlichen Anknüpfungspunkte ist ein ausschließlich präventiver Charakter nur schwer zu begründen.[325] Aus Sicht einiger Fangruppierungen werden die Verbote ohnehin weniger als Präventivmaßnahme, sondern vielmehr als Bestrafung wahrgenommen, die „eine Welt für sie zusammenbrechen lässt".[326]

Zu berücksichtigen ist im Hinblick auf die Argumente zu den SVRL aber, dass diese keine tatsächliche Rechtsgrundlage für das Hausrecht bilden, sondern vielmehr die §§ 858 ff., 903, 1004 BGB (analog), die ausschließlich präventiven Charakter haben.

2. Öffentlich-rechtliche Stadionverbote

Als Stadionverbot im weiteren Sinne führen öffentlich-rechtliche Gefahrenabwehrmaßnahmen in der Praxis am häufigsten zu einem faktischen Betretungsverbot.[327] Zu diesen Maßnahmen zählen insbesondere die Platzverweisung, das Aufenthaltsverbot, die Meldeauflage, der Verbringungsgewahrsam, die Gefährderansprache sowie die Videoüberwachung.[328] Aber auch strafrechtliche

---

Moldenhauer/Scherer, in: Grau/Heyde u.a., Sozialwissenschaftliche Perspektiven der Fußballfanforschung, 2017, 176 (184).

322 Aufenthaltsverbote sind gem. § 34 Abs. 2 S. 4 PolG NRW auf maximal drei Monate begrenzt.

323 *Orth/Schiffbauer*, RW 2011, 177 (195 f.).

324 *Orth*, in: Cherkeh/Momsen u.a., Handbuch Sportstrafrecht, 2021, 2. Kapitel Rn. 19.

325 *Orth/Schiffbauer*, RW 2011, 177 (196).

326 *Klein*, Sicherheit durch Stadionverbote?, 2019, S. 93; ferner *Moldenhauer/Scherer*, in: Grau/Heyde u.a., Sozialwissenschaftliche Perspektiven der Fußballfanforschung, 2017, 176 (183 ff.); *Orth*, Vereins- und Verbandsstrafen, 2009, S. 135.

327 ZIS Jahresbericht Fußball Saison 2018/2019, S. 17 f., 21.

328 *Nolte*, NVwZ 2001, 147 ff.; *Siegel*, NJW 2013, 1035 ff.; *Stoll/Lüers*, DÖV 2014, 222 ff.; *Niemeier*, Gefahrenabwehrrechtliche Möglichkeiten der Bekämpfung ritualisierten Gewaltverhaltens im Zusammenhang mit Fußballveranstaltungen, 2015, S. 69 ff.; *Ruch*, JZ 2015, 936 ff.; *Hecker*, NVwZ 2016, 1301 ff.

Sanktionen in Form der Bewährungsweisung gemäß § 56c StGB kommen als Stadionverbote im weiteren Sinne in Betracht.[329]

Dass der Veranstalter für die Sicherheit seiner Besucher gemäß §§ 241 Abs. 2, 823 ff. BGB in zivilrechtlicher Hinsicht verantwortlich ist, steht der Zuständigkeit der Gefahrenabwehrbehörde nicht entgegen.[330] Die Polizei ist gemäß § 1 Abs. 2 PolG NRW zum Schutz privater Rechte berufen, wenn gerichtlicher Rechtsschutz nicht rechtzeitig zu erlangen ist und wenn ohne polizeiliche Hilfe die Verwirklichung des Rechts vereitelt oder wesentlich erschwert werden würde. Bei gewalttätigen Auseinandersetzungen im Rahmen sportlicher Großveranstaltungen wie den Fußballspielen der oberen Ligen ist gerichtlicher Rechtsschutz regelmäßig nicht rechtzeitig zu erlangen sowie die privaten Ordnungskräfte ab einem bestimmten Zeitpunkt nicht mehr in der Lage, ausreichende Maßnahmen zum Schutz der öffentlichen Infrastruktur sowie polizeilicher Schutzgüter wie Leib und Leben zu treffen.[331] Die Grenze ist dort zu ziehen, wo private Ordnungskräfte unmittelbar mit Gewalt konfrontiert werden und nicht mehr Herr der Lage sind.[332] Sie sind im Rahmen ihres Hausrechts lediglich zur vorläufigen Festnahme gemäß § 127 Abs. 1 StPO oder Notwehr beziehungsweise Nothilfe gemäß § 32 StGB befugt. Polizeikräfte dagegen haben durch die parlamentarische Legitimation weitreichende Befugnisse aus den §§ 8 ff. PolG NRW, um die Gewalt einzudämmen und Straftaten zu verhindern. Es ist daher erforderlich und gängige Praxis, dass die Polizei unterstützend für die Absicherung von Großveranstaltungen zuständig ist.[333] Dies folgt nicht zuletzt auch aus der gemäß Art. 2 Abs. 2 Satz 1 GG verfassungsrechtlich abzuleitenden Schutzpflicht des Staates gegenüber den friedlichen Fans.[334]

---

329 AG München, Urt. v. 11.5.2016, 821 Ds 467 Js 213716/14 (unveröffentlicht).

330 Für Sportveranstaltung gilt das durch Art. 9 Abs. 1 GG geschützte sog. lex sportiva, siehe dazu *Franz/Günther*, NWVBl 2006, 201 (202); zu vertraglichen Schutzpflichten der Veranstalter siehe *Kirchhoff*, NJW 2017, 294 (295); *Breucker*, NJW 2006, 1233 (1233 f.).

331 *Gusy*, VerwArch 2001, 344 (364 ff.); *Siegel*, NJW 2013, 1035 (1036).

332 *Friedmann*, Polizei und Fans – ein gestörtes Verhältnis?, 2009, S. 97 f.

333 *Nolte*, NVwZ 2001, 147 (149) bezeichnet das allgemeine (staatliche) Recht als sog. zweite Säule des Sportrechts; *Kirchhoff*, NJW 2017, 294 (294) stellt auf die Verhinderung strafbarer Handlungen ab; ähnlich *Franz/Günther*, NWVBl 2006, 201 (202) zur Verpflichtung der Veranstalter, Straftaten zu melden.

334 Durch die verfassungsrechtliche Pflicht des Staates, eine funktionstüchtige Strafrechtspflege zu gewährleisten, wird deutlich, dass der Schutzauftrag auch die Pflicht zur Gefahrenvorsorge einschließt, siehe dazu BVerfGE 46, 214 (222 ff.); *Nolte*, NVwZ 2001, 147 (148 f.) zur Schutzpflicht bzgl. Leib und Leben anderer Fans gem.

Neben den bekannten gefahrenabwehrrechtlichen Maßnahmen wirkt der Staat auch unterstützend bei der Festsetzung von zivilrechtlichen Stadionverboten mit. Bevor zivilrechtliche Stadionverbote final und unmittelbar von den Veranstaltern ausgesprochen werden, erfolgt zunächst eine postalische Anregung beziehungsweise Empfehlung eines Stadionverbotes durch die Gefahrenabwehrbehörde.[335] Ob unter dieser Anregung eine unzulässige „Flucht ins Privatrecht" durch Umgehung der rechtsstaatlichen Anforderungen gesehen werden kann, ist in den folgenden Abschnitten zu beantworten.

Letztlich finden strafrechtliche Sanktionen als öffentlich-rechtliche Maßnahme, die zu einem Stadionverbot im weiteren Sinne führen, in der Literatur im Hinblick auf Stadionverbote bislang kaum Beachtung und bedürfen einer vertiefenden Betrachtung. Selbstverständlich ist es Betroffenen, die eine Freiheitsstrafe erhalten, nicht möglich ins Stadion zu gehen. Aber auch Freiheitsstrafen, die zur Bewährung ausgesetzt werden, führen unter besonderen Umständen zu einem Stadionverbot. Bewährungsstrafen, die im Zusammenhang mit Straftaten bei Fußballspielen ergehen, werden mit Weisungen wie während der Bewährungszeit keine Stadien beziehungsweise dessen Umfeld zu betreten, Kontakte zu bestimmten Fangruppierungen zu vermeiden oder einer Meldepflicht nachzukommen nach § 56c StGB versehen.[336] Ähnlich wie im Gefahrenabwehrrecht führt die staatliche Maßnahme zu einem Stadionverbot im weiteren Sinne, das in der Rechtspraxis als solches nicht benannt wird.[337]

II. Gesellschaftliche Bedeutung

Stadionbesuche haben nicht nur einen informativen Zweck, sondern sind zu einem gesellschaftlichen Großereignis mit Eventcharakter geworden, dessen Stellung in der Gesellschaft verfassungsrechtliche Relevanz zeigt. Nach Ansicht des Bundesverfassungsgerichts sei in der Aussprache eines Stadionverbotes eine Entscheidung über die Teilnahme am gesellschaftlichen Leben in erheblichem Umfang zu sehen.[338] In ähnlicher Weise hatte bereits der Bundesgerichtshof in der vorausgehenden Entscheidung die gesellschaftliche Stellung des Betroffenen im Hinblick auf das rechtliche Interesse im Sinne von § 256 ZPO als „fühlbar

---

Art. 2 Abs. 2 S. 1 GG; *Götz*, in: Isensee/Kirchhof, HStR IV, 2006, § 85 Rn. 24; ausführlich dazu *Hermes*, Das Grundrecht auf Schutz von Leben und Gesundheit, 1987.

335 NKSS 2012, S. 33; *Stoll/Lüers*, DÖV 2014, 222 (228); *Ruch*, JZ 2015, 936 ff.

336 AG München, Urt. v. 11.5.2016, 821 Ds 467 Js 213716/14 (unveröffentlicht).

337 AG München, Urt. v. 11.5.2016, 821 Ds 467 Js 213716/14 (unveröffentlicht).

338 BVerfGE 148, 267 (283 f.).

beeinträchtigt" beschrieben.[339] Anders dagegen die vorinstanzliche Entscheidung, in der das Landgericht Duisburg den Besuch eines Fußballspiels zwar in subjektiver Hinsicht für den einzelnen Fan als bedeutsam ansah, bei objektiver Betrachtungsweise aber im Hinblick auf den Kontrahierungszwang kein essenzielles Lebensbedürfnis erkennen konnte.[340]

Bei genauerem Hinsehen fällt auf, dass die verschiedenen Gerichte den gesellschaftlichen Stellenwert von Stadionbesuchen im Hinblick auf unterschiedliche Rechtsprobleme untersucht haben. Das Bundesverfassungsgericht beurteilte die gesellschaftliche Relevanz in Bezug auf die Anwendbarkeit von Art. 3 Abs. 1 GG,[341] der Bundesgerichtshof gab eine Einschätzung zum rechtlichen Interesse nach § 256 ZPO[342] und das Landgericht Duisburg verneinte eine Anwendbarkeit des allgemeinen Kontrahierungszwangs in Bezug auf das zivilrechtliche Hausrecht.[343] Auch wenn die Aussagen im Hinblick auf verschiedene Rechtsprobleme getroffen wurden, verdeutlichen sie dennoch den Dissens zum gesellschaftlichen Stellenwert von Stadionbesuchen. Letztlich kann nicht jede der getroffenen Ansichten überzeugen.

1. Stadionbesuche als essenzielles Lebensbedürfnis

Der Ansicht, Stadionbesuche seien kein essenzielles Lebensbedürfnis,[344] ist nicht beizupflichten. Zwar ist der Entscheidung des Landgerichts Duisburg zugutezuhalten, dass die Terminologie der „essenziellen Lebensbedürfnisse"[345] auf den ersten Blick enger erscheint als eine vom Bundesverfassungsgericht angenommene (nur) „umfangreiche Teilnahme am gesellschaftlichen Leben",[346] aber ist die Formulierung der essenziellen Lebensbedürfnisse in Bezug auf den Kontrahierungszwang weit auszulegen und nicht allein auf für die biologische Existenz des Menschen notwendige Güter zu begrenzen.[347] Vielmehr ist unter essenziellen Lebensbedürfnissen der Normalbedarf eines Durchschnittsmenschen zu

339 BGH, NJW 2010, 534 (535).
340 LG Duisburg, SpuRt 2009, 78 (79); ferner AG Frankfurt, SpuRt 2005, 172; AG Dortmund, BeckRS 2014, 20612.
341 BVerfGE 148, 267 (283 f.).
342 BGH, NJW 2010, 534 (535).
343 LG Duisburg, SpuRt 2009, 78 (79).
344 LG Duisburg, SpuRt 2009, 78 (79); AG Frankfurt, SpuRt 2005, 172.
345 LG Duisburg, SpuRt 2009, 78 (79).
346 BVerfGE 148, 267 (283 f.).
347 *Bydlinski*, AcP 1980, 1 (37).

verstehen, der dem Einzelnen auf Dauer nicht vorenthalten werden kann.[348] Zu diesem Normalbedarf zählt auch die Gestaltung des Freizeitprogramms durch den Besuch von Theater, Museum oder Badeanstalt.[349]

Unter Berücksichtigung der vorgenommenen Begriffsbestimmung gehört die Investition von Zeit und/oder Geld durch Stadionbesuche zu den essenziellen Merkmalen des Fandaseins.[350] Gerade die Unterstützung vor Ort und die Nähe zum Verein beziehungsweise der Mannschaft machen einen Fan aus. Der Wegfall des Stadionbesuches betrifft den Fan in seinem Grundwesen und ist zumindest einem Normalbedarf gleichzusetzen. Daran ändert auch die Tatsache nichts, dass andere mediale Informationsquellen bestehen, die über die Fußballspiele berichten.[351] Nicht der informative Charakter, sondern vielmehr das Erlebnis, das Zusammengehörigkeitsgefühl und die Stimmung machen einen Stadionbesuch zu einem gesellschaftlichen Großereignis, welches nach hier vertretener weiter Auslegung[352] als essenzielles Lebensbedürfnis einzuordnen ist.

Dem dürfte auch der Bundesgerichtshof zustimmen, selbst wenn er die Frage, welche Anforderungen an den Abschlusszwang im Sinne des allgemeinen Kontrahierungszwanges zu stellen sind, bis dato ausdrücklich offengelassen hat.[353] Es sei ungeklärt, ob Abschlusszwang nur bei lebensnotwendigen, jedenfalls lebenswichtigen oder Leistungen des Normalbedarfs bestehe.[354] Im Hinblick auf die Entscheidung des Bundesgerichtshofs zum Stadionverbot ist aber davon auszugehen, dass dieser zumindest für Stadionbesuche einen allgemeinen Kontrahierungszwang anerkennt.[355] Dadurch, dass der Bundesgerichtshof einen sachlichen Grund für Stadionverbote fordert, entsteht mit anderen Worten ein allgemeiner Kontrahierungszwang für den Veranstalter.[356] Im Umkehrschluss ist es mithin ausreichend, wenn eine Leistung des Normalbedarfs

348 *Ders.*, AcP 1980, 1 (37).

349 AG Würzburg, NJW-RR 1993, 1332 (1132 f.); *Bork*, in: Staudinger, BGB, 2020, Vorb. §§ 145 ff. Rn. 23; *Ellenberger*, in: Palandt, BGB, 2021, Einf. v. § 145 Rn. 10.

350 Siehe oben § 2 I., S. 22.

351 AG Frankfurt, SpuRt 2005, 172; AG Duisburg, BeckRS 2009, 29835; *Gietl*, JR 2010, 50 (50 f).

352 So auch *Bydlinski*, AcP 1980, 1 (37).

353 BGH, NJW 1990, 761 (763).

354 BGH, NJW 1990, 761 (763); OLG Brandenburg, NJW-RR 2011, 890 (892) stellt auf den Bereich der Daseinsvorsorge ab.

355 BGH, NJW 2010, 534 (535).

356 BGH, NJW 2010, 534 (535); so auch die Interpretation der Entscheidung von *Orth/Schiffbauer*, RW 2011, 177 (180 f.).

beziehungsweise Freizeitbeschäftigung – wie der Stadionbesuch – vorenthalten wird, um einen allgemeinen Kontrahierungszwang zu begründen. Die Entscheidung des Bundesgerichtshofs lässt sich als Bekenntnis für eine weite Auslegung der essenziellen Lebensbedürfnisse interpretieren.[357]

2. Umfangreiche Teilnahme am gesellschaftlichen Leben

Überzeugender vor dem Hintergrund dieser Annahmen ist die Ansicht des Bundesverfassungsgerichts, den Stadionbesuch als umfangreiche Teilnahme am gesellschaftlichen Leben zu bewerten.[358] Durch das bundesweite Stadionverbot wird der Besuch sämtlicher Fußballgroßveranstaltungen im Bundesgebiet untersagt.[359] Für Fans, die einen Großteil ihres sozialen Umfeldes in der Fanszene wiederfinden, würde ein Stadionverbot einem Ausschluss aus ihrer sozialen Welt gleichkommen.[360] Auch auf internationaler Ebene stellte der Europäische Gerichtshof in einer Entscheidung zur Pay-TV-Übertragung der Fußballwelt und -europameisterschaft mit einem ähnlichen Wortlaut bereits fest, dass es sich bei Fußballspielen um Ereignisse von erheblicher gesellschaftlicher Bedeutung handelt.[361] Aus der Essenz dieser höchstrichterlichen Entscheidungen ist zu Recht festzustellen, dass Stadionbesuche für die Teilnahme am gesellschaftlichen Leben einen umfangreichen Beitrag leisten.

Dieser Sichtweise dürfte auch der Bundesgerichtshof zustimmen. Zur Fortführung der Rechtsprechung des Bundesverfassungsgerichts betonte dieser, dass die Bedeutung des Zugangs für die Teilnahme am gesellschaftlichen Leben nicht aus der Perspektive des einzelnen Besuchers zu beurteilen sei, sondern vielmehr aus objektivierter Sicht desjenigen, der die Einrichtung dem allgemeinen Publikumsverkehr eröffne.[362] Zwar geht der Bundesgerichtshof in seiner jüngsten Entscheidung nicht ausdrücklich auf die Stadionverbote ein, wendet die Rechtsprechung des Bundesverfassungsgerichts aber auf ein Hausverbot in einer Therme an und lehnt dessen erhebliche Bedeutung im Vergleich zu Stadionverboten ab.[363]

---

357 BGH, NJW 2010, 534 (535).

358 BVerfGE 148, 267 (283 f.).

359 Die Veranstalter haben eine Monopolstellung, siehe dazu *Henseler*, Die rechtlichen Dimensionen des bundesweiten Stadionverbots, 2016, S. 312 ff.

360 *Moldenhauer/Scherer*, in: Grau/Heyde u.a., Sozialwissenschaftliche Perspektiven der Fußballfanforschung, 2017, 176 (188).

361 EuGH, npoR 2014, 169 (170).

362 BGH, NJW 2020, 3382 (3384).

363 BGH, NJW 2020, 3382 (3384).

III. Auswirkungen

Letztlich lassen sich die Auswirkungen der Stadionverbote auf die Fanszene und deren Gewaltpotenzial untersuchen. In den Fangemeinschaften selbst fehlt es an Akzeptanz und Verständnis bezüglich der Ausgestaltung von Stadionverboten.[364] Zu vermuten ist, dass unter anderem aus diesem Grund ein Rückgang von Gewalthandlungen bei Fußballspielen bislang nicht zu verzeichnen ist.[365]

1. Fehlende Akzeptanz

Unabhängig von der rechtswissenschaftlichen Diskussion, ob der gesellschaftliche Stellenwert in der konkreten Rechtsfrage erheblich genug ist, beeinträchtigen Stadionverbote die Fanszene und deren Mitglieder unbestritten zumindest subjektiv in erheblichem Maße.

Dadurch, dass – mit Ausnahme der Bewährungsweisung nach § 56c StGB – Stadionverbote als präventive Maßnahme angeordnet werden, ohne dass eine tatsächlich nachgewiesene Straftat vorliegen muss, führen Stadionverbote zu einer verstärkten Wahrnehmung von Ungerechtigkeit bei den Fans.[366] Aus ihrer Sicht liegt vielmehr eine Strafmaßnahme vor, die einer gerichtlichen Legitimation bedarf.[367] Im Unterschied dazu werden Stadionverbote als strafrechtliche Sanktion überwiegend hingenommen und akzeptiert.[368] Zurückzuführen ist die fehlende Akzeptanz auf den Gedanken der Unschuldsvermutung, der in der Gesellschaft fest verankert ist.[369] Solange die Stadionverbote von den Fans als Strafe und nicht als präventive Maßnahme wahrgenommen werden, steht die Unschuldsvermutung ihrer Akzeptanz entgegen.

364 *Moldenhauer/Scherer*, in: Grau/Heyde u.a., Sozialwissenschaftliche Perspektiven der Fußballfanforschung, 2017, 176 (186).

365 Siehe oben § 3 I., S. 47 ff.; *Kauerhof*, in: Kauerhof/Nagel u.a., Stadionverbote im internationalen Vergleich, 2012, 43 (50).

366 Zur negativen Folge von Stadionverboten siehe auch *Kübert/Neumann*, in: Kübert, Fußball, Medien und Gewalt, 1994, 21 (43); *Klesczewski*, JZ 2010, 251 (252).

367 *Kauerhof*, in: Kauerhof/Nagel u.a., Stadionverbote im internationalen Vergleich, 2012, 43 (45 f.).

368 *Feltes*, NK 2013, 48 (64).

369 *Moldenhauer/Scherer*, in: Grau/Heyde u.a., Sozialwissenschaftliche Perspektiven der Fußballfanforschung, 2017, 176 (189 f.); *Klode*, Pyrotechnik und Stadionverbote aus Perspektive der Ultras, 2012, S. 124 ff.

Als Folge der fehlenden Akzeptanz ist es in der Szene nicht verpönt, ein Stadionverbot zu erhalten.[370] Es führe in der Regel nicht dazu, dass die Betroffenen den Kontakt zu ihrer Bezugsgruppe abbrechen, sondern die anderen Gruppenmitglieder der Fangemeinschaft bemühen sich erfolgreich darum, dass die betroffenen Personen weiterhin in ihrer Gruppe miteinbezogen werden.[371]

2. Gewaltpotenzial

Die fehlende Akzeptanz der Fangemeinschaft spiegelt sich auch in dem seit Einführung der SVRL nicht gesunkenem Gewaltpotenzial wider.[372] Grund dafür könnte das bewusste Inkaufnehmen von „Unschuldigen", das heißt derjenigen, die nicht an gewalttätigen Ausschreitungen beteiligt sind, durch Kollektivstrafen sein, welches den Festsetzungsberechtigten von den Fangemeinschaften vorgeworfen wird.[373] Durch das aufkommende Ungerechtigkeitsgefühl entsteht die Gefahr der sog. Selffulfilling Prophecy, das heißt, eine unbewusste Verhaltensänderung führt dazu, dass der vermeintliche Täter die Erwartungen oder Befürchtungen tatsächlich erfüllt.[374] Die vorschnelle Verurteilung als Gewalttäter birgt die Gefahr, dass friedliche Fans tatsächlich in die Szene der gewaltbereiten Zuschauer gedrängt werden.[375]

3. Effektivität

Der (noch) nicht eingetretene Rückgang von Gewalthandlungen spricht den Stadionverboten ihren effektiven und wirksamen Charakter aber nicht gänzlich ab, sondern zeigt vielmehr auf, dass insbesondere in der Kommunikation zwischen

---

370 *Klode*, Pyrotechnik und Stadionverbote aus Perspektive der Ultras, 2012, S. 114; nicht selten werden die Betroffenen sogar als Märtyrer gefeiert, die sich für die Interessen der Fangemeinschaft eingesetzt haben, siehe dazu *Kauerhof*, in: Kauerhof/Nagel u.a., Stadionverbote im internationalen Vergleich, 2012, 43 (59).

371 *Klode*, Pyrotechnik und Stadionverbote aus Perspektive der Ultras, 2012, S. 114.

372 Siehe oben § 3 II., S. 47 ff.

373 *Kauerhof*, in: Kauerhof/Nagel u.a., Stadionverbote im internationalen Vergleich, 2012, 43 (55).

374 *Moldenhauer/Scherer*, in: Grau/Heyde u.a., Sozialwissenschaftliche Perspektiven der Fußballfanforschung, 2017, 176 (187); *Klesczewski*, JZ 2010, 251 (253).

375 *Feltes*, NK 2013, 48 (64); *Moldenhauer/Scherer*, in: Grau/Heyde u.a., Sozialwissenschaftliche Perspektiven der Fußballfanforschung, 2017, 176 (189); anfällig dafür sind insbesondere jugendliche Straftäter, deren kriminelle Karriere befördert statt verhindert werden könnte, siehe dazu *Kauerhof*, in: Kauerhof/Nagel u.a., Stadionverbote im internationalen Vergleich, 2012, 43 (55).

Veranstaltern, Sicherheitsbehörden und Stadionbesuchern weiterhin Verbesserungsbedarf besteht.[376]

Unabhängig davon, unter welchen Voraussetzungen Stadionverbote rechtlich zulässig sind, dürfen sich die Maßstäbe nicht nur daran orientieren, was rechtlich erlaubt ist, sondern sind gleichermaßen unter kriminologischen und psychologischen Gesichtspunkten zu betrachten. Vor dem Hintergrund, dass Stadionverbote primär Präventivmaßnahmen zur Verhinderung von Gewaltausschreitungen sind, steht bislang weniger der strafrechtliche Erziehungsgedanke[377] als die Abwehr von Gefahren im Fokus der Voraussetzungen. Dem fehlenden Verständnis zum Trotz wirken Stadionverbote im Vergleich zu Geldstrafen als *Ultima Ratio* aber besonders intensiv und haben eine Abschreckungswirkung gegenüber den Gewalttätern.[378]

Negative Folge der Stadionverbote könnte die Zunahme von Gewalt außerhalb der Stadien sein.[379] Gewalttätige Ausschreitungen verschwinden durch Stadionverbote nicht völlig, sie werden aber zumindest zunehmend aus den Stadien verbannt und schützen mithin friedliche Fans als Unbeteiligte. Um den ungewünschten Nebeneffekt der Ortsverlagerung zu beseitigen, ist es wichtig den Gewalttätern klarzumachen, dass auch Straftaten außerhalb des Stadions zu Stadionverboten führen können, wenn sie im Zusammenhang mit Fußballspielen stehen.[380]

Letztlich ist es nicht erwiesen, dass das in den letzten Jahrzehnten steigende Gewaltpotenzial[381] durch die Stadionverbote nicht positiv beeinflusst wurde. Das ZIS führt keine Statistik über „rückfällige Stadionverbotler". Es könnte auch die These aufgestellt werden, dass ohne die Stadionverbote das Gewaltpotenzial (noch) rasanter zugenommen hätte. Eine finale Antwort lässt sich ohne entsprechende Statistiken nur vermuten.

---

376 Ähnlich *Gerlach/Manzke*, SpuRt 2021, 2 (5), sie halten die Maßnahmen für ausreichend abschreckend, wenn diese konsequent umgesetzt werden.

377 Zum kriminalrechtlichen Erziehungsgedanken insb. für das Jugendstrafrecht siehe *Walter/Wilms*, NStZ 2004, 600 ff.

378 OLG Hamm, SpuRt 2020, 305 führt aus, dass ein formal wirksames bundesweites Stadionverbot für eine Verurteilung wegen Landfriedensbruch ausreichend sei, ohne dass es einer materiell-rechtlichen Wirksamkeit bedürfe; *Kirsch*, Gewalt bei sportlichen Großveranstaltungen, 2000, S. 161; *Gerlach/Manzke*, SpuRt 2021, 2 (4).

379 Siehe oben § 2 III. 3. a), S. 40 ff.

380 *Kirsch*, Gewalt bei sportlichen Großveranstaltungen, 2000, S. 161.

381 Siehe oben § 3 I. 3., S. 50 ff.

IV. Fazit

Im Ergebnis ist festzuhalten, dass sowohl durch zivil- als auch öffentlich-rechtliche Maßnahmen die Möglichkeit besteht, Stadionverbote im weiteren Sinne festzusetzen. Mit Ausnahme der strafrechtlichen Bewährungsweisung gemäß § 56c StGB sind die Stadionverbote als Maßnahme primär präventiver Natur. Unabhängig von der Rechtsnatur der Maßnahme, entscheiden Stadionverbote aber in erheblichem Umfang über die Teilnahme am gesellschaftlichen Leben und greifen intensiv in das Leben der Betroffenen ein.[382] Sie sind nach gebotener weiter Auslegung als essenzielles Lebensbedürfnis zu qualifizieren und lösen somit den vom Bundesverfassungsgericht in seiner Stadionverbot-Entscheidung durch Art. 3 Abs. 1 GG zum Ausdruck gebrachten allgemeinen Kontrahierungszwang aus.[383] Der potenziell über Monate hinweg andauernde Ausschluss von einem gesellschaftlichen Großevent stellt eine Maßnahme besonderer Härte dar. Verbesserungsbedarf besteht hinsichtlich der Akzeptanz der Stadionverbote in der Fanszene, wo Eindrücke wie Willkür und Kollektivstrafe dominieren.[384]

382 BVerfGE 148, 267 (283 f.).

383 BVerfGE 148, 267 (283 f.); vorausgehend BGH, NJW 2010, 534 (535).

384 Zur negativen Folge von Stadionverboten siehe auch *Kübert/Neumann*, in: Kübert, Fußball, Medien und Gewalt, 1994, 21 (43).

§ 5 Zivilrechtliche Stadionverbote

I. Rechtsgrundlagen

Das zivilrechtliche Stadionverbot findet seine Rechtsgrundlage primär im zivilrechtlichen Hausrecht, wobei auch die Bedeutung der SVRL insbesondere für ein bundesweites Stadionverbot nicht zu verkennen ist.[385] Tatsächliche Anspruchsgrundlagen sind die Vorschriften §§ 858 ff., 903, 1004 BGB (analog), wogegen die SVRL der wechselseitigen Bevollmächtigung nach §§ 164 ff. BGB zur Festsetzung eines bundesweiten Stadionverbotes dienen.[386] Bei Letzterem handelt es sich aus dogmatischer Sicht nicht um ein einzelnes Hausverbot, sondern um eine Vielzahl von konstitutiven Hausverboten, die über das Rechtsinstitut der Stellvertretung ausgeübt werden.[387] In diesem Abschnitt werden das zivilrechtliche Hausrecht, die SVRL sowie deren Verhältnis zueinander dargestellt.

1. Herleitung des Hausrechts

Stadionverbote sind Hausverbote, die auf der Ausübung des zivilrechtlichen Hausrechts beruhen.[388] Letzteres ergibt sich aus den sachenrechtlichen Befugnissen gemäß §§ 858 ff., 903, 1004 BGB (analog), die Besitz und Eigentum mit sich bringen.[389] Vereinfacht gesagt ergibt sich das Hausrecht aus bekannten zivilrechtlichen Anspruchsgrundlagen und stellt kein eigenständiges Rechtsinstitut dar.[390] Unterschiede im Hinblick auf die Anspruchsgrundlagen bestehen insofern, dass sich das Hausrecht entweder aus dem Besitzrecht gemäß §§ 854 ff. BGB oder dem Eigentumsrecht gemäß §§ 903 ff. BGB ergeben kann.[391] Da im Profifußball die Vereine oftmals nicht Eigentümer der Stadien sind, ist die

---

385 *Breucker*, JR 2005, 133 (133 f.)

386 BGH, NJW 2010, 534 (535); *Walker*, in: Gödicke/Hammen u.a., FS Schapp, 2010, 491 (503); *Kirchhoff*, NJW 2017, 294 (295).

387 *Bressensdorf*, Das private „Hausrecht“, 2020, S. 128.

388 LG Duisburg, SpuRt 2009, 78 (78 f.); *Breucker*, JR 2005, 133 (133); *Walker*, in: Gödicke/Hammen u.a., FS Schapp, 2010, 491 (494); *Schmitt*, Das bundesweite Fußball-Stadionverbot, 2013, S. 48 ff.

389 BGH, NJW 2006, 1054; NJW 2020, 3382 (3382); *Raff*, in: MüKo, BGB, 2020, § 1004 Rn. 26; *Orth/Schiffbauer*, RW 2011, 177 (196); *Weller/Schulz/Smela*, JuS 2021, 722 (722).

390 *Raff*, in: MüKo, BGB, 2020, § 1004 Rn. 26.

391 *Bressensdorf*, Das private „Hausrecht“, 2020, S. 90 ff, 94 ff.

Unterscheidung zwischen Besitzer und Eigentümer für die Wahl der richtigen Anspruchsgrundlage von Relevanz.[392] Der Auffassung, dass sich ein Hausrecht nur aus dem Eigentum ergeben könne,[393] ist nicht zuzustimmen, da auch der Besitzer gegenüber Störungen Dritter schutzbedürftig ist.[394] Die eigentums- und besitzrechtlichen Ansprüche stehen in Anspruchskonkurrenz zueinander.[395]

a) Veranstalter als Eigentümer

Veranstalter des Fußballspiels ist grundsätzlich der Verein, der DFB oder der Ligaverband.[396] Ist dieser (in seltenen Fällen) zugleich Stadioneigentümer, findet der Beseitigungs- und Unterlassungsanspruch gemäß § 1004 Abs. 1 BGB unmittelbar Anwendung.[397] Danach ist der Eigentümer vor Beeinträchtigungen seines Eigentums geschützt. Im Falle des *Ad-hoc*-Stadionverbotes muss der Störer das Stadion sofort verlassen, das heißt, der Veranstalter macht seinen Beseitigungsanspruch nach § 1004 Abs. 1 S. 1 BGB geltend.[398] In der Praxis werden Stadionverbote aber regelmäßig nicht nur für das laufende Spiel, sondern im Nachgang für zukünftige Spiele erteilt.[399] In diesem Fall ist auf einen Unterlassungsanspruch gemäß § 1004 Abs. 1 S. 2 BGB abzustellen, der als zusätzliche Voraussetzung die Besorgung weiterer Beeinträchtigungen fordert.

---

392 *Breucker*, JR 2005, 133 (133); *Schmitt*, Das bundesweite Fußball-Stadionverbot, 2013, S. 49.

393 BGH, NJW 1967, 1911 (1912); *Breucker*, JR 2005, 133 (133) m. w. N.

394 BGH, NJW 2006, 1054; *Orth/Schiffbauer*, RW 2011, 177 (196); *Raff*, in: MüKo, BGB, 2020, § 1004 Rn. 26; *Brückner*, in: MüKo, BGB, 2020, § 903 Rn. 53; *Bressensdorf*, Das private „Hausrecht", 2020, S. 121 ff.

395 *Raff*, in: MüKo, BGB, 2020, § 1004 Rn. 296; *Berger*, in: Jauernig, BGB, 2021, § 1004 Rn. 26.

396 *Breucker*, JR 2005, 133 (133 f.).

397 *Orth/Schiffbauer*, RW 2011, 177 (196); *Gietl*, JR 2010, 50 (50).

398 *Orth*, Vereins- und Verbandsstrafen, 2009, S. 137; *Schmitt*, Das bundesweite Fußball-Stadionverbot, 2013, S. 66 ff.

399 In der Saison 2018/2019 wurden 198 örtliche und 568 bundesweite Stadionverbote für die Zukunft ausgesprochen, siehe dazu ZIS Jahresbericht Fußball Saison 2018/2019, S. 21.

b) Veranstalter als Besitzer

In der Regel ist der Veranstalter nicht Eigentümer des Stadions, sondern (nur) Pächter,[400] sodass unmittelbare Ansprüche aus Eigentumsrechten wie § 1004 BGB ausscheiden. Dem Veranstalter stehen als Mieter, Pächter oder sonstigem Nutzungsberechtigten allenfalls besitzrechtliche Ansprüche zu, die er zur Ausübung seines Hausrechts geltend machen kann.[401] Denkbar ist zudem eine analoge Anwendung der eigentumsrechtlichen Beseitigungs- und Unterlassungsansprüche gemäß § 1004 BGB (analog) durch Übertragung des Nutzungsrechtes gemäß § 903 BGB[402] oder Ausübung des quasi-negatorischen Beseitigungsanspruchs i. V. m. § 823 Abs. 1 BGB.[403]

aa) Possessorischer Besitzschutz

Der Veranstalter kann aus besitzrechtlicher Perspektive einen possessorischen Beseitigungs- oder Unterlassungsanspruch gemäß § 862 Abs. 1 BGB geltend machen. Wird der Besitzer durch verbotene Eigenmacht im Besitz gestört, kann er von dem Störer im Fall des *Ad-hoc*-Stadionverbotes nach § 862 Abs. 1 S. 1 BGB die Beseitigung verlangen beziehungsweise bei Besorgung weiterer Störungen nach § 862 Abs. 1 S. 2 BGB einen Unterlassungsanspruch geltend machen.

bb) Übertragung des Nutzungsrechtes

Der Eigentümer ist gemäß § 903 BGB grundsätzlich dazu berechtigt, mit der Sache nach Belieben zu verfahren und andere von jeder Einwirkung auszuschließen. Unter diese Berechtigung fällt auch, dass er andere Nutzer beziehungsweise Besitzer dazu berechtigen kann, sein Hausrecht auszuüben.[404] Nach § 2 Abs. 2 SVRL sind die Vereine, der DFB oder der Ligaverband verbandsrechtlich sogar verpflichtet dafür zu sorgen, dass ihnen das Hausrecht für die Austragung der Veranstaltung übertragen wird. Für den Grundfall, dass der

---

400 *Breucker*, JR 2005, 133 (133); *Schmitt*, Das bundesweite Fußball-Stadionverbot, 2013, S. 68 ff.

401 *Orth/Schiffbauer*, RW 2011, 177 (196); diese Ansprüche stehen selbstverständlich auch dem Eigentümer zu, der gleichzeitig Besitzer ist, siehe dazu *Schmitt*, Das bundesweite Fußball-Stadionverbot, 2013, S. 68.

402 *Breucker*, JR 2005, 133 (134).

403 *Schulte-Nölke*, in: Schulze, BGB, 2019, § 1004 Rn. 1; *Armbrüster*, NJW 2003, 3087 (3090); *Förster*, in: Hau/Poseck, BeckOK, BGB, Stand: 01.05.2021, § 823 Rn. Rn. 50 ff.; zu Stadionverboten siehe *Franz/Günther*, NWVBl 2006, 201 (203).

404 *Lakkis*, in: Gsell/Krüger u.a., BeckOGK, BGB, Stand: 01.06.2021, § 903 Rn. 112.1.

Veranstalter Pächter des Stadions ist, stützt sich dieser nicht auf das Eigentum, sondern auf sein mit dem Besitz verbundenes Nutzungsrecht.[405] Die Beseitigungs- und Unterlassungsansprüche gemäß § 1004 Abs. 1 BGB analog stehen folglich auch dem Veranstalter als Besitzer im Wege einer Analogie zu, wenn der Pächter das Hausrecht gemäß § 903 BGB überträgt. Abhängig davon, ob der Veranstalter das Stadionverbot nur *ad hoc* oder auch für zukünftige Spiele verhängen will, sind neben der Übertragung des Hausrechts wiederum die zusätzlichen Voraussetzungen des § 1004 Abs. 1 S. 2 BGB analog maßgeblich.

cc) Quasi-negatorischer Beseitigungs- und Unterlassungsanspruch

Zudem folgt für den Besitzer aus dem rechtmäßigen Besitz als sonstiges Recht im Sinne des § 823 Abs. 1 BGB der sog. quasi-negatorische Beseitigungs- und Unterlassungsanspruch gemäß § 1004 Abs. 1 BGB analog i.V.m. § 823 Abs. 1 BGB.[406] Der rechtmäßige Besitz ist als sonstiges Recht im Sinne des § 823 Abs. 1 BGB in Rechtsprechung und Literatur allgemein anerkannt.[407] Soll das Verbot auch für zukünftige Veranstaltungen aufrechterhalten werden, sind wiederum die zusätzlichen Voraussetzungen des § 1004 Abs. 1 S. 2 analog BGB erforderlich.

dd) Selbsthilferechte

Letztlich bestehen für den Besitzer und Besitzdiener Selbsthilfeansprüche gemäß §§ 859, 860 BGB. Diese dienen der Durchsetzung eines *Ad-hoc*-Stadionverbotes, um den Störer im Bedarfsfall gewaltsam durch private Sicherheitskräfte aus dem Stadion entfernen zu lassen.[408] Zur Festsetzung zukünftiger Stadionverbote ist die Selbsthilfe nicht geeignet, da Gewalt nach § 859 Abs. 1 BGB nur zur Abwehr der verbotenen Eigenmacht dient und keinen Unterlassungsanspruch für die Zukunft begründet.

---

405 *Breucker*, JR 2005, 133 (134).

406 *Schulte-Nölke*, in: Schulze, BGB, 2019, § 1004 Rn. 1; *Armbrüster*, NJW 2003, 3087 (3090); *Förster*, in: Hau/Poseck, BeckOK, BGB, Stand: 01.05.2021, § 823 Rn. Rn. 50 ff.; zu Stadionverboten siehe *Franz/Günther*, NWVBl 2006, 201 (203).

407 BGHZ 137, 89 (97 f.); BGH, NJW 2019, 1669 (1670); *Katzenmeier*, in: Dauner-Lieb/Langen, BGB, 2021, § 823 Rn. 72; *Wagner*, in: MüKo, BGB, 2020, § 823 Rn. 324.

408 *Franz/Günther*, NWVBl 2006, 201 (203).

2. Stadionverbotsrichtlinien

Die SVRL stehen als verbandliches Innenrecht und Rechtssatz unterhalb der Satzungsebene.[409] Ihrer Rechtsnatur nach haben die Richtlinien nur Innenwirkung und setzen einheitlich im Rahmen der Verbandsautonomie fest,[410] unter welchen Voraussetzungen ein Stadionverbot zu erteilen ist.[411] Vorwegzunehmen ist, dass verbandsrechtliche Vorschriften ohnehin nicht die Stadionbesucher als Dritte, sondern allenfalls die am Verband beteiligten Akteure binden können.[412]

a) Anwendungsbereich

Die Gewährleistung von Sicherheit und Ordnung im Profifußball durch Erlass von Stadionverboten stellt den sachlichen Anwendungsbereich der SVRL dar.[413] Unter Profifußball sind in Deutschland insbesondere die Spiele der Lizenzligen (Bundesliga und 2. Bundesliga), der 3. Liga, der Regionalligen, des DFB und des Ligaverbandes zu verstehen.[414] Nicht von den SVRL erfasst sind andere Sportarten sowie der Amateurfußball.

Im persönlichen Anwendungsbereich unterscheiden die SVRL gemäß §§ 2, 4 SVRL zwischen Adressat und Festsetzungsberechtigten. Als Adressat kommt nach § 1 Abs. 1 i. V. m. § 4 Abs. 1 SVRL jede natürliche Person infrage, die in einer die Menschenwürde verletzenden Art und Weise oder sicherheitsbeeinträchtigend aufgetreten ist. Festsetzungsberechtigt ist nach § 2 Abs. 1 SVRL dagegen grundsätzlich nur der Eigentümer beziehungsweise Besitzer der Anlage als originärer Hausrechtsinhaber. Die Vereine, der DFB oder der Ligaverband als Veranstalter müssen daher nach § 2 Abs. 2 SVRL sicherstellen, dass ihnen das Hausrecht gemäß § 903 BGB übertragen wird, sofern sie nicht originärer Hausrechtsinhaber sind.[415] Die Zuständigkeit umfasst neben der Festsetzung nach § 2 Abs. 1 SVRL die Aufhebung, Aussetzung und Reduzierung von Stadionverboten.

---

409 *Orth/Schiffbauer*, RW 2011, 177 (184).

410 Diese folgt aus der Privatautonomie, siehe dazu *Orth*, in: Cherkeh/Momsen u.a., Handbuch Sportstrafrecht, 2021, 2. Kapitel Rn. 13.

411 *Bressensdorf*, Das private „Hausrecht", 2020, S. 128.

412 BVerfGE 148, 267 (274); BGH, NJW 2010, 534 (536); *Vieweg*, Normsetzung und -anwendung deutscher und internationaler Verbände, 1990, S. 335 ff.; *Walker*, in: Gödicke/Hammen u.a., FS Schapp, 2010, 491 (503).

413 Präambel der 4. Richtlinien zur einheitlichen Behandlung von Stadionverboten.

414 Präambel der 4. Richtlinien zur einheitlichen Behandlung von Stadionverboten.

415 *Orth/Schiffbauer*, RW 2011, 177 (183).

In institutioneller Hinsicht ist die Verteilung der Zuständigkeit in § 3 Abs. 1 SVRL geregelt. Danach ist in dieser Reihenfolge der Heimverein, der Auswärtsverein, der DFB und der Ligaverband zuständig. Die abgestufte Zuständigkeitsverteilung wird durch die Subsidiaritätsklauseln in § 3 Abs. 1 Nr. 2 SVRL „das nicht in die Zuständigkeit nach Ziffer 1 fällt", sowie in § 3 Abs. 1 Nr. 3 und 4 SVRL deutlich.[416]

Für die Festsetzung eines bundesweiten Stadionverbotes kann in räumlicher Hinsicht gemäß § 4 Abs. 5 i. V. m. 3 Abs. 1 Nr. 3 SVRL auch an Taten im Ausland angeknüpft werden. Dies gilt allerdings nur für die oberen Ligen in Deutschland, denn internationale Stadionverbote sind mangels Zuständigkeit des DFB beziehungsweise seiner Mitglieder sowie fehlender internationaler Richtlinien zur einheitlichen Behandlung von Stadionverboten nicht möglich.

b) Zweckbestimmung

Zweck der SVRL ist es, die Sicherheit und Ordnung im deutschen Profifußballsport zu gewährleisten und Ausschreitungen unfriedlicher Personen zu verhindern beziehungsweise zu reduzieren.[417] Um diesen Zweck zu erfüllen, gehört die Festsetzung von Stadionverboten zu den Aufgaben der Veranstalter. Die SVRL dienen technisch gesehen der wechselseitigen Bevollmächtigung nach §§ 164 ff. BGB, um einheitlich bundesweite Stadionverbote stellvertretend für die anderen Hausrechtsinhaber zu verhängen.[418]

Durch den Zusammenschluss der Vereine in Form der wechselseitigen Bevollmächtigung zur Ausübung des Hausrechts entsteht unabhängig von der Mitgliedschaft beim DFB eine Gesellschaft bürgerlichen Rechts gemäß §§ 705 ff. BGB.[419] Ihr gemeinsamer Zweck liegt in der Umsetzung der SVRL zur verbindlichen und einheitlichen Handhabung von Stadionverboten.

---

416 Die Einhaltung der Reihenfolge ist aber nicht zwingend, da § 3 Abs. 2 SVRL eine Übertragungsmöglichkeit der Befugnisse vorsieht.

417 Präambel der 4. Richtlinien zur einheitlichen Behandlung von Stadionverboten.

418 BVerfGE 148, 267 (270); BGH, NJW 2010, 534 (535); OLG Hamm, SpuRt 2020, 305 (306); *Walker*, in: Gödicke/Hammen u.a., FS Schapp, 2010, 491 (503).

419 LG Duisburg, BeckRS 2005, 9099; *Orth*, Vereins- und Verbandsstrafen, 2009, S. 139 f.; *Bressensdorf*, Das private „Hausrecht", 2020, S. 128.

c) Bindungswirkung

Eine Antwort auf die Frage, wer als verbandrechtliches Mitglied unmittelbar an die SVRL gebunden ist, ergibt sich bei Betrachtung der Strukturen und Akteure im Profifußball.

An der Spitze des Aufbaus steht der DFB als eingetragener Verein gemäß §§ 21 ff. BGB, der die SVRL als Verbandsrecht erlässt. Letzteres entfaltet für die Landes- und Regionalverbände sowie die Deutsche Fußball Liga (DFL) als ordentliche Mitglieder des DFB unmittelbare Wirkung.[420] Die 36 Profiklubs aus Bundesliga und 2. Bundesliga als Mitglieder der DFL gemäß § 7 der DFL-Satzung[421] sowie die Vereine der 3. Liga und Regionalligen als Mitglieder der Landes- und Regionalverbände sind über sog. dynamische Verweisungen[422] in den jeweiligen Satzungen ebenfalls an die Vorschriften des DFB gebunden.[423] So heißt es in § 3 Nr. 2 S. 2 der DFL-Satzung:

> *„Sie [Satzungen und Ordnungen] sind in ihrer jeweiligen Fassung auch für den Ligaverband und seine Mitglieder unmittelbar verbindlich."*

Für die (bloßen) Mitglieder der Verbände besteht der Unterschied darin, dass sie keine unmittelbaren Mitglieder des DFB sind, sondern nur durch ihre eigenen Satzungen an die Regelungen des DFB gebunden sind.

d) Verhältnis zum Hausrecht

Das örtliche Hausrecht gilt unabhängig davon, ob die Vereine nach den SVRL zu einem Stadionverbot berechtigt sind. Ein wirksames Betretungsverbot für das eigene Stadion kann von dem jeweiligen Stadioninhaber jederzeit verhängt werden, ohne dass es einer Beachtung verbandsrechtlicher Regelungen bedarf.[424]

---

420 Siehe dazu § 7 Nr. 2 der DFB-Satzung (Stand: 27.9.2019).

421 Stand: 18.6.2019.

422 Die Zulässigkeit von dynamischen Verweisungen ist umstritten. Für eine wirksame Bevollmächtigung gem. §§ 164 ff. BGB ist dieses Rechtsproblem aber unerheblich. Für weitere Ausführungen zur Zulässigkeit von dynamischen Verweisungen siehe *Orth/Pommerening*, SpuRt 2010, 222 ff.; *Orth/Pommerening*, SpuRt 2011, 10 ff.; *Walker*, NZG 2017, 1241 (1243 f.); *Müller-Eiselt*, SpuRt 2017, 178 ff.; zur sog. Unterwerfung im Verbandsrecht siehe *Orth*, in: Cherkeh/Momsen u.a., Handbuch Sportstrafrecht, 2021, 2. Kapitel Rn. 68.

423 Statt vieler: § 13 Abs. 1 der Satzung des Fußball-Regional-Verbandes „Südwest", § 4 der Satzung des Norddeutschen Fußball-Verbandes; § 19 Nr. 2 der Satzung des Südwestdeutschen Fußballverbandes.

424 *Siegel*, NJW 2013, 1035 (1036); *Ruch*, JZ 2015, 936 (936).

Dagegen ist zur Aussprache eines bundesweiten Stadionverbotes die gegenseitige Bevollmächtigung der Veranstalter im Rahmen einer Stellvertretung gemäß §§ 164 ff. BGB erforderlich.[425] Nach § 1 Abs. 4 S. 4 und 5 SVRL bevollmächtigen sich die Vereine und der DFB gegenseitig durch eine gesonderte Erklärung, die jeweils vor Beginn einer Spielzeit neu auszufertigen und beim DFB zu hinterlegen ist. Die Erklärungen sind auf der Homepage des DFB[426] für jedermann einsehbar und nehmen auf die SVRL Bezug.[427]

Da die SVRL Anhaltspunkte für die Voraussetzungen der zivilrechtlichen Grundlagen geben, führen beide Prüfungen in der Regel zum gleichen Ergebnis. Beispielsweise ist bei Vorliegen einer Straftat gemäß § 4 Abs. 3 SVRL regelmäßig davon auszugehen, dass eine Beeinträchtigung vorliegt, aus der eine Wiederholungsgefahr gemäß § 1004 Abs. 1 S. 2 BGB abgeleitet werden kann.[428] Dennoch kann der Umstand, dass die Voraussetzungen der SVRL zum Teil wie selbstverständlich mit den Voraussetzungen des Hausverbotes geprüft werden,[429] irreführend sein. Es ist klarzustellen, dass die Einhaltung der SVRL lediglich die Wirksamkeit der Vollmacht beeinflusst und im Übrigen nur Anhaltspunkte zur Beurteilung eines zivilrechtlichen Hausverbotes liefern kann.

Rechtsfolge bei einem Verstoß gegen die SVRL wäre die Überschreitung der Vollmacht und damit einhergehend die Unwirksamkeit des bundesweiten Stadionverbotes.[430] Nicht betroffen dagegen ist die Wirksamkeit des örtlichen Stadionverbotes, welche sich allein nach den Voraussetzungen des Hausrechts gemäß §§ 858 ff., 903, 1004 BGB (analog) richtet. Auf der anderen Seite ist im Fall des fehlenden Hausrechts die Einhaltung der SVRL unbedeutend, da es schon von vorneherein an einem übertragbaren Recht fehlt.

---

425 BVerfGE 148, 267 (270); BGH, NJW 2010, 534 (535); OLG Hamm, SpuRt 2020, 305 (306); *Walker*, in: Gödicke/Hammen u.a., FS Schapp, 2010, 491 (503).

426 Vollmachten sind online abrufbar unter: <www.dfb.de/verbandsservice/pinnwand/stadionverbots-richtlinien/>, zuletzt abgerufen am 01.08.2021; *Kauerhof*, in: Kauerhof/Nagel u.a., Stadionverbote im internationalen Vergleich, 2012, 43 (47).

427 *Gietl*, JR 2010, 50 (50).

428 AG Köln, Urt. v. 25.9.2007, 124 C 7/07 (unveröffentlicht); *Walker*, in: Gödicke/Hammen u.a., FS Schapp, 2010, 491 (496 f.).

429 BGH, NJW 2010, 534 (535 f.); AG Köln, Urt. v. 25.9.2007, 124 C 7/07 (unveröffentlicht); *Walker*, in: Gödicke/Hammen u.a., FS Schapp, 2010, 491 (495 ff.); *Kauerhof*, in: Kauerhof/Nagel u.a., Stadionverbote im internationalen Vergleich, 2012, 43 (47).

430 AG Frankfurt, SpuRt 2008, 123; *Gietl*, JR 2010, 50 (52).

3. Zwischenfazit

Besitzer und Eigentümer können sich als Hausrechtsinhaber auf die Beseitigungs- und Unterlassungsansprüche gemäß §§ 1004 Abs. 1, 862 Abs. 1 BGB (analog) berufen.[431] Ist ein Stadionverbot für zukünftige Spiele vorgesehen, ist gemäß §§ 1004 Abs. 1 S. 2, § 862 Abs. 1 S. 2 BGB (analog) die Besorgung weitere Störungen erforderlich. *Ad-hoc*-Stadionverbote können durch Selbsthilfeansprüche gemäß §§ 859, 860 BGB eigenmächtig durchgesetzt werden.

Die SVRL und das Hausrecht sind allein durch die Konstruktion der Stellvertretung gemäß §§ 164 ff. BGB miteinander verbunden. Die SVRL selbst stellen als bloßes Verbandsrecht keine Anspruchsgrundlage für die Verhängung eines Stadionverbotes dar. Dagegen kann zumindest das bundesweite Stadionverbot nur mit der Vollmacht der jeweiligen Verbandsmitglieder, die sich bei der Ausübung ihres Hausrechtes vertreten lassen können, ausgesprochen werden. Die Bevollmächtigung hängt wiederum von den Voraussetzungen der SVRL ab, woraus sich ein Zusammenspiel ergibt, in dem sowohl das Hausrecht als auch die SVRL zur Festsetzung von bundesweiten Stadionverboten in einem gegenseitigen Abhängigkeitsverhältnis stehen. Ein wirksames und rechtmäßiges bundesweites Stadionverbot erfordert demnach die kumulativen Voraussetzungen beider Rechtsgrundlagen.

II. Voraussetzungen

Die Voraussetzungen des bundesweiten Hausverbotes sind sowohl an den zivilrechtlichen Grundlagen § 1004 Abs. 1 BGB (analog) beziehungsweise § 862 Abs. 1 BGB, als auch an der wirksamen Bevollmächtigung nach den SVRL zu messen.

1. Rechtmäßigkeit des Hausverbotes

Die Voraussetzungen nach § 1004 Abs. 1 BGB (analog) beziehungsweise § 862 Abs. 1 BGB decken sich für Eigentümer und Besitzer insoweit, dass die Rechtsgrundlagen in ihren Voraussetzungen keine wesentlichen Unterschiede aufweisen.

---

431 *Orth/Schiffbauer*, RW 2011, 177 (196).

a) Beeinträchtigung des Hausrechts

Der Eigentümer oder Besitzer ist als Veranstalter in seinem Hausrecht gemäß § 1004 Abs. 1 BGB (analog) bereits durch das Betreten des Stadions in seinem Eigentums- oder Besitzrecht beeinträchtigt, denn eine schädliche Einwirkung auf die Sachsubstanz ist nicht erforderlich.[432] Die für einen Beseitigungsanspruch nach § 862 BGB erforderliche verbotene Eigenmacht gemäß § 858 Abs. 1 BGB liegt ebenfalls durch das Verschaffen von Zutritt und Aufenthalt vor.[433] Insofern bestehen zwischen der Beeinträchtigung im Sinne von § 1004 Abs. 1 BGB (analog) und Besitzstörung im Sinne des § 862 BGB keine wesentlichen Unterschiede in Bezug auf Umfang und Intensität.[434]

b) Störereigenschaft

Adressat des Hausverbots ist nach § 1004 Abs. 1 S. 2 BGB (analog) beziehungsweise § 862 Abs. 1 S. 2 BGB der Störer. Darunter ist derjenige zu verstehen, dem eine Beeinträchtigung zuzurechnen ist und er diese auch beseitigen kann.[435] In Bezug auf Stadionverbote ist der erforderliche Umfang der Beteiligung des Störers umstritten.[436] Im Gegensatz zum Strafrecht ist für die Annahme einer Störereigenschaft im Sinne des Beseitigungs- oder Unterlassungsanspruches jedenfalls keine Gewissheit erforderlich, dass tatsächlich eine Straftat begangen wurde.[437] Vielmehr ist nach Ansicht des Bundesgerichtshofs schon die räumliche Zugehörigkeit zu einer Gruppe, aus der Gewalttaten heraus verübt worden sind, ausreichend für die Annahme einer Störereigenschaft.[438] Wer sich einer gewalttätigen Gruppe bewusst anschließt, unterstützt die Beeinträchtigung, indem er die Gruppendynamik und die Möglichkeit des Untertauchens in der Anonymität der Masse fördert.[439]

---

432 BGH, NJW 2013, 1809 (1810); BayObLG, NVwZ-RR 2005, 239, 240; *Berger*, in: Jauernig, BGB, 2021, § 1004 Rn. 4.

433 *Bressensdorf*, Das private „Hausrecht“, 2020, S. 90.

434 *Raff*, in: MüKo, BGB, 2020, § 1004 Rn. 110; *Orth/Schiffbauer*, RW 2011, 177 (204); *Bressensdorf*, Das private „Hausrecht“, 2020, S. 90 f.

435 *Raff*, in: MüKo, BGB, 2020, § 1004 Rn. 162; ausführlich zu den Störerbegriffen siehe *Fritzsche*, in: Hau/Poseck, BeckOK, BGB, Stand: 01.05.2021, § 1004 Rn. 14 ff.

436 BGH, NJW 2010, 534 (536); *Walker*, in: Gödicke/Hammen u.a., FS Schapp, 2010, 491 (497 ff.).

437 *Ders.*, in: Gödicke/Hammen u.a., FS Schapp, 2010, 491 (497).

438 BGH, NJW 2010, 534 (536).

439 Siehe oben § 3 II. 2. b), S. 56 ff. zur Anonymität der Masse; *Walker*, in: Gödicke/Hammen u.a., FS Schapp, 2010, 491 (498).

Der Auffassung des Bundesgerichtshofs ist im Grundsatz zuzustimmen, wobei Einschränkungen in Bezug auf die Situation und das Verhalten der Betroffenen zu machen sind. Nur derjenige, der nicht zufällig, sondern bewusst in einem gewaltbereiten Umfeld mitläuft und durch sein Verhalten die gewalttätigen Ausschreitungen fördert, kann auch als Störer i.S.v. § 1004 Abs. 1 S. 2 BGB (analog) beziehungsweise § 862 Abs. 1 S. 2 BGB angesehen werden.[440] Unterstützend für diese Sichtweise ist anzuführen, dass der präventive Charakter von Stadionverboten seine Wirkung nur dann entfalten kann, wenn schon an potenziell gewalttätiges Verhalten angeknüpft wird.[441]

Der Rechtsgedanke, dass der vollumfänglich kausale Beitrag des Einzelnen im Zivilrecht nicht feststehen muss, ist der Rechtsordnung nicht fremd und lässt sich auf die Voraussetzungen der Störereigenschaft übertragen.[442] Nach § 830 Abs. 1 S. 1 BGB ist derjenige, der einen Schaden zumindest mitverursacht hat, für den vollen Schaden verantwortlich. Das gleiche gilt gemäß § 830 Abs. 1 S. 2 BGB, wenn sich bei mehreren Beteiligten nicht ermitteln lässt, wer den Schaden durch seine Handlung verursacht hat. Zumindest durch die bewusst räumliche Zugehörigkeit in einer gewaltbereiten Gruppe leistet der Betroffenen einen Beitrag, der ihn aus präventiver Sicht ausreichend als Störer qualifiziert.

Im Strafrecht wird nach § 27 Abs. 1 als Gehilfe bestraft, wer vorsätzlich einem anderen zu dessen rechtswidriger vorsätzlicher Tat Hilfe geleistet hat. Unter Hilfeleistung ist jede tatsächliche Förderung der Haupttat zu verstehen, die diese ermöglicht, verstärkt oder erleichtert.[443] Auch die psychische Beihilfe durch Bestärkung des Tatentschlusses wird unter Strafe gestellt.[444] Es genügt, wenn die Billigung der Tat gegenüber dem Täter zum Ausdruck gebracht wird, dieser dadurch in seinem Tatentschluss bestärkt wird und der Gehilfe sich dessen bewusst ist.[445] Unter Berücksichtigung der Ursachen von Fangewalt, zu denen die Gruppendynamik und Anonymität der Masse zählen,[446] ist die räumliche Zugehörigkeit zur gewalttätigen Gruppe zumindest auch aus strafrechtlicher Perspektive eine potenzielle Beihilfehandlung, wenn der Täter über die bloße

---

440 So auch BGH, NJW 2010, 534 (536).

441 A. A. der Beschwerdeführer in BVerfGE 148, 267 (275).

442 LG Köln, NJW-RR 1990, 865 (866); *Walker*, in: Gödicke/Hammen u.a., FS Schapp, 2010, 491 (498).

443 *Heine/Weißer*, in: Schönke/Schröder, StGB, 2019, § 27 StGB Rn. 4 m. w. N.

444 BGHSt 61, 252 (258); *Joecks/Scheinfeld*, in: MüKo, StGB, 2020, § 27 StGB Rn. 5.

445 BGH, NStZ 2020, 731 f.; 2019, 461.

446 Siehe oben § 3 II. 2. b), S. 56 ff.

Anwesenheit vor Ort die feindselige Stimmung und die Aktivitäten der Menschenmenge billigt und sich mit ihr solidarisiert.[447]

Ohne die Frage der Strafbarkeit von Beihilfehandlungen im Zusammenhang mit Gewalttaten aus der Gruppe heraus abschließend klären zu wollen, muss die Gruppenzugehörigkeit verbunden mit bewussten Beihilfehandlungen zumindest für die Annahme einer Störereigenschaft im Sinne des § 1004 BGB ausreichen, wenn es um die Festsetzung von zivilrechtlichen Präventivmaßnahmen geht.

c) Wiederholungsgefahr

Um ein zukünftiges Stadionverbot zu verhängen, müssen gemäß § 1004 Abs. 1 S. 2 BGB (analog) beziehungsweise § 862 Abs. 1 S. 2 BGB weitere Beeinträchtigungen beziehungsweise Störungen zu befürchten sein. Der Anspruchsteller muss die rechtswidrige Beeinträchtigung nicht abwarten, sondern es gilt als ausreichend, wenn eine erste Beeinträchtigung bevorsteht (sog. Erstbegehungsgefahr).[448] Für die allgemein anzustellende Gefahrenprognose im Fall der Stadionverbote stellen das strafrechtliche Ermittlungsverfahren und die Gruppenzugehörigkeit potenzielle Kriterien für die Beurteilung einer Wiederholungsgefahr dar.

aa) Allgemeine Gefahrenprognose

Eine bereits stattgefundene Beeinträchtigung ist ein Indiz dafür, dass weitere Beeinträchtigungen drohen, sodass die Wiederholungsgefahr in einem solchen Fall zu vermuten und vom Störer zu widerlegen ist.[449] Vor dem Hintergrund, dass es sich um eine privatautonome Entscheidung des Veranstalters handelt, sind grundsätzlich niedrige Anforderungen an die Annahme einer Wiederholungsgefahr zu stellen.[450] Das muss insbesondere auch deshalb gelten, weil das Sicherheitsrisiko bei sportlichen Großveranstaltungen situationsbedingt besonders hoch ist und es sachgerecht erscheint, potenziellen Störern bereits präventiv den Zutritt zum Stadion zu versagen.[451]

---

447 BGH, NJW 2017, 3456 (3456); OLG Düsseldorf, BeckRS 2012, 13767; OLG Naumburg, NJW 2001, 2034.

448 BGH, NJW 2016, 863 (866); OLG Koblenz, NJW-RR 2010, 1711 (1711 f.); *Raff*, in: MüKo, BGB, 2020, § 1004 Rn. 302; *Berger*, in: Jauernig, BGB, 2021, § 1004 Rn. 21; *Schulte-Nölke*, in: Schulze, BGB, 2019, § 1004 Rn. 10.

449 BGHZ 140, 1 (10); BGH, NJW 2012, 3781 (3782); NJW 2016, 863 (865); *Münzberg*, JZ 1967, 689 (690); *Raff*, in: MüKo, BGB, 2020, § 1004 Rn. 303.

450 *Busche*, Privatautonomie und Kontrahierungszwang, 1999, S. 46 ff.

451 BVerfGE 148, 267 (286 f.); BGH, NJW 2010, 534 (536); *Breucker*, JR 2005, 133 (136); *Breucker*, NJW 2006, 1233 (1235); *Siegel*, NJW 2013, 1035 (1036); *Kirchhoff*, NJW 2017,

Anhaltspunkte für eine zu befürchtende Beeinträchtigung können sich in verschiedenen Situationen ergeben, die im Zusammenhang mit dem Stadionbesuch stehen. Ein Besucher kann im Vorfeld eines Spiels (z. B. bei der Anreise am Bahnhof), im Stadion selbst oder auch bei der Abreise in sicherheitsbeeinträchtigender Weise auffallen und Gründe für ein Hausverbot liefern.[452]

bb) Ermittlungsverfahren

Ein besonders hervorzuhebender Anhaltspunkt für eine positive Gefahrenprognose gemäß § 1004 Abs. 1 S. 2 BGB (analog) beziehungsweise § 862 Abs. 1 S. 2 BGB ist das strafrechtliche Ermittlungsverfahren gemäß § 152 Abs. 2 StPO. Ein solches Verfahren ist nicht nur für die Einhaltung der SVRL gemäß § 4 Abs. 3 SVRL erforderlich, sondern auch zur Feststellung einer Wiederholungsgefahr – selbst nach Einstellung – grundsätzlich als Kriterium geeignet.

Zum Teil gehen Stimmen in der Literatur davon aus, dass die Eröffnung eines Ermittlungsverfahrens zur Feststellung der Wiederholungsgefahr nicht ausreichend sei.[453] Nach dieser Sichtweise sei vielmehr auf das den staatlichen Maßnahmen zugrunde liegende individuelle Verhalten der Betroffenen abzustellen. Zur Begründung dieser Ansicht sei zu berücksichtigen, dass ein Ermittlungsverfahren bereits bei geringem Verdachtsgrad (sog. Anfangsverdacht) eröffnet wird.[454] Nach § 152 Abs. 2 StPO sind lediglich zureichende tatsächliche Anhaltspunkte erforderlich, das heißt, nach kriminalistischen Erfahrungen muss eine verfolgbare Straftat möglich erscheinen.[455] Zuzugeben ist der Ansicht, dass an die Einleitung eines Ermittlungsverfahrens regelmäßig keine hohen Anforderungen gestellt werden. Allerdings bleibt unberücksichtigt, dass zumindest Indizien vorliegen, die zur Eröffnung eines Ermittlungsverfahrens geführt haben. Unter der Berücksichtigung des Umstandes, dass die Anforderungen an die

---

294 (295) nennt als Besonderheit die emotional aufgeheizte Stimmung zwischen rivalisierenden Gruppen und häufige Ausschreitungen.

452 Hier lässt sich eine Parallele zu § 1 Abs. 1 SVRL erkennen, welches ein Stadionverbot für Verhalten „vor, während oder nach der Fußballveranstaltung" zulässt.

453 *Breucker*, JR 2005, 133 (135); *Klesczewski*, JZ 2010, 251 (253 f.); *Orth/Schiffbauer*, RW 2011, 177 (193, 199); *Stoll/Lüers*, DÖV 2014, 222 (224 f.).

454 *Peters*, in: MüKo, StPO, 2016, § 152 Rn. 34; *Beukelmann*, in: Graf, BeckOK, StPO, Stand: 01.01.2021, § 152 Rn. 4.

455 BGH, NJW 1989, 96 (97); ausreichend sind bereits entfernte Indizien, siehe dazu *Diemer*, in: KK, StPO, 2019, § 152 Rn. 7.

Gefahrenprognose für Sportgroßveranstaltungen nicht überhöht sein dürfen,[456] muss die Anknüpfung an das Ermittlungsverfahren grundsätzlich zulässig sein.

Zu Recht erkennt die Gegenansicht daher das Ermittlungsverfahren als Anknüpfungspunkt grundsätzlich an.[457] Nach Ansicht des Bundesgerichtshofs stünden dem Hausrechtsinhaber regelmäßig keine besseren Erkenntnisse über den Tatablauf und die Beteiligung des Betroffenen als die von Polizei und Staatsanwaltschaft zur Verfügung.[458] Etwas anderes gelte nur dann, wenn das Verfahren offensichtlich willkürlich oder aufgrund falscher Tatsachenannahmen eingeleitet wurde.[459] Überzeugend wird angeführt, dass der Anknüpfungspunkt nicht das Ermittlungsverfahren als solches sei, sondern das Verhalten des Betroffenen, das Anlass zur Einleitung eines Ermittlungsverfahrens gegeben hat.[460] Das Bundesverfassungsgericht bestätigt diese Auffassung und sieht es nicht als sachwidrig an, der Einschätzung der Staatsanwaltschaft oder Polizei zu folgen.[461]

An dieser Sichtweise ändert sich auch nichts, wenn das Ermittlungsverfahren eingestellt wird.[462] Anzuführen ist für diese Sichtweise, dass die Unschuldsvermutung des Strafrechts für die Geltendmachung zivilrechtlicher Ansprüche nicht gilt. Wenn das sicherheitsbeeinträchtigende Verhalten, welches zur Eröffnung eines Ermittlungsverfahrens geführt hat, ausreichend Anlass zur Festsetzung gegeben hat,[463] kann dieses Verhalten auch nach Einstellung des Verfahrens genügend Anhaltspunkte dafür bieten, das präventive zivilrechtliche Hausverbot aufrechtzuerhalten.[464] Insbesondere muss dies gelten, wenn der Veranstalter nach Einstellung des Verfahrens den Sachverhalt gemäß § 7 SVRL überprüft und zu dem Ergebnis kommt, dass weiterhin Tatsachen bestehen, die eine Aufrechterhaltung des Verbotes rechtfertigen.

---

456 BGH, NJW 2010, 534 (536); *Breucker*, JR 2005, 133 (136); *Breucker*, NJW 2006, 1233 (1235).

457 BGH, NJW 2010, 534 (536); *Walker/Klopp*, LMK 2010, 295984; *Müller-Eiselt*, Die Gewährleistung der Sicherheit bei Fußballspielen, 2015, S. 295 ff.

458 BGH, NJW 2010, 534 (536).

459 BGH, NJW 2010, 534 (536); AG Freiburg, SpuRt 2005, 257.

460 *Walker/Klopp*, LMK 2010, 295984.

461 BVerfGE 148, 267 (288).

462 A. A. *Franz/Günther*, NWVBl 2006, 201 (203).

463 BGH, NJW 2010, 534 (536); *Walker/Klopp*, LMK 2010, 295984.

464 Dafür spricht auch, dass Ermittlungsverfahren aus etwaigen Gründen wie etwa dem Beschleunigungs- und Vereinfachungseffekt eingestellt werden können, siehe dazu BT-Drs. 7/550, S. 298; *Peters*, in: MüKo, StPO, 2016, § 153a Rn. 3.

cc) *Gruppenzugehörigkeit*

Das schon in der Störereigenschaft thematisierte Kriterium der Gruppenzugehörigkeit ist nur unter strengen Voraussetzungen als Kriterium in der Gefahrenprognose zu berücksichtigen.[465] Das Gegenargument, bei Annahme dieses Kriteriums ergebe sich der Grundsatz „wer sich in einem gewaltbereiten Umfeld bewegt, von dem darf man erwarten, dass er auch selbst gewalttätig wird",[466] kann nicht überzeugen. Verfehlt ist schon die Vermutung, der Bundesgerichtshof stelle mit der Anknüpfung an das Kriterium der Gruppenzugehörigkeit auf ein bloßes Bewegen im gewaltbereiten Umfeld ab.[467] Vielmehr ist nach praxisnaher Auslegung eine bewusste physische Zugehörigkeit im gewaltbereiten Umfeld erforderlich.[468] Eine Ausnahme ist nur dann zu machen, wenn einzelne Stadionbesucher lediglich zufällig in eine Gruppierung geraten.[469] Dahin gehende Kritik, dass das Kriterium der Zufälligkeit praxisfern sei,[470] ist durch das Erfordernis einer verhaltensbezogenen Zugehörigkeit aufzulösen. Erst wenn der Betroffene die gewalttätigen Ausschreitungen beziehungsweise das sicherheitsbeeinträchtigende Verhalten situativ durch Abschirmen, Anfeuern oder Aufhetzen erleichtert oder fördert, ist das Verhalten in der Gefahrenprognose zu berücksichtigen.[471]

Positiver Nebeneffekt durch die Einbeziehung der Gruppenzugehörigkeit könnte die Motivation der friedlichen – mit Ausnahme der aus Zivilcourage eingreifenden und schlichtenden – Fans sein, sich von gewalttätigen Ausschreitungen fernzuhalten.[472] Den Polizeibehörden vor Ort ist zuzutrauen, dass sie grundsätzlich zwischen

465 Das Kriterium kann auch im Rahmen der Störereigenschaft thematisiert werden, siehe dazu § 5 II. 1. c), S. 91 ff.; *Walker*, in: Gödicke/Hammen u.a., FS Schapp, 2010, 491 (497 ff.).

466 *Klesczewski*, JZ 2010, 251 (252).

467 BGH, NJW 2010, 534 (536); *ders.*, JZ 2010, 251 (253) deutet diese Vermutung an.

468 BGH, NJW 2010, 534 (536); zum Begriff des sog. ostentativen Mitmarschierens siehe BGH, NJW 2017, 3456 (3457); OLG Naumburg, NJW 2001, 2034; nicht ausreichend ist dagegen die bloße Teilnahme an einer Reise, siehe dazu zutreffend *ders.*, JZ 2010, 251 (253).

469 BGH, NJW 2010, 534 (536).

470 *Orth/Schiffbauer*, RW 2011, 177 (202 f.); kritisch zum Begriff der Gruppenzugehörigkeit auch *Müller-Eiselt*, Die Gewährleistung der Sicherheit bei Fußballspielen, 2015, S. 300 ff.

471 Siehe oben § 5 II. 1. b), S. 91 ff.

472 Dagegen bestehende Bedenken, die Zivilcourage rund um das Stadion würde sinken, greifen nicht durch, siehe dazu *Heermann*, NJW 2010, 537.

einem aus Zivilcourage einschreitenden und einem gewaltbereiten beziehungsweise -suchenden Stadionbesucher unterscheiden können.

d) *Keine Duldungspflicht*

Das Hausverbot ist rechtswidrig, wenn der Veranstalter den Zutritt zum Stadion gemäß § 1004 Abs. 2 BGB dulden muss beziehungsweise gemäß §§ 862 Abs. 1 S. 2, 858 Abs. 1 BGB das Gesetz die Entziehung oder Störung gestattet. Da für den Veranstalter grundsätzlich keine Duldungspflicht bei Sportgroßveranstaltungen besteht, greifen die folgenden Ansätze, die eine Duldungspflicht des Veranstalters begründen könnten, im Ergebnis nicht durch.

Zunächst könnte die nachträglich erworbene Eintrittskarte des Zuschauers als Inhaberpapier[473] gemäß § 807 BGB eine Duldungspflicht des Veranstalters begründen.[474] Dagegen spricht, dass der Verkauf und die Übereignung nach dem Willen des Veranstalters nur an solche Erwerber erfolgen sollen, die nicht mit einem Stadionverbot belegt sind.[475] Der Käufer wird somit mangels wirksamer Übereignung schon nicht Eigentümer der Eintrittskarte. Im Fall der vorher erworbenen Eintrittskarten stehen die allgemeinen Geschäftsbedingungen bei wirksamer Einbeziehung der Stadionverbote gemäß § 305 Abs. 2 BGB dem Einlass entgegen.[476] Selbst, wenn keine wirksame Einbeziehung vorliegt, stehen dem Veranstalter weitere zivilrechtliche Schutzinstrumente wie der Wegfall der Geschäftsgrundlage,[477] der Einwand unzulässiger Rechtsausübung nach § 242 BGB,[478] die Kündigung aus wichtigem Grund gemäß § 314 Abs. 1 BGB[479] oder die Hausordnung[480] zur Verfügung.

---

473 BGH, NJW 2020, 3382 (3382); *Schödel*, in: Dauner-Lieb/Langen, BGB, 2021, § 807 Rn. 4; *Ensthaler/Zech*, NJW 2005, 3389 ff. zu Abtretungsverboten für Fußball-Bundesliga-Karten.

474 *Walker*, in: Gödicke/Hammen u.a., FS Schapp, 2010, 491 (500); *Weller/Schulz/Smela*, JuS 2021, 722 (724 f.).

475 *Schild*, in: WFV, Das Recht der Sportstätte, 1985, 66 (81 f.).

476 *Breucker*, JR 2005, 133 (137); *Breucker*, NJW 2006, 1233 (1234); kritisch zur wirksamen Einbeziehung äußert sich *Walker*, in: Gödicke/Hammen u.a., FS Schapp, 2010, 491 (501 ff.).

477 *Schild*, in: WFV, Das Recht der Sportstätte, 1985, 66 (82 ff.).

478 *Krebs*, in: Dauner-Lieb/Langen, BGB, 2021, § 242 Rn. 64 ff.

479 *Schild*, in: WFV, Das Recht der Sportstätte, 1985, 66 (83) vor der Schuldrechtsreform 2001; *Walker*, in: Gödicke/Hammen u.a., FS Schapp, 2010, 491 (502); *Orth/Schiffbauer*, RW 2011, 177 (198); *Weller/Schulz/Smela*, JuS 2021, 722 (725).

480 *Breucker*, NJW 2006, 1233 (1235).

2. Wirksamkeit der Stellvertretung

Um ein bundesweites Stadionverbot für alle Hausrechtsinhaber auszusprechen, muss eine wirksame Stellvertretung nach §§ 164 ff. BGB vorliegen. Dies setzt sowohl eine wirksame Vollmacht als auch ein Handeln im Rahmen der Vertretungsmacht voraus.

a) Wirksame Vollmacht

Bei der Verhängung eines Stadionverbotes handelt es sich um ein einseitiges Rechtsgeschäft gemäß § 174 S. 1 BGB, sodass zur wirksamen Vertretung nach §§ 164 ff. BGB die Vorlage einer Vollmachtsurkunde erforderlich ist.[481] Lange ist umstritten gewesen, ob ein Stadionverbot mangels Vollmachtsurkunde überhaupt nach § 174 S. 1 BGB unwirksam ist.[482] Die Lösung des Problems liefert § 174 S. 2 BGB, wonach eine Zurückweisung des Stadionverbotes ausgeschlossen ist, wenn der Vollmachtgeber den anderen von der Bevollmächtigung in Kenntnis gesetzt hat. Seitdem der DFB die aktuell geltenden Bevollmächtigungen sowie ein Muster der Vollmacht auf seiner Internethomepage zur Verfügung stellt, ist es den betroffenen Stadionbesuchern zuzumuten, auf diese Plattform zuzugreifen.[483]

b) Handeln im Rahmen der Vertretungsmacht

Die Vertretung zum Erlass eines bundesweiten Stadionverbotes ist nur wirksam, sofern der Vertreter im Rahmen der Vertretungsmacht handelt, dessen Umfang sich nach den SVRL bestimmt.[484] Sofern die einheitlich bestimmten Voraussetzungen nach §§ 4 ff. SVRL vorliegen, liegt eine wirksame Stellvertretung vor.

---

481 *Walker*, in: Gödicke/Hammen u.a., FS Schapp, 2010, 491 (503); a. A. *Bressensdorf*, Das private „Hausrecht", 2020, S. 129 f., der § 174 BGB für nicht anwendbar hält.

482 LG Paderborn, SpuRt 2008, 124; AG Frankfurt, SpuRt 2008, 123.; die h. M. geht aber davon aus, dass nach der heutigen Praxis keine Unwirksamkeit nach § 174 S. 1 BGB vorliegt, siehe dazu BGH, NJW 2010, 534; *Walker*, in: Gödicke/Hammen u.a., FS Schapp, 2010, 491 (494, 505).

483 *Räker*, SpuRt 2008, 99 (101).

484 BVerfGE 148, 267 (270); BGH, NJW 2010, 534 (535); OLG Hamm, SpuRt 2020, 305 (306); *Walker*, in: Gödicke/Hammen u.a., FS Schapp, 2010, 491 (503).

aa) Minderschwerer, schwerer und besonders schwerer Fall

Die SVRL unterscheiden gemäß § 1 Abs. 4 SVRL zwischen einem örtlichen und bundesweiten Stadionverbot. Das örtliche Stadionverbot soll nach § 4 Abs. 2 SVRL in einem minderschweren Fall ausgesprochen werden und liegt vor, wenn gegen die Stadionordnung verstoßen wird und dieser Verstoß nicht mit Verstößen nach § 4 Abs. 3 SVRL in Verbindung steht oder der Betroffene nicht wiederholt auffällig geworden ist. Zu bemerken ist, dass die Möglichkeit eines örtlichen Stadionverbotes durch die SVRL überflüssig ist und allein interner Abstimmung dienen kann, da der Veranstalter zur Ausübung seines örtlichen Hausrechts ohnehin berechtigt ist.[485]

Um ein bundesweites Stadionverbot zu verhängen, muss ein schwerer Fall gemäß § 4 Abs. 3–5 SVRL vorliegen. Ein solcher liegt vor, wenn ein Ermittlungs- oder sonstiges Verfahren in den Fällen Nr. 1–15 eingeleitet wurde. Unter Ermittlungsverfahren ist insbesondere das strafrechtliche Verfahren gemäß § 152 Abs. 2 StPO zu verstehen. Zusätzlich soll ein bundesweites Stadionverbot in den in Nr. 16–21 aufgeführten Fällen ausgesprochen werden. Diese knüpfen vor allem an verwaltungsrechtliche Gefahrenabwehrmaßnahmen wie Platzverweisung oder Aufenthaltsverbot an, die als Anhaltspunkte für die Verhängung eines zivilrechtlichen Stadionverbotes herangezogen werden können.[486] Der schwere Fall wird gemäß § 5 Abs. 3 SVRL zum besonders schweren Fall, wenn der Betroffene wegen besonderer Intensität in einem der in § 4 Abs. 3–5 SVRL aufgeführten Fälle aufgefallen ist.

bb) Ermessen

Nach § 4 Abs. 1 SVRL „ist" der Verein zur Verhängung eines Stadionverbotes verpflichtet, wenn der Betroffene in einer die Menschenwürde verletzenden Art und Weise oder sicherheitsbeeinträchtigend aufgetreten ist. Dem Veranstalter steht in diesem Fall auf Rechtsfolgenseite durch die Formulierung „ist" kein Ermessensspielraum zu, während ihm auf Tatbestandsseite durch die Verwendung unbestimmter Rechtsbegriffe wie „sicherheitsbeeinträchtigend" ein gewisser Beurteilungsspielraum zukommt. Im Übrigen liegt gemäß § 4 Abs. 2–4 SVRL ein intendiertes Ermessen vor, da der Veranstalter das Verbot verhängen „soll".

Einer näheren Interpretation bedarf das Verhältnis der Absätze von § 4 Abs. 2–4 SVRL, wenn es zu deren unterschiedlichen Rechtsfolgen kommt.

---

485 *Orth/Schiffbauer*, RW 2011, 177 (185).

486 *Gietl*, JR 2010, 50 (52).

Absatz 1 ist nach hier vertretener Auffassung weder als Generalklausel noch als eigenständiges Stadionverbot zu sehen, sondern vielmehr nur in Verbindung mit den Absätzen 2–4 anwendbar.[487] Er grenzt sich von den anderen Absätzen ab, indem der Wortlaut ein „Auftreten“ statt eines (bloßen) „Auffallens“ fordert. Unter Auftreten ist nach allgemeinem Verständnis ein tatsächliches Verhalten umfasst, während Auffallen lediglich meint, dass jemand in den Fokus der Behörden rückt. Bei direktem Vergleich sind an ein sicherheitsbeeinträchtigendes Auftreten strengere Anforderungen zu stellen, da die Wahrscheinlichkeit der tatsächlichen Gefährdung höher ist.[488] Ist der Betroffene nicht nur aufgefallen, sondern auch in sicherheitsbeeinträchtigender Weise nachweislich aufgetreten, wandelt sich das intendierte Ermessen gemäß § 4 Abs. 2–4 SVRL in eine Festsetzungspflicht gemäß § 4 Abs. 1 i. V. m Abs. 2–4 SVRL um.[489]

cc) Einstellung des Ermittlungsverfahrens

Zukünftige Stadionverbote erstrecken sich regelmäßig über einen längeren Zeitraum. Stellt der Veranstalter auf die Ermittlungsverfahren der Behörden ab, ist der Verfahrensausgang entscheidend für die Aufrechterhaltung eines Stadionverbotes.[490] Nach § 7 Abs. 1 SVRL „ist“ das Stadionverbot von der festsetzenden Stelle aufzuheben, wenn das Ermittlungsverfahren gemäß § 170 Abs. 2 StPO mangels Tatverdachts eingestellt worden ist oder der Betroffene freigesprochen wurde. Gegen diese Praxis sind keinerlei Einwendungen zu erheben.

Bei einer Einstellung wegen Geringfügigkeit nach § 153 StPO besteht gemäß § 7 Abs. 2 S. 1 SVRL keine Aufhebungspflicht, sondern es wird lediglich auf Antrag des Betroffenen eine Überprüfung des Stadionverbotes im Hinblick auf Bestand und Dauer durchgeführt. Eine ähnliche Regelung gilt gemäß § 7 Abs. 2 S. 2 SVRL für eine Einstellung unter Auflagen und Weisungen nach § 153a StPO, wobei die Überprüfung nur noch im Hinblick auf die Dauer, nicht aber auf den Bestand des Stadionverbotes stattfindet. In diesen Fällen „kann“ das Stadionverbot überprüft werden, das heißt die Entscheidung, ob eine erneute Prüfung stattfindet, steht im Ermessen der festsetzenden Stelle. Der Unterschied im Hinblick auf die Überprüfung von Bestand und Dauer (Satz 1) oder nur Dauer (Satz 2) ergibt sich daraus, dass bei einer Einstellung nach §153a StPO nur

---

487 Insoweit zustimmend *Orth/Schiffbauer*, RW 2011, 177 (187).

488 *Dies.*, RW 2011, 177 (187) interpretieren den Wortlaut des Auftretens als „nachgewiesene“ Sicherheitsbeeinträchtigung.

489 Zu diesem Schluss kommen auch *dies.*, RW 2011, 177 (187).

490 *Gietl*, JR 2010, 50 (51 f.).

von der Verfolgung durch Erteilung von Auflagen und Weisungen abgesehen werden kann, während § 153 StPO keine Folgen für den Beschuldigten hat.[491]

Kritisch zu würdigen ist die Aufrechterhaltung beziehungsweise (bloße) Überprüfung des Stadionverbotes gemäß § 7 Abs. 2 SVRL trotz eingestelltem Strafverfahren. Gegen die Rechtmäßigkeit dieser Vorschrift könnte die aus dem Strafrecht bekannte Unschuldsvermutung sprechen.[492] Nach Art. 6 Abs. 2 EMRK gilt jede Person bis zum gesetzlichen Beweis ihrer Schuld als unschuldig.[493] Im Fall der Stadionverbote steht der uneingeschränkten Geltung dieses Grundsatzes aber entgegen, dass nicht der Staat, sondern der Veranstalter als Privater die Verbote festsetzt. Außerdem knüpft die Entscheidung der Veranstalter nicht an die Verwirklichung eines Straftatbestandes an, sondern an das Verhalten des Betroffenen, das Anlass zur Einleitung eines Ermittlungsverfahrens gegeben hat.[494]

Mithin ist es verfassungsrechtlich haltbar und überzeugend, wenn das Stadionverbot lediglich einer erneuten Überprüfung gemäß § 7 Abs. 2 SVRL unterzogen werden kann, bei der sich der Veranstalter nicht pauschal auf das behördliche Ermittlungsverfahren berufen kann, sondern eigene Feststellungen treffen muss, die eine Entscheidung für die Aufrechterhaltung des Stadionverbotes begründen.[495]

dd) Stadion als Tatort

Nach § 1 Abs. 1 SVRL ist für das sicherheitsbeeinträchtigende Verhalten ein Zusammenhang mit dem Fußballsport, insbesondere einer Fußballveranstaltung innerhalb oder außerhalb einer Platz- oder Hallenanlage und vor, während oder nach der Fußballveranstaltung erforderlich. Nicht zu berücksichtigen ist es beispielsweise, wenn der Betroffene wegen einer Straftat in einer Diskothek in sicherheitsbeeinträchtigender Weise aufgetreten ist.[496] Das Argument, ein

---

491 Zu den Auflagen und Weisungen zählen z. B. die Schadenswiedergutmachung (Nr. 1) oder der Täter-Opfer-Ausgleich (Nr. 5), siehe dazu *Diemer*, in: KK, StPO, 2019, § 153a Rn. 13 ff.; allerdings muss der Beschuldigte die ihm entstandenen Kosten selbst tragen, siehe dazu *Beukelmann*, in: Graf, BeckOK, StPO, Stand: 01.01.2021, § 153 Rn. 50.

492 *Gietl*, JR 2010, 50 (51); diese ist durch Einstellung des Verfahrens nicht widerlegt, siehe dazu *Beukelmann*, in: Graf, BeckOK, StPO, Stand: 01.01.2021, § 153a Rn. 2.

493 Diesen Grundsatz wendet auch das Bundesverfassungsgericht nach allgemeiner rechtsstaatlicher Überzeugung an und stellt Maßnahmen, die in ihrer Wirkung einer Freiheitsstrafe gleichkommen, unter den Schutz der Unschuldsvermutung, siehe dazu BVerfGE 19, 342 (348).

494 BGH, NJW 2010, 534 (536).

495 AG Frankfurt a. M., Urt. v. 9.8.2018, 30 C 3466/17 (71), juris, Rn. 19.

496 *Gietl*, JR 2010, 50 (52).

wegen Körperverletzungsdelikten straffällig gewordener Zuschauer sei nicht erwünscht, greift schon deshalb nicht durch, weil der Wortlaut der SVRL sowohl in § 1 Abs. 1 SVRL als auch § 4 Abs. 1 SVRL einen Zusammenhang mit dem Fußballsport fordert.

Selbst wenn ein Verein diese Voraussetzung für nicht erforderlich halten sollte, würde der Veranstalter bei Verhängung eines bundesweiten Stadionverbotes ohne Vertretungsmacht handeln. Die Frage, ob ein örtliches Stadionverbot in einem solchen Fall zulässig wäre, ist im Rahmen einer Abwägung von Vertragsfreiheit und Kontrahierungszwang zu klären. Sollten die strafrechtlichen Delikte einen Rückschluss auf zukünftiges gewalttätiges Verhalten im Sinne von § 1004 Abs. 1 S. 2 BGB (analog) im Stadion zulassen, dürfte davon auszugehen sein, dass die Vertragsfreiheit aus Sicht der Veranstalter überwiegt. Ein solcher Rückschluss könnte sich beispielsweise aus Körperverletzungsdelikten, Vandalismus, Verstößen gegen das Sprengstoffgesetz oder Widerstand gegen Vollstreckungsbeamte ergeben. Die Hürde, einen Zusammenhang zu potenziell gewalttätigem Verhalten herzustellen, ist vor dem Hintergrund der Privatautonomie niedrig anzusetzen.[497]

ee) Verfahrensanforderungen

Die verfahrensrechtlichen Anforderungen an ein Stadionverbot sind als rudimentär zu beschreiben,[498] obwohl grundsätzlich rechtsstaatliche Prozessgrundsätze auch innerhalb der Verbandsautonomie zu berücksichtigen sind.[499] Das Bundesverfassungsgericht hat keine verfassungsrechtlichen Bedenken in Bezug auf Verfahrensanforderungen geäußert, insbesondere weil die SVRL zwischenzeitlich geändert und mit Verfahrensrechten wie einer Anhörungsmöglichkeit des Betroffenen ausgestattet worden sind.[500]

Dem Betroffenen wird beispielsweise vor der Festsetzung des Stadionverbotes gemäß § 6 Abs. 1 S. 1 SVRL die Gelegenheit zur Stellungnahme gegeben, Verbote sind gemäß § 8 Abs. 1 SVRL stets schriftlich festzusetzen und eine Entscheidung nach Überprüfung des Stadionverbotes muss gemäß § 7 Abs. 2 SVRL begründet werden. Nach Ansicht des Bundesverfassungsgerichts seien solche

---

497 LG Dortmund, NJW-RR 2015, 407 (408 f.) zu einem Stadionverbot gegen einen stehlenden Fußballfan.

498 *Stoll/Lüers*, DÖV 2014, 222 (225 ff.).

499 Siehe dazu ausführlich *Schiffbauer*, in: Cherkeh/Momsen u.a., Handbuch Sportstrafrecht, 2021, 3. Kapitel Rn. 291 ff.

500 BVerfGE 148, 267 (289 f.); *Stoll/Lüers*, DÖV 2014, 222 (225).

Verfahrensrechte trotz der zivilrechtlichen Rechtsnatur erforderlich, um dem grundrechtlichen Gleichbehandlungsgebot ausreichend Rechnung zu tragen.[501] Den Betroffenen müsse ermöglicht werden, sich mit den Vorwürfen auseinanderzusetzen und ihre Rechte unter Darlegung ihrer Sichtweise geltend zu machen.[502] Dieser Ansicht ist vor dem Hintergrund, dass der Staat verfassungsrechtliche Schutzpflichten gegenüber den Stadionbesuchern hat und grundsätzliche Verfahrensanforderungen auch im ungleichen Privatrechtsverhältnis gewährleisten muss, zuzustimmen.[503]

3. Zwischenfazit

Sowohl die Anforderungen an die Rechtmäßigkeit eines zivilrechtlichen Hausverbotes gemäß § 1004 Abs. 1 BGB (analog) beziehungsweise § 862 Abs. 1 BGB als auch an die wirksame Stellvertretung nach den SVRL sind als gering einzustufen. Zu rechtfertigen ist dieser Umstand mit dem Erfordernis einer wirksamen Präventivmaßnahme bei sportlichen Großveranstaltungen sowie dem Grundsatz der Privatautonomie.[504] Gerade Veranstaltungen mit großem Publikum machen die Sicherheitslage für die Veranstalter und Behörden unübersichtlich, sodass zumindest ex ante an Kriterien wie das Ermittlungsverfahren oder die Gruppenzugehörigkeit vor Ort angeknüpft werden muss. Ihre Grenzen finden die Maßnahmen in Willkür und offensichtlichen Fehlentscheidungen.[505] Dies hat auch das Bundesverfassungsgericht bestätigt, indem es den betroffenen Stadionbesuchern in der Stadionverbot-Entscheidung (zumindest) mittelbaren Grundrechtsschutz zugesprochen und einen sachlichen Grund für eine Ungleichbehandlung im Sinne von Art. 3 Abs. 1 GG gefordert hat.[506] Der Veranstalter müsse bei Ausschluss bestimmter Personen die mittelbar in das

501 BVerfGE 148, 267 (285 f.); solche Verfahrensrechte sind dem Zivilrecht nicht fremd, siehe zur Begründung eines Vereinsausschlusses BGH, NJW 1990, 40 (41); diese Sichtweise stimmt mit dem grundsätzlichen Anwendungszwang der rechtsstaatlichen Prozessgrundsätze im Verbandsverfahren überein, siehe dazu *Schiffbauer*, in: Cherkeh/Momsen u.a., Handbuch Sportstrafrecht, 2021, 3. Kapitel Rn. 291 ff.

502 BVerfGE 148, 267 (286).

503 *Stoll/Lüers*, DÖV 2014, 222 (225 ff.) zur gesteigerten Grundrechtsbindung in Fällen der Subordination; die persönliche Befragung sei ein unerlässlicher Bestandteil einer validen Prognose, siehe dazu *Orth/Schiffbauer*, RW 2011, 177 (216); a. A. *Klesczewski*, JZ 2010, 251 (254), der keine Rechtspflicht erkennt.

504 BVerfGE 148, 267 (286 f.); BGH, NJW 2010, 534 (536).

505 BGH, NJW 2010, 534 (536).

506 BVerfGE 148, 267 (283 f.).

Zivilrecht einwirkenden Grundrechte wie das Gebot der Gleichbehandlung gemäß Art. 3 Abs. 1 GG beachten.[507] Mit anderen Worten sind die Voraussetzungen des zivilrechtlichen Hausrechts trotz privatrechtlich ausgestaltetem Verhältnis an den Grundrechten zu messen.

III. Verfassungsrechtlicher Einfluss

In der Literatur hat die Stadionverbot-Entscheidung zu einem erneuten Anstoß der Debatte über die in der Lüth-Entscheidung des Bundesverfassungsgerichts begründeten Lehre zur mittelbaren Drittwirkung geführt.[508] Die Kritik an der Lehre zur mittelbaren Drittwirkung ist nicht gänzlich neu,[509] hat aber durch die Stadionverbot-Entscheidung neue Ansätze hervorgebracht, die kritisch zu würdigen sind.[510]

Dass diese Frage nach 70 Jahren Grundgesetz noch nicht abschließend geklärt ist, liegt vor allem daran, dass der Natur der Sache nach immer wieder neue Akteure in Erscheinung treten und sich einer möglichen Grundrechtswirkung im Privatrecht gegenübersehen.[511] Im konkreten Fall der Stadionverbote sind es die privaten Vereine und Verbände als Veranstalter der Fußballspiele, die sich der Frage einer potenziellen Grundrechtsverpflichtung stellen müssen. Durch die Kommerzialisierung und Medialisierung des Profisports[512] hat nicht nur der

---

507 BVerfGE 148, 267 (273).

508 BVerfGE 7, 198 (207); 148, 267; *Hellgardt*, JZ 2018, 901 ff.; *Kainer*, NZA 2018, 894 ff.; *Smets*, NVwZ 2019, 34 ff.; *Muckel*, in: VVDStRL, 2019, 246 ff.; *Schönberger*, in: VVDStRL, 2019, 290 ff.; *Ruffert*, Vorrang der Verfassung und Eigenständigkeit des Privatrechts, 2001; *Jobst*, NJW 2020, 11 ff.; *Kulick*, Horizontalwirkung im Vergleich, 2020, S. 207 ff.

509 Eine gelungene Zusammenfassung liefert *Höfling*, Vertragsfreiheit, 1991, S. 48 ff.; ferner *Lindner*, Theorie der Grundrechtsdogmatik, 2005, S. 441 ff.; *Sachs*, JuS 2015, 954 (954 f.).

510 *Michl*, JZ 2018, 910 (911 ff.) spricht von einer „situativ staatsgleichen Grundrechtsbindung statt mittelbarer Drittwirkung"; *Hellgardt*, JZ 2018, 901 (901 ff.) bezeichnet die Stadionverbot-Entscheidung als „Anerkennung der unmittelbaren Drittwirkung"; *Smets*, NVwZ 2019, 34 ff. nennt die Stadionverbot-Entscheidung eine „Umwälzung der Grundrechtssicherung auf Private"; *Jobst*, NJW 2020, 11 ff. stellt die Konsequenzen einer unmittelbaren Grundrechtsbindung dar; *Kulick*, Horizontalwirkung im Vergleich, 2020, S. 26 ff. liefert einen gänzlich neuen Ansatz, indem er durch eine „zweistufige Anwendung" für eine unmittelbare Grundrechtsbindung Privater plädiert.

511 *Canaris*, AcP 1984, 201 (202); *Muckel*, JA 2020, 411 (411).

512 Siehe oben § 2 II. 2., S. 30 ff.

gesellschaftliche Stellenwert der Stadionbesuche, sondern auch die sozialmächtige Stellung der Vereine über die letzten Jahrzehnte hinweg zugenommen.[513] Bei den Vereinen der oberen Profiligen handelt sich nicht nur um Veranstalter von Sportgroßveranstaltungen, sondern (meist) stehen hinter diesen millionenschwere Unternehmen, denen sich der Stadionbesucher als Verbraucher gegenübersieht.

Nach Art. 1 Abs. 3 GG unterliegen Gesetzgebung, vollziehende Gewalt und Rechtsprechung den Grundrechten als unmittelbar geltendes Recht, wogegen private Akteure nach überwiegender Auffassung in der Lehre nicht von der unmittelbaren Grundrechtsbindung umfasst sind.[514] Diese weitverbreitete und auf den ersten Blick überzeugende Sichtweise bedarf vor dem Hintergrund der jüngsten Rechtsprechung des Bundesverfassungsgerichts[515] und der daraus hervorgebrachten Literatur[516] einer genaueren Überprüfung. Es ist im Hinblick auf die Stadionverbote festzustellen, ob und wenn ja in welchem Umfang die Grundrechte im Privatrecht wirken und Veranstalter von Fußballspielen als private Akteure in ihren Entscheidungen beeinträchtigen können.

1. Grundrechte und Privatrecht

Bevor auf die konkrete Grundrechtsbindung der Veranstalter im Fall der Stadionverbote eingegangen werden kann, ist eine Darstellung und Wertung der traditionellen Lehren zur Grundrechtswirkung im Privatrecht unerlässlich. Lange Zeit standen sich die Lehre zur mittelbaren Drittwirkung und die Lehre zur unmittelbaren Grundrechtsbindung Privater gegenüber.[517] Davon ausgehend, dass beiden Lehren Schwächen zuzuweisen sind, haben neue und modifizierte Ansätze wie die Annahme einer staatsgleichen Grundrechtsbindung Privater[518]

---

513 *Michl*, JZ 2018, 910 (912).

514 *Stern*, Staatsrecht III/1, 1988, S. 1523 ff.; *Isensee*, in: Merten/Papier, HGR II, 2006, § 26 Rn. 13; *Höfling*, in: Sachs, GG, 2021, Art. 1 Rn. 116; *Herdegen*, in: Maunz/Dürig, GG, 94. EL Januar 2021, Art. 1 Rn. 64; *Jarass*, in: Jarass/Pieroth, GG, 2020, Art. 1 Rn. 48.

515 Zur Grundrechtsbindung privater Akteure siehe insbesondere Bierdosen-Flashmob-Entscheidung BVerfG, NJW 2015, 2485; Stadionverbot-Entscheidung BVerfGE 148, 267; im weiteren Sinne auch zur Grundrechtsbindung der vom Staat beherrschten privaten Unternehmen siehe Fraport-Entscheidung BVerfGE 128, 226; Freizeitbad-Entscheidung BVerfG, NJW 2016, 3153.

516 Siehe oben § 5 III., Fn. 510.

517 BVerfGE 7, 198, (206 ff.).

518 *Laufke*, in: Nipperdey, FS Lehmann, 1956, 145 (147 ff.); *Gamillscheg*, AcP 1964, 385 (407 ff.); *Barczak*, in: Scheffczyk/Wolter, Linien der Rechtsprechung des

und die Schutzpflichtendogmatik[519] vermehrt Zuspruch gefunden. Dieser Abschnitt soll aufzeigen, dass die Schutzpflichtenlehre zu Recht als „derzeit herrschende Meinung“[520] betitelt werden kann und anderweitigen Ansätzen, die mit einer unmittelbaren Grundrechtsbindung liebäugeln,[521] vorzuziehen ist.

a) Lehre zur mittelbaren Drittwirkung

Fast schon automatisiert – ohne weitere Gedanken an die Sinn- und Zweckmäßigkeit zu verschwenden – wird die Lehre zur mittelbaren Drittwirkung im Privatrecht als im Studium gelerntes Rechtsinstitut angewendet.[522] Ein kurzer Hinweis auf die „seit der Lüth-Entscheidung“[523] anerkannte Praxis genügt, um einen Einfluss der Grundrechte über Generalklauseln und unbestimmte Rechtsbegriffe im Privatrecht zu rechtfertigen.[524] Was hinter dem Hinweis auf die Lüth-Entscheidung und der daraus entstandenen Lehre zur mittelbaren Drittwirkung

---

Bundesverfassungsgerichts, 2017, 91 (113 ff.) hält die Lehre von der mittelbaren Drittwirkung vor dem Hintergrund der jüngsten Rechtsprechung für obsolet; *Michl*, JZ 2018, 910 (911); *Jobst*, NJW 2020, 11 ff.; *Brade/Müller*, NVwZ 2020, 1793 (1794) hält die Unterscheidung zwischen privaten und öffentlich-rechtlichen Akteuren für überflüssig.

519 Statt vieler: *Höfling*, Vertragsfreiheit, 1991, S. 52 ff.; *Lehner*, Zivilrechtlicher Diskriminierungsschutz und Grundrechte, 2013, S. 297 ff.

520 *Muckel*, in: VVDStRL, 2019, 246 (274); *Kulick*, Horizontalwirkung im Vergleich, 2020, S. 102 Fn. 310 m. w. N.

521 Hervorzuheben ist insbesondere ein Plädoyer zur unmittelbaren Grundrechtsbindung von *Kulick*, Horizontalwirkung im Vergleich, 2020; ferner *Laufke*, in: Nipperdey, FS Lehmann, 1956, 145 (148); *Böckenförde*, Staat, Verfassung, Demokratie, 1991, S. 265 ff.

522 Zur Begründung der Lehre siehe *Dürig*, in: Maunz, FS Nawiasky, 1956, 157 ff.; auch in Bezug auf die Stadionverbote fehlt es an einer kritischen Auseinandersetzung, siehe dazu *Henseler*, Die rechtlichen Dimensionen des bundesweiten Stadionverbots, 2016, S. 326 ff.; *Schmitt*, Das bundesweite Fußball-Stadionverbot, 2013, S. 131; *Vieweg*, Normsetzung und -anwendung deutscher und internationaler Verbände, 1990, S. 190 f. in Bezug auf Sportverbände.

523 BVerfGE 7, 198; so wird es auch noch heute in juristischen Ausbildungszeitschriften vorgeschlagen, siehe dazu *Schaaf*, Jura 2021, 249 (256); *Weller/Schulz/Smela*, JuS 2021, 722 (723).

524 In einigen Entscheidungen wendet das BVerfG die Grundsätze der mittelbaren Drittwirkungen zwar an, verweist aber nicht mehr ausdrücklich auf die Lüth-Entscheidung, siehe dazu *Poscher*, Grundrechte als Abwehrrechte, 2003, S. 248 f. m. w. N.; *Gamillscheg*, AcP 1964, 385 (404) spricht von einer ständigen Praxis, die sich dem Gewohnheitsrecht annähere.

steckt, ist in diesem Abschnitt zu erörtern. Aufzuzeigen sind insbesondere die Schwächen der Lehre, die zu einem dogmatischen Umdenken anregen sollen.

aa) Ursprung Lüth-Entscheidung

In der Literatur[525] und Rechtsprechung[526] steht die Lehre zur mittelbaren Drittwirkung der Grundrechte als verbreitetes und vermeintlich unantastbares Instrument der Lehre zur unmittelbaren Grundrechtsbindung Privater gegenüber. Ihren Ursprung[527] hat die Rechtsfigur in der Lüth-Entscheidung[528], in der das Bundesverfassungsgericht erstmals in Bezug auf die Grundrechtswirkung im Privatrecht die Grundsätze zur mittelbaren Drittwirkung festlegte.

Nach Ansicht des Bundesverfassungsgerichts seien sowohl die Auffassung, dass Grundrechte ausschließlich gegen den Staat gerichtet seien, als auch diese, dass die Grundrechte oder doch einige und jedenfalls die wichtigsten von ihnen auch im Privatrechtsverkehr Geltung haben, nicht überzeugend.[529] Vielmehr sei die Drittwirkung der Grundrechte maßgeblich für die Beurteilung der Grundrechtswirkung im Privatrecht. Die Grundrechte seien primär dazu bestimmt, als Abwehrrechte die Freiheitssphäre des Einzelnen vor Eingriffen der öffentlichen Gewalt zu sichern. Ebenso sei es aber auch richtig, dass das Grundgesetz keine werteneutrale Ordnung sein will, sondern als verfassungsrechtliche Grundentscheidung auf alle Bereiche des Rechts Wirkung entfalte. Das bürgerliche Recht sei dementsprechend selbstverständlich auch von den Werteentscheidungen der Grundrechte beeinflusst und dürfe nicht im Widerspruch zu diesen stehen, das heißt, die Vorschriften seien im Geiste des Grundgesetzes auszulegen. Zur Realisierung des Einflusses seien Generalklauseln wie §§ 242 oder 826 BGB besonders gut geeignet.[530] Das Bundesverfassungsgericht spricht in diesem

---

525 Ausdrücklich gegen eine Grundrechtsbindung Privater argumentiert *Höfling*, in: Sachs, GG, 2021, Art. 1 Rn. 117 ff.; *Muckel*, JA 2020, 411 (416).

526 Zumindest dem ersten Anschein nach stellt auch das BVerfG in der Stadionverbot-Entscheidung weiterhin auf eine mittelbare Drittwirkung der Grundrechte im Privatrecht ab, siehe dazu BVerfGE 148, 267 (280).

527 Grundlegend dazu aber schon *Dürig*, in: Maunz, FS Nawiasky, 1956, 157 ff., dessen Lehre vom BVerfG in der Lüth-Entscheidung BVerfGE 7, 198 schnell übernommen wurde, siehe dazu *Höfling*, Vertragsfreiheit, 1991, S. 49.

528 BVerfGE 7, 198; es gab bereits vorausgehende Rechtsprechung zu Drittwirkungsfällen, die allerdings keine spezifischen Feststellungen zur Drittwirkungsproblematik trafen, siehe dazu beispielhaft BVerfGE 4, 52 (58).

529 Zu den hier wiedergegebenen Grundsätzen aus der Lüth-Entscheidung siehe BVerfGE 7, 198, (206 ff.).

530 In Einklang dazu bereits *Blomeyer*, JZ 1954, 309 (310).

Zusammenhang von der in der Rechtswissenschaft berühmt gewordenen „Ausstrahlungswirkung" der Grundrechte auf das bürgerliche Recht. Der Zivilrichter erfülle durch die Beachtung der Grundrechte als objektive Werteordnung seine Bindung an die Grundrechte gemäß Art. 1 Abs. 3 GG. Mit anderen Worten: Nicht die privaten Akteure sind an die Grundrechte gebunden, sondern der Richter lässt die Grundrechte mittelbar in das Privatrechtsverhältnis einfließen.

Seither hat das Bundesverfassungsgericht seine Rechtsprechung zur mittelbaren Drittwirkung – zumindest ausdrücklich – nicht mehr aufgegeben[531] und eine unmittelbare Grundrechtswirkung im Privatrecht wörtlich abgelehnt.[532] Eine Bindung des Richters an die Grundrechte komme nicht unmittelbar, wohl aber insoweit in Betracht, als dass die durch die Grundrechte getroffenen verfassungsrechtlichen Werteentscheidungen für das Privatrecht gelten würden und zu beachten seien.[533]

bb) Kritische Bewertung

Schon bevor es zur wegweisenden Lüth-Entscheidung[534] des Bundesverfassungsgerichts kam, bot die Problematik zur Grundrechtswirkung im Privatrecht in der Literatur hinreichend Diskussionsstoff.[535] Teile des Schrifttums sahen bereits vor und anschließend im Einklang mit der Lüth-Entscheidung eine Einwirkung der Grundrechte auf das Privatrecht durch die Generalklauseln als erwiesen an.[536] Die Lüth-Entscheidung und die daraus resultierende ständige Rechtsprechung des Bundesverfassungsgerichts zogen allerdings auch viel Kritik auf sich, welche die Schwächen der Lehre zur mittelbaren Drittwirkung aufzeigt.[537]

---

531 Siehe beispielhaft zur Anwendung der mittelbaren Drittwirkung: BVerfGE 112, 332 (358); 142, 74, (101); zum Teil wird aber in der Literatur vorgeworfen, dass das BVerfG in der Stadionverbot-Entscheidung zwar theoretisch von der mittelbaren Drittwirkung spreche, praktisch aber eine unmittelbare Grundrechtsbindung praktiziere, siehe dazu *Michl*, JZ 2018, 910 (913).

532 BVerfGE 73, 261 (269).

533 BVerfGE 73, 261 (269); dieser Hinweis lässt schon Bedenken aufkommen, da der Richter unstrittig einer unmittelbaren Bindung gem. Art. 1 Abs. 3 GG unterliegt.

534 BVerfGE 7, 198 (206 ff.).

535 *Nipperdey*, RdA 1950, 121 ff.; *Dürig*, in: Maunz, FS Nawiasky, 1956, 157 ff.; *Laufke*, in: Nipperdey, FS Lehmann, 1956, 145 ff.

536 *Blomeyer*, JZ 1954, 309 (310); *Dürig*, in: Maunz, FS Nawiasky, 1956, 157 ff.

537 Statt vieler: *Poscher*, Grundrechte als Abwehrrechte, 2003, S. 245 ff.; *Höfling*, Vertragsfreiheit, 1991, S. 50; *Kempen*, DZWir 1994, 499 (502) bezeichnet die Drittwirkung der Grundrechte als „ungenaue Chiffre".

(1) *Begrifflichkeiten*

Der Lehre zugutezuhalten ist, dass die Terminologie, bestehend aus den zwei Komponenten „mittelbar“ und „Drittwirkung“, zur Umschreibung der Lehre richtig gewählt ist, auch wenn diese auf den ersten Blick irritierend klingt.[538] Bereits in der Analyse der Begrifflichkeiten wird allerdings deutlich, dass die Lehre zur mittelbaren Drittwirkung entbehrlich ist und ihrer dogmatischen Stringenz entgegensteht.

Zunächst sind aber die Bedenken im Hinblick auf die „Mittelbarkeit“ auszuräumen. In der berühmten Lüth-Entscheidung fällt der Begriff der „Mittelbarkeit“ kein einziges Mal, sondern wird vielmehr von der Literatur im Zusammenhang und unter Hinweis auf die Lüth-Entscheidung verwendet.[539] Die Suche nach Entscheidungen, in denen das Bundesverfassungsgericht die Mittelbarkeit explizit benennt, war in der Vergangenheit mühsam. In einer der selten aufzufindenden Entscheidungen weist das Bundesverfassungsgericht lediglich mit einem Klammerhinweis auf diese hin.[540] Bei Betrachtung jüngerer Entscheidungen des Bundesverfassungsgerichts wird die Rechtsfigur der mittelbaren Drittwirkung dagegen zunehmend ausdrücklich benannt.[541] Es entsteht der Eindruck, das Bundesverfassungsgericht reagiere explizit auf kritische Stimmen in der Literatur[542] und bekenne sich nun vermehrt wortwörtlich zur Mittelbarkeit der Drittwirkung.

Diese Vorgehensweise verkennt aber den schon aus dem Privatrecht bekannten Grundsatz: Maßgeblich sei nicht das, was im Vertrag stehe, sondern das, was

538 *Kempen*, DZWir 1994, 499 (502); *Singer*, JZ 1995, 1133 (1136); *Kempen*, in: Merten/Papier, HGR II, 2006, § 54 Rn. 69; *Neuner*, NJW 2020, 1851 (1853); kritisch zur Terminologie im Ganzen ist *Kulick*, Horizontalwirkung im Vergleich, 2020, S. 15 ff.

539 Statt vieler: *Ogorek*, in: Epping/Hillgruber, BeckOK, GG, Stand: 15.05.2021, Art. 10 Rn. 78; zurückhaltender und orientiert an den in Lüth verwendeten Begriffen dagegen *Rixen*, in: Sachs, GG, 2021, Art. 2 Rn. 37 ff.

540 „sog. Ausstrahlungs- oder mittelbare Drittwirkung der Grundrechte“, siehe dazu BVerfGE 73, 261 (269).

541 Die Versammlungsfreiheit sei „im Wege der mittelbaren Drittwirkung nach Maßgabe einer Abwägung zu beachten“, Bierdosen-Flashmob-Entscheidung, BVerfG, NJW 2015, 2485 (2485 f.); „maßgeblich für die mittelbare Drittwirkung des Gleichbehandlungsgebotes“, siehe dazu die Stadionverbot-Entscheidung, BVerfGE 148, 267 (283); „Grundrechte gelten hier im Wege der mittelbaren Drittwirkung“, Recht auf Vergessen I Entscheidung, BVerfGE 152, 152 (184).

542 *Michl*, JZ 2018, 910 (911 ff.) zur Analyse der Fraport-Entscheidung, BVerfGE 128, 226.

den tatsächlichen Gegebenheiten entspreche.[543] Im Ergebnis ist es unerheblich, ob das Bundesverfassungsgericht die Lehre zur mittelbaren Drittwirkung in seinen Entscheidungen ausdrücklich erwähnt. Entscheidend ist vielmehr, wie es die Grundrechte tatsächlich im Privatrecht zur Anwendung bringt.[544] So muss sich das Bundesverfassungsgericht auch im Hinblick auf die Stadionverbot-Entscheidung vorhalten lassen, es habe im Ergebnis eine unmittelbare Grundrechtsbindung statt einer mittelbaren Drittwirkung praktiziert.[545]

Davon ausgehend, dass die Lehre der mittelbaren Drittwirkung auch tatsächlich angewendet wird, ist der Begriff der „Mittelbarkeit" aber jedenfalls sinnvoll und passend. Er impliziert, dass die Grundrechte nicht unmittelbar im Privatrechtsverkehr gelten, sondern vielmehr ihre Wirkung auf die zivilrechtlichen Normen ausstrahlt. Dem Bundesverfassungsgericht gelingt damit der ausdrückliche Hinweis, dass Privaten keine unmittelbaren Pflichten aus der Verfassung entstehen. Der Umstand, dass das Bundesverfassungsgericht in der Lüth-Entscheidung noch nicht von einer Mittelbarkeit gesprochen hat,[546] steht diesem Verständnis nicht entgegen.

Erhebliches Diskussionspotenzial bringt auch die Verwendung des Begriffs der „(Dritt-)Wirkung" mit sich.[547] Es lässt sich eine Vielzahl von Fachterminologie zur Beschreibung der Problematik von Grundrechten im Privatrecht begründen. Denkbar ist statt des Wirkungsbegriffs die Verwendung der Begriffe Bindung, Anwendung, Geltung oder Horizontalwirkung,[548] die allesamt das Ziel haben, die Problematik bestmöglich zu umschreiben. Möchte man die Problematik aber abstrakt benennen, ohne eine Lehre durch die gewählte Terminologie von vorneherein auszuschließen, ist der Begriff der „Wirkung" vorzuziehen.[549]

---

543 Zur Einordnung eines sozialversicherungs- und lohnsteuerpflichtigen Arbeitsvertrages seien „alleine die tatsächlichen Gegebenheiten maßgeblich", BGH, NJW 2012, 471 (472); widersprechen sich Inhalt des Vertrages und tatsächliche Durchführung, so ist letzteres maßgeblich, BAG, BeckRS 2017, 145967; *Baumgärtner*, in: Hau/Poseck, BeckOK, BGB, Stand: 01.05.2021, § 611 Rn. 10.

544 Zustimmend *Jobst*, NJW 2020, 11 (16) zur Bewertung der Stadionverbot-Entscheidung.

545 *Michl*, JZ 2018, 910 ff. spricht von einer „überkommenen Drittwirkungs- und Ausstrahlungsrhetorik"; *Hellgardt*, JZ 2018, 901 ff.; *Smets*, NVwZ 2019, 34 (37); *Jobst*, NJW 2020, 11 ff.; *Neuner*, NJW 2020, 1851 (1853).

546 BVerfGE 7, 198 (206 ff.).

547 Ausführlich dazu *Kulick*, Horizontalwirkung im Vergleich, 2020, S. 15 ff.

548 *Ders.*, Horizontalwirkung im Vergleich, 2020, S. 15 ff.

549 Es ist dennoch nicht falsch von einer Problematik zur „Grundrechtsbindung Privater" zu sprechen, wenn nicht auf das Privatrechtsverhältnis selbst, sondern den Privaten als Subjekt abgestellt wird. Wenn die Grundrechtswirkung im Fall der Stadionverbote

Nach diesem erlangen die Grundrechte als Resultat auf irgendeine Weise Bedeutung und wirken auf das Privatrechtsverhältnis ein.[550] Ob die Grundrechte durch unmittelbare Grundrechtsbindung, staatsgleiche Bindung, Ausstrahlungswirkung oder Schutzpflichten wirken, eine „Wirkung" auf das Privatrechtsverhältnis haben alle Lehren gemeinsam. Insofern ergeben sich auch keine Bedenken in Bezug auf die Terminologie der „(Dritt-)Wirkung".

Die verbleibende Frage, was eigentlich mit „Dritt(-wirkung)" gemeint ist, ist bei einer Vielzahl von Akteuren auf den ersten Blick nicht eindeutig zu beantworten. Unter diesem Aspekt ist anzuführen, dass das Bundesverfassungsgericht die in der Lüth-Entscheidung aufgestellten Grundsätze nicht nur auf drittwirkungsrechtliche Zusammenhänge anwendet, sondern auch auf Zweierkonstellationen zwischen Staat und Bürger.[551] In einer Reihe von strafrechtlichen[552] sowie auch verwaltungsrechtlichen[553] Sachverhalten weist das Bundesverfassungsgericht auf die in der Lüth-Entscheidung angeführte „Wirkung ihrerseits im Lichte der Bedeutung dieses Grundrechts" hin.[554] Führt man sich diese Entscheidungen vor Augen, wird klar, dass „Dritter" der Private ist, da in diesem Zusammenhang nicht mehr von einer „Dritt(-wirkung)", sondern nur noch von einer „Grundrechtswirkung" die Rede ist.[555]

Folglich bleibt bei genauerer Prüfung die Integrität der terminologischen Verwendung aufrechterhalten, lässt aber gerade der erste Gedanke der

---

zu untersuchen ist, ist gleichermaßen die Grundrechtsbindung der Veranstalter Teil der Untersuchung und kann als solche bezeichnet werden.

550 Zumindest in diesem Punkt sind sich alle Lehren einig; zur Definition der „Wirkung" siehe *Kulick*, Horizontalwirkung im Vergleich, 2020, S. 17.

551 *Poscher*, Grundrechte als Abwehrrechte, 2003, S. 253.

552 In BVerfGE 27, 71 (79 f.) wird ausgeführt, dass die maßgeblichen Vorschriften des Strafrechts (§§ 86, 98 Abs. 2 StGB) unter Hinweis auf die Lüth-Entscheidung „im Lichte der Bedeutung des Grundrechts der Informationsfreiheit gesehen und so ausgelegt werden, daß der besondere Wertgehalt des Grundrechts auf jeden Fall gewahrt bleibt"; in BVerfGE 28, 191 (202) beruft sich das BVerfG auf die Lüth-Entscheidung und der Bedeutung des Grundrechts der Meinungsfreiheit für die Auslegung des einfachen (Straf-)Rechts; BVerfGE 25, 311 (320) zur Auslegung von § 119 Abs. 3 StPO „im Lichte der Bedeutung dieses Grundrechts", ebenfalls unter Hinweis auf die Lüth-Entscheidung.

553 BVerfGE 50, 234 (241) zur Auslegung von §§ 169 ff. GVG „im Lichte der besonderen Bedeutung dieses Grundrechts"; BVerfGE 67, 156 (172 f.) zur strategischen Überwachung nach § 3 G 10.

554 BVerfGE 7, 198 (208).

555 *Poscher*, Grundrechte als Abwehrrechte, 2003, S. 253.

terminologischen Irritation die Befürchtung aufkommen, dass die Konstruktion der mittelbaren Drittwirkung entbehrlich ist, da der Richter gegenüber dem Privaten ohnehin einer unmittelbaren Grundrechtsbindung gemäß Art. 1 Abs. 3 GG unterliegt und zum Schutz vor privaten Grundrechtsbeeinträchtigungen verfassungsrechtlich verpflichtet ist.[556]

(2) Entbehrlichkeit der Lehre zur mittelbaren Drittwirkung

Eine Vielzahl von Entscheidungen des Bundesverfassungsgerichts enthalten zwar die Grundsätze der Lüth-Entscheidung oder sind jedenfalls mit diesen vereinbar, lassen sich aber auch ohne die Figur der mittelbaren Drittwirkung erklären,[557] sodass die Rechtsfigur von Teilen der Literatur für entbehrlich gehalten wird.[558] Dieser Sichtweise ist nicht nur vor dem Hintergrund der inhaltslosen Ausstrahlungswirkung der Grundrechte, sondern insbesondere wegen der anerkannten Schutzfunktion der Grundrechte[559] und den schon in der terminologischen Analyse[560] zum Vorschein gekommenen Erkenntnissen zuzustimmen.

Die Kritik fußt auf der Annahme, dass alle Grundrechte den Staat verpflichten, die verfassungsrechtlich geschützten Rechtsgüter vor Übergriffen durch Private zu bewahren (Schutzpflichtenlehre).[561] Diese Pflicht wird maßgeblich durch den unmittelbar gemäß Art. 1 Abs. 3 GG grundrechtsgebundenen Gesetzgeber bei Schaffung der zivilrechtlichen Normen umgesetzt.[562] Auf zweiter Stufe kontrollieren die Gerichte die Einhaltung grundrechtlicher Schutzpflichten durch verfassungskonforme Auslegung einfachgesetzlicher Normen.[563] Es ist allgemein anerkannt, dass nicht nur die sich mit öffentlichem Recht befassenden

---

556 Siehe unten, § 5 III. 1. d), S. 141 ff.

557 *Poscher*, Grundrechte als Abwehrrechte, 2003, S. 247 ff. m. w. N.

558 *Schwabe*, Die sogenannte Drittwirkung der Grundrechte, 1971, S. 62 ff.; *Singer*, JZ 1995, 1133 (1136); *Poscher*, Grundrechte als Abwehrrechte, 2003, S. 249; *Lehner*, Zivilrechtlicher Diskriminierungsschutz und Grundrechte, 2013, S. 297 ff.; *Neuner*, NJW 2020, 1851 (1852 f.).

559 St. Rspr., siehe dazu BVerfGE 39, 1 (42 ff.); 46, 160 (164); 56, 54, (73); statt vieler: *Isensee*, Das Grundrecht auf Sicherheit, 1983, S. 33 spricht von einer lange vergessenen Seite der Grundrechte; *Jarass*, AöR 1985, 363 (383 f.); *Klein*, NJW 1989, 1633 ff.; *Höfling*, Vertragsfreiheit, 1991, S. 52.

560 Siehe oben § 5 III. 1. a) bb) (1), S. 110 ff.

561 BVerfGE 81, 242 (255); *Isensee*, in: Isensee/Kirchhof, HStR IX, 2011, § 191 Rn. 2, 144; *Grabenwarter*, in: Maunz/Dürig, GG, 94. EL Januar 2021, Art. 5 Abs. 1, Abs. 2 Rn. 108.

562 *Hillgruber*, AcP 1991, 69 (71 f.); *Guckelberger*, JuS 2003, 1151 (1156).

563 BVerfGE 121, 317 (380); *Voßkuhle*, AöR 2000, 177 (196 f.).

Gerichte, sondern auch die Zivilgerichte durch Auslegung und Rechtsfortbildung die staatlichen Schutzpflichten wahrnehmen können.[564] Ausgehend von der Schutzfunktion der Grundrechte und der daraus resultierenden Schutzpflicht des Staates, liegt die berechtigte Annahme nahe, den Grundrechten werde im Privatrechtsverkehr durch die Schutzpflichten bereits ausreichend Rechnung getragen.[565] Eine unmittelbare Bindung von Gesetzgeber und Rechtsprechung besteht ohnehin gemäß Art. 1 Abs. 3 GG, sodass es einer konstruierten Lösung über die Ausstrahlungswirkung der Grundrechte als objektive Werteordnung nicht bedarf.

In diesem Zusammenhang ist als unverständlich zu beanstanden, was unter einer „Ausstrahlungswirkung" über den objektiven Wertegehalt der Grundrechte zu fassen ist.[566] Es fehlt an handfesten Kriterien, die eine ausreichende Grundrechtseinwirkung auf das Privatrecht mit Inhalt füllen. Der bloße Hinweis, dass die Grundrechte als objektive Werteordnung auch im Privatrecht zu beachten seien und ihre Wertungen über die Generalklauseln einfließen würden,[567] liefert keinen praktikablen Prüfungsaufbau für eine Grundrechtswirkung im Privatrecht. Der wahllosen Identifizierung von Generalklauseln folgt der Eindruck von Willkür und inhaltslosem Einwirken, welcher der oftmals entscheidungserheblichen Bedeutung der Problematik nicht gerecht wird.

Bevor abschließend der Entbehrlichkeit der Lehre zur mittelbaren Drittwirkung zuzustimmen ist, ist ein Grundsatz zu überprüfen, welcher dem Entbehrlichkeitsargument entgegengehalten wird: „Das Gericht hat die Grundrechte zu beachten, soweit sie gelten; nicht etwa gelten sie, weil ein Gericht entscheidet".[568] Nach dieser Regel sei eine Differenzierung zwischen den Grundrechten im materiell-rechtlichen Verhältnis der Parteien untereinander und denen im prozessrechtlichen Verhältnis der Parteien zum Richter zu machen.[569] Nimmt man diese These wörtlich und nimmt an, dass zwischen Privaten die Grundrechte weder mittelbar noch unmittelbar gelten würden, wäre der Richter dann in seiner materiell-rechtlichen Entscheidung frei von allen Wertungen des

564 BVerfGE 96, 56 (64); *Lehner*, Zivilrechtlicher Diskriminierungsschutz und Grundrechte, 2013, S. 299; *Singer*, JZ 1995, 1133 (1136).

565 *Neuner*, NJW 2020, 1851 (1853); *Hillgruber*, AcP 1991, 69 (71 ff.).

566 *Kulick*, Horizontalwirkung im Vergleich, 2020, S. 4 f.

567 BVerfGE 7, 198, (206).

568 *Doehring*, Das Staatsrecht der Bundesrepublik Deutschland, 1984, S. 209; *Klein*, NJW 1989, 1633 (1640); *Lehner*, Zivilrechtlicher Diskriminierungsschutz und Grundrechte, 2013, S. 311.

569 *Bleckmann*, Staatsrecht II – Die Grundrechte, 1997, S. 222.

Grundgesetzes? Müsste er tatsächlich keine Grundrechte mehr beachten, wenn sie zwischen den Parteien nicht gelten? Dieser Annahme ist eine klare Absage zu erteilen. Eine vollständige Loslösung des Richters von der Verfassung kann schon deshalb nicht angenommen werden, weil gerade der Richter – unabhängig davon, ob die Grundrechte zwischen den Parteien selbst gelten – gegenüber dem Bürger einer verfassungsrechtlichen Schutzpflicht unterliegt, die er gegenüber den zivilrechtlichen Parteien zwingend zu beachten und zu berücksichtigen hat.[570] Der Richter würde bei Nichtbeachtung der Grundrechte seine verfassungsrechtliche Schutzpflicht verletzen und gegen seine unmittelbare Bindung nach Art. 1 Abs. 3 GG verstoßen. Er ist verfassungsrechtlich dazu verpflichtet, Private im Fall einer grundrechtsrelevanten Beeinträchtigung vor anderen Privaten zu schützen.

Eine andere Auffassung ist nur unter der Annahme eines Grundrechtsverzichts durch privatautonom geschlossene Verträge vertretbar.[571] Ohne die Rechtsfrage des Grundrechtsverzichts abschließend zu entscheiden, geht es im Privatrecht aber nicht (immer) nur um freiwillig geschlossene Verträge,[572] sondern um Zwänge, ungleiche Machtverhältnisse und Fremdbestimmung, denen entgegenzutreten ist. Zwar mag es Fälle geben, in denen die Schutzpflicht nicht greift beziehungsweise ein wirksamer Grundrechtsverzicht vorliegt, aber gibt es ebenso Fälle im Verhältnis Bürger-Staat, in denen der Schutzbereich der Grundrechte nicht einschlägig ist oder ein wirksamer Grundrechtsverzicht vorliegt. Eine von vorneherein losgelöste Entscheidung des Richters von den Grundrechten kann allerdings nicht überzeugen, sondern ist erst durch Prüfung der Schutzpflichten festzustellen.

Nach Würdigung aller Argumente bleibt es bei der zutreffenden Kritik, dass die Konstruktion der Lehre zur mittelbaren Drittwirkung über die Grundrechte als objektive Werteordnung entbehrlich ist und die Schutzpflichten ausreichend Grundrechtsschutz im Privatrechtsverkehr bieten. Festzuhalten ist auch, dass die Lehre durch inhaltslose Begriffe wie der Ausstrahlungswirkung dem Anwender handfeste Kriterien schuldig bleibt, die eine nachvollziehbare Prüfung erst möglich machen.

---

570 BVerfGE 81, 242 (255); *Isensee*, in: Isensee/Kirchhof, HStR IX, 2011, § 191 Rn. 2, 144; *Grabenwarter*, in: Maunz/Dürig, GG, 94. EL Januar 2021, Art. 5 Abs. 1, Abs. 2 Rn. 108.

571 Ob und in welchem Umfang Private in privatrechtlichen Verträgen auf Grundrechte verzichten können, ist noch ungeklärt, siehe dazu *Bleckmann*, Staatsrecht II – Die Grundrechte, 1997, S. 234.

572 Dies zeigt bereits die Stadionverbot-Entscheidung, BVerfGE 148, 267.

(3) Generalklausel und unbestimmte Rechtsbegriffe

Zu Recht werden weitere Einwände gegen die Anknüpfung an zivilrechtliche Generalklauseln und unbestimmte Rechtsbegriffe geäußert.[573] Die Wirkung der Grundrechte in das Privatrecht werde durch diese Anknüpfung nicht hinreichend erfasst. Es sei nicht einzusehen, warum die Grundrechte nur über Generalklauseln oder unbestimmte Rechtsbegriffe zur Geltung gebracht werden sollen.[574]

Für diese Argumentation spricht, dass die Rechtsprechung die Grundrechte im Privatrecht nicht nur im Rahmen der Auslegung des einfachen Rechts durch Generalklausel und unbestimmte Rechtsbegriffe berücksichtigt, sondern auch auf andere Weise. Zwar ist es richtig, dass die Generalklauseln und unbestimmte Rechtsbegriffe als Einbruchstelle dienen können, aber stehen dem Staat auch weitere Möglichkeiten zur Verfügung, um Grundrechte im Privatrecht zur Geltung zu bringen. Anerkannt ist in der Rechtsprechung beispielsweise das allgemeine Persönlichkeitsrecht als sonstiges Recht im Sinne von § 823 Abs. 1 BGB.[575] Auch das Bundesverfassungsgericht verwendet Grundrechte als unmittelbaren Maßstab für die Verfassungskonformität der einfachgesetzlichen Normen, ohne an Generalklauseln anzuknüpfen.[576]

Wenn es zur Unterscheidung von Gesetzgebung und -anwendung kommt, ist außerdem zu beachten, dass der Privatrechtsgesetzgeber bei Schaffung zivilrechtlicher Normen unmittelbar an die Grundrechte gebunden ist, ohne dass er unbestimmte Rechtsbegriffe und Generalklauseln zur Anwendung bringen muss.[577] Die Konstruktion der mittelbaren Drittwirkung kann mithin nicht jede Fallgestaltung abdecken und insbesondere im Hinblick auf den Gesetzgeber seine unmittelbare Bindung nicht vollumfänglich erfassen.

(4) Keine dogmatische Anknüpfung

Letztlich stößt das Argument zugunsten der Lehre zur mittelbaren Drittwirkung, Art. 1 Abs. 3 GG schließe eine unmittelbare Wirkung der

---

573 *Canaris*, AcP 1984, 201 (212 ff.); *Neuner*, NJW 2020, 1851 (1853).

574 *Canaris*, AcP 1984, 201 (223) mit einer Veranschaulichung zu festen Tatbeständen, bei denen die Grundrechte trotzdem wirken sollen; *Bleckmann*, Staatsrecht II – Die Grundrechte, 1997, S. 234.

575 BGHZ 24, 72; BGH, NJW 1958, 827 (829).

576 BVerfGE 72, 155; 88, 145; *Neuner*, NJW 2020, 1851 (1853).

577 *Canaris*, AcP 1984, 201 (210 ff.); *Hager*, JZ 1994, 373 (374 ff.); *Bleckmann*, Staatsrecht II – Die Grundrechte, 1997, S. 221.

Grundrechte im Privatrecht aus,[578] auf dogmatische Zweifel. Richtigerweise erfasst Art. 1 Abs. 3 GG dem Wortlaut nach keine unmittelbare Grundrechtsbindung privater Akteure, gleichermaßen aber auch keine mittelbare Drittwirkung im Privatrecht.[579] Wenn allein mit dem Wortlaut eine unmittelbare Bindung abgelehnt und eine mittelbare Drittwirkung begründet wird, führt dies zu einem Widerspruch in sich. Nimmt man aus Art. 1 Abs. 3 GG den Umkehrschluss an, dass eine Bindung privater Akteure nicht gewollt sei, kann auch eine mittelbare Drittwirkung nicht ohne Weiteres angenommen werden.

Es ist paradox, wenn davon ausgegangen wird, dass Grundrechte nur den Staat binden würden, gleichzeitig aber über Generalklauseln in das Privatrecht einwirken.[580] Wird privaten Akteuren eine Bindung aufgrund von Art. 1 Abs. 3 GG abgesprochen, weil diese ausschließlich gegenüber dem Staat gelten, kann ihnen auch keine mittelbare Drittwirkung über den Umweg der Generalklauseln zugesprochen werden.[581] Abgesehen von diesem Widerspruch, der das Wortlautargument der Vertreter der Lehre zur mittelbaren Drittwirkung entkräftet, gibt es keine einzige verfassungsrechtliche Norm, aus der sich die Lehre zur mittelbaren Drittwirkung überzeugend herleiten lässt. Es verbleibt bei einer vom Bundesverfassungsgericht und der Literatur konstruierten Rechtsfigur, der es an einer ausreichenden dogmatischen Herleitung fehlt.

cc) Zwischenfazit

Die von *Dürig*[582] begründete und durch die Lüth-Entscheidung[583] des Bundesverfassungsgerichts bekannt gewordene Lehre zur mittelbaren Drittwirkung ist gängige Praxis und wird in ständiger Rechtsprechung angewendet.[584] Dennoch weist die Rechtsfigur Schwächen auf, die eine Suche nach alternativen Lösungswegen erforderlich machen. Insbesondere die Entbehrlichkeit der Lehre zur mittelbaren Drittwirkung durch die Schutzpflichtenlehre lässt den langjährigen Bestand und die Überzeugungskraft der Rechtsfigur zerbrechlich wirken. Die Ausstrahlungswirkung durch die mittelbare Drittwirkung weist keine handfesten

---

578 *Höfling*, in: Sachs, GG, 2021, Art. 1 Rn. 116; *Ruffert*, Vorrang der Verfassung und Eigenständigkeit des Privatrechts, 2001, S. 13; *Guckelberger*, JuS 2003, 1151 (1153).

579 *Neuner*, NJW 2020, 1851 (1853 ff.); *Kulick*, Horizontalwirkung im Vergleich, 2020, S. 229 ff.

580 BAG, NJW 1957, 1688 (1689).

581 BAG, NJW 1957, 1688 (1689).

582 *Dürig*, in: Maunz, FS Nawiasky, 1956, 157 ff.

583 BVerfGE 7, 198.

584 Statt vieler: BVerfGE 112, 332 (358); 142, 74, (101).

Kriterien auf, die zu einer haltbaren Prüfung der Grundrechtswirkung im Privatrecht führen. Vielmehr verkennt die Ausstrahlungswirkung über die Generalklauseln und unbestimmten Rechtsbegriffe den Privatrechtsgesetzgeber, durch den die Grundrechte auch ohne Bruchstellen in das Privatrecht einwirken.

Nicht zuletzt fehlt es an einer dogmatisch einwandfreien Herleitung. Es ist kein einziger Anknüpfungspunkt im Verfassungstext ersichtlich, der eine Ausstrahlung der Grundrechte als objektive Werteordnung begründen kann. Vielmehr verhält sich Art. 1 Abs. 3 GG neutral zu der Grundrechtswirkung im Privatrecht. Alle anderen Interpretationen verlieren sich in widersprüchliche Aussagen, die der Bedeutung der Problematik zur Grundrechtswirkung im Privatrecht nicht gerecht werden.

b) Unmittelbare Grundrechtsbindung

Das Bundesarbeitsgericht hat sich in den 1950er-Jahren für eine unmittelbare Bindung privater Akteure an die Grundrechte ausgesprochen.[585] Begründet wurde die Lehre zur unmittelbaren Grundrechtsbindung vom damaligen Präsidenten des Bundesarbeitsgerichts *Nipperdey*, der keine Einbruchstellen in das Zivilrecht für notwendig hielt, sondern von einer unmittelbaren Grundrechtsbindung im Privatrecht ausging.[586] Obwohl das Bundesverfassungsgericht mit der Lüth-Entscheidung der Lehre *Nipperdeys* entgegentrat, pflichteten einige Stimmen in der Literatur der Lehre zur unmittelbaren Grundrechtsbindung Privater bei und entwickelten diese fort.[587]

---

585 BAG, NJW 1955, 606 (607); 684 (685 f.); NJW 1957, 1688 (1689); vorher bereits zu einer unmittelbaren Grundrechtsbindung: *Mallmann*, JZ 1951, 27 f. zum Verhältnis der Menschenwürde und der zivilrechtlichen Generalklausel der guten Sitten gem. § 138 BGB bei einer betrieblich veranlassten körperlichen Durchsuchung; Anmerkung zu BGH, Urt. v. 26.6.1952 – IV ZR 288/51 von *Coing*, JZ 1952, 688 (689 f.) zu einem Anspruch der Ehefrau gegen das Eindringen oder die Aufnahme der Geliebten des Ehemannes in den räumlich-gegenständlichen Bereich der Ehe durch Art. 6 GG; *Laufke*, in: Nipperdey, FS Lehmann, 1956, 145 (146); *Jobst*, NJW 2020, 11 (11) sieht die unmittelbare Grundrechtsbindung in bestimmten Gebieten als „die Regel" an.

586 *Nipperdey*, RdA 1950, 121 (123 ff.); *Nipperdey*, Grundrechte und Privatrecht, 1961.

587 Dazu gehören: *Leisner*, Grundrechte und Privatrecht, 1960, S. 378 ff.; *Schwabe*, Die sogenannte Drittwirkung der Grundrechte, 1971, S. 88 ff.; *Hager*, JZ 1994, 373 ff.

aa) Ursprung im Arbeitsrecht

Das Bundesarbeitsgericht bekannte sich in seinen Entscheidungen aus den 1950er-Jahren deutlich zur Lehre der unmittelbaren Grundrechtsbindung, indem ausgeführt wurde, dass eine ausschließliche Bindung staatlicher Gewalt an die Grundrechte unzutreffend sei.[588] Die Rede ist von „einer Reihe bedeutsamer Grundrechte", die als Ordnungsgrundsätze für das soziale Leben, das heißt auch den Privatrechtsverkehr, zur Geltung kommen müssten.[589] Zu diesen Grundrechten würden insbesondere die Menschenwürde, die bürgerliche Gleichheit und die geistige Freiheit zählen.[590] Um diese Sichtweise zu verteidigen, beruft sich das Bundesarbeitsgericht unter anderem auf einen Beschluss des Bundesverfassungsgerichts, der die Auffassung der unmittelbaren Bindung bestätigen sollte.[591] Dem steht aber bereits entgegen, dass das Bundesverfassungsgericht in seinem *Obiter Dictum* lediglich die Bedeutung des Art. 6 Abs. 1 GG als Wertentscheidung für das private und öffentliche Recht betonte.[592]

In seiner weiteren Begründung führt das Bundesarbeitsgericht aus, das Privatrecht könne nicht losgelöst von der Verfassung betrachtet werden.[593] Vielmehr sei dieses an die verfassungsmäßige Ordnung, das heißt insbesondere an das verfassungsmäßige Grundwertesystem gebunden.[594] Dieser Grundsatz ist in seiner Essenz zwar richtig, liefert aber keinen Grund zur Annahme einer unmittelbaren Grundrechtsbindung Privater. Auch nach anderen Ansätzen wie der Lehre zur mittelbaren Drittwirkung findet die Verfassung als Werteordnung Beachtung und wirkt über Generalklauseln und unbestimmte Rechtsbegriffe mittelbar in das Privatrecht hinein. Eine unmittelbare Grundrechtsbindung für Private ist allein aus diesem Umstand weder erforderlich noch begründet.

Mit dem gleichen Argument lässt sich ein weiterer Ansatzpunkt des Bundesarbeitsgerichts entkräften, wenn dieses ausführt, dass sich aus der Verfassung selbst eine unmittelbare Wirkung gemäß Art. 20 GG und Art. 28 GG herleiten lasse.[595] Aus dem normativen Bekenntnis des Grundgesetzes zum sozialen

---

588 BAG, NJW 1955, 684 (685).

589 BAG, NJW 1955, 606 (607); 684 (685 f.); *Nipperdey*, RdA 1950, 121 (125) fordert eine gesonderte Prüfung für jedes einzelne Grundrecht; *Gamillscheg*, AcP 1964, 385 (404 ff.).

590 BAG, NJW 1955, 606 (607).

591 BVerfGE 6, 55 (72); BAG, NJW 1957, 1688 (1689).

592 BVerfGE 6, 55, (72); *Poscher*, Grundrechte als Abwehrrechte, 2003, S. 236 f.

593 BAG, NJW 1957, 1688 (1689).

594 BAG, NJW 1957, 1688 (1689).

595 BAG, NJW 1955, 606 (607).

Bundes- beziehungsweise Rechtsstaat ergebe sich eine unmittelbare Grundrechtsbindung für Private.[596] Auch hier ist anzumerken, dass der Staat diese Werte ohnehin nach seiner verfassungsrechtlichen Schutzpflicht gewährleisten muss,[597] sodass eine unmittelbare Grundrechtsbindung entbehrlich ist.

Nach Auswertung der Entscheidungen des Bundesarbeitsgerichts zur Lehre der unmittelbaren Grundrechtsbindung kann nicht festgestellt werden, dass eine unmittelbare Wirkung zwingend geboten ist. Die Argumente des Bundesarbeitsgerichts scheitern nicht zuletzt an der Erforderlichkeit einer unmittelbaren Grundrechtsbindung. Solange die Trennung von Staat und Bürger unter Anwendung anderer Lehren gewahrt bleiben kann, sollte diese im Sinne der anerkannten Grundrechtsfunktionen und unter Wahrung der Privatautonomie auch bestehen bleiben.

bb) Kritische Bewertung

Die unmittelbare Grundrechtsbindung privater Akteure wird von der Literatur überwiegend kritisch bewertet.[598] Grundrechte seien Abwehrrechte gegen den Staat und dürften nicht zu einer staatsgleichen Verpflichtung von Privaten führen.[599] Vielmehr müsse der Staat seiner Schutzpflicht nachkommen und als Gesetzgeber tätig werden.[600] Die Schwachstellen dieser Lehre überlagern sich in Teilen mit denen der Lehre zur mittelbaren Drittwirkung und bestärken den Eindruck, dass es alternativer Lösungswege bedarf.

(1) Keine dogmatische Anknüpfung

Eine tragende Rolle für die Beurteilung der Lehre zur unmittelbaren Grundrechtsbindung spielt der Wortlaut des Art. 1 Abs. 3 GG, der häufig gegen diese angeführt wird.[601] Nach dem Wortlaut binden die Grundrechte Gesetzgebung,

---

596 BAG, NJW 1955, 606 (607); *Knebel*, Die Drittwirkung der Grundrechte und -freiheiten gegenüber Privaten, 2018, S. 35.

597 St. Rspr., siehe dazu BVerfGE 39, 1 (42 ff.); 46, 160 (164); 56, 54 (73); *Jarass*, AöR 1985, 363 (383 f.); *Höfling*, Vertragsfreiheit, 1991, S. 52.

598 Statt vieler: *Ruffert*, Vorrang der Verfassung und Eigenständigkeit des Privatrechts, 2001, S. 12 f. m. w. N. zu vereinzelnden Vertretern der Lehre der unmittelbaren Wirkung; *Lehner*, Zivilrechtlicher Diskriminierungsschutz und Grundrechte, 2013, S. 292 ff.; *Muckel*, JA 2020, 411 (416 f.); *Höfling*, in: Sachs, GG, 2021, Art. 1 Rn. 116.

599 *Smets*, NVwZ 2019, 34 (37); *Guckelberger*, JuS 2003, 1151 (1152).

600 *Smets*, NVwZ 2019, 34 (37).

601 Statt vieler: *Höfling*, in: Sachs, GG, 2021, Art. 1 Rn. 116 ff.; *Knebel*, Die Drittwirkung der Grundrechte und -freiheiten gegenüber Privaten, 2018, S. 35.

vollziehende Gewalt und Rechtsprechung als unmittelbar geltendes Recht, woraus der Umkehrschluss zu ziehen sei, dass eine unmittelbare Grundrechtsbindung für andere (private) Akteure als die drei genannten Staatsgewalten gerade nicht vom Verfassungsgeber gewollt sei.[602] Die Grundrechtsbindung Privater sei nicht „Erst-Recht“[603] in der Grundrechtsbindung des Staates enthalten, sondern bringe eine völlig andere Konstellation mit sich.[604]

Das Argument überzeugt insoweit, da eine unmittelbare Grundrechtsbindung Privater nicht aus dem Wortlaut des Art. 1 Abs. 3 GG herauszulesen ist. Seine Grenze findet das Argument darin, dass zwar ausdrücklich nur eine unmittelbare Bindung der drei Staatsgewalten statuiert wird, aber gleichermaßen der Grundrechtsbindung Privater keine ausdrückliche Absage erteilt wird. Eine solche Interpretation würde zu weit gehen und überschreitet die Wortlautgrenze des Art. 1 Abs. 3 GG. Es entspricht schlicht nicht der Wahrheit, dass Privatrechtssubjekten mit hinreichender Deutlichkeit im Verfassungstext eine Grundrechtsbindung abgesprochen wird.[605] Der Wortlaut des Art. 1 Abs. 3 GG entkräftet zwar das Argument des „Erst-Recht“-Schlusses der Lehre zur unmittelbaren Bindung, trifft aber weder eine verbindliche noch eine ausdrückliche Aussage über die Grundrechtsbindung privater Akteure. Die Kritik verläuft sich in der bloßen Vermutung, dass der Verfassungsgesetzgeber mit der Formulierung eine Grundrechtsbindung Privater ausschließen wollte.[606]

Gegen eine unmittelbare Grundrechtsbindung sprechen in dogmatischer Hinsicht zudem andere Grundrechte wie Art. 9 Abs. 3 S. 2 GG, aus denen sich der Rückschluss einer fehlerhaften dogmatischen Herleitung der Lehre ziehen lässt.[607] Nach dem Wortlaut des Art. 9 Abs. 3 S. 2 GG sind die Koalitionsfreiheit einschränkende oder zu behindern suchende Abreden nichtig, hierauf gerichtete Maßnahmen rechtswidrig. Es handelt sich um einen ausdrücklichen Schutz gegen Beeinträchtigungen aus dem Privatrecht, der einen Fall der unmittelbaren

602 *Ruffert*, Vorrang der Verfassung und Eigenständigkeit des Privatrechts, 2001, S. 13; *Höfling*, Vertragsfreiheit, 1991, S. 50; *Lücke*, JZ 1999, 377 (377); *Guckelberger*, JuS 2003, 1151 (1153).

603 *Nipperdey*, RdA 1950, 121 (125).

604 *Dürig*, in: Maunz, FS Nawiasky, 1956, 157 (158); *Ruffert*, Vorrang der Verfassung und Eigenständigkeit des Privatrechts, 2001, S. 13.

605 *Kulick*, AöR 2020, 650 (678 ff.); *Guckelberger*, JuS 2003, 1151 (1157).

606 So vermutet es auch *Lücke*, JZ 1999, 377 (377).

607 *Bleckmann*, Staatsrecht II – Die Grundrechte, 1997, S. 220; *Guckelberger*, JuS 2003, 1151 (1152); *Kempen*, in: Merten/Papier, HGR II, 2006, § 54 Rn. 69.

Grundrechtsbindung repräsentiert.[608] Hieraus kann der Umkehrschluss gezogen werden, dass im Normalfall nicht von einer grundsätzlichen unmittelbaren Bindung der Grundrechte im Privatrecht auszugehen ist, wenn der Verfassungsgesetzgeber eine unmittelbare Wirkung der Nichtigkeit von Koalitionsabreden normiert. Vor diesem Hintergrund lässt sich zumindest festmachen, dass der Verfassungsgesetzgeber selbst nicht davon ausgegangen ist, dass Private unmittelbar an die Grundrechte gebunden sind.

Auch eine Herleitung aus Art. 19 Abs. 3 GG überzeugt nicht.[609] In einem lesenswerten Plädoyer für die Grundrechtsbindung Privater stellt *Lücke* auf eine verfassungsrechtliche Herleitung gemäß Art. 19 Abs. 3 GG ab.[610] Unter „Geltung" im Sinne von Art. 19 Abs. 3 GG sei nicht nur die Grundrechtsberechtigung zu verstehen, sondern zugleich eine Grundrechtsbindung juristischer Personen. Für natürliche Personen müsse das Gleiche gelten, da der Wortlaut „auch" juristische Personen umfasse. Daraus sei zu entnehmen, dass natürliche Personen ohnehin einer Grundrechtsbindung unterliegen würden. Die Voraussetzung „ihrem Wesen nach" beziehe sich auf die Drittwirkungsgeeignetheit des Grundrechts.

Die These von *Lücke* erscheint gewagt, lässt sich aber in ihrer Argumentation durchaus nachvollziehen. Schwächen zeigen sich bei teleologischer Betrachtung. Der Streit zur Grundrechtsbindung Privater war für den Verfassungsgesetzgeber bei Entstehung des Grundgesetzes noch nicht absehbar. Es wäre fernliegend anzunehmen, dass dieser mit Art. 19 Abs. 3 GG eine Grundrechtsverpflichtung für Private festlegen wollte. Vielmehr hat Art. 19 Abs. 3 GG den Zweck, auch juristische Personen eine Grundrechtsberechtigung zuzusprechen.[611] Gegen das Argument, aus Art. 19 Abs. 3 lasse sich eine Grundrechtsverpflichtung für Private lesen, spricht ferner, dass ein systematischer Widerspruch zu Art. 1 Abs. 3 GG vorliegen würde.[612] Wenn der Gesetzgeber die Grundrechtsbindung des Staates in Art. 1 Abs. 3 GG festlegen wollte, wäre es unsinnig, eine Bindung für private Akteure erst an das Ende des Grundrechtskataloges zu setzen.[613]

---

608 BAG, NJW 2007, 622 (623); *Winkler*, in: Münch/Kunig, GG, 2021, Art. 9 Rn. 179; *Höfling*, in: Sachs, GG, 2021, Art. 9 Rn. 131.

609 *Lücke*, JZ 1999, 377 ff.

610 *Ders.*, JZ 1999, 377 ff.

611 *Jarass*, in: Jarass/Pieroth, GG, 2020, Art. 19 Rn. 15.

612 *Guckelberger*, JuS 2003, 1151 (1153).

613 *Dies.*, JuS 2003, 1151 (1153).

Sowohl die Argumente zu Art. 1 Abs. 3 GG als auch die Rückschlüsse aus den übrigen Bestimmungen der Verfassung wie Art. 9 Abs. 3 S. 2 GG und Art. 19 Abs. 3 GG lassen dogmatischen Bedenken durchgreifen, die mangels ausreichender Herleitung gegen die Lehre zur unmittelbaren Grundrechtsbindung Privater sprechen.

(2) Gesetzesvorbehalte und Privatrecht

Weitere Kritik übt *Canaris* an der Lehre hinsichtlich der systematischen Ausgestaltung des Grundgesetzes.[614] Die zahlreichen Gesetzesvorbehalte des Grundgesetzes seien nach seiner Überzeugung an den Staat gerichtet und nicht auf Privatrechtssubjektive übertragbar.

Anhand eines Beispiels ist seine These zu belegen: Greift ein Privater in die Versammlungsfreiheit eines anderen Privaten ein, bedarf es nach Art. 8 Abs. 2 GG eines einschränkenden Gesetzes. Hier setzt die Kritik von *Canaris* an, da das Versammlungsgesetz als einschränkendes Gesetz an Eingriffe des Staates adressiert ist.[615] Maßnahmen wie Versammlungsverbote oder -auflösungen sind gemäß § 15 Abs. 1 und 3 VersG ausdrücklich der zuständigen Behörde vorbehalten. Private haben in diesem Fall keine Möglichkeit sich auf einschränkende Gesetze zu berufen, denn ihnen kommen allenfalls eigene, kollidierende Grundrechte zu. Die Folge wäre, dass Gesetzesvorbehalte im Privatrecht obsolet sind und die darin enthaltenen Wertungen nie zur Anwendung kommen würden.

Anders würde sich die Konstellation verhalten, wenn in einem solchen Fall auf die Schutzpflichtenlehre zurückgegriffen wird. Durch seine unmittelbare Grundrechtsbindung gemäß Art. 1 Abs. 3 GG ist der Staat verpflichtet, den Privaten vor Eingriffen anderer Privater zu schützen, wenn sein Recht zur Ausübung der Versammlungsfreiheit beeinträchtigt ist. Wird dagegen auf die Lehre zur unmittelbaren Grundrechtsbindung abgestellt, ist festzuhalten, dass die Systematik der Gesetzesvorbehalte nicht anwendbar ist.

(3) Historie des Grundgesetzes

Aus historischer Sicht ist anzuführen, dass das Grundgesetz im Ursprung eine ganz andere Idee als den Schutz Privater untereinander verfolgte.[616] Vielmehr ist dieses als Reaktion auf die nationalsozialistische Vergangenheit Deutschlands

---

614 *Canaris*, AcP 1984, 201 (204); a. A. *Schlink*, EuGRZ 1984, 457 (464).

615 *Canaris*, AcP 1984, 201 (204).

616 *Kempen*, Die Formenwahlfreiheit der Verwaltung, 1989, S. 31; *Höfling*, Vertragsfreiheit, 1991, S. 50.

entstanden, durch die ein Schutz der Bürger vor erneuten diktatorischen Verhältnissen geschaffen werden sollte.[617] Angenommen, dass Private einer unmittelbaren Grundrechtsbindung unterliegen, könnte der Eindruck entstehen, ihnen werde eine diktatorische Macht unterstellt, vor welcher der Bürger zu schützen sei. Tatsächlich wird ein Privater aber niemals eine solche Macht erlangen können, da es ihm an staatlichen Befugnissen wie dem Gewaltmonopol fehlt.[618] Einem Privaten obliegt nicht die Macht der Exekutive, Judikative oder Legislative, die dem Staat weitreichende [619]Befugnisse vermittelt.

In diesem Zusammenhang weisen Befürworter der unmittelbaren Grundrechtsbindung Privater auf den Wandel gesellschaftlicher Verhältnisse hin, der zu einer zunehmenden Macht einzelner Privater führt.[620] Zur Zeit der Französischen Revolution seien alle mächtigen Privatverbände ausgelöscht worden, sodass es in der damaligen Zeit eines Schutzes vor Privaten nicht bedurft habe.[621] Diese Situation habe sich heute grundlegend verändert. Es seien gerade die sozialen Mächte aus dem Privatrecht, die unmittelbar oder mittelbar über den Staat in die Freiheiten des Einzelnen eingreifen würden.[622] Diesem Argument ist zu entgegnen, dass es sowohl an einer Erforderlichkeit als auch an einer ausreichenden dogmatischen Begründung fehlt.[623] Es ist zwar richtig, dass ungleiche Machtverhältnisse wünschenswerterweise eines fairen Ausgleichs bedürfen, allerdings reicht dieser Hinweis allein nicht aus, um eine verfassungsrechtlich herzuleitende Grundrechtsbindung Privater zu belegen.[624] Vielmehr ist die dogmatische Herleitung in verfassungsrechtlichen Prinzipien und dem Verfassungstext zu suchen.

---

617 *Canaris*, AcP 1984, 201 (205).

618 Ausführlich zum Begriff des Gewaltmonopols siehe *Herdegen*, in: Maunz/Dürig, GG, 94. EL Januar 2021, Art. 79 Rn. 180; *Mayer*, Deutsches Verwaltungsrecht, 1924, S. 15 bezeichnet die Staatsgewalt als „rechtlich überwiegende Macht über die Menschen seines Machtbereiches".

619 *Mayer*, Deutsches Verwaltungsrecht, 1924, S. 15 bezeichnet die Staatsgewalt als „rechtlich überwiegende Macht über die Menschen seines Machtbereiches".

620 *Laufke*, in: Nipperdey, FS Lehmann, 1956, 145 (148); eingehend zur Freiheitssicherung gegenüber gesellschaftlicher Macht siehe *Böckenförde*, Staat, Verfassung, Demokratie, 1991, S. 265 ff.

621 *Laufke*, in: Nipperdey, FS Lehmann, 1956, 145 (147 f.).

622 *Ders.*, in: Nipperdey, FS Lehmann, 1956, 145 (148).

623 *Lehner*, Zivilrechtlicher Diskriminierungsschutz und Grundrechte, 2013, S. 292.

624 *Bleckmann*, Staatsrecht II – Die Grundrechte, 1997, S. 226; *Singer*, JZ 1995, 1133 (1135).

(4) *Gefahr eines Verfassungsprivatrechts*

Entscheidendes Argument gegen eine uneingeschränkte unmittelbare Grundrechtsbindung Privater ist letztlich der Schutz der Privatautonomie und die Gefahr eines Verfassungsprivatrechts.[625] *Schwabe* macht zur Unterstützung einer unmittelbaren Grundrechtsbindung Privater den Grundsatz der Privatautonomie zum Thema und führt ihn auf Art. 2 Abs. 1 GG zurück.[626] Aus diesem Umstand sei zu folgen, dass sie auch ihre Schranken in den Grundrechten finden muss.[627]

Dieser Ansicht ist entgegenzuhalten, dass in Art. 2 Abs. 1 GG eine grundsätzliche Entscheidung der Verfassung für die Freiheit vor dem Staat gesehen werden kann, die auch für den Privatrechtsverkehr gelten muss.[628] Eine unmittelbare Grundrechtsbindung führt zu einer Einschränkung gerade dieser Freiheit, wenn sie unmittelbar an der Verfassung zu messen wäre. Es droht eine Aufhebung der Freiheit im Privatrecht, wenn sich der Private gegenüber seinem Vertragspartner auf Grundrechte berufen kann, die er selbst vorher im Interesse der Vertragsfreiheit eingeschränkt hat.[629] Teile der Literatur gehen noch weiter und monieren, dass sich mit Anerkennung der unmittelbaren Grundrechtsbindung eine kategorische Unterscheidung zwischen Staat und Gesellschaft nicht mehr erkennen ließe.[630] Durch Zunahme von Abwägungsprozessen entstehe Rechtsunsicherheit im Privatrechtsverkehr, welche die Privatautonomie unzulässig einschränkt und

---

625 Ausführlich dazu *Isensee*, in: Isensee/Kirchhof, HStR VII, 2009, § 150 Rn. 24 ff.

626 *Schwabe*, Die sogenannte Drittwirkung der Grundrechte, 1971, S. 99 ff.

627 *Ders.*, Die sogenannte Drittwirkung der Grundrechte, 1971, S. 99.

628 Zur allgemeinen Handlungsfreiheit siehe BVerfGE 148, 267 (282 f.); im Allgemeinen zur Privatautonomie siehe *Dürig*, in: Maunz, FS Nawiasky, 1956, 157 (158 f.); der Privatautonomie müsse der größte denkbare Platz eingeräumt werden, siehe dazu *Kempen*, DZWir 1994, 499 (502); *Ruffert*, Vorrang der Verfassung und Eigenständigkeit des Privatrechts, 2001, S. 14.

629 *Dürig*, in: Maunz, FS Nawiasky, 1956, 157 (157); *Medicus*, AcP 1992, 35 (43).

630 *Medicus*, AcP 1992, 35 (43); *Gurlit*, NZG 2012, 249 (250); *Kaspar*, Verhältnismäßigkeit und Grundrechtsschutz im Präventionsstrafrecht, 2014, S. 69 f.; *Knebel*, Die Drittwirkung der Grundrechte und -freiheiten gegenüber Privaten, 2018, S. 35; auch *Kempen*, Die Formenwahlfreiheit der Verwaltung, 1989 sieht in der Trennung von staatlicher Sphäre und privatem Bereich eine „elementare Voraussetzung" für die klassische Konzeption der Grundrechte.

zu einem das Bürgerliche Gesetzbuch ablösenden Verfassungsprivatrecht führen würde.[631]

Der Lehre zur unmittelbaren Grundrechtsbindung Privater fehlt es an einem interessengerechten Ausgleich zwischen Privatautonomie und Grundrechtsschutz. Dieser ist durch die Einflussnahme des Staates auf das einfache Recht besser zu gewährleisten, als wenn Privaten unmittelbare Ansprüche aus den Grundrechten zugesprochen werden. Es fehlt an handfesten Kriterien, wann die Verfassung in das Privatrecht eingreifen soll und der Private einer unmittelbaren Bindung unterliegt. Vielmehr würde durch die Annahme einer Grundrechtsbindung eine ständige Bindung an die Verfassung im Privatrechtsverkehr entstehen, die den Grundsatz der Privatautonomie nahezu vollständig verdrängt. Dem Privaten wäre es beispielsweise bei einer unmittelbaren Anwendung des Art. 3 Abs. 1 GG – ohne weitere Kriterien – nicht mehr möglich, sachgrundlos im Sinne der Privatautonomie zu entscheiden, mit wem er einen Vertrag eingeht. Die Vertragsfreiheit als Ausdruck der Privatautonomie gemäß Art. 2 Abs. 1 GG wäre endgültig passé.

cc) Zwischenfazit

Die Lehre der unmittelbaren Grundrechtsbindung zeigt – wie auch schon die Lehre zur mittelbaren Drittwirkung – irreparable Schwächen auf. Insbesondere sprechen die übrigen Grundrechtsbestimmungen gemäß Art. 9 Abs. 3 S. 2 GG oder Art. 19 Abs. 3 GG sowie die mangelnde verfassungsrechtliche Herleitung gegen eine grundsätzliche Bindung des Privaten an die Grundrechte. Die Systematik des Grundgesetzes, wie sie mit Gesetzesvorbehalten ausgestaltet ist, orientiert sich an der Abwehr staatlicher Eingriffe und ist ungeeignet für die Abwehr von privaten Beeinträchtigungen. Auch aus historischer Sicht sind die bestehenden Bedenken gegen die Lehre zur unmittelbaren Grundrechtsbindung begründet, da ein Vergleich von privater und staatlicher Macht mangels Gewaltmonopol hinkt. Letztlich birgt die Lehre die Gefahr eines Verfassungsprivatrechts durch übermäßige Einschränkung der Privatautonomie und die damit einhergehende Rechtsunsicherheit.

Die Kritikpunkte sprechen allesamt dafür, dass eine unmittelbare Grundrechtsbindung Privater nicht anzunehmen ist. Zumindest bedarf die Lehre zur unmittelbaren Grundrechtsbindung – wenn man sie schon annehmen

---

631 *Klein*, NJW 1989, 1633 (1640); *Bleckmann*, Staatsrecht II – Die Grundrechte, 1997, S. 231, 236; *Gurlit*, NZG 2012, 249 (250); *Becker*, NVwZ 2019, 1385 (1390) spricht von einem Übergriff des Öffentlichen in die Sphäre des Privaten Rechts.

möchte – einer Fortentwicklung anhand anderer Kriterien, die den Eingriffen in die Privatautonomie Grenzen setzt. Aus historischer und dogmatischer Sicht verbleiben aber auch bei einer (nur) partiellen Bindung begründete Bedenken, die kaum auszuräumen sein werden.

c) Fortführung einer Grundrechtsbindung Privater

Sowohl der Ansatz einer staatsgleichen Grundrechtsbindung in spezifischen Konstellationen [632] als auch die Idee der sog. zweistufigen Anwendung[633] sind unter Berücksichtigung ihrer Besonderheiten als Fortführung der Lehre zur unmittelbaren Grundrechtsbindung *Nipperdeys*[634] zu verstehen, indem beide Ansätze einen unmittelbaren Anspruch des Privaten aus den Grundrechten anerkennen.

aa) Staatsgleiche Grundrechtsbindung in spezifischen Konstellationen

Zunächst ist die Lehre einer staatsgleichen Grundrechtsbindung in spezifischen Konstellationen zu würdigen.[635] Anknüpfungspunkt ist die schon im Rahmen der unmittelbaren Grundrechtsbindung kritisierte ungleiche Machtverteilung im Privatrechtsverhältnis.[636] Sie grenzt sich von der Lehre zur mittelbaren Drittwirkung ab, indem sie für eine staatsgleiche Bindung von sozialmächtigen Privaten[637] in spezifischen Konstellationen[638]

---

632 Zum Verhältnis Arbeitgeber und Arbeitnehmer siehe *Gamillscheg*, AcP 1964, 385 (407 ff.); *Barczak*, in: Scheffczyk/Wolter, Linien der Rechtsprechung des Bundesverfassungsgerichts, 2017, 91 (113 ff.) hält die Lehre von der mittelbaren Drittwirkung vor dem Hintergrund der jüngsten Rechtsprechung des BVerfG für obsolet; *Michl*, JZ 2018, 910 (911); *Jobst*, NJW 2020, 11 (12 ff.); *Neuner*, NJW 2020, 1851 (1852); offen dafür scheint auch *Heussen*, ZRP 2021, 128 (129 f.).

633 *Kulick*, Horizontalwirkung im Vergleich, 2020, S. 76 ff.

634 Siehe oben § 5 III. 1. b), S. 119 ff.

635 Unter einer staatsgleichen Bindung kann nichts anderes verstanden werden, als eine unmittelbare Grundrechtsbindung, siehe dazu *Kulick*, Horizontalwirkung im Vergleich, 2020, S. 439; deshalb lehnt *Kulick*, AöR 2020, 650 (696 ff.) eine staatsgleiche Bindung ausdrücklich ab.

636 *Laufke*, in: Nipperdey, FS Lehmann, 1956, 145 (148); *Böckenförde*, Staat, Verfassung, Demokratie, 1991, S. 265 ff.

637 Zur Entstehungsgeschichte des Begriffs „soziale Macht“ siehe *Leisner*, Grundrechte und Privatrecht, 1960, S. 293; ferner *Stoll/Lüers*, DÖV 2014, 222 (226 f.).

638 Auch situationsbedingte Grundrechtsbindung genannt, siehe *Jobst*, NJW 2020, 11 (12 ff.).

plädiert, ohne dass es einer Mediatisierung durch staatliche Akteure bedürfe.[639]

(1) Rechtsprechung des Bundesverfassungsgerichts

Schon angedeutet wurde der Vorwurf, das Bundesverfassungsgericht arbeite zwar theoretisch noch mit der Lehre zur mittelbaren Drittwirkung, praktiziere in der Realität aber schon eine unmittelbare Grundrechtsbindung Privater.[640] Dieser Interpretation der Entwicklung ist zuzugeben, dass das Bundesverfassungsgericht in seiner jüngsten Judikatur zu einer verstärkten Inanspruchnahme von mächtigen Privaten neigt.[641]

Eine Zusammenfassung der wesentlichen Rechtsprechung gibt der Annahme Recht, dass das Bundesverfassungsgericht zumindest dem Anschein nach zu einer unmittelbaren Grundrechtsbindung tendiert. Zu beginnen ist mit den Fällen, in denen das Bundesverfassungsgericht sich zu einer Grundrechtsbindung Privater, die vom Staat beherrscht werden, bekannt hat.[642] Die Ausweitung der unmittelbaren Grundrechtsbindung auf privatrechtliche Organisationsformen, die vom Staat beherrscht werden, ist eine Folge der zunehmenden Beherrschung des öffentlichen Raums durch Private.[643] In der Fraport-Entscheidung[644] hat das Bundesverfassungsgericht entschieden, dass von der öffentlichen Hand

---

639 Befürwortend zum Verhältnis Arbeitgeber und Arbeitnehmer siehe *Gamillscheg*, AcP 1964, 385 (407 ff.); *Barczak*, in: Scheffczyk/Wolter, Linien der Rechtsprechung des Bundesverfassungsgerichts, 2017, 91 (113 ff.) hält die Lehre von der mittelbaren Drittwirkung vor dem Hintergrund der jüngsten Rechtsprechung des BVerfG für obsolet; *Hellgardt*, JZ 2018, 901 (909); *Michl*, JZ 2018, 910 (911); *Jobst*, NJW 2020, 11 (12 ff.).

640 Dieser Vorwurf wird dem Bundesverfassungsgericht insbesondere nach der Stadionverbot-Entscheidung gemacht, siehe dazu *Hellgardt*, JZ 2018, 901 ff.; *Smets*, NVwZ 2019, 34 (37); *Jobst*, NJW 2020, 11 ff.; *Neuner*, NJW 2020, 1851 (1853); *Schaaf*, Jura 2021, 249 (257).

641 Zu dieser Entwicklung trugen maßgeblich bei: Fraport-Entscheidung, BVerfGE 128, 226; Freizeitbad-Entscheidung, BVerfG, NJW 2016, 3153, 3154; Bierdosen-Flashmob-Entscheidung, BVerfG, NJW 2015, 2485 ff.; Stadionverbot-Entscheidung, BVerfGE 148, 267; diese Tendenz erkennt auch *Kulick*, AöR 2020, 650 (672 ff.).

642 BVerfGE 128, 226; 143, 246 (315); 147, 50 (143); *Höfling*, in: Sachs, GG, 2021, Art. 1 Rn. 109.

643 *Smets*, NVwZ 2019, 34 (34).

644 BVerfGE 128, 226; eingehend zum sog. Beherrschungskriterium siehe *Kater*, Grundrechtsbindung und Grundrechtsfähigkeit gemischtwirtschaftlicher Aktiengesellschaften, 2016, S. 54 ff.

beherrschte gemischtwirtschaftliche Unternehmen ebenso wie im Alleineigentum des Staates stehende öffentliche Unternehmen, die in den Formen des Privatrechts organisiert sind, einer unmittelbaren Grundrechtsbindung unterliegen würden.[645] Art. 1 Abs. 3 GG liege die elementare Unterscheidung zugrunde, dass der Bürger prinzipiell frei und der Staat prinzipiell gebunden sei.[646]

In der Freizeitbad-Entscheidung hat das Bundesverfassungsgericht betont, dass diese Grundsätze auch unabhängig von der gewählten Handlungsform und den Zwecken gelten würden, zu denen die öffentliche Gewalt in Privatrechtsform tätig werde.[647] Vor dem Hintergrund, dass es sich nicht um ausschließlich private Akteure, sondern vielmehr um vom Staat beherrschte privatrechtlich ausgestaltete Unternehmen handelt, ist aus diesen Entscheidungen allein aber noch keine Tendenz der verfassungsgerichtlichen Judikatur zu einer unmittelbaren Grundrechtsbindung Privater abzuleiten.

Es verblieb aber nicht bei der bloßen Grundrechtsbindung der vom Staat beherrschten Privatunternehmen, sondern das Bundesverfassungsgericht führte seinen Weg zur zunehmenden Bindung privater Akteure in der Bierdosen-Flashmob-Entscheidung[648] fort. In Abgrenzung zur Fraport- und Freizeitbad-Entscheidung ging es im zu entscheidenden Fall nicht um ein vom Staat beherrschtes Unternehmen, sondern um eine private GmbH & Co. KG. In der Sache wollten die Teilnehmer auf dem im Privateigentum der GmbH & Co. KG stehenden Nibelungenplatz einen Bierdosen-Flashmob als Versammlung abhalten, den der Eigentümer untersagte.[649] Zur Problematik der Grundrechtsbindung führt das Bundesverfassungsgericht aus, dass die GmbH & Co. KG als private Grundstückseigentümerin nicht wie die staatliche Gewalt unmittelbar an die Grundrechte gebunden sei, sondern die Grundrechte im Wege der mittelbaren Drittwirkung zu beachten seien.[650] Hinsichtlich der Intensität der Grundrechtsbindung seien Private aber genauso wie der Staat durch die Grundrechte in die Pflicht zu nehmen, wenn sie in tatsächlicher Hinsicht in eine vergleichbare Pflichten- oder Garantenstellung hineinwachsen wie traditionell der Staat.[651] Die mittelbare Grundrechtsbindung Privater könne je nach Intensität einer

645 BVerfGE 128, 226 (244); fortgeführt in: BVerfGE 143, 246 (315); 147, 50 (143).
646 BVerfGE 128, 226 (244).
647 BVerfG, NJW 2016, 3153 (3154).
648 BVerfG, NJW 2015, 2485.
649 BVerfG, NJW 2015, 2485.
650 BVerfG, NJW 2015, 2485 (2485).
651 BVerfG, NJW 2015, 2485 (2486); dazu auch schon in der Fraport-Entscheidung, siehe BVerfGE 128, 226 (248).

Grundrechtsbindung des Staates nahe- oder auch gleichkommen.[652] Dieser Beschluss des Bundesverfassungsgerichts legt die Vermutung nahe, dass staatsähnlich agierende Private einer unmittelbaren Grundrechtsbindung unterliegen. Zwar spricht das Bundesverfassungsgericht noch vom „Weg der mittelbaren Drittwirkung“,[653] allerdings müsste eine dem Staat gleichkommende Bindung unmittelbar sein, denn der Staat ist vor dem Hintergrund des Art. 1 Abs. 3 GG stets ausdrücklich und (nichts anderes als) unmittelbar gebunden.

Wenn mit diesem Wissen noch von einer mittelbaren Drittwirkung gesprochen wird, entspricht die Wortlautformulierung nicht mehr den tatsächlichen Gegebenheiten.[654] Der Gedanke dahinter mag sein, dass aus grundrechtsdogmatischer Sicht des Bundesverfassungsgerichts weiterhin die mittelbare Drittwirkung der richtige Weg sei und nur die Intensität einer unmittelbaren Grundrechtsbindung gleichgesetzt werden solle, jedoch überzeugt dieser Lösungsansatz im Ergebnis nicht. Es würde nur noch aus dogmatischer, nicht aber aus praktischer Perspektive einen Unterschied machen, ob eine mittelbare Drittwirkung oder einer unmittelbaren Grundrechtsbindung praktiziert wird. Mit anderen Worten: Das Bundesverfassungsgericht geht in seiner Bierdosen-Flashmob-Entscheidung von einer staatsgleichen Grundrechtsbindung Privater aus, die ebenso als unmittelbare Bindung beschrieben werden könnte.

Diese Rechtsprechung führt das Bundesverfassungsgericht teilweise auch in seiner Stadionverbot-Entscheidung[655] fort. Ähnlich wie bei der Bierdosen-Flashmob-Entscheidung ging es um den Zugang zu privatem Eigentum, wobei nicht die Versammlungsfreiheit gemäß Art. 8 Abs. 1 GG im Fokus der Entscheidung stand, sondern vielmehr der gleichheitsgerechte Zugang nach Art. 3 Abs. 1 GG zu einer Veranstaltung, die einem großen Publikum ohne Ansehen der Person eröffnet wurde.[656] Ein Fan des MSV Duisburg hatte sich durch die Instanzen geklagt, um sein bundesweites Stadionverbot aufzuheben beziehungsweise später, um die Rechtswidrigkeit des Stadionverbotes feststellen zu lassen.[657] Auch hier führt das Bundesverfassungsgericht die Grundrechte

652 BVerfG, NJW 2015, 2485 (2486).

653 BVerfG, NJW 2015, 2485 (2485).

654 Siehe oben § 5 III., Fn. 543.

655 BVerfGE 148, 267; im Anschluss daran BVerfG, NJW 2019, 1935 (1936) zur Grundrechtsbindung für Betreiber sozialer Netzwerke; ferner BVerfGE 152, 152 (185 ff.) zum Recht auf Vergessen I.

656 *Smets*, NVwZ 2019, 34 (35).

657 BVerfGE 148, 267 vorausgehend sind die Entscheidungen BGH, NJW 2010, 534; LG Duisburg, SpuRt 2009, 78; AG Duisburg, BeckRS 2009, 29835.

im Wege der mittelbaren Drittwirkung an.[658] Maßgeblich für die Reichweite der mittelbaren Grundrechtswirkung sei die Unausweichlichkeit von Situationen, das Ungleichgewicht zwischen sich gegenüberstehenden Parteien, die gesellschaftliche Bedeutung von bestimmten Leistungen oder die soziale Mächtigkeit einer Partei.[659] Dem Privaten erwachse „von Verfassungs wegen" eine besondere Verantwortung für Veranstaltungen, die einem großen Publikum ohne Ansehen der Person geöffnet werden und die für die Betroffenen in erheblichem Umfang über die Teilnahme am gesellschaftlichen Leben entscheidet.[660]

Zwar formuliert das Bundesverfassungsgericht weniger streng als in der Bierdosen-Flashmob-Entscheidung, aber immer noch sichtbar eine der unmittelbaren Bindung gleichkommende Grundrechtsbindung für spezifische Konstellationen und weitet die grundrechtlichen Pflichten der Privaten insoweit aus, als dass sie von denen des Staates kaum mehr zu unterscheiden sind.[661]

Einen ähnlichen Weg hat das Bundesverfassungsgericht bereits im Handelsvertreter-Beschluss[662] gewählt. Gleichermaßen hat das Gericht auf eine Bindung des Privaten im Wege der mittelbaren Drittwirkung abgestellt, jedoch wurde nicht an die Staatsähnlichkeit, sondern an den Gedanken gesellschaftlichen Ungleichgewichts, der einen ausgleichenden Grundrechtsschutz in Fällen gestörter Vertragsparität erfordere, angeknüpft.[663] Damit hat das Bundesverfassungsgericht nicht nur die grundrechtliche Schutzpflicht des Staates erweitert,[664] sondern ein gesteigertes Bedürfnis für den Fall ungleicher Vertragsparteien statuiert.

Im Ergebnis ist es nicht mehr zu leugnen, dass sich in den jüngeren Entscheidungen des Bundesverfassungsgerichts ein Trend hin zu einer stärkeren Bindung des Privaten an die Grundrechte erkennen lässt. Unabhängig davon, ob die Grundrechtsbindung der Privaten dogmatisch über eine unmittelbare Bindung oder einer dieser gleichkommenden mittelbaren Drittwirkung erfolgt, lässt sich die Rechtsprechung als Unterstützerin des Grundrechtsschutzes vor Beeinträchtigungen durch mächtige beziehungsweise staatsähnliche Private entlarven. Dadurch, dass in allen Entscheidungen dem Wortlaut nach aber weiterhin an der

658 BVerfGE 148, 267 (279 f.).
659 BVerfGE 148, 267 (280 f.).
660 BVerfGE 148, 267 (284); nach Aussage von *Michl*, JZ 2018, 910 (912) könne eine unmittelbare Grundrechtsbindung Privater nicht deutlicher zum Ausdruck kommen.
661 *Smets*, NVwZ 2019, 34 (35).
662 BVerfGE 81, 242.
663 BVerfGE 81, 242 (255).
664 *Poscher*, Grundrechte als Abwehrrechte, 2003, S. 243.

mittelbaren Drittwirkung festgehalten wird, ist nicht davon auszugehen, dass das Bundesverfassungsgericht in der Theorie eine unmittelbare Grundrechtsbindung Privater annimmt. Der Vorwurf, dass in der Praxis eine solche Bindung ausgeübt wird, ist durch die gewählten Formulierungen wie „von Verfassungs wegen"[665] aber dennoch berechtigt und deckt Widersprüche in der Rechtspraxis auf.

(2) Befürworter aus der Lehre

Schon das Bundesarbeitsgericht hatte in seiner Lehre zur unmittelbaren Grundrechtsbindung Privater auf die Strukturähnlichkeit von privater, sozialer und wirtschaftlicher Macht gegenüber staatlicher Macht hingewiesen und einen Missbrauch der Machtstellung des Arbeitgebers für unzulässig erachtet.[666] Auch in der Literatur lassen sich einige Befürworter der Lehre zur Grundrechtsbindung sozialmächtiger Privater finden, die ähnliche Ansätze vortragen.[667] Ihnen ist es ein gemeinsames Bedürfnis, der zunehmenden Macht einzelner Privater durch die Verfassung Einhalt zu gebieten.

Unterstützend für die Lehre zur staatsgleichen Grundrechtsbindung sozialmächtiger Privater kann angeführt werden, dass sich aus historischer Perspektive ein zunehmendes Bedürfnis nach Schutz vor sozialmächtigen Privaten entwickelt hat.[668] Durch die Französische Revolution seien alle mächtigen Privatverbände ausgelöscht worden, sodass bei Entstehung der Verfassung an den Schutz des Privaten vor sozialen Mächten nicht mehr gedacht wurde. Heute sei die Situation eine andere, da mächtige Private sogar in Art. 9 Abs. 1 und 3 GG verfassungsrechtlich geschützt seien. Anknüpfend an diesen Gedanken ist anzuführen, dass durch Globalisierung und Digitalisierung die Macht der Privaten weiter zugenommen hat.[669] Unternehmen wie Facebook oder Amazon, aber auch Fußballvereine und -verbände haben eine mächtige Stellung im Privatrechtsverkehr erlangt, die sich nicht allein mit Geld bewerten lässt. Ihnen kommt neben der finanziellen Überlegenheit gleichermaßen gesellschaftlicher Einfluss,

---

665 BVerfGE 148, 267 (284).

666 BAG, NJW 1955, 606 (607 f.);

667 Zum Verhältnis Arbeitgeber und Arbeitnehmer siehe *Gamillscheg*, AcP 1964, 385 (407 ff.); *Barczak*, in: Scheffczyk/Wolter, Linien der Rechtsprechung des Bundesverfassungsgerichts, 2017, 91 (113 ff.) hält die Lehre von der mittelbaren Drittwirkung vor dem Hintergrund der jüngsten Rechtsprechung des BVerfG für obsolet; *Michl*, JZ 2018, 910 (911); *Jobst*, NJW 2020, 11 (12 ff.); *Neuner*, NJW 2020, 1851 (1852).

668 *Laufke*, in: Nipperdey, FS Lehmann, 1956, 145 (147 ff.).

669 *Heussen*, ZRP 2021, 128 (129 f.).

marktbeherrschende Stellungen bis hin zu Lobbyismus zugute, die ihnen soziale Macht verleihen.

Es ist daher zuzugeben, dass ein zunehmendes Schutzbedürfnis vor mächtigen Privaten für den einzelnen Privaten besteht. In ähnlicher Weise wird historisch an die nationalsozialistische Vergangenheit der Bundesrepublik Deutschland angeknüpft und argumentiert, dass der Verfassungsgeber nicht nur Machtmissbrauch des Staates, sondern auch private Exzesse und Ausgrenzungen unterbinden wollte.[670] Zudem sei das Grundgesetz keine Verfassung, die sich von vorneherein in der Ordnung zwischen Staat und Bürger erschöpfen will.[671] Dass Art. 1 Abs. 1 und 2 GG dem Staat die Pflicht aufgebe, die menschliche Würde zu schützen, stelle nicht nur die Ordnung des staatlichen Lebens, sondern auch die Ordnung des Lebens im Staatsgebiet dar.[672]

Speziell für das Arbeitsrecht wurden Kriterien aufgestellt, die eine sozialmächtige Stellung des Privaten und somit eine staatsgleiche Grundrechtsbindung begründen würden.[673] Anknüpfungspunkt für eine sozialmächtige Stellung sei nicht nur die Stellung der Verbände, sondern auch die Rechtmäßigkeit einseitigen Handelns durch den Arbeitgeber.[674] Ferner sei die Zwangslage beziehungsweise Abhängigkeit des Arbeitnehmers vom Vertrag oder von auszuhandelnden Bedingungen maßgeblich dafür, ob die vertraglichen Vereinbarungen an den Grundrechten zu messen sind.[675]

(3) Die Voraussetzung einer spezifischen Konstellation

Aus den Entscheidungen der Rechtsprechung, die für eine staatsgleiche Grundrechtsbindung plädieren, lassen sich Kriterien begründen, die nach dieser Lehre zu einer Grundrechtsbindung Privater führen sollen.

Nach dem Wortlaut in der Stadionverbot-Entscheidung bestehe eine solche Grundrechtsbindung für private Akteure nur in „spezifischen Konstellationen“.[676] Eine solche Konstellation liege vor, wenn ein einseitiger Ausschluss vonseiten des Veranstalters für eine Veranstaltung stattfindet, die für ein großes

670 *Neuner*, JZ 2003, 57 (60); *Lehner*, Zivilrechtlicher Diskriminierungsschutz und Grundrechte, 2013, S. 276 f.
671 *Laufke*, in: Nipperdey, FS Lehmann, 1956, 145 (152).
672 *Ders.*, in: Nipperdey, FS Lehmann, 1956, 145 (152).
673 *Gamillscheg*, AcP 1964, 385 (404 ff.).
674 *Ders.*, AcP 1964, 385 (408 ff.).
675 *Ders.*, AcP 1964, 385 (411 ff.).
676 BVerfGE 148, 267 (283 f.).

Publikum ohne Ansehen der Person geöffnet wird und in erheblichem Umfang über die Teilnahme am gesellschaftlichen Leben entscheide.[677] Die aus dem Hausrecht, Monopol oder struktureller Überlegenheit resultierende Entscheidungsmacht dürfe nicht rechtsmissbräuchlich ausgenutzt werden.[678] Mit anderen Worten besteht die Grundrechtsbindung für gesellschaftlich bedeutsame Großveranstaltungen, das heißt, es kommt mehr auf die Situationsbedingungen der Veranstaltung selbst als auf die Machtposition des privaten Akteurs an. In der Literatur wird diese spezifische Konstellation als „situative Grundrechtsbindung" Privater interpretiert.[679] Gleiches müsse für Betreiber sozialer Netzwerke gelten, die ihre Leistungen ebenfalls einem unbegrenzt großen Publikum eröffnen.[680] Derjenige, der eine gesellschaftlich bedeutsame Veranstaltung ins Leben ruft, darf seine Macht nicht ausnutzen, um Personen sachgrundlos auszuschließen. Er sei unmittelbar an die Grundrechte gebunden, ohne dass es hierfür eine Vermittlung durch Zivilrichter oder Gesetzgeber durch Generalklauseln bedürfe.[681]

In der Bierdosen-Flashmob-Entscheidung hatte das Bundesverfassungsgericht noch auf eine staatsähnliche Stellung des privaten Akteurs abgestellt.[682] Im Unterschied zur Stadionverbot-Entscheidung ist nicht die situative Beeinträchtigung des Grundrechtsbeeinträchtigten maßgeblich, sondern die Machtposition des Grundrechtsbeeinträchtigenden.[683] Auch in einer solchen Situation, das heißt, wenn der private Akteur staatsähnliche Züge aufweist, kann eine spezifische Konstellation gegeben sein, in der das Bundesverfassungsgericht eine der unmittelbaren Grundrechtsbindung gleichkommende staatsgleiche Bindung annimmt.

677 BVerfGE 148, 267 (284).

678 BVerfGE 148, 267 (284).

679 *Jobst*, NJW 2020, 11 (12 f.); *Michl*, JZ 2018, 910 (912 ff.).

680 *Jobst*, NJW 2020, 11 (15); ausführlich zu diesem Themenkomplex *Knebel*, Die Drittwirkung der Grundrechte und -freiheiten gegenüber Privaten, 2018.

681 *Michl*, JZ 2018, 910 (912).

682 BVerfG, NJW 2015, 2485 (2486).

683 Angeknüpft werden kann bspw. an die Zwangslage, Abhängigkeit oder Einseitigkeit, siehe dazu *Gamillscheg*, AcP 1964, 385 (404 ff.); *Heussen*, ZRP 2021, 128 (129 ff.) sieht weltweit operierende Unternehmen in einer mächtigeren Position als viele Staaten, in denen sie agieren.

(4) *Kritische Bewertung*

Sollte die Rechtsprechung des Bundesverfassungsgerichts tatsächlich in Zukunft zu einer staatsgleichen Grundrechtsbindung privater Akteure führen, ist zu befürchten, dass die Anerkennung zu einer zunehmenden Auflösung der Unterscheidung von Staat und Gesellschaft führt.[684] Dies ist zu Recht und gerade vor dem Hintergrund kritisch zu würdigen, dass der Staat eine andere Machtposition innehat als der mächtige Private.[685] Zwar zeigt die Annahme einer staatsgleichen Bindung in spezifischen Konstellationen zum Teil gute Ansätze, ist aber im Ergebnis nach hier vertretener Ansicht entbehrlich.

Beginnend könnte gegen eine staatsgleiche Grundrechtsbindung angeführt werden, dass sich die Begriffe der sozialen Macht beziehungsweise spezifischen Konstellation wegen ihrer Unbestimmtheit für eine Entscheidung über die grundlegende Frage der Grundrechtswirkung im Privatrecht von vorneherein nicht zur Lösung der Problematik eignen würden.[686] Gegen eine solche Sichtweise spricht aber, dass sich die soziale Macht beziehungsweise die spezifische Konstellation anhand von Kriterien wie Zwangslage, Abhängigkeit oder Einseitigkeit definieren lässt.[687] Durch Rechtsprechung und Literatur lassen sich die unbestimmten Rechtsbegriffe hinreichend konkretisieren, sofern eine unmittelbare Grundrechtsbindung in spezifischen Konstellationen einmal anerkannt ist.[688] Es besteht die berechtigte Vermutung, dass sich das Bundesverfassungsgericht mit der Formulierung vorbehalten wolle, die Anwendung des Gleichheitsgrundsatzes auch in anderen Lebenssituationen als der des Stadionverbots anzuwenden.[689] Zurück bleibt dennoch Rechtsunsicherheit, die im Privatrechtsverkehr durch die noch bestehende Unbestimmtheit ausgelöst werden würde.

Ein weiteres Argument gegen die staatsgleiche Grundrechtsbindung Privater könnte sein, dass sich die Drittwirkungsproblematik nicht ausschließlich auf

---

684 *Böckenförde*, Staat, Verfassung, Demokratie, 1991, S. 272 f.; *Muckel*, JA 2020, 411 (416).

685 Nach *Canaris*, AcP 1984, 201 (206) bestünde nicht dasselbe Machtgefälle, da nur dem Staat Zwangsmittel wie Normerlass, Verwaltungsakt oder Strafverhängung zur Verfügung stünden.

686 *Canaris*, AcP 1984, 201 (207); *Ruffert*, JuS 2020, 1 (4) hält den Topos der strukturellen Überlegenheit für riskant, weil er politische Wertungen transportiere; *Michl*, JZ 2018, 910 (917) führt aus, dass dem BVerfG viel daran gelegen habe, die spezifischen Konstellationen so unspezifisch wie möglich zu begründen.

687 *Gamillscheg*, AcP 1964, 385 (404 ff.).

688 *Jobst*, NJW 2020, 11 (16).

689 *Michl*, JZ 2018, 910 (917).

soziale Machtgefälle beschränke.[690] Dem ist entgegenzuhalten, dass die staatsgleiche Bindung gar nicht den Anspruch haben muss, auf alle Drittwirkungsfälle übertragbar zu sein. Das Bundesverfassungsgericht hat mit der Voraussetzung einer spezifischen Konstellation einen so unbestimmten Rechtsbegriff verwendet, dass er auf weitere Situationen übertragbar ist. Dieser beschränkt sich – wie am Beispiel der Stadionverbot-Entscheidung erkennbar – nicht ausschließlich auf soziale Machtgefälle, sondern vielmehr auf ein situationsbedingtes Ungleichgewicht.

Gegen die staatsgleiche Bindung privater Akteure verbleibt es aber bei der schon zur Lehre der unmittelbaren Grundrechtsbindung *Nipperdeys* durchgreifenden Kritik, dass eine unmittelbare Grundrechtsbindung sozialmächtiger Akteure in spezifischen Konstellationen einen starken Eingriff in die Privatautonomie des Privatrechtsverkehrs mit sich bringen würde.[691] Zwar besteht hier der Vorteil, dass eine unmittelbare Bindung nur in spezifischen Konstellationen angenommen wird, aber bleibt die dogmatische Begründung weiterhin mit Fehlern behaftet. Es wird verkannt, dass gerade die Schutzpflichtendogmatik für diese spezifischen Konstellationen eine verfassungsrechtliche Schutzpflicht des Staates begründet, die dem Privaten sein Schutzbedürfnis erfüllt.[692] Angenommen, es liege ein ungleiches Machtverhältnis vor und der mächtigere Private würde eine Zwangslage oder Ähnliches ausnutzen, würden in diesem Fall die Schutzpflicht des Staates ohnehin bestehen, das heißt, der Staat ist zum Eingreifen verpflichtet, ohne dass er dem Privaten einen unmittelbaren Anspruch gegenüber dem Grundrechtsbeeinträchtigenden gewähren muss.

Solange der Staat über die verfassungsmäßige Auslegung von unbestimmten Rechtsbegriffen und Generalklauseln eingreifen kann, ist eine staatsgleiche Grundrechtsbindung privater Akteure entbehrlich.

bb) „Zweistufige Anwendung“

Hervorzuheben ist weiterhin ein lesenswerter Ansatz aus der Habilitationsschrift von *Kulick*, der eine Grundrechtswirkung im Privatrecht durch sog. zweistufigen Anwendung vorschlägt.[693] Diese verdient eine besondere Betrachtung und Würdigung, da er die Problematik zur Grundrechtswirkung im Privatrecht in aller

---

690 *Canaris*, AcP 1984, 201 (206).

691 Siehe oben § 5 III. 1 b) bb), S. 122 ff.

692 Siehe unten § 5 III. 1. d), S. 141 ff.

693 Angelehnt an EuGH, NJW 2018, 1869 (1872); siehe zum Ganzen *Kulick*, Horizontalwirkung im Vergleich, 2020, S. 26 ff.; *Kulick*, AöR 2020, 650 (675 ff.).

Ausführlichkeit thematisiert und eine Idee mit sich bringt, die so bislang noch nicht zur Sprache gekommen ist.

Wie nach der Lehre zur unmittelbaren Grundrechtsbindung Privater[694] besteht auch nach diesem Verständnis im Grundsatz eine unmittelbare Geltung der Grundrechte zwischen Privaten. Anders ist aber, dass der grundrechtliche Anspruch zunächst im Wege der verfassungskonformen Auslegung durch einfaches Privatrecht zu realisieren sei (erste Stufe) und erst bei Scheitern dieser Auslegung der grundrechtliche Anspruch unmittelbar zur Geltung komme (zweite Stufe).[695] Damit sei gerade keine staatsgleiche Grundrechtsbindung geschaffen, sondern es bestehe eine wechselseitige Anspruch-Pflichten-Relation zwischen den Privaten aus Grundrechtsverpflichtung und -berechtigung.[696]

Selbst wenn der Ansatz von Kulick nicht gänzlich fehlschlägt und einen bedeutsamen Beitrag zur Problematik beisteuert, kann er letztlich im Ergebnis nicht überzeugen. Wenn durch die zweistufige Anwendung erreicht werde, dass sich Grundrechte zur fachgerichtlichen Normalität entwickeln würden,[697] tritt gerade die im Hinblick auf die unmittelbare Grundrechtsbindung Privater befürchtete Rechtsunsicherheit im Privatrechtsverkehr ein.[698] Vielmehr sollten Grundrechte nur dann im Hinblick auf den Bestand der Privatautonomie Wirkung im Privatrecht entfalten, wenn tatsächlich staatlicher Handlungsbedarf durch ein Schutzbedürfnis besteht.[699] Dass die Grundrechte durch verfassungskonforme Auslegung zur Anwendung kommen, stellt im Hinblick auf die Lehre zur mittelbaren Drittwirkung sowie zur Schutzpflichtenlehre kein Novum dar, denn auch die Schutzpflicht wird – wenn der Gesetzgeber nicht ausreichend tätig geworden ist – durch verfassungskonforme Auslegung der Gerichte erfüllt.[700] Auch ein auf zweiter Stufe geforderter unmittelbarer grundrechtlicher Anspruch ist in zweierlei Hinsicht nicht überzeugend, da ihm erstens die gleiche Kritik

---

694 Siehe oben § 5 III. 1. b), S. 119 ff.

695 *Kulick*, Horizontalwirkung im Vergleich, 2020, S. 76 ff., 437; ähnlich *Hellgardt*, JZ 2018, 901 (908), der in den Fällen, in denen es gänzlich an einer einfachgesetzlichen Regelung fehlt, eine unmittelbare Drittwirkung für zwingend erforderlich hält.

696 *Kulick*, Horizontalwirkung im Vergleich, 2020, S. 439.

697 *Ders.*, Horizontalwirkung im Vergleich, 2020, S. 444.

698 *Klein*, NJW 1989, 1633 (1640); *Bleckmann*, Staatsrecht II – Die Grundrechte, 1997, S. 231, 236; *Gurlit*, NZG 2012, 249 (250); *Becker*, NVwZ 2019, 1385 (1390) spricht von einem Übergriff des Öffentlichen in die Sphäre des Privaten Rechts.

699 Siehe unten § 5 III. 1. d), S. 141 ff.

700 Siehe unten § 5 III. 1. d), S. 141 ff.

zur Lehre *Nipperdeys* entgegenzuhalten ist[701] und er zweitens entbehrlich ist, wenn dem Privaten bereits ein unmittelbarer – und dogmatisch sauber herzuleitender – Schutzanspruch aus der Verfassung gegenüber dem Staat zusteht.[702] Aus diesem kann sich – statt dem von Kulick vorgeschlagenen unmittelbaren Anspruch gegenüber einem Privaten – ein Schutzanspruch gegenüber dem Staat ergeben, wenn eine verfassungskonforme Auslegung nicht möglich ist.[703] Letztlich bleibt auch der Übergang von erster auf zweiter Stufe zu kritisieren. Unter welchen konkreten Voraussetzungen die auf erster Stufe vorzunehmende einfachgesetzliche Auslegung scheitert, bleibt inhaltslos.

cc) Zwischenfazit

Sowohl der Ansatz eine staatsgleiche Grundrechtsbindung für spezifische Konstellationen anzunehmen, indem eine unmittelbare Grundrechtsbindung praktiziert wird, als auch die Konstellation der zweistufigen Anwendung schlagen insbesondere in dogmatischer Hinsicht fehl. Ähnlich wie schon bei der Lehre zur unmittelbaren Grundrechtsbindung ist ein solcher Ansatz sowohl mit den Grundsätzen der Privatautonomie als auch dem Verfassungstext nicht vereinbar[704] und verkennt die Bedeutung der Schutzpflichtendogmatik im Privatrecht, nach der beide Ansätze obsolet sind.

d) Schutzpflichtenlehre

Den überzeugendsten Beitrag zur Diskussion um die Grundrechtswirkung im Privatrecht liefern die Vertreter der Schutzpflichtenlehre.[705] Nach dieser Lehre

---

701 Siehe oben § 5 III. 1. b) bb), S. 122 ff.

702 Dieser Schutzanspruch ist allgemein anerkannt, siehe dazu BVerfGE 39, 1 (42 ff.); 46, 160 (164); 56, 54 (73); *Isensee*, Das Grundrecht auf Sicherheit, 1983, S. 33; *Canaris*, AcP 1984, 201 (227); *Jarass*, AöR 1985, 363 (383 f.); *Klein*, NJW 1989, 1633 (1639).

703 BVerfGE 88, 203 (269, 309) zur sog. Beobachtungs- und Nachbesserungspflicht des Gesetzgebers, die sich nach hinreichender Beobachtungszeit in eine Korrektur- und Nachbesserungspflicht umwandeln kann; *Ruffert*, Vorrang der Verfassung und Eigenständigkeit des Privatrechts, 2001, S. 234 zum Vorgehen gegen legislatives Unterlassen.

704 Siehe oben § 5 III. 1 b) bb), S. 122 ff.

705 *Canaris*, AcP 1984, 201 (225 ff.) sieht die „entscheidende Grundlage für die Einwirkung der Grundrechte auf das Verhalten der Privatrechtssubjekte“ in der Funktion der Schutzgebote; *Hermes*, Das Grundrecht auf Schutz von Leben und Gesundheit, 1987, S. 219 ff.; *Höfling*, Vertragsfreiheit, 1991, S. 52 ff. bezeichnet die Schutzgebotsfunktion als die „überzeugendste“ Erfassung der Dreiecksbeziehung; *Hillgruber*, AcP 1991, 69 (84 ff.) mit kritischen Ausführungen zum Handelsvertreter-Beschluss,

wird eine Art mittelbare Drittwirkung praktiziert, wobei der dogmatische Anknüpfungspunkt im Vergleich zur traditionellen Lehre der mittelbaren Drittwirkung ein völlig anderer ist.[706] Insofern wird zutreffend von einer „Präzisierung durch funktionale Ausfächerung" gesprochen.[707] Es handelt sich um eine Modifikation der Lehre zur mittelbaren Drittwirkung, welche an die Schutzdimension der Grundrechte anknüpft.

Allgemein anerkannt ist, dass den Grundrechten neben ihrer Abwehrfunktion auch ein Schutzgebot an den Staat zukommt.[708] In seiner Entscheidung zur Reform des § 218 StGB hat das Bundesverfassungsgericht festgestellt, dass die

---

aber „Zustimmung aus grundrechtsdogmatischer Sicht"; *Kempen*, DZWir 1994, 499 (502 ff.) stellt fest, dass es bei der Frage nicht um die Wirkung oder Geltung der Grundrechte gehe, sondern um die Frage, wie weit grundrechtliche Schutzpflichten im Privatrechtsverkehr reichen; *Singer*, JZ 1995, 1133 (1138) führt aus, dass sich die Grundrechtskontrolle von Verträgen mit der Lehre vom Schutzpflichtcharakter der Grundrechte wesentlich schlüssiger begründen lasse, als mit der Lehre von der mittelbaren Drittwirkung; *Kempen*, in: Merten/Papier, HGR II, 2006, § 54 Rn. 69; *Gurlit*, NZG 2012, 249 (251); *Lehner*, Zivilrechtlicher Diskriminierungsschutz und Grundrechte, 2013, S. 297 ff. hält die mittelbare Drittwirkungslehre für „unannehmbar" und die Erweiterung der Schutzpflichtkategorie für „grundrechtsdogmatisch vorzugswürdig, wenn nicht sogar dringend geboten"; überzeugt von der „Präzisierung durch funktionale Ausfächerung" scheint auch *Ruffert*, JuS 2020, 1 (2 f.); lesenswert zu den grundrechtlichen Schutzpflichten auch schon *Krings*, Grund und Grenzen grundrechtlicher Schutzansprüche, 2003; *Dietlein*, Die Lehre von den grundrechtlichen Schutzpflichten, 2005; *Neuner*, NJW 2020, 1851 (1852), der die Schutzpflichtenlehre für adäquat hält, in Ausnahmefällen aber eine unmittelbare Grundrechtsbindung zulassen möchte; zuletzt für Schutzpflichten bei Corona-Triage siehe *Lehner*, DÖV 2021, 252 (254 ff.); diesem Ansatz offen gegenüber scheint auch *Orth*, in: Cherkeh/Momsen u.a., Handbuch Sportstrafrecht, 2021, 2. Kapitel Rn. 74; *Orth*, Vereins- und Verbandsstrafen, 2009, S. 94 f.; konkret in Bezug auf Stadionverbote wohl auch *Stoll/Lüers*, DÖV 2014, 222 (226).

706 *Canaris*, AcP 1984, 201 (227 f.).

707 *Ruffert*, JuS 2020, 1 (2); andere sehen die mittelbare Drittwirkung als „Teilausschnitt der jüngeren Schutzpflichtenkonzeption", siehe dazu *Gurlit*, NZG 2012, 249 (251).

708 St. Rspr., siehe dazu BVerfGE 39, 1 (42 ff.); 46, 160 (164); 56, 54 (73); *Isensee*, Das Grundrecht auf Sicherheit, 1983, S. 33 spricht von einer „lange vergessenen" Seite der Grundrechte; gleichermaßen erkennt die Lehre die Schutzfunktion an, siehe dazu statt vieler: *Jarass*, AöR 1985, 363 (383 f.); *Klein*, NJW 1989, 1633 ff.; *Höfling*, Vertragsfreiheit, 1991, S. 52; *Kaspar*, Verhältnismäßigkeit und Grundrechtsschutz im Präventionsstrafrecht, 2014, S. 59 ff; zuletzt im Hinblick auf Corona-Triage siehe *Brade/Müller*, NVwZ 2020, 1793 (1794 ff.).

Grundrechte neben ihrer Eingriffsfunktion auch eine Schutzfunktion gegenüber den Bürgern haben.[709] Die mit dieser Entscheidung in der Judikatur erstmalig anerkannte Schutzpflichtenlehre hat das Bundesverfassungsgericht im Handelsvertreter-Beschluss auch für das private Vertragsrecht angewendet.[710] Sowohl der Privatrechtsgesetzgeber als auch im Streitfall die Zivilgerichte haben die Aufgabe, die Grundrechte Privater zu sichern und zu gewährleisten.[711] Primär obliegt die Schutzpflicht dem Gesetzgeber, der schon bei der Gesetzgebung die verfassungsrechtlich geschützten Freiheiten aller Bürger zu beachten hat.[712] Er transformiert die ihn bindende Schutzpflicht aus den Grundrechten in eine den Bürger bindende Pflicht aus einfachem Recht, schafft eine gesetzliche Ermächtigungsgrundlage für den Schutzeingriff und konkretisiert den Aussagegehalt der Grundrechtsbestimmungen.[713]

Erst wenn diese Schutzpflicht (noch) nicht oder nicht ausreichend erfüllt wurde, ist die Zivilgerichtsbarkeit durch Rechtsfortbildung oder Auslegung unbestimmter Rechtsbegriffe dazu aufgerufen, der staatlichen Schutzpflicht Rechnung zu tragen.[714] Da ein Großteil der einfachgesetzlichen Normen durch ihre abstrakte Form bereits die verfassungsrechtlichen Schutzpflichten abdeckt, wirken diese regelmäßig durch verfassungskonforme Auslegung in das Privatrecht ein.[715] Neben Legislative und Judikative kommen auch der Exekutive nach Art. 1 Abs. 3 GG grundrechtliche Schutzpflichten zu.[716]

Die Schutzpflichtenlehre dient der Schlichtung zwischen einem ausreichenden Schutz durch den Staat vor Eingriffen Privater und dem Bestand der

709 BVerfGE 39, 1 (42 ff.); *Orth*, Vereins- und Verbandsstrafen, 2009, S. 94 f.

710 BVerfGE 81, 242 (255); *Canaris*, in: Badura, FS Lerche, 1993, 873 (879 f.).

711 *Canaris*, AcP 1984, 201 (227); *Singer*, JZ 1995, 1133 (1136).

712 BVerfGE 77, 170 (229 f.) zum Gestaltungsspielraum bei der Erfüllung von Schutzpflichten; *Jarass*, AöR 1985, 363 (380); *Höfling*, Vertragsfreiheit, 1991, S. 54; *Hillgruber*, AcP 1991, 69 (76).

713 *Krings*, Grund und Grenzen grundrechtlicher Schutzansprüche, 2003, S. 243 f.

714 BVerfGE 84, 212 (226 f.); 96, 56 (64); *Stern*, Staatsrecht III/1, 1988, S. 1583; *Masing/Wahl*, JZ 1990, 553 (562); *Singer*, JZ 1995, 1133 (1136).

715 *Kempen*, in: Merten/Papier, HGR II, 2006, § 54 Rn. 69; *Kulick*, Horizontalwirkung im Vergleich, 2020, S. 186 ff.; *Krings*, Grund und Grenzen grundrechtlicher Schutzansprüche, 2003, S. 245 f.

716 BVerfGE 46, 160 (164); 96, 56 (64); *Klein*, NJW 1989, 1633 (1633); *Krings*, Grund und Grenzen grundrechtlicher Schutzansprüche, 2003, S. 247, 263 ff. zum aktiven Schutz durch Polizei und Ordnungsbehörden.

Privatautonomie im Privatrechtsverkehr.[717] Das Bundesverfassungsgericht verleiht dieser Aussage Nachdruck: „Weder Freiheitsbeschränkung noch -schutz dürfen in einer solchen Wechselbeziehung unverhältnismäßig sein".[718] Mit anderen Worten läuft die Prüfung auf eine praktische Konkordanz zwischen Privatautonomie und verfassungsrechtlicher Schutzpflicht hinaus. Letztere deckt die Interessen einer privatrechtlichen Partei ab, die sich als verfassungsrechtliche Schutzpflicht in staatliche Interessen transformieren.

Die Parteien der Dreieckskonstellation von zwei sich gegenüberstehenden Privaten und dem Staat lassen sich zutreffend als „Grundrechtsgeschützter", „Grundrechtsbeeinträchtiger" und „Grundrechtsschützer" beschreiben.[719] Im Fall des Stadionverbotes würde die Konstellation wie folgt aussehen: Wird dem auffällig gewordenen Stadionbesucher (Grundrechtsgeschützter) ein Stadionverbot vom Veranstalter (Grundrechtsbeeinträchtiger) erteilt, ist der Staat (Grundrechtsschützer) dazu angehalten, seiner verfassungsrechtlichen Schutzpflicht nachzukommen und sich unter bestimmten Voraussetzungen in das Privatrechtsverhältnis einzuschalten. Die Verbindung von Schutzpflichtenlehre und der Problematik zur Grundrechtswirkung im Privatrecht liegt auf der Hand, da die verfassungsrechtlichen Schutzpflichten gerade vor privaten Beeinträchtigungen auf Grundrechte schützen soll.[720] Wann und wie eine solche Schutzpflicht für privatrechtliche Beziehungen erfüllt wird, liegt im Ermessen des Gesetzgebers.[721] Zu beachten ist aber, dass das sog. Untermaßverbot als verfassungsrechtliches Schutzminimum und Schlüsselinstrument dieser Lehre gewahrt bleiben muss.[722] Wann dieses Schutzminium erreicht ist, wie die Lehre

717 BVerfGE 89, 214 (232); *Jarass*, AöR 1985, 363 (383); *Isensee*, in: Ossenbühl, FS Salzwedel, 1990, 3 (7 f.); *Höfling*, Vertragsfreiheit, 1991, S. 53 f.; *Möstl*, Die Staatliche Garantie für die öffentliche Sicherheit und Ordnung, 2002, S. 91.

718 BVerfGE 81, 242 (261).

719 *Isensee*, Das Grundrecht auf Sicherheit, 1983, S. 34; *Stern*, Staatsrecht III/1, 1988, S. 946; *Höfling*, Vertragsfreiheit, 1991, S. 52.

720 *Stern*, Staatsrecht III/1, 1988, S. 1573; *Klein*, NJW 1989, 1633 (1639).

721 BVerfGE 88, 203 (262); *Jarass*, AöR 1985, 363 (383); *Klein*, NJW 1989, 1633 (1640).

722 Das Schutzminimum wird von der Diskussion über das Untermaßverbot bestimmt. Zum Begriff des Untermaßverbots siehe BVerfGE 88, 203 (254); *Canaris*, AcP 1984, 201 (228); nach *Jarass*, AöR 1985, 363 (383) ende der Spielraum dort, wo der Schutzauftrag zu einer konkreten Schutzpflicht erstarke; *Höfling*, Vertragsfreiheit, 1991, S. 55; *Hager*, JZ 1994, 373 (378); nach Ansicht von *Denninger*, in: Däubler-Gmelin/Klinkel u.a., FS Mahrenholz, 1994, 561 (568 f.) sei der Begriff der Mindestanforderungen weit auszulegen.

herzuleiten ist und welche Vorteile sie gegenüber den gängigen Lehren hat, ist in diesem Abschnitt zu beantworten.

aa) Herleitung

Im Gegensatz zur Lehre der mittelbaren Drittwirkung kann die Schutzpflichtenlehre in ihrer dogmatischen Herleitung überzeugen, auch wenn nicht allen Ansätzen vollumfänglich beizupflichten ist. Nach Ansicht des Bundesverfassungsgerichts sei die staatliche Schutzpflicht bereits aus dem objektiv-rechtlichen Gehalt der grundrechtlichen Normen zu erschließen.[723] Das Bundesverfassungsgericht knüpft in diesem Zusammenhang an die Lüth-Entscheidung an, wonach die objektiv-rechtlichen Werteentscheidungen der Verfassung „für alle Bereiche der Rechtsordnung gelten und Richtlinien für Gesetzgebung, Verwaltung und Rechtsprechung geben".[724] Diese Herleitung überzeugt für sich betrachtet nicht, da sie Ähnlichkeiten zur Herleitung der traditionellen Lehre der mittelbaren Drittwirkung aufweist und es an Anknüpfungspunkten im Verfassungstext fehlt.[725] Allein mit dieser Begründung wirkt die Schutzpflichtenlehre in ihrer Herleitung der Lehre zur mittelbaren Drittwirkung ebenbürtig.

Aus diesem Grund führt das Bundesverfassungsgericht in einer weiteren Entscheidung ergänzend zum objektiv-rechtlichen Gehalt den Wortlaut des Art. 1 Abs. 1 S. 2 GG an, wonach die Würde des Menschen vom Staat nicht nur zu achten, sondern auch zu schützen ist.[726] Letzteres kann nur den Schutz vor anderen Bürgern meinen, denn der Schutz vor dem Staat selbst ist schon durch das Gebot des Achtens gegeben.[727] Wenn der Bürger einen Abwehranspruch gegen den Staat hat, wäre ein Schutzanspruch gegen selbigen überflüssig, sodass Letzterer nur im Privatrechtsverkehr Geltung hat.

Trotz des Wortlauts von Art. 1 Abs. 1 S. 2 GG ist die Schutzpflicht nicht auf die Menschenwürde zu begrenzen, sondern umfasst auch die nachfolgenden

---

723 BVerfGE 38, 1 (41); *Hager*, JZ 1994, 373 (378) führt unterstützend die Sicherheit als Staatsaufgabe an.

724 BVerfGE 38, 1 (41).

725 *Kaspar*, Verhältnismäßigkeit und Grundrechtsschutz im Präventionsstrafrecht, 2014, S. 70 f. m. w. N.

726 BVerfGE 49, 89 (142); *Ruffert*, Vorrang der Verfassung und Eigenständigkeit des Privatrechts, 2001, S. 158 f.

727 *Canaris*, AcP 1984, 201 (226); *Möstl*, Die Staatliche Garantie für die öffentliche Sicherheit und Ordnung, 2002, S. 714.

Grundrechte.[728] Dafür spricht, dass das Bundesverfassungsgericht die Menschenwürde als tragendes Konstitutionsprinzip versteht, das sich in den Bestimmungen des Grundgesetzes widerspiegelt.[729] Kritischen Stimmen aus der Literatur[730] ist zwar zuzugeben, dass die Menschenwürde nach allgemeiner Auffassung als eigenständiges Grundrecht zu sehen ist,[731] aber lässt sich auch in dem Schutz einzelner Grundrechtsbestimmung ein Teil der Menschenwürde ausmachen.[732] Mit anderen Worten wäre die Menschenwürde ohne die nachfolgenden Grundrechte der Art. 2 ff. GG ein inhaltsloses Prinzip, dass alleine und ohne die Ausgestaltung der Grundrechte dem Schutz eines würdigen Lebens nicht gerecht werden könnte. Dieser Grundsatz muss zumindest für diejenigen Grundrechte gelten, die den menschenwürdigen Mindeststandard aus Art. 1 GG garantieren.[733]

Ferner wird gegen die Begrenzung auf die Menschenwürde aus dem Verfassungstext angeführt, dass sich das Volk gemäß Art. 1 Abs. 2 GG „darum", das heißt wegen der Schutzpflicht des Staates zu den Menschenrechten bekennt.[734] Unter die Menschenrechte fallen grundsätzlich alle Rechte, die auf völkervertrags- oder völkergewohnheitsrechtlicher Grundlage allen Menschen weltweit zustehen.[735] Die Grundrechte dienen der Übersetzung dieser Rechte in nationales

728 *Kaspar*, Verhältnismäßigkeit und Grundrechtsschutz im Präventionsstrafrecht, 2014, S. 73.

729 BVerfGE 6, 32 (36); *Calliess*, Rechtsstaat und Umweltstaat, 2001, S. 438; *Jarass*, in: Jarass/Pieroth, GG, 2020, Art. 1 Rn. 3 ff.

730 *Klein*, NJW 1989, 1633 (1635 ff.); eine Schlussfolgerung für die Grundrechtsdogmatik sei hieraus nicht abzuleiten, siehe dazu *Höfling*, in: Sachs, GG, 2021, Art. 1 Rn. 80.

731 *Herdegen*, in: Maunz/Dürig, GG, 94. EL Januar 2021, Art. 1 Rn. 29; *Dreier*, in: ders., GG, 2013, Art. 1 Rn. 44; *Jarass*, in: Jarass/Pieroth, GG, 2020, Art. 1 Rn. 3.

732 *Calliess*, Rechtsstaat und Umweltstaat, 2001, S. 438; deutlicher noch: „über den Menschenwürdegehalt aller Grundrechte wird die Achtungs- und Schutzpflicht des Staates in alle anderen Grundrechte transportiert", siehe dazu *Calliess*, ZRP 2002, 1 (6); ähnlich *Canaris*, AcP 1984, 201 (226); *Rupp*, AöR 1976, 161 (166) bezeichnet die Grundrechte als Ausprägungen der Fundamentalnorm des Art. 1 Abs. 1 GG; *Krings*, Grund und Grenzen grundrechtlicher Schutzansprüche, 2003, S. 144 spricht von einer partiellen Teilung mit dem Schutzbereich der Freiheitsrechte.

733 *Krings*, Grund und Grenzen grundrechtlicher Schutzansprüche, 2003, S. 144 f.; *Dietlein*, Die Lehre von den grundrechtlichen Schutzpflichten, 2005, S. 28.

734 *Canaris*, AcP 1984, 201 (226); kritisch dazu *Klein*, NJW 1989, 1633 (1635 f.), da sich das Gebot nur auf die Menschenwürde beziehe.

735 *Kunig/Kotzur*, in: Münch/Kunig, GG, 2021, Art. 1 Rn. 59; *Dietlein*, Die Lehre von den grundrechtlichen Schutzpflichten, 2005, S. 54 plädiert für ein erweitertes Verständnis des Menschenrechtsbegriffs durch Art. 1 Abs. 3 GG.

Recht, wobei nicht allen Grundrechten der Rang eines unveräußerlichen Menschenrechtes zukommt.[736] Andersherum enthält der deutsche Grundrechtskatalog sogar Bestimmungen, die über das Bekenntnis zu den Menschenrechten hinausgehen.[737] Trotz nur partieller Deckungsgleichheit von Grund- und Menschenrechten ist im Hinblick auf das verfassungsrechtlich gebotene Schutzminimum aber festzuhalten, dass das Bekenntnis zu den Menschenrechten jedenfalls auch einen Großteil der Grundrechtsbestimmungen umfasst.[738] Sowohl aus dem Wortlaut des Art. 1 Abs. 1 S. 2 als auch Art. 1 Abs. 2 GG ist eine Schutzpflicht des Staates (zumindest) für diejenigen Grundrechte auszumachen, die in ihrer Substanz Teile von Menschenwürde oder -rechten aufweisen.

Ohne dass es auf die Einschränkungen auf den Mindeststandard von Menschenwürde oder Menschenrecht ankommt, lassen sich die Schutzpflichten für die übrigen Grundrechtsbestimmungen jedenfalls aus dem Sinn und Zweck der im Grundgesetz ausdrücklich anerkannten Schutzfunktion herleiten. Es liegt nahe, dass sich diese Schutzfunktion nicht nur auf die Menschenwürde oder Menschenrechte beschränkt, sondern auch für die übrigen Grundrechte Anwendung finden muss.[739] Andernfalls würde die Funktion gerade im Privatrechtsverkehr, wo sich nur wenige Fälle finden lassen, in denen die Menschenwürde betroffen ist, leerlaufen.[740] Vielmehr besteht ein größeres Bedürfnis, dass Private auch in ihren für das Privatrecht bedeutsameren Grundrechten wie der Berufs- und Eigentumsfreiheit sowie den gleichheitsrechtlichen Grundsätzen geschützt werden. Mit der Anerkennung der Schutzpflicht als Grundrechtsfunktion für das Privatrecht[741] kann sinngemäß nicht nur der Schutz der Menschenwürde, sondern ist insbesondere auch der Schutz der im Privatrechtsverkehr relevanten Grundrechte gemeint.[742]

---

736 *Antoni*, in: Hömig/Wolff, GG, 2018, Art. 1 Rn. 19; *Kunig/Kotzur*, in: Münch/Kunig, GG, 2021, Art. 1 Rn. 59.

737 *Dreier*, in: ders., GG, 2013, Art. 1 Rn. 19.

738 *Krings*, Grund und Grenzen grundrechtlicher Schutzansprüche, 2003, S. 145 sieht in ähnlicher Weise für diese Herleitung eine Beschränkung auf menschenrechtlich garantierte Mindeststandards.

739 Dazu überzeugend *ders.*, Grund und Grenzen grundrechtlicher Schutzansprüche, 2003, S. 145 f. mit einem Argumentum e Simile.

740 *Ders.*, Grund und Grenzen grundrechtlicher Schutzansprüche, 2003, S. 145, insb. seine Ausführungen in Fn. 413.

741 BVerfGE 81, 242 (255).

742 *Dietlein*, Die Lehre von den grundrechtlichen Schutzpflichten, 2005, S. 55 m. w. N. zur Anerkennung der Schutzpflichten für den Gleichheitssatz, der Eigentumsgarantie, der Meinungsfreiheit, der Vereinigungsfreiheit und dem allgemeinen Persönlichkeitsrecht.

Zuspruch findet auch die Herleitung aus Art. 1 Abs. 3 GG, wonach der Staat unmittelbar an die Grundrechte gebunden ist.[743] Aus dieser Bindung könne neben dem Eingriffsverbot gleichzeitig eine Schutzpflicht gefolgert werden, die der Staat gegenüber dem Bürger habe.[744] Der Wortlaut des Art. 1 Abs. 3 GG differenziert nicht zwischen einer Abwehr- und Schutzfunktion, sodass beide Grundrechtsfunktionen widerspruchsfrei hergeleitet werden können. Im Vergleich zur Lehre der mittelbaren Drittwirkung wird in den Wortlaut von Art. 1 Abs. 3 GG keine mittelbare Drittwirkung für das Privatrecht hineingelesen, sondern vielmehr mit der ausdrücklich normierten unmittelbaren Bindung des Staates und den verfassungsrechtlich anerkannten Grundrechtsfunktionen gearbeitet. Dieser Anknüpfungspunkt ist insbesondere in der Hinsicht überzeugender, dass keine Konstruktion erfunden wird, die über den Wortlaut des Art. 1 Abs. 3 GG hinausgeht.

Letztlich ist eine lebensnahe Auslegung der Grundrechtsfunktionen vorzunehmen, welche die Existenz einer Schutzfunktion belegt. Hypothetisch angenommen, es gäbe keine verfassungsrechtliche Schutzpflicht des Staates: Dürfte ein Bürger einem anderen Bürger dann dessen Meinung verbieten? Dürfte dieser einem anderem dessen Geld wegnehmen? Oder dürfte ein privater Arbeitgeber einen Bewerber diskriminieren, indem er wegen seiner Herkunft nicht zum Bewerbungsgespräch eingeladen wird? Nur einige dieser Beispiele drängen schon zu dem Ergebnis, dass die Grundrechte im Privatrecht nicht einfach aufhören können zu existieren. Selbst wenn einige dieser Beispiele, nehmen wir die Wegnahme des Geldes, durch den Gesetzgeber bereits gemäß § 242 StGB geschützt ist, so ist der Gesetzgeber mit Schaffung der Norm lediglich seiner verfassungsrechtlichen Schutzpflicht nachgekommen.[745] Vollendet wird der Schutz durch Exekutive und Judikative, indem bei Verdacht des Diebstahles eine Strafverfolgung durch die Staatsanwaltschaft und dessen Ermittlungsbehörden eingeleitet wird.

Abgesehen von dem Beispiel zum Diebstahl ist einleuchtend, dass dem dynamischen Prozess des Lebens geschuldet trotz des abstrakten Charakters vieler

---

743 *Höfling*, Vertragsfreiheit, 1991, S. 53.

744 *Ders.*, Vertragsfreiheit, 1991, S. 53.

745 Dennoch erfolgt die Erfüllung der meisten Schutzpflichten mehr aus politischer Überzeugung als aus grundrechtlichen Erwägungen, siehe dazu *Krings*, Grund und Grenzen grundrechtlicher Schutzansprüche, 2003, S. 245 f.; insbesondere im Strafrecht ist die Pflicht aber verfassungsrechtlich verpflichtend, siehe dazu *Kaspar*, Verhältnismäßigkeit und Grundrechtsschutz im Präventionsstrafrecht, 2014, S. 59.

zivilrechtlicher Normen (noch) nicht alle Grundrechtsbeeinträchtigungen durch Private einfachgesetzlich durch den Gesetzgeber geschützt sind. Das Ziel, einen vollständigen Schutz primär durch den Gesetzgeber zu erreichen, ist zwar wünschenswert, aber der Dynamik des Lebens geschuldet nicht umsetzbar. Diese Lücke muss zwingend durch eine verfassungsrechtliche Lösung geschlossen werden. Es wäre völlig lebensfremd anzunehmen, dass der Bürger einem anderen Bürger schutzlos ausgeliefert ist, weil der Gesetzgeber in diesem Bereich noch nicht tätig geworden ist. Dass dem Staat als Einziger die notwendigen Schutzinstrumentarien zur Verfügung stehen, um die grundrechtlich gewährleisteten Freiheiten zu schützen, liegt auf der Hand. Der Bürger, der das staatliche Gewaltmonopol anerkennt und auf private Gewaltanwendung verzichtet, muss sich im Gegenzug darauf verlassen können, dass der Staat seine verfassungsgemäßen Rechte nicht nur achtet, sondern gemäß Art. 1 Abs. 1 S. 2 GG auch gegenüber anderen schützt.[746]

Im Ergebnis lassen sich mit Art. 1 Abs. 1 S. 2 und Abs. 2 GG sowie Art. 1 Abs. 3 GG gleich drei Anknüpfungspunkte im Verfassungstext finden, aus denen eine verfassungsrechtliche Schutzpflicht des Staates herzuleiten ist. Ohne Bezug zum Wortlaut der Verfassung, aber dennoch überzeugend ist die Herleitung aus der Friedenspflicht der Bürger im Privatrecht.[747] Derjenige, der sich bereit erklärt auf Gewalt und Selbstjustiz zu verzichten, muss sich im Gegenzug darauf verlassen können, dass er auch im Privatrechtsverkehr vom Staat geschützt wird. Dieser Schutz darf sich nicht nur auf die Grundrechte mit Bezug zur Menschenwürde oder Menschenrechten beschränken, sondern muss sich dem Sinn und Zweck der Schutzpflicht nach auf alle im Privatrechtsverkehr relevanten Grundrechtsbestimmungen erstrecken.[748]

bb) Bestehen einer Schutzpflicht

Zur Wahrung des Grundsatzes der Privatautonomie im Zivilrecht kann eine verfassungsrechtliche Schutzpflicht nicht immer, sondern nur in spezifischen Konstellationen bestehen.[749] Das Untermaßverbot bestimmt, ab welchem Zeitpunkt das Schutzminimum, welches in eine verfassungsrechtliche Schutzpflicht des

---

746 *Isensee*, Das Grundrecht auf Sicherheit, 1983, S. 21 ff.; *Klein*, NJW 1989, 1633 (1635 f.).

747 *Calliess*, ZRP 2002, 1 (3).

748 *Höfling*, Vertragsfreiheit, 1991, S. 53; *Krings*, Grund und Grenzen grundrechtlicher Schutzansprüche, 2003, S. 145 f.

749 Bspw. liegt eine spezifische Konstellation in der Stadionverbot-Entscheidung vor, siehe dazu BVerfGE 148, 267 (283 f.).

Staates mündet, tangiert ist.[750] Vor dem Hintergrund, dass der Lehre häufig Konturenlosigkeit und Unbestimmtheit vorgehalten wurde,[751] sind die Kriterien des Untermaßverbotes besonders sorgsam herauszuarbeiten und zu konkretisieren.

Eine nähere Konkretisierung des verfassungsrechtlichen Schutzminimums lässt sich anhand der verfassungsrechtlichen Judikatur herleiten.[752] Nach Ansicht des Bundesverfassungsgerichts seien das Gefahrpotenzial, die Qualität des geschützten Rechtsgutes sowie die schon vorhandenen Regelungen für die Beurteilung maßgeblich, ob eine Schutzpflicht des Staates gegeben ist.[753] Letzteres Kriterium ist nicht in jedem Fall durch eine bloße Generalklausel erfüllt (denn diese wird es im Zweifel immer geben), sondern vielmehr geht es um die Frage, ob zusätzlicher Schutz erforderlich ist.[754] Es muss ein besonderes Schutzbedürfnis bestehen, welches eine staatliche Regulierung des Privatrechtsverhältnisses erforderlich macht.[755]

In dem Handelsvertreter-Beschluss hat das Bundesverfassungsgericht aus Art. 12 GG einen Schutzauftrag der Verfassung für den Fall gestörter Vertragsparität abgeleitet.[756] Eine solche liege vor, wenn der eine Vertragsteil so starkes Übergewicht habe, dass er vertragliche Regelungen faktisch einseitig setzen könne und der andere Vertragsteil fremdbestimmt werde.[757] Die Ungleichgewichtslage müsse so schwer wiegen, dass die Vertragsfreiheit durch zwingendes Gesetzesrecht begrenzt oder ergänzt werden müsse.[758] In einer nachfolgenden

---

750 Zum Begriff des Untermaßverbots siehe BVerfGE 88, 203 (254); *Canaris*, AcP 1984, 201 (228); *Höfling*, Vertragsfreiheit, 1991, S. 55; *Hager*, JZ 1994, 373 (378); nach Ansicht von *Denninger*, in: Däubler-Gmelin/Klinkel u.a., FS Mahrenholz, 1994, 561 (568 f.) sei der Begriff der Mindestanforderungen weit auszulegen.

751 Eingestehend selbst *Dietlein*, ZG 1995, 131 (132 f., 141); auch nach zehn Jahren bestätigt er seine Befürchtung, dass die Figur des Untermaßverbotes bis heute inhalts- und konturenlos geblieben ist, *Dietlein*, Die Lehre von den grundrechtlichen Schutzpflichten, 2005, S. Vorb. III; ein Anspruch auf Schutz sei aber wegen mangelnder Konkretheit nicht zu negieren, siehe dazu *Hermes*, Das Grundrecht auf Schutz von Leben und Gesundheit, 1987, S. 112, 213 ff.

752 BVerfGE 49, 89 (142); 81, 242 (255 f.).

753 BVerfGE 49, 89 (142); 75, 40 (67).

754 *Calliess*, Rechtsstaat und Umweltstaat, 2001, S. 320; *Dietlein*, Die Lehre von den grundrechtlichen Schutzpflichten, 2005, S. 105 ff. spricht in diesem Zusammenhang von einem schutzpflichtenaktivierenden Gefahrenniveau.

755 Dieses Schutzbedürfnis trägt der Privatautonomie Rechnung, siehe dazu *Kempen*, DZWir 1994, 499 (502) zum Einschreiten aus Gründen des Gemeinwohls.

756 BVerfGE 81, 242 (255 f.).

757 BVerfGE 81, 242 (255).

758 BVerfGE 81, 242 (255).

Entscheidung versucht sich das Bundesverfassungsgericht in einer näheren Konkretisierung, indem eine typisierbare Fallgestaltung dann vorliege, wenn eine strukturelle Unterlegenheit des einen Vertragsteil erkennbar sei und die Folgen des Vertrages für diesen unterlegenen Vertragspartner ungewöhnlich belastend seien.[759]

Darüber hinaus hat das Bundesverfassungsgericht in der Stadionverbot-Entscheidung – bewusst oder unbewusst – eine weitere Fallgruppe entwickelt und die Kriterien des Schutzminimums im Hinblick auf Art. 3 Abs. 1 GG konkretisiert.[760] Eine spezifische Konstellation liege immer dann vor, wenn der Veranstalter die Veranstaltung einem großen Publikum ohne Ansehen der Person eröffne und der Ausschluss für die Betroffenen in erheblichem Umfang über die Teilnahme am gesellschaftlichen Leben entscheiden würde.[761] Dabei ist letztere Voraussetzung nicht subjektiv für jeden Einzelnen, sondern objektiv an der Funktion der betriebenen Einrichtung zu bestimmen.[762] Zwar lehnt das Bundesverfassungsgericht eine strukturelle Unterlegenheit trotz beherrschender Stellung des Veranstalters für Fußballspiele auf professionellem Niveau im Hinblick auf die allgemeine Handlungsfreiheit gemäß Art. 2 Abs. 1 GG zunächst ab, begründet diese Ablehnung aber mit dem Kern der Verfassungsbeschwerde, der sich auf die Ungleichbehandlung beschränke.[763] Eine strukturelle Unterlegenheit wird nicht im Hinblick auf Art. 2 Abs. 1 GG, sondern vielmehr wegen Art. 3 Abs. 1 GG angenommen. Die kritisierte Konturenlosigkeit des Untermaßverbotes[764] erfährt mit dieser Entscheidung eine weitere Konkretisierung, die einen Beitrag zur Bestimmtheit der Schutzpflichtenlehre leistet.

Die Literatur greift die von der verfassungsgerichtliche Judikatur bereits – wenn auch noch rudimentär – entwickelten Kriterien zum Bestehen einer Schutzpflicht auf und knüpft an die Möglichkeit einseitiger Gestaltung oder die mangelnde Selbstbestimmungsmöglichkeit einer Partei an.[765] Gleichermaßen wird von der Literatur ein besonderes Schutzbedürfnis im Privatrechtsverkehr

---

759 BVerfGE 89, 214 (232); *Singer*, JZ 1995, 1133 (1137); ein solches Schutzbedürfnis besteht insbesondere dann, wenn die Freiheit missbraucht wird, siehe dazu *Raiser*, JZ 1958, 1 (6 ff.).

760 BVerfGE 148, 267 (283 f.).

761 BVerfGE 148, 267 (283 f.).

762 BGH, NJW 2020, 3382 (3384) ablehnend für eine Therme.

763 BVerfGE 148, 267 (282 f.).

764 *Dietlein*, Die Lehre von den grundrechtlichen Schutzpflichten, 2005, S. Vorb. III.

765 *Klein*, NJW 1989, 1633 (1640); *Wiedemann*, JZ 1990, 695 (697).

gefordert, um eine Schutzpflicht des Staates bestehen zu lassen.[766] Als Paradebeispiel für ein Schutzbedürfnis ist die Monopolstellung anzuführen, die einer Partei eine ungleiche Machtposition verschafft.[767]

Sofern eine Monopolstellung vorliegt, wird in einem verweigerten Vertragsschluss regelmäßig auch die Fallgruppe zur Entscheidung über die Teilnahme am gesellschaftlichen Leben aus der Stadionverbot-Entscheidung einschlägig sein. Wenn dem Betroffenen keine Alternativmöglichkeiten zustehen, nimmt die Erheblichkeit der Entscheidung über die Teilnahme am gesellschaftlichen Leben automatisch zu.[768] Das Zusammenspiel beider Fallgruppen wird in einer Entscheidung des Bundesgerichtshofs deutlich, wenn dieser anführt, dass in einer Therme keine Einrichtung vorliege, die für den Betroffenen in erheblichem Umfang über die Teilnahme am gesellschaftlichen Leben entscheide, ungeachtet dessen, dass es ohnehin unterschiedliche Leistungsangebote verschiedener Thermen geben würde.[769]

cc) Ansätze zum Prüfungsaufbau

Bislang in der Literatur zur Schutzpflichtendogmatik zu kurz gekommen[770] ist ein konkreter Aufbau zur Reichweite der verfassungsrechtlichen Schutzpflichten, wie er sich für die abwehrrechtliche Funktion der Grundrechte in Form des Übermaßverbotes bereits etabliert hat.[771] Dieser Aufbau erfolgt nach allgemeiner Auffassung innerhalb der Rechtfertigung eines Grundrechtseingriffs am Grundsatz der Verhältnismäßigkeit, sodass sich folgender Prüfungsaufbau durchsetzen konnte:[772]

---

766 *Isensee*, in: Isensee/Kirchhof, HStR VII, 2009, § 150 Rn. 100 f.

767 BVerfGE 148, 267 (282 f.).; *Hillgruber*, AcP 1991, 69 (75); *Orth*, Vereins- und Verbandsstrafen, 2009, S. 94.

768 Auch Veranstalter von Fußballspielen nehmen eine beherrschende Stellung ein, siehe dazu BVerfGE 148, 267 (282).

769 BGH, NJW 2020, 3382 (3384).

770 In dieser Hinsicht kritisiert *Möstl*, Die Staatliche Garantie für die öffentliche Sicherheit und Ordnung, 2002, S. 90 zu Recht, dass sich noch „keine vorherrschende Linie" bzw. ein „bewährtes Prüfprogramm" erkennen lasse.

771 Das Übermaßverbot ist bereits durch klare und griffige Kriterien praxisgerecht ausdifferenziert worden, siehe dazu *Dietlein*, ZG 1995, 131 (132 f.); zur Prüfung des Übermaßverbotes in Form des Verhältnismäßigkeitsgrundsatzes siehe *Kirchhof*, in: Badura, FS Lerche, 1993, 133 (143 f.); *Michael*, JuS 2001, 148 ff.; *Schröder*, JA 2016, 641 (641).

772 *Bühner*, JA 2021, 395 (401); *Stocker/Kraus*, JA 2021, 127 (136); *Michaelis*, JA 2021, 573 ff.; zum Ursprung der Verhältnismäßigkeitsprüfung in der verfassungsgerichtlichen

1. *Legitimes Ziel*
2. *Geeignetheit*
3. *Erforderlichkeit*
4. *Angemessenheit.*

Blickt man auf Entscheidungen des Bundesverfassungsgerichts zurück, ist ein solches Prüfungsschema für die Schutzfunktion der Grundrechte nicht erkennbar.[773] Insbesondere zur Behandlung der Problematik zur Grundrechtswirkung im Privatrecht ist ein griffiger Prüfungsaufbau aber erforderlich, um durch die Schutzpflichtenlehre eine Verbesserung gegenüber der inhaltslosen Ausstrahlungswirkung der Lehre zur mittelbaren Drittwirkung zu erreichen.[774]

(1) Prüfungsmaßstab

Zur Prüfung von verfassungsrechtlichen Schutzpflichten wurden bereits durch die Lehre einige allgemeine Grundsätze entwickelt, die erste Grundlagen zu einem konkreten Prüfungsaufbau liefern, insbesondere aber den Prüfungsmaßstab festlegen. Die verfassungsgerichtliche Kontrolle der Schutzpflichten ist auf die Anwendung und Überwachung des Untermaßverbotes zu reduzieren,[775] da dem Staat ein Gestaltungs- und Konkretisierungsspielraum zukommt.[776] Das bedeutet im Umkehrschluss, die Verletzung von Schutzpflichten des Staates ist verfassungsgerichtlich nur auf offensichtliche Fehlerhaftigkeit überprüfbar.[777] Das Handlungsermessen reduziert sich auf null, wenn der Kern der Menschenwürde betroffen ist.[778] Diese Grundsätze können zu Beginn der Prüfung – ähnlich wie es in der verfassungsgerichtlichen Judikatur für die Lehre zur mittelbaren

---

Judikatur siehe BVerfGE 7, 377 (407 ff.); *Kirchhof*, in: Maunz/Dürig, GG, 94. EL Januar 2021, Art. 3 Rn. 242 f.

773 Statt vieler: BVerfGE 39, 1 (42 ff.); 81, 242 (255); 152, 152 (186 ff.); BVerfG, BeckRS 2021, 8946; in der Lehre ist der Prüfungsaufbau umstritten, siehe dazu *Kaspar*, Verhältnismäßigkeit und Grundrechtsschutz im Präventionsstrafrecht, 2014, S. 75 ff.; ein solcher Aufbau ist aber zwingend erforderlich, um die Schutzfunktion zu erfüllen und dem Anschein von Willkür bereits im Vorfeld entgegenzutreten, siehe dazu *Möstl*, Die Staatliche Garantie für die öffentliche Sicherheit und Ordnung, 2002, S. 90.

774 Siehe oben § 5 III. 1. a) bb), S. 110 ff.

775 *Ruffert*, Vorrang der Verfassung und Eigenständigkeit des Privatrechts, 2001, S. 235; *Krings*, Grund und Grenzen grundrechtlicher Schutzansprüche, 2003, S. 297.

776 *Canaris*, AcP 1984, 201 (229); *Kempen*, in: Merten/Papier, HGR II, 2006, § 54 Rn. 69; *Hellgardt*, JZ 2018, 901 (906).

777 *Hillgruber*, AcP 1991, 69 (76).

778 *Calliess*, ZRP 2002, 1 (6).

Drittwirkung praktiziert wird – zur Darstellung der Grundrechtswirkung im Privatrecht angeführt werden, [779] vermitteln aber noch keinen Aufbau.

(2) Schutzbereich und Eingriff

Nachdem der Prüfungsmaßstab für die Schutzpflichtenlehre festgelegt worden ist, sind die Prüfungsschritte Schutzbereich und Eingriff vorzunehmen, die in ihrem Aufbau dem der abwehrrechtlichen Funktion gegen staatliche Eingriffe ähneln. Während der grundrechtliche Schutzbereich für Abwehrrechte und Schutzpflichten grundsätzlich identisch ist,[780] bestehen Abweichungen hinsichtlich der Prüfung des Eingriffs. Erforderlich ist kein staatliches Handeln, welches dem Einzelnen ein Verhalten, das vom Schutzbereich des Grundrechts umfasst ist, unmöglich macht oder wesentlich erschwert,[781] sondern lediglich ein schlichtes und weit zu verstehendes Unterlassen des Staates in Bezug auf eine private Beeinträchtigung.[782] Im Anschluss ist in einer Verhältnismäßigkeitsprüfung zu bestimmen, ob der Bürger im konkreten Fall einen Anspruch auf Schutz gegenüber dem Staat hat.

(3) Verhältnismäßigkeitsprüfung

Ohne dass es einer Prüfung der Einschränkbarkeit des Grundrechts in Form von Vorbehalten und der darauffolgenden Prüfung verfassungsrechtlicher Grenzen bedarf, ist für einen Anspruch auf Schutz allein maßgeblich, ob die verfassungsrechtliche Schutzpflicht im Hinblick auf entgegenstehende Interessen verhältnismäßig ist.[783]

Bedenken in der Literatur bezüglich der Anwendbarkeit des rechtsstaatlichen Verhältnismäßigkeitsgrundsatzes auf das Privatrecht[784] sind unbegründet. Sowohl der privat- als auch der verfassungsrechtlichen Verhältnismäßigkeitsprüfung

---

779 Zur Darstellung der Grundsätze der Lehre zur mittelbaren Drittwirkung siehe BVerfGE 148, 276 (280).

780 *Isensee*, in: Isensee/Kirchhof, HStR IX, 2011, § 191 Rn. 222.

781 *Coelln*, in: Gröpl/Windthorst u.a., GG Studienkommentar, 2020, Vorb. Rn. 93 ff.; *Hobusch*, JA 2019, 278 (280).

782 *Hermes*, Das Grundrecht auf Schutz von Leben und Gesundheit, 1987, S. 226 ff.; *Möstl*, Die Staatliche Garantie für die öffentliche Sicherheit und Ordnung, 2002, S. 95 ff.

783 *Möstl*, Die Staatliche Garantie für die öffentliche Sicherheit und Ordnung, 2002, S. 102.

784 *Böckenförde*, Staat, Verfassung, Demokratie, 1991, S. 183 f.; *Medicus*, AcP 1992, 35 (54 ff.); *Ossenbühl*, in: Badura, FS Lerche, 1993, 151 (160); *Remmert*, Verfassungs- und verwaltungsrechtsgeschichtliche Grundlagen des Übermaßverbotes, 1995, S. 3 m. w. N.

liegt das Prinzip des schonendsten Ausgleichs der Grundrechtsbeeinträchtigungen zugrunde.[785] Eine daraus resultierende Güter- und Interessenabwägung ist auch im Privatrecht gerade bei Grundrechtsbeeinträchtigungen unverzichtbar und am Grundsatz der Verhältnismäßigkeit zu messen.[786] Nicht zu verkennen ist, dass sich das privatrechtliche Interesse der schutzwürdigen Partei mit staatlichen Interessen deckt, wenn dem Staat eine verfassungsrechtliche Schutzpflicht zukommt. Auch der Schutz eines Privaten liegt im Interesse der Allgemeinheit, wenn eine spezifische Schutzbedürftigkeit besteht.[787] Zwar wird abweichend zur bekannten Rechtfertigungsprüfung im Rahmen der Abwehrfunktion ein anderes Programm geprüft, aber ist zumindest der Rückgriff auf den Verhältnismäßigkeitsgrundsatz für die Grundrechtswirkung im Privatrecht unverzichtbar.[788]

In die Nähe eines griffigen Prüfungsaufbau zur Verhältnismäßigkeit kommen die Ausführungen von *Krings* in seiner Arbeit zu den grundrechtlichen Schutzansprüchen, in der er eine aufeinanderfolgende Prüfung von Über- und Untermaßverbot vorschlägt.[789] Greift der Gesetzgeber in die Grundrechte eines Privaten ein, um seine Schutzpflicht gegenüber einem anderen Privaten zu erfüllen, sei die dreistufige Prüfung des Untermaßverbotes in die Prüfung des Übermaßverbotes zu integrieren.[790] In diesem Aufbau zeigt sich durch das Vorliegen handfester Prüfungskriterien bereits der Vorteil der Schutzpflichtenlehre gegenüber der Lehre zur mittelbaren Drittwirkung. Nach Ansicht von *Krings* ergebe

---

785 *Lerche*, Übermaß und Verfassungsrecht, 1961, S. 153; *Ruffert*, Vorrang der Verfassung und Eigenständigkeit des Privatrechts, 2001, S. 101 f.; *Kulick*, Horizontalwirkung im Vergleich, 2020, S. 421 ff.

786 *Wendt*, AöR 1979, 414 (452 ff.); siehe dazu beispielhaft die Verhältnismäßigkeitsprüfung einer Vereinsmaßnahme, *Petri*, Die Dopingsanktion, 2004, S. 195 ff.; *Orth*, SpuRt 2019, 139 (140); *Orth*, in: Cherkeh/Momsen u.a., Handbuch Sportstrafrecht, 2021, 2. Kapitel Rn. 74.

787 BVerfGE 13, 97 (107); *Borowski*, Grundrechte als Prinzipien, 2018, S. 256; *Klatt*, JuS 2014, 193 (194 f.).

788 *Möstl*, Die Staatliche Garantie für die öffentliche Sicherheit und Ordnung, 2002, S. 99 ff.

789 *Krings*, Grund und Grenzen grundrechtlicher Schutzansprüche, 2003, S. 304 liefert damit den bislang überzeugendsten Aufbau; *Denninger*, in: Däubler-Gmelin/Klinkel u.a., FS Mahrenholz, 1994, 561 (566 f.); a. A. *Hermes*, Das Grundrecht auf Schutz von Leben und Gesundheit, 1987, S. 253 ff., der eine Anlehnung an die bekannte Verhältnismäßigkeitsprüfung vorschlägt.

790 *Krings*, Grund und Grenzen grundrechtlicher Schutzansprüche, 2003, S. 302 ff.; a. A. *Hain*, ZG 1996, 75 ff.

sich ein zweiteiliger Prüfungsaufbau, der in der gegenseitigen Abwägung interessengerecht zur Anwendung komme:

„1. *Legitimes Handlungsziel (Übermaßverbot)*
2. *Geeignetheit (Übermaßverbot)*
3. *Erforderlichkeit (Übermaßverbot)*
4. *Geeignetheit (Untermaßverbot, ggfs. wie 2.)*
5. *Effektivität (Untermaßverbot)*
6. *Angemessenheit (Übermaßverbot/Untermaßverbot)*“[791]

Zunächst sei im Hinblick auf das Übermaßverbot zu prüfen, ob die staatliche Maßnahme geeignet und erforderlich sei, das legitime Handlungsziel der gesetzlichen Ermächtigungsgrundlage zu erfüllen.[792] Dieser Prüfung bedürfe es gleichwohl nur, sofern zur Erfüllung der Schutzpflicht ein Eingriff in die Grundrechte des Störers notwendig sei.[793] Liegt kein Grundrechtseingriff des Staates vor, seien lediglich die Geeignetheit, Effektivität und Angemessenheit im Hinblick auf das Untermaßverbot zu prüfen. Das Effektivitätsgebot ersetze dabei den Prüfungspunkt der Erforderlichkeit und sei verletzt, wenn eine effektivere Maßnahme ersichtlich sei, die keine höhere Intensität gegenüber dem Störer aufweise.[794] Zuletzt sei in der Angemessenheit eine umfassende und sachgerechte Interessenabwägung vorzunehmen.[795]

(4) Kritische Stellungnahme

Bei genauer Betrachtung wird deutlich, dass sich die Prüfung des Übermaßverbotes in einigen Punkten mit derjenigen des Untermaßverbotes deckt und es zu

791 Zweiteiliger Prüfungsaufbau von *Krings*, Grund und Grenzen grundrechtlicher Schutzansprüche, 2003, S. 304.

792 *Dietlein*, ZG 1995, 131 (136); zustimmend auch *Ruffert*, Vorrang der Verfassung und Eigenständigkeit des Privatrechts, 2001, S. 216 f.; *Krings*, Grund und Grenzen grundrechtlicher Schutzansprüche, 2003, S. 300; kritisch dazu *Hain*, ZG 1996, 75 (78), der eine Kongruenz zwischen Über- und Untermaßverbot annimmt; aufbauend auf *Hain*, DVBl 1993, 982 (983).

793 *Krings*, Grund und Grenzen grundrechtlicher Schutzansprüche, 2003, S. 304.

794 Zur Definition der Effektivität siehe *Möstl*, DÖV 1998, 1029 (1038 f.); *Krings*, Grund und Grenzen grundrechtlicher Schutzansprüche, 2003, S. 303; geprüft wird also mit anderen Worten eine Effektivität statt Erforderlichkeit, siehe dazu *Michael*, JuS 2001, 148 (151).

795 Zum vorgeschlagenen Prüfungsaufbau *Krings*, Grund und Grenzen grundrechtlicher Schutzansprüche, 2003, S. 304.

Überschneidungen kommt. Beispielhaft ist anzuführen, dass der legitime Zweck der staatlichen Maßnahme in einer Dreieckskonstellation in der Regel auch dem Zweck der verfassungsrechtlichen Schutzpflicht entsprechen wird.[796] Wenn eine Platzverweisung nach § 34 Abs. 1 PolG NRW zum Zwecke der Gefahrenabwehr ausgesprochen wird, gleicht dieser Zweck der Erfüllung von verfassungsrechtlichen Schutzpflichten des Staates nach Art. 2 Abs. 2 S. 1 GG auf Leib und Leben. Daraus folgt, dass auch in der Geeignetheit der Maßnahme Überscheidungen auftreten, [797] welche im Übrigen von *Krings* auch durch den Hinweis „ggfs. wie 2."[798] bereits erkannt worden sind. Wenn die Maßnahme zur Erfüllung des legitimen Gesetzeszweckes geeignet ist, wird die Geeignetheit zur Erfüllung der Schutzpflicht in der besagten Dreieckskonstellation kaum zu verneinen sein. Zwar sind solche Überschneidungen in der Prüfung hinnehmbar und noch im Rahmen des Ertragbaren, lassen sich aber durch einen modifizierten Aufbau der Verhältnismäßigkeitsprüfung vermeiden.[799]

Kritisch zu würdigen ist neben deckungsgleichen Prüfungspunkten die Prüfung des Übermaßverbotes als Ausgangspunkt. Wenn der Bürger Schutzpflichten gegenüber dem Staat in einem Privatrechtsstreit einfordern möchte, wird er dies in der Regel nach erfolglosem Instanzenzug vor dem Bundesverfassungsgericht im Wege einer Verfassungsbeschwerde nach Art. 93 Abs. 1 Nr. 4a GG versuchen. Infolgedessen geht es in der Sache primär um einen verfassungsrechtlichen Schutzanspruch des Bürgers gegenüber dem Staat,[800] während der Eingriff in die Rechte des Grundrechtsbeeinträchtigenden (unbeabsichtigte) Nebenfolge der Schutzmaßnahme ist. Es erscheint nicht interessengerecht, wenn das Übermaßverbot in den Fokus der Prüfung gestellt wird, sondern vielmehr muss die Aufmerksamkeit auf dem Untermaßverbot liegen, in dessen Angemessenheitsprüfung die Grenze des Übermaßverbotes zu beachten ist.[801]

---

796 *Starck*, JZ 1993, 816 (817); *Hain*, DVBl 1993, 982 (983); *Hain*, ZG 1996, 75 ff.; eine Kongruenz ist aber nicht zwingend, siehe dazu *Dietlein*, ZG 1995, 131 (136 ff.); *Poscher*, Grundrechte als Abwehrrechte, 2003, S. 326 f.

797 *Starck*, JZ 1993, 816 (817).

798 *Krings*, Grund und Grenzen grundrechtlicher Schutzansprüche, 2003, S. 304.

799 Eine modifizierte Verhältnismäßigkeitsprüfung ist der Literatur nicht fremd, siehe dazu *Nußberger*, in: Sachs, GG, 2021, Art. 3 Rn. 18 ff.

800 *Goldhammer/Neuhöfer*, JuS 2021, 212 (215).

801 Sofern diese beachtet wird, lässt sich auch die Kritik ausräumen, die Abwehrfunktion werde durch die Schutzpflichten geschwächt, siehe dazu *Kaspar*, Verhältnismäßigkeit und Grundrechtsschutz im Präventionsstrafrecht, 2014, S. 71 f.

Trotz des bestehenden Verbesserungsbedarfs zeigt das Prüfungsschema die Vorteile der Schutzpflichtenlehre gegenüber der Lehre zur mittelbaren Drittwirkung auf. Durch die Verhältnismäßigkeitsprüfung von Über- und Untermaßverbot sind handfeste Voraussetzungen geschaffen worden, die eine griffige Prüfung von Grundrechten im Privatrechtsverhältnis möglich machen. Die Interessen der Privatautonomie bleiben dadurch gewahrt, dass sich der verfassungsrechtliche Einfluss für den Grundrechtsbeeinträchtigenden (Übermaßverbot) und für den Grundrechtsgeschützten (Untermaßverbot) jeweils auf ein Minimum beschränkt. Nur dann, wenn das verfassungsrechtliche Schutzminimum erreicht ist und eine interessengerechte Abwägung beider Grundrechtspositionen einen Eingriff des Staates für verhältnismäßig erachtet, sieht sich die Vertragsfreiheit dem Staat als Hüter des verfassungsrechtlichen Schutzminimums gegenüber.

(5) Zur Kongruenzthese

Bevor ein eigener Prüfungsaufbau vorzuschlagen ist, ist eine Darstellung der Grundzüge zur sog. Kongruenzthese für ein Gesamtverständnis der Problematik unerlässlich. *Dietlein*, der sich intensiv mit der Konkretisierung des Untermaßverbotes auseinandergesetzt hat, ist ebenfalls namhafter Vertreter der Schutzpflichtenlehre und stellte bereits ernüchternd fest, dass das Untermaßverbot bislang nicht die gewünschten inhaltlichen Konturen erfahren hat, wie das konträre Übermaßverbot.[802] Im Widerspruch zur Kongruenzthese von *Hain*[803] stellt er aber richtigerweise fest, dass das Untermaßverbot eine berechtigte Existenz hat und nicht mit dem Übermaßverbot gleichzusetzen ist.[804] Insbesondere die Erforderlichkeitsprüfung beider Verbote sei in der Hinsicht anders, so *Dietlein*, dass die Erforderlichkeit des Untermaßverbotes über das legitime Handlungsziel des Gesetzes hinausgehen könne.[805] Einen konkreten Prüfungsaufbau liefert *Dietlein* nicht, geht aber – und insofern übereinstimmend mit *Krings* –[806] von einem Nebeneinander des Über- und Untermaßverbotes aus.

802 *Dietlein*, ZG 1995, 131 (132 f.); siehe dazu auch sein Gesamtwerk, *Dietlein*, Die Lehre von den grundrechtlichen Schutzpflichten, 2005.

803 *Hain*, DVBl 1993, 982 ff.; *Hain*, ZG 1996, 75 ff.; ferner auch *Starck*, JZ 1993, 816 (817).

804 *Dietlein*, ZG 1995, 131 (133 ff.); zustimmend *Möstl*, Die Staatliche Garantie für die öffentliche Sicherheit und Ordnung, 2002, S. 94, 99 ff.; *Isensee*, in: Isensee/Kirchhof, HStR IX, 2011, § 191 Rn. 304; *Kaspar*, Verhältnismäßigkeit und Grundrechtsschutz im Präventionsstrafrecht, 2014, S. 76 f.

805 *Dietlein*, ZG 1995, 131 (136).

806 *Krings*, Grund und Grenzen grundrechtlicher Schutzansprüche, 2003, S. 304.

In der Gegenposition macht sich *Hain* für eine Kongruenz von Unter- und Übermaßverbot stark, die eine Prüfung des Untermaßverbotes entbehrlich mache.[807] Insbesondere in Dreieckskonstellationen, in denen der Staat zwingend in die Rechte eines Bürgers zum Schutz eines anderen Bürgers eingreifen muss, würden sich die Erforderlichkeitsprüfungen beider Verbote decken.[808] Gegen die Sichtweise, das Untermaßverbot habe in dieser Konstellation keine existenzielle Berechtigung, bestehen nach hier vertretener Ansicht erhebliche Bedenken. Zumindest in Konstellationen, in denen überhaupt kein Eingriff in die Grundrechte des Störers erforderlich ist, muss das Untermaß- statt Übermaßverbot zur Anwendung kommen.[809] Wenn die Prüfung der Schutzpflicht nichts anderes als das Untermaßverbot beinhaltet,[810] folgt daraus im Umkehrschluss, dass das Untermaßverbot durch Anerkennung der Schutzfunktion der Grundrechte eine generelle Existenzberechtigung hat. Das Untermaßverbot ist der Komplementärbegriff[811] zum Übermaßverbot und ersetzt in der Schutzpflichtendogmatik den Begriff des Übermaßverbotes. Gerade die Prüfung des Bestehens einer Schutzpflicht ist als zentraler Bestandteil der Schutzpflichtendogmatik in den Mittelpunkt der Prüfung zu stellen.[812] Durch die Gegenläufigkeit der Grundrechtsfunktionen und dadurch, dass die Verhältnismäßigkeitsprüfung durch das Effektivitätsgebot ergänzt wird, findet das Untermaßverbot seine Unterscheidung zum Übermaßverbot wieder.[813] Zugutezuhalten bleibt der Kongruenzthese, dass sich in Dreieckskonstellationen inhaltliche Überschneidungen zwischen Über- und Untermaßverbot ergeben, die einer Auflösung bedürfen.

---

807 „Aus dem Untermaßverbot (folgt) nichts, was sich nicht schon aus dem Übermaßverbot ergäbe“ *Hain*, DVBl 1993, 982 (983); das Untermaßverbot als eigenständige dogmatische Figur sei verzichtbar, siehe dazu *Hain*, ZG 1996, 75 (83); ferner *Starck*, JZ 1993, 816 (817).

808 *Hain*, DVBl 1993, 982 (983 f.); für diese Konstellation zustimmend *Dietlein*, ZG 1995, 131 (135).

809 Als Beispiel ist der Brandstifter anzuführen, der sich für seine Tat nicht auf Grundrechte berufen könne, siehe dazu *Dietlein*, ZG 1995, 131 (135 f.); *Hain*, ZG 1996, 75 (82) meint dagegen, dass „schon aus dem Bestehen der Pflicht folgt, daß diese zu erfüllen ist; nichts anderes beinhaltet ein auf wirksamen Schutz ausgehendes Untermaßverbot“.

810 *Hain*, ZG 1996, 75 (82); wohl auch *Poscher*, Grundrechte als Abwehrrechte, 2003, S. 66.

811 Insoweit hat *Starck*, JZ 1993, 816 (817) die Begrifflichkeiten richtig erfasst.

812 *Faßbender*, NJW 2021, 2085 (2088) bekräftigt, dass die Frage im Vordergrund steht.

813 *Möstl*, DÖV 1998, 1029 (1038 f.); *Möstl*, Die Staatliche Garantie für die öffentliche Sicherheit und Ordnung, 2002, S. 94; *Michael*, JuS 2001, 148 (151).

Zweifel an der Existenzberechtigung des Untermaßverbotes ergeben sich daraus nach hier vertretener Ansicht aber nicht.

dd) Lösungsvorschlag zur Verhältnismäßigkeitsprüfung

Die von der Literatur bereits vielversprechenden Ansätze zur Schutzpflichtendogmatik im Privatrechtsverkehr[814] überzeugen in vielen Hinsichten, bedürfen jedoch eines modifizierten Aufbaus, der das Untermaßverbot und das Bestehen einer verfassungsrechtlichen Schutzpflicht in den Fokus der Prüfung rückt, sowie überflüssige Prüfungsschritte entfernt. Neben der Abwägung beider Interessen[815] ist entscheidender Prüfungspunkt für die Grundrechtsbeeinträchtigung, ob eine verfassungsrechtliche Schutzpflicht besteht, die den Staat zum Handeln verpflichtet.[816] Die Prüfung der Grundrechtsbeeinträchtigung durch staatliches Unterlassen steht und fällt damit, ob im konkreten Privatrechtsverhältnis eine verfassungsrechtliche Schutzpflicht gegenüber dem Bürger, das heißt ein legitimer Zweck zum Grundrechtsschutz besteht. Dieser Prüfungspunkt bedarf einer Hervorhebung im Aufbau und ist idealerweise voranzustellen. Es ergibt sich – unabhängig von voranzustellenden Ausführungen zu Prüfungsmaßstab, Schutzbereich und Eingriff[817] – eine modifizierte Verhältnismäßigkeitsprüfung, die aus folgenden Prüfungsschritten besteht:

1. Legitimer Zweck (Bestand einer Schutzpflicht)[818]
2. Legitimes Mittel
3. Geeignetheit
4. Effektivitätsgebot
5. Angemessenheit (Übermaßverbot)

---

814 *Hermes*, Das Grundrecht auf Schutz von Leben und Gesundheit, 1987, S. 253 ff.; *Möstl*, Die Staatliche Garantie für die öffentliche Sicherheit und Ordnung, 2002, S. 104 ff.; *Krings*, Grund und Grenzen grundrechtlicher Schutzansprüche, 2003, S. 304.

815 *Vieweg*, Normsetzung und -anwendung deutscher und internationaler Verbände, 1990, S. 192; *Orth*, Vereins- und Verbandsstrafen, 2009, S. 95.

816 Siehe oben § 5 III. 1. d) bb) S. 149 ff.

817 Siehe dazu ausführlich *Möstl*, Die Staatliche Garantie für die öffentliche Sicherheit und Ordnung, 2002, S. 95 ff.

818 Ähnlich bereits zur Untätigkeit des Gesetzgebers als Schutzpflichtverletzung im Fall von Corona-Triage, siehe dazu *Brade/Müller*, NVwZ 2020, 1793 (1794 ff.).

Der hier vorgeschlagene Aufbau beschränkt sich vor dem Hintergrund des Themas dieser Arbeit auf den Fall der Grundrechtswirkung im Privatrechtsverhältnis.[819] Es ist von einer Dreieckskonstellation auszugehen, in welcher der Staat in die Rechte des Störers eingreift, um seine Schutzpflicht gegenüber dem grundrechtsbeeinträchtigten Privaten zu erfüllen. Zumindest für diese Konstellation ist – und es scheint so, als stimmen *Dietlein* und *Hain* in diesem Punkt überein – davon auszugehen, dass die Prüfungen des Über- und Untermaßverbotes nahezu deckungsgleich sind.[820] Diese Kongruenz macht die Prüfung des Untermaßverbotes aber nicht hinfällig, sondern vielmehr verliert stattdessen nach hier vertretener Ansicht die Prüfung des Übermaßverbotes an Bedeutung und kommt ausschließlich in der Angemessenheitsprüfung zum Einsatz.[821] Der eigenständige Gehalt des Untermaßverbotes und die Prüfung, ob ein Schutzeingriff (Schutz durch Eingriff)[822] des Staates verfassungsrechtlich geboten erscheint, bleiben durch diesen Aufbau gewahrt.

Maßgeblicher Streitgegenstand in der Beeinträchtigung durch Private ist nicht die Abwehr gegenüber staatlichen Eingriffen (Abwehrfunktion und Übermaßverbot), sondern der Schutzanspruch gegenüber dem Staat vor Eingriffen Privater (Schutzfunktion und Untermaßverbot). Der staatliche Schutzeingriff in die Rechte des Grundrechtsbeeinträchtigenden ist nachrangig als (unbeabsichtigte) Nebenfolge der Erfüllung der staatlichen Schutzpflicht zu sehen. Beeinträchtigter ist nicht der Grundrechtsbeeinträchtigende, in dessen Rechte später durch den Staat eingegriffen werden soll, sondern vielmehr der grundrechtsgeschützte Private, der den Staat um Schutz ersucht. Es wäre paradox, wenn das Übermaßverbot als Prüfung in den Mittelpunkt dieser Konstellation gerückt wird, kommt es doch in einem solchen Fall maßgeblich auf die Schutzpflicht des Staates an.

Dem Übermaßverbot wird dadurch ausreichend Rechnung getragen, dass es in der Angemessenheitsprüfung zur Geltung kommt. Erst dann, wenn feststeht, dass der Staat seine Schutzpflicht durch einen Eingriff zu erfüllen hat, ist die Prüfung, ob dieser Eingriff auch dem Übermaßverbot gerecht wird, sinnvoll. Mit anderen Worten folgt aus der Deckungsgleichheit in Privatrechtsstreitigkeiten kein Verzicht auf das Untermaßverbot, sondern vielmehr eine reduzierte

---

819 Der Prüfungsaufbau ändert sich, wenn kein Eingriff in die Rechte eines anderen Bürgers erforderlich ist, um die Schutzpflicht zu erfüllen.

820 *Hain*, DVBl 1993, 982 (983 f.); *Dietlein*, ZG 1995, 131 (135); *Hain*, ZG 1996, 75 (80 ff.).

821 Es gilt nicht das Übermaß-, sondern das Untermaßverbote, siehe dazu *Canaris*, AcP 1984, 201 (228 f.); *Poscher*, Grundrechte als Abwehrrechte, 2003, S. 66.

822 *Möstl*, Die Staatliche Garantie für die öffentliche Sicherheit und Ordnung, 2002, S. 112.

Prüfung des Übermaßverbotes. Sollten darüber hinaus Konstellationen denkbar sein, in denen das Übermaßverbot in seiner Prüfung nicht deckungsgleich ist, ist die von *Krings* vorgeschlagene zweiteilige Verhältnismäßigkeitsprüfung vorzunehmen.[823]

Insofern ergibt sich im Hinblick auf die Diskussion um die Kongruenz von Über- und Untermaßverbot folgendes Ergebnis: *Dietlein* ist zuzustimmen, dass das Untermaßverbot als eigenständiges Instrument gegenüber dem Übermaßverbot gewahrt bleiben muss. Dagegen ist *Hain* zuzustimmen, dass sich die Prüfungen der Verbote insbesondere für privatrechtliche Dreieckskonstellationen in Deckungsgleichheit verlieren. Würde aus letzterer Feststellung aber resultieren, die Prüfung der Schutzpflichten auf die Erforderlichkeit im Rahmen des Übermaßverbotes zu beschränken, trägt dies der Bedeutung der Schutzpflichten in einer solchen Konstellation nicht ausreichend Rechnung. Aus diesem Grund ist der Vorschlag zu machen, die Prüfung des Untermaßverbotes voranzustellen und in einer späteren Angemessenheitsprüfung eine reduzierte Prüfung des Übermaßverbotes vorzunehmen.

(1) Legitimer Zweck

Die Problematik zur Grundrechtswirkung im Privatrecht ist einzuleiten mit der Frage, ob im konkreten Fall überhaupt eine verfassungsrechtliche Schutzpflicht besteht. Legitimer Zweck der staatlichen Maßnahme ist die Erfüllung der verfassungsrechtlichen Schutzpflicht als absoluter Gemeinschaftswert,[824] sodass sich die Bestandsprüfung verfassungsrechtlicher Schutzpflichten mit der des legitimen Zwecks deckt. Mit anderen Worten liegt ein legitimer Zweck zum staatlichen Eingreifen in das Privatrechtsverhältnis vor, wenn eine verfassungsrechtliche Schutzpflicht besteht, das heißt eine spezifische Konstellation vorliegt.[825]

Bei der Feststellung des legitimen Zwecks handelt es sich um das zentrale Instrument der grundrechtlichen Schutzfunktion, welches durch Rechtsprechung

---

823 Eine solche Konstellation ist aber für den Fall der Stadionverbote jedenfalls nicht denkbar; zum vorgeschlagenen zweiteiligen Prüfungsaufbau, siehe *Krings*, Grund und Grenzen grundrechtlicher Schutzansprüche, 2003, S. 304.

824 Unterschieden wird zwischen zwei Arten legitimer Zwecke: Bei den sog. absoluten Gemeinschaftswerten handelt es sich um zwingende Vorgaben aus der Verfassung, während sog. relative Gemeinschaftswerte Ziele umfassen, die sich der Staat selbst setzt, siehe dazu BVerfGE 13, 97 (107); *Borowski*, Grundrechte als Prinzipien, 2018, S. 256; *Klatt*, JuS 2014, 193 (194 f.).

825 Siehe oben § 5 III. 1. d) bb) S. 149 ff.

und Lehre hinreichend zu konkretisieren ist.[826] Es handelt sich um eine Bestandsaufnahme von Situation und Machtverhältnisse beider Privatparteien untereinander, die zu einer Begründung von Schutzpflichten führen kann, wenn eine unerträgliche Beeinträchtigung durch Dritte vorliegt.[827] Wann eine Schutzpflicht und demzufolge ein legitimer Zweck besteht, ist durch Anhaltspunkte wie Fremdbestimmtheit, ungleiche Machtverhältnisse, gestörte Vertragsparität oder Monopolstellung zu bestimmen.[828]

(2) Legitimes Mittel

Nicht nur der Zweck muss legitim sein, sondern auch das gewählte Mittel ist präzise zu bestimmen.[829] In diesem Zusammenhang ist festzustellen, ob bereits ein (noch nicht ausreichendes) staatliches Mittel zum Einsatz gekommen ist oder zukünftige Maßnahmen erforderlich sind, um ein bestehendes Schutzdefizit zu beseitigen. Sind bereits Gesetze erlassen worden, welche die Schutzpflicht ausreichend erfüllen? Hat die Rechtsprechung bereits Gesetze hinreichend durch verfassungskonforme Auslegung konkretisiert, um ihrer verfassungsrechtlichen Schutzpflicht gerecht zu werden? Oder wurde die Exekutive bereits auf Grundlage eines bestehenden Gesetzes tätig, um die Schutzpflicht zu erfüllen?

Dieser Prüfungspunkt gibt zum einen Aufschluss darüber, ob schon ein Eingriff in die Rechte des Störers vorliegt (Ausnahme)[830] oder der Staat es bislang Unterlassen hat (Regelfall), seiner Schutzpflicht nachzukommen und ein Eingriff erst noch erforderlich ist.[831] Zum anderen gibt der Prüfungspunkt her, welche der drei Staatsgewalten zur Erfüllung der verfassungsrechtlichen Schutzpflicht berufen ist beziehungsweise welche diese bereits erfüllt hat. Sollte die Exekutive ihre Schutzpflicht erfüllen, ist nach dem Vorbehalt des Gesetzes eine

---

826 Hier besteht noch Verbesserungsbedarf, siehe dazu *Dietlein*, Die Lehre von den grundrechtlichen Schutzpflichten, 2005, S. Vorb. II f.

827 *Hermes*, Das Grundrecht auf Schutz von Leben und Gesundheit, 1987, S. 226 ff.

828 Siehe oben § 5 III. 1. d) bb) S. 149 ff.

829 *Klatt*, JuS 2014, 193 (195).

830 Liegt bereits eine staatliche Maßnahme vor, wird man wohl schon den Eingriff durch staatliches Unterlassen in die Grundrechte des Grundrechtsgeschützten verneinen müssen.

831 Ein bereits bestehender Eingriff in die Grundrechte des Störers kommt allenfalls dann in Betracht, wenn dieser noch nicht effektiv genug ist. In der Regel wird eine Klage aber nur dann erfolgen, wenn dem Staat ein Unterlassen hinsichtlich der staatlichen Schutzpflicht vorzuwerfen ist. Siehe dazu auch *Kaspar*, Verhältnismäßigkeit und Grundrechtsschutz im Präventionsstrafrecht, 2014, S. 75 ff.

Ermächtigungsgrundlage für den zur Erfüllung benötigten Eingriff erforderlich. Daraus ergibt sich aber nicht, dass nun das Übermaßverbot in den Vordergrund zu stellen ist. Bei der Prüfung der Schutzpflichtenfunktion handelt es sich vielmehr um eine verfassungsrechtliche Prüfung der Grundrechtswirkung im Privatrecht, mithin ist die einfachrechtliche Prüfung der Ermächtigungsgrundlage an anderer Stelle vorzunehmen.[832]

(3) Geeignetheit

Im nächsten Schritt ist zu überprüfen, ob das Mittel geeignet ist die verfassungsrechtliche Schutzpflicht zu erfüllen, das heißt, der legitime Zweck muss durch das legitime Mittel zumindest gefördert werden.[833] Wenn – wie im Regelfall – noch keine staatliche Maßnahme ergangen ist, sondern der grundrechtsbeeinträchtigte Private gegen die Verletzung der staatlichen Schutzpflicht im Klageweg vorgeht, ist zu überprüfen, ob die Konkretisierung durch die Rechtsprechung dazu geeignet ist, die Schutzpflicht zu erfüllen. Dies wird regelmäßig der Fall sein, denn entweder das Zivilgericht selbst oder die Verfassungsgerichtsbarkeit kann dem Schutz der Grundrechte auch in Privatrechtsverhältnissen ausreichend Rechnung tragen, indem die Schutzfunktion über eine verfassungskonforme Auslegung zur Anwendung gebracht wird.[834]

(4) Effektivität

Für die Bestimmung des nächsten Prüfungspunktes ist auf die Ausführungen von *Krings* zurückzugreifen, nach denen die Erforderlichkeit im Sinne einer Effektivität zu verstehen ist.[835] Das Effektivitätsgebot gebietet es, eine zur Verfügung

---

832 Zum Prüfungsmaßstab siehe *Ruffert*, Vorrang der Verfassung und Eigenständigkeit des Privatrechts, 2001, S. 235; *Krings*, Grund und Grenzen grundrechtlicher Schutzansprüche, 2003, S. 297.

833 *Möstl*, Die Staatliche Garantie für die öffentliche Sicherheit und Ordnung, 2002, S. 109; *Klatt*, JuS 2014, 193 (195).

834 Zur verfassungskonformen Auslegung im Privatrecht siehe *Kulick*, Horizontalwirkung im Vergleich, 2020, S. 186 ff.; *Krings*, Grund und Grenzen grundrechtlicher Schutzansprüche, 2003, S. 245 f.

835 Darunter ist eine Optimierung des Schutzniveaus bei gegebener Eingriffsintensität zu verstehen, siehe dazu *Krings*, Grund und Grenzen grundrechtlicher Schutzansprüche, 2003, S. 303.

stehende effektivere Schutzalternative zu wählen, wenn sie insbesondere den Grundrechtsbeeinträchtigenden nicht stärker tangiert.[836]

Entgegen der Rechtsprechung des Bundesverfassungsgerichts, welche das Effektivitätsgebot bislang nicht aufgegriffen, sondern lediglich einen ausreichenden Schutz verlangt,[837] ist die Anwendung des Effektivitätsgebots denklogisch nur richtig. Das Effektivitätsgebot könnte beispielsweise gebieten, über die Entscheidung des Gerichtes hinaus einen Auftrag an den Gesetzgeber zu stellen, wobei der Spielraum des Staates bei Erfüllung seiner verfassungsrechtlichen Schutzpflichten zu beachten ist.[838] Anders als im Fall des Übermaßverbotes kann es nicht ausreichend sein, mildere gleichwirksame Mittel in Betracht zu ziehen, sondern vielmehr ist zugunsten des Grundrechtsgeschützten ein möglichst effektiver Schutz zu suchen, der gleichzeitig nicht stärker in die Rechte des Grundrechtsbeeinträchtigenden eingreift.

Ob neben der Effektivitätsprüfung im Rahmen des Untermaßverbotes auf die Erforderlichkeitsprüfung im Rahmen des Übermaßverbotes verzichtet werden kann, wird von der Literatur überwiegend verneint.[839] Gegen diese Sichtweise ist einzuwenden, dass die Prüfung der Effektivität, die dem Erforderlichkeitsgebot dadurch Rechnung trägt, dass sie keine effektiveren Mittel in Betracht zieht, welche die Rechte des Grundrechtsbeeinträchtigenden stärker beeinträchtigen, ausreichend ist. Dadurch, dass das effektivste Mittel bereits ausgewählt worden ist, bedarf es keiner Prüfung mehr, ob es weitere mildere gleichwirksame Mittel gibt. Vielmehr ist es eine Frage der Angemessenheitsprüfung, ob das gewählte Mittel außer Verhältnis in die Rechte des Grundrechtsbeeinträchtigenden eingreift.

(5) Angemessenheit

Zuletzt ist in der Angemessenheit eine Abwägung vorzunehmen und zunächst festzustellen, welche Grundrechte des Grundrechtsbeeinträchtigenden durch einen staatlichen Eingriff betroffen sind. Sofern Grundrechte einschlägig sind, müssen diese mit dem legitimen Zweck der Maßnahme, das heißt mit der Erfüllung der grundrechtlichen Schutzpflicht, in einen interessengerechten Ausgleich im Wege

836 *Möstl*, DÖV 1998, 1029 (1038 f.); *Isensee*, in: Isensee/Kirchhof, HStR IX, 2011, § 191 Rn. 306.

837 BVerfGE 88, 203 (254).

838 Eine solche Nachbesserungspflicht wurde dem Gesetzgeber im Fall des Schwangerschaftsabbruchs aufgegeben, siehe dazu BVerfGE 88, 203 (269, 309); *Isensee*, in: Isensee/Kirchhof, HStR IX, 2011, § 191 Rn. 293 f.

839 *Möstl*, Die Staatliche Garantie für die öffentliche Sicherheit und Ordnung, 2002, S. 110; *Krings*, Grund und Grenzen grundrechtlicher Schutzansprüche, 2003, S. 304.

der praktischen Konkordanz gebracht werden.[840] Dieser erfolgt durch Einbeziehung einer Vielzahl von Faktoren wie der Rang des zu schützenden Rechtsguts, die öffentlichen Interessen und Rechte Dritter sowie die Möglichkeit zu wirkungsvollem Selbstschutz[841] und trägt dem Übermaßverbot Rechnung, indem inzident Eingriffe in die Rechte des Grundrechtsbeeinträchtigenden zu prüfen sind.[842] Ein Novum ist diese Vorgehensweise nicht, denn auch im Fall der Abwehrfunktion sind es häufig Eingriffe in die Rechte anderer Bürger, die zur Rechtfertigung des im Mittelpunkt stehenden Eingriffs angeführt werden.[843] Wenn es zur Abwägung kommt, ist der Gestaltungs- und Entscheidungsspielraum, der den staatlichen Organen zukommt, zu beachten.[844]

(6) Zwischenfazit

Die Verhältnismäßigkeitsprüfung des Untermaßverbotes enthält im Vergleich zur Prüfung des Übermaßverbotes einige wenige Modifikationen, die zu beachten sind. Zum einen kommen legitimen Zweck und Mittel eine größere Bedeutung zu, um festzustellen, ob eine verfassungsrechtliche Schutzpflicht besteht und bereits Handlungen zur Erfüllung der Schutzpflicht ergriffen worden sind. Zum anderen ist die Erforderlichkeitsprüfung durch die Effektivität zu ersetzen, um einen optimalen Schutz zu gewährleisten. Die Abwägung von Über- und Untermaßverbot in der Angemessenheitsprüfung ist letztlich nicht unbekannt, insbesondere ist es nicht unüblich, dass bei der Prüfung des Übermaßverbotes gegenüberstehende Schutzpflichten des Staates angeführt werden, um den Eingriff verfassungsrechtlich rechtfertigen zu können.[845] Wenn umgekehrt ein Schutzanspruch des Staates eingefordert werden würde, sind in der Abwägung Interessen anderer Privater anzuführen, die letztlich auch das Interesse des Staates widerspiegeln, das Übermaßverbot nicht durch Eingriffe in die Rechte des Grundrechtsbeeinträchtigenden zu verletzen.

840 *Vieweg*, Normsetzung und -anwendung deutscher und internationaler Verbände, 1990, S. 192; *Götz*, in: Isensee/Kirchhof, HStR IV, 2006, § 85 Rn. 27; *Schladebach*, STAAT 2014, 263 (264); *Orth*, in: Cherkeh/Momsen u.a., Handbuch Sportstrafrecht, 2021, 2. Kapitel Rn. 74.

841 *Isensee*, in: Isensee/Kirchhof, HStR IX, 2011, § 191 Rn. 318; *Möstl*, Die Staatliche Garantie für die öffentliche Sicherheit und Ordnung, 2002, S. 111.

842 *Kaspar*, Verhältnismäßigkeit und Grundrechtsschutz im Präventionsstrafrecht, 2014, S. 76.

843 Siehe dazu beispielhaft *Bühner*, JA 2021, 395 (402).

844 *Jarass*, AöR 1985, 363 (383); *Möstl*, Die Staatliche Garantie für die öffentliche Sicherheit und Ordnung, 2002, S. 112.

845 *Bühner*, JA 2021, 395 (402).

Nach diesem Prüfungsaufbau lassen sich alle denkbaren Konstellationen abdecken, in denen Private den noch nicht ausreichend bestehenden Schutz des Staates gegenüber einem anderen Bürger einfordern. Es werden – wie bei der gängigen Prüfung des Übermaßverbotes – griffige Prüfungspunkte und handfeste Kriterien geschaffen, die zu einer rechtssicheren Grundrechtswirkung im Privatrecht führen.

ee) Vorteile der Schutzpflichtenlehre

Sowohl in Herleitung als auch der eigentlichen Prüfung lassen sich Vorteile der Schutzpflichtenlehre gegenüber den gängigen Lehren ausmachen. Allein der Umstand, dass sich handfeste Prüfungspunkte finden lassen, die zu einer interessengerechten Abwägung von Privatautonomie und Schutzpflichten führen, zeigt die Überlegenheit der Lehre gegenüber einer konturlosen Ausstrahlungswirkung der Grundrechte in das Privatrechtsverhältnis.

Insbesondere die Lehre zur unmittelbaren Grundrechtsbindung leidet erheblich an dogmatischen Schwächen, die im ausschließenden Widerspruch zur Schutzpflichtenlehre stehen. Würden dem Bürger unmittelbare Ansprüche aus den Grundrechten erwachsen,[846] wäre die verfassungsrechtlich anerkannte Schutzpflicht des Staates entbehrlich[847] und der Staat würde lediglich Hilfe zur Durchsetzung der unmittelbar aus der Verfassung bestehenden Ansprüche gegenüber anderen Privaten leisten. Die Gefahr eines Verfassungsprivatrechts – wie sie für die Lehre zur unmittelbaren Grundrechtsbindung zu befürchten ist[848] – besteht in der Schutzpflichtenlehre nicht. Nach dieser können Private keine Ansprüche unmittelbar aus der Verfassung im Privatrecht geltend machen, da die verfassungsrechtlichen Schutzpflichten unmittelbar nur an den Staat adressiert sind.[849] Dies folgt gerade aus dem Umstand, dass das einfache Recht – und nicht das Rechtsgeschäft als solches – an den Grundrechten zu messen ist.[850] Der Private hat keinen Anspruch gegen andere Private, sondern vielmehr einen Schutzanspruch gegenüber dem Staat (Subjektivierung der Schutzpflicht).[851]

---

846 So zumindest auf zweiter Stufe *Kulick*, Horizontalwirkung im Vergleich, 2020, S. 76 ff.
847 *Canaris*, AcP 1984, 201 (227); *Klein*, NJW 1989, 1633 (1639).
848 *Dürig*, in: Maunz, FS Nawiasky, 1956, 157 (157); *Medicus*, AcP 1992, 35 (43).
849 *Höfling*, Vertragsfreiheit, 1991, S. 53.
850 *Canaris*, AcP 1984, 201 (228 f.).
851 *Isensee*, in: Isensee/Kirchhof, HStR IX, 2011, § 191 Rn. 321 f.; *Goldhammer/Neuhöfer*, JuS 2021, 212 (215) mit einem lesenswerten Beispiel zur Funktion der Schutzpflichten während der Corona-Pandemie.

Nicht nur gegenüber der Lehre zur unmittelbaren Grundrechtsbindung Privater, sondern auch in Abgrenzung zur Lehre der mittelbaren Drittwirkung bietet die Schutzpflichtenlehre nennenswerte Vorteile. Dem Argument, dass ein Großteil der Schutzpflichten im Privatrecht von Generalklauseln wahrgenommen wird und durch die Schutzpflichtenlehre im Ergebnis eine mittelbare Drittwirkung praktiziert wird,[852] ist entgegenzuhalten, dass es sich bei der Schutzpflichtenlehre aus dogmatischer Sicht um eine unmittelbare Bindung des Gesetzgebers, des Gerichts oder des Exekutivorgans an die Grundrechte und damit um einen völlig anderen Anknüpfungspunkt handelt.[853] Die Schutzpflichtenlehre verpflichtet den Staat über die Schutzfunktion und durch ihre unmittelbare Bindung an die Grundrechte auf das Privatrechtsverhältnis einzuwirken, während die Lehre zur mittelbaren Drittwirkung an einer Lösung über die Abwehrfunktion der Grundrechte festhält.[854] Für den funktionalen Ansatz der Schutzpflichtenlehre spricht in diesem Zusammenhang, dass auch der Privatrechtsgesetzgeber von vorneherein miterfasst wird.[855] Auch in praktischer Hinsicht bietet die Schutzpflichtenlehre den Vorteil, dass die Prüfung anhand von griffigen Kriterien erfolgt, die weniger konstruiert als eine bloße Ausstrahlungswirkung sind.[856] Sie besteht aus einer verfassungsrechtlichen Verhältnismäßigkeitsprüfung, die nur in spezifischen Konstellationen zur Geltung kommt und die Berücksichtigung beider Interessen ermöglicht.

ff) Kritik an der Schutzpflichtenlehre

Letzte bestehende Kritikpunkte an der Schutzpflichtenlehre sind auszuräumen und können im Ergebnis nicht überzeugen. Vielmehr lässt sich der Kritik entgegnen, dass die Schutzpflichtendogmatik als einzige Lehre eine dogmatisch

852 *Lehner*, Zivilrechtlicher Diskriminierungsschutz und Grundrechte, 2013, S. 299; *Muckel*, JA 2018, 553 (556) fordert eine zwingende Unterscheidung zwischen der Schutzpflicht des Staates und der Ausstrahlungswirkung der Grundrechte im Wege der mittelbaren Drittwirkung; *Poscher*, Grundrechte als Abwehrrechte, 2003, S. 267 f. sieht die Schutzpflichtenlehre als durch die „mittelbare Grundrechtsbindung mediatisiert" an und geht von einem „harmonischen Miteinander" aus.

853 *Canaris*, AcP 1984, 201 (228).

854 *Poscher*, Grundrechte als Abwehrrechte, 2003, S. 285 m. w. N.

855 Die Lehre zur mittelbaren Drittwirkung umfasst den Privatrechtsgesetzgeber nicht, siehe oben § 5 III. 1. a) bb), S. 110 ff.; *Ruffert*, JuS 2020, 1 (2 f.).

856 Dennoch sind auch diese Kriterien im Hinblick auf Konturenlosigkeit weiterhin kritisch zu würdigen, siehe dazu *Dietlein*, Die Lehre von den grundrechtlichen Schutzpflichten, 2005, S. 107 ff.

einwandfreie Lösung zur Problematik der Grundrechtswirkung im Privatrecht liefert.

In Bezug auf die Anknüpfung des Bundesverfassungsgerichts an die gestörte Vertragsparität wird kritisiert, dass es zwischen Privaten sowohl Ungleichgewichtslagen mit tolerablem Ergebnis als auch Gleichgewichtslagen mit untragbaren Ergebnissen gäbe.[857] Eine Ablehnung der Schutzpflichtendogmatik lässt sich aus diesem Hinweis aber nicht entnehmen, da der Gesetzgeber diesen Missstand gerade durch seinen allgemein anerkannten Einschätzungs-, Wertungs- und Gestaltungsspielraum bei Schaffung von zivilrechtlichen Normen auflösen und Einzelfälle berücksichtigen kann.[858] Er ist nicht daran gehindert, auch für Gleichgewichtslagen Regelungen zu treffen, die untragbare Ergebnisse im Wege der Schutzfunktion verhindern beziehungsweise für Ungleichgewichtslagen auf einen Eingriff zu verzichten, sofern es die verfassungsrechtliche Schutzpflicht nach einer Abwägung beider Interessen zulässt.

Ebenfalls gegen das Kriterium der gestörten Vertragsparität wird vorgetragen, dass der Ansatz zu ökonomisch gedacht sei und nicht dem Wettbewerbsmodell einer freien Marktwirtschaft entspreche.[859] Dem ist zu widersprechen, da nicht nur ökonomisch Erwägungen zur Feststellung der gestörten Parität herangezogen werden, sondern auch andere Machtinstrumente wie einseitige Bestimmungsmöglichkeiten oder Monopolstellungen.[860] Der Umstand, dass die Rechtsprechung diese Kriterien im Handelsvertreter-Beschluss nicht herangezogen hat,[861] ist den Umständen des Einzelfalls geschuldet und kann nicht die Schutzpflichtenlehre als Gesamtkonstruktion infrage stellen.

Angemahnt wird außerdem die Beschränkung der Privatautonomie im Hinblick auf das Recht, sich wirtschaftlich durch eigene Verträge zu ruinieren.[862] Es

---

857 BVerfGE 81, 242 (255 f.); *Wiedemann*, JZ 1990, 695 (697).

858 Zum Einschätzungs-, Wertungs- und Gestaltungsspielraum siehe BVerfGE 96, 56 (64); 121, 317 (356); *Voßkuhle*, in: v. Mangoldt/Klein u.a., GG, 2018, Art. 93 Rn. 43.

859 *Wiedemann*, JZ 1990, 695 (697).

860 *Hillgruber*, AcP 1991, 69 (75); *Orth*, Vereins- und Verbandsstrafen, 2009, S. 94.

861 BVerfGE 81, 242 (255).

862 Abzuleiten ist dieses Recht aus dem sich nach Art. 2 Abs. 1 GG ergebenen Recht der Eigenständigkeit und Selbstverantwortung, siehe dazu BVerfGE 6, 32 (40); *Hillgruber*, Der Schutz des Menschen vor sich selbst, 1992, S. 142 ff.; *Hermes*, Das Grundrecht auf Schutz von Leben und Gesundheit, 1987, S. 228 ff.; *Kempen*, DZWir 1994, 499 (503 f.); *Isensee*, in: Isensee/Kirchhof, HStR IX, 2011, § 191 Rn. 244 ff.; das Recht auf wirtschaftlichen Ruin entspricht einem Grundrechtsverzicht, siehe dazu *Hager*, JZ 1994, 373 (380).

werde nicht der Stärkere vor dem Schwächeren geschützt, sondern der Schwächere vor sich selbst.[863] Dem ist entgegenzuhalten, dass es nicht immer eine privatautonome Entscheidung des Schwächeren ist, die zum Bestehen einer verfassungsrechtlichen Schutzpflicht führt. Im Fall der Stadionverbote wird dem Stadionbesucher schon von vorneherein die Eingehung eines Vertrages untersagt, ohne dass es in seiner privatautonomen Entscheidung liegt, ob er den Vertrag eingeht. Vielmehr ist der Grundrechtsbeeinträchtigte auf die Kooperations- beziehungsweise Abschlussbereitschaft des anderen Vertragspartners angewiesen. Dem Umstand, dass Private für ihren Ruin selbst verantwortlich sind,[864] wird dadurch Rechnung getragen, dass nur in Fällen gestörter Vertragsparität, die nicht im Rahmen der Privatautonomie selbstverschuldet verursacht wurden, eine Schutzpflicht des Staates ausgelöst wird.[865] Gerade dadurch, dass die Voraussetzungen für das Eingreifen des Staates eng an einem verfassungsrechtlichen Schutzminimum auszulegen sind, wird die Privatautonomie geschützt.

Selbst wenn es sich um einen selbstverschuldeten Ruin handeln sollte, ist es dem Zivilrecht aber auch nicht fremd, dass in atypischen Fällen der Bürger vor sich selbst geschützt wird.[866] Selbst, wenn der Bürger sich aus freiem Willen vertraglich gebunden hat, besteht die Möglichkeit, dass das Rechtsgeschäft nach § 138 Abs. 1 BGB bei einem Verstoß gegen die guten Sitten nichtig ist.

Beanstandet werden könnte die Schutzpflichtenlehre ferner im Hinblick darauf, dass in der Verfassung bereits ausdrückliche Schutzpflichten des Staates wie etwa der besondere Schutz von Ehe und Familie in Art. 6 Abs. 1 GG statuiert werden. Folgt man diesem Umkehrschluss und lehnt eine allgemeine staatliche Schutzpflicht, die nicht normiert ist, für andere Grundrechte ab, bestünde die diffuse Situation, dass auch keine verfassungsrechtliche Pflicht des Staates bestehen würde, Leib und Leben gemäß Art. 2 Abs. 2 S. 1 GG zu schützen. Die Schutzpflicht in Art. 6 GG ist mithin nicht als einzige, sondern als besondere Schutzpflicht zu verstehen, die über die Wirkung der allgemeinen Schutzpflichtenkonstruktion hinausgeht, ohne dass die allgemeinen Schutzpflichten hinter dieser zurückstehen müssten.[867]

---

863 *Hillgruber*, AcP 1991, 69 (85).

864 *Isensee*, in: Isensee/Kirchhof, HStR IX, 2011, § 191 Rn. 244 ff.

865 Erforderlich ist ein besonderes Schutzbedürfnis, siehe dazu *Singer*, JZ 1995, 1133 (1137).

866 *Wiedemann*, JZ 1990, 695 (697).

867 *Coelln*, in: Sachs, GG, 2021, Art. 6 Rn. 19; *Kingreen*, Jura 1997, 401 (404 f.); dazu eingehend auch *Krings*, Grund und Grenzen grundrechtlicher Schutzansprüche, 2003,

Letztlich ist den Vorwürfen nachzugehen, die Schutzpflichtenlehre stoße in bestimmten Situationen an ihre dogmatischen Grenzen und weise Schutzlücken auf.[868] Die Feststellung, dass der Staat seiner verfassungsrechtlichen Schutzpflicht nicht hinreichend nachgekommen sei, könne für vergangene Rechtsverstöße lediglich durch Schadensersatzansprüche wegen legislativen Unterlassens kompensiert werden.[869] Dieser Auffassung ist entgegenzuhalten, dass Schutzpflichten nahezu immer durch verfassungskonforme Auslegung der Gerichte erfüllt werden können. Erfüllt der Gesetzgeber durch einfaches Recht seine verfassungsrechtliche Schutzpflicht nicht oder nicht ausreichend, muss sich derjenige Bürger, der sich durch einen anderen Bürger in seinen Grundrechten verletzt sieht, zunächst an die Zivilgerichte wenden.[870] Gelangt das Verfahren vor das Bundesverfassungsgericht, hat dieses entweder im Wege der verfassungskonformen Auslegung die Entscheidung der Zivilgerichte zu korrigieren und/oder für die Zukunft einen Regelungsauftrag an den Gesetzgeber zu richten.[871] An diesem Verfahrenspunkt knüpft die Kritik von *Hellgardt* und *Kulick* an, die in den Fällen, in denen es gänzlich an einer einfachgesetzlichen Regelung fehle bzw. eine verfassungskonforme Auslegung nicht möglich sei, eine unmittelbare Drittwirkung für zwingend erforderlich halten.[872] Diese Sichtweise verkennt aber, dass solche Fälle kaum vorstellbar sind, da das Zivilrecht von Generalklauseln und unbestimmten Rechtsbegriffen durchflutet ist.[873] Vor dem Hintergrund, dass die verfassungskonforme Auslegung sehr weiten Spielraum hat,[874] ist der Vorwurf, die Schutzpflichtenlehre stoße für vergangene Rechtsverstöße an ihre Grenzen, nach diesen Überlegungen nicht überzeugend.

S. 146; *Kaspar*, Verhältnismäßigkeit und Grundrechtsschutz im Präventionsstrafrecht, 2014, S. 73.

868 *Hellgardt*, JZ 2018, 901 (902); *Kulick*, Horizontalwirkung im Vergleich, 2020, S. 76 ff.

869 *Hellgardt*, JZ 2018, 901 (902); *Kulick*, Horizontalwirkung im Vergleich, 2020, S. 76 ff.

870 Siehe dazu beispielhaft BGH, NJW 2010, 534; vorgehend LG Duisburg, SpuRt 2009, 78; AG Duisburg, BeckRS 2009, 29835

871 Siehe dazu beispielhaft BVerfGE 148, 267.

872 *Hellgardt*, JZ 2018, 901 (908).

873 In einer komplexen tatsächlichen Umwelt wie der des menschlichen Lebens sei es nur verständlich, dass die wenigsten Umstände exakt normativ regulierbar sind, siehe dazu *Schiffbauer*, NJW 2021, 2097 (2100).

874 Siehe dazu beispielhaft die verfassungskonforme Auslegung der Anmeldepflicht für Versammlungen, *Lembke*, in: Ridder/Breitbach u.a., VersG, 2020, § 14 Rn. 16 ff.

gg) Zwischenfazit

Die Schutzpflichtenlehre ist insbesondere in dogmatischer und praktischer Hinsicht überzeugend. Sie steht weder im Widerspruch zum Verfassungstext noch zum systematischen Verständnis der Verfassung. Der Grundsatz, dass die Verfassung das Verhältnis zwischen Bürger und Staat regelt,[875] bleibt gewahrt. Es wird dem Staat lediglich eine allgemeine in der verfassungsrechtlichen Lehre anerkannte Schutzpflicht[876] gegenüber den Bürgern auferlegt, die es ihm ermöglicht, die Rechtsverhältnisse zwischen Bürgern in einem gewissen Umfang zu regulieren und deren Grundrechte zu schützen. Der Grundsatz der Privatautonomie bleibt dadurch erhalten, dass der Staat nur unter strengen Voraussetzungen in das privatrechtliche Verhältnis eingreifen darf. Der Bürger muss ein nachvollziehbares Schutzbedürfnis gegenüber dem anderen Bürger haben, sodass er auf ein Eingreifen des Staates angewiesen ist.[877] Abgesehen von der dogmatischen Herleitung aus Art. 1 Abs. 1 S. 2, Abs. 2 und 3 GG macht die Übertragung des Gewaltmonopols auf den Staat eine verfassungsrechtliche Schutzpflicht unerlässlich, da der Bürger sonst gegenüber anderen Privaten vollkommen schutzlos gestellt wäre.

Die Lehre ist nicht im Widerspruch zur Lehre der mittelbaren Drittwirkung zu verstehen, sondern vielmehr als funktionaler Ansatz, der eine dogmatisch einwandfreie Grundrechtswirkung im Privatrecht praktiziert. Anknüpfungspunkt ist nicht die objektive Rechtsordnung als solche, sondern vielmehr die grundrechtlichen Schutzpflichten, die dem Staat gemäß Art. 1 Abs. 3 GG unmittelbar gegenüber den Bürgern auferlegt werden. Lediglich im Prüfungsaufbau der Schutzpflichtendogmatik besteht Konkretisierungsbedarf, dem mit dieser Arbeit ein Stück weit Rechnung getragen werden soll. Die Prüfung des Untermaßverbotes ist maßgeblich für den verfassungsrechtlichen Einfluss auf das Privatrechtsverhältnis und verdrängt die Prüfung des Übermaßverbotes – mit Ausnahme der Abwägung in der Angemessenheit – weitestgehend. Das Bestehen einer Schutzpflicht ist als zentraler und entscheidender Prüfungspunkt voranzustellen, um der Bedeutung der Schutzpflichten zur Problematik der Grundrechtswirkung im Privatrecht gerecht zu werden.

---

875 Ausführlich dazu *Laufke*, in: Nipperdey, FS Lehmann, 1956, 145 (150 f.).

876 BVerfGE 39, 1 (42 ff.); 46, 160 (164); 56, 54 (73); *Isensee*, Das Grundrecht auf Sicherheit, 1983, S. 33; *Jarass*, AöR 1985, 363 (383 f.).

877 *Singer*, JZ 1995, 1133 (1137).

e) Stellungnahme

Die Schwächen der gängigen Lehre zur unmittelbaren Grundrechtsbindung Privater sowie der Lehre zur mittelbaren Drittwirkung wurden von der Literatur in der Vergangenheit bereits mehrfach aufgezeigt[878] und sind in dieser Arbeit zu bestätigen. Überzeugen können nach hier vertretener Ansicht letzten Endes beide Lehren nicht, sodass das Augenmerk auf modifizierte Ansätze zu legen ist.

aa) Schutzpflichtenlehre überzeugt

Die dogmatische Anknüpfung der Schutzpflichtenlehre an die unmittelbare Grundrechtsbindung der Staatsgewalten gemäß Art. 1 Abs. 3 GG bildet eine lückenlose Herleitung, die keiner konstruierten Ausstrahlungswirkung der Grundrechte als objektive Werteordnung bedarf. Auch wenn Kritikern zuzugeben ist, dass die Schutzpflichtenlehre im Ergebnis eine mittelbare Drittwirkung praktiziert,[879] liefern sowohl die funktionale Anknüpfung über die Schutzfunktion als auch das verwendete Prüfungsschema völlig andere Anhaltspunkte, die in dogmatisch und praktischer Hinsicht vorzugswürdig sind.[880]

Die Befürchtung, dass die Schutzpflichtenlehre nicht alle Fälle abdecken kann,[881] ist ein Trugschluss. Durch das von Generalklauseln und unbestimmten Rechtsbegriffen geflutete Zivilrecht lässt sich kein Fall ausmalen, in denen das Zivilgericht seiner verfassungsrechtlichen Schutzpflicht nicht durch verfassungskonforme Auslegung nachkommen könnte. Die Rechtsprechung hat in der Vergangenheit bewiesen, dass die Konturen des Untermaßverbotes konkretisierungsfähig sind[882] und es ist davon auszugehen, dass diese Konturierung in der Zukunft fortgesetzt wird. Es lässt sich – ähnlich wie im Fall der Abwehrfunktion und des Übermaßverbotes – ein fester Prüfungsaufbau ausmachen, der Rechtssicherheit fern von inhaltsloser Ausstrahlungswirkung vermittelt. Dadurch, dass das Bundesverfassungsgericht in Fällen gestörter Vertragsparität[883] oder Veranstaltungen für ein großes Publikum klare Fallgruppen erkennen lässt,[884] wann eine Schutzpflicht im Vertragsrecht besteht, existieren zumindest für das

---

878 Zusammenfassend *Höfling*, Vertragsfreiheit, 1991, S. 48 ff.

879 *Poscher*, Grundrechte als Abwehrrechte, 2003, S. 267 f.; *Lehner*, Zivilrechtlicher Diskriminierungsschutz und Grundrechte, 2013, S. 299; *Muckel*, JA 2018, 553 (556).

880 Siehe oben § 5 III. 1. d) ee, S. 168 ff.

881 *Hellgardt*, JZ 2018, 901 (902).

882 BVerfGE 49, 89 (142); 81, 242 (255 f.); 148, 267 (283 f.).

883 BVerfGE 49, 89 (142); 81, 242 (255 f.).

884 BVerfGE 148, 267 (283 f.).

Vertragsrecht konkrete Voraussetzungen für das Bestehen einer verfassungsrechtlichen Schutzpflicht.

Verbesserungsbedarf verbleibt für die Schutzpflichtenlehre hinsichtlich des Prüfungsaufbaus, der einer Konkretisierung bedarf. In diesem Zusammenhang ist *Hain* zuzugeben, dass für Dreieckskonstellationen im Privatrechtsverhältnis weitestgehend Kongruenz zwischen dem Über- und Untermaßverbot besteht.[885] Da im Regelfall aber noch gar kein Eingriff des Staates in die Grundrechte des Störers vorliegt, sondern der Private die Schutzpflicht des Staates einfordert, weil der Staat einen Eingriff bislang unterlassen hat, ist nicht die Prüfung des Untermaßverbotes entbehrlich, sondern diese des Übermaßverbotes. Schließlich beschränkt sich die Prüfung im umgekehrten abwehrrechtlichen Fall auch nicht auf das Untermaßverbot.[886] Erst wenn festgestellt wurde, dass überhaupt eine Schutzpflicht besteht, ist in der weiteren Verhältnismäßigkeit eine Abwägung zwischen dem Über- und Untermaßverbot vorzunehmen, das heißt, die Interessen beider Parteien sind in einen angemessenen Ausgleich zu bringen.[887]

bb) Entbehrlichkeit der staatsgleichen Grundrechtsbindung

Die Annahme, Private würden einer staatsgleichen unmittelbaren Grundrechtsbindung unterliegen, greift unverhältnismäßig in den Grundsatz der Privatautonomie ein.[888] Zwar ist dem Ansatz zugutezuhalten, dass es für die Intensität der Bindung kaum einen Unterschied macht, ob eine „staatsgleiche" mittelbare Drittwirkung oder eine staatsgleiche unmittelbare Grundrechtsbindung vorliegt,[889] aber weisen beide Lehren dogmatische Unterschiede auf, die in die Beurteilung der Lehren mit einfließen müssen.

Überzeugender als der Ansatz zur staatsgleichen Bindung ist die Lösung über die Schutzpflichtenlehre, die einen Eingriff in die Privatautonomie nur bei Verletzung des Untermaßverbotes zulässt und durch die funktionale Anknüpfung an die Schutzfunktion eine saubere dogmatische Herleitung vorweist. Zwar wird weiterhin ein Eingriff in das Privatrechtsverhältnis praktiziert, aber vor dem Hintergrund, dass der Staat seiner verfassungsrechtlichen Schutzpflicht nachkommt und der Private selbst keiner unmittelbaren Grundrechtsbindung unterliegt. Dem Privaten erwächst kein Anspruch gegen den Grundrechtsbeeinträchtigenden,

---

885 *Hain*, DVBl 1993, 982 (983); *Hain*, ZG 1996, 75 (83).

886 Siehe dazu beispielhaft *Klatt*, JuS 2014, 193 ff.

887 Siehe oben § 5 III. 1. d) dd), S. 160 ff.

888 Siehe oben § 5 III. 1. b) bb), S. 122 ff.

889 BVerfGE 148, 267 (280 f.); *Smets*, NVwZ 2019, 34 (35).

sondern ein Schutzanspruch gegen den Staat.[890] Eine staatsgleiche Bindung privater Akteure, die die Unterscheidung von Staat und mächtigen Privaten gänzlich aufheben würde, ist nach hier vertretener Ansicht entbehrlich. Gleiches gilt für andere Ansätze wie die zweistufige Anwendung, die ebenfalls und letztlich vor dem Hintergrund der Schutzpflichtenlehre dogmatisch nicht haltbar eine unmittelbare Grundrechtsbindung praktiziert.[891]

cc) Kritik an Rechtsprechung des Bundesverfassungsgerichts

Zuletzt sind die Entscheidungen des Bundesverfassungsgerichts, die eine Tendenz zur Lehre der staatsgleichen Grundrechtsbindung Privater, das heißt eine unmittelbare Grundrechtsbindung, erkennen lassen, kritisch zu würdigen.[892] Zuzugeben ist der Literatur, dass durch Formulierungen wie „von Verfassungs wegen"[893] oder „einer dem Staate gleichkommenden Grundrechtsbindung"[894] das Gefühl einer unmittelbaren Grundrechtsbindung Privater vermittelt wird. Eine solche Grundrechtsbindung wäre nach hier vertretener Auffassung abzulehnen. Auf der anderen Seite ist dem Bundesverfassungsgericht zugutezuhalten, dass es sich in den benannten Entscheidungen nach wie vor zur Lehre der mittelbaren Drittwirkung bekennt.[895] Dieser Ansatz ist zumindest dogmatisch haltbarer als die Lehre zur unmittelbaren Grundrechtsbindung, kann aber letztendlich auch nicht überzeugen. Das Bundesverfassungsgericht befindet sich in seinen Entscheidungen in einem Spannungsverhältnis zwischen Schutzbedürfnis vor sozialmächtigen Privaten und Leugnung einer unmittelbaren Grundrechtsbindung. Um diese Spannung aufzulösen, wäre es wünschenswert, wenn das Bundesverfassungsgericht die Lehre der Schutzpflichten in seinen Entscheidungen zur Drittwirkungsproblematik annimmt und auf Privatrechtsverhältnisse anwendet. Dem Schutzbedürfnis des Staates gegenüber Privaten vor sozialmächtigen beziehungsweise staatsgleichen Privaten ist durch die Kriterien zum Bestehen einer verfassungsrechtlichen Schutzpflicht nach der Schutzpflichtenlehre auf diese Weise am besten Rechnung zu tragen.

---

890 *Goldhammer/Neuhöfer*, JuS 2021, 212 (215).

891 Siehe oben § 5 III. 1. c) bb), S. 139 ff.

892 Fraport-Entscheidung, BVerfGE 128, 226; Freizeitbad-Entscheidung, BVerfG, NJW 2016, 3153, 3154; Bierdosen-Flashmob-Entscheidung, BVerfG, NJW 2015, 2485 ff.; Stadionverbot-Entscheidung, BVerfGE 148, 267.

893 BVerfGE 148, 267 (284).

894 BVerfG, NJW 2015, 2485.

895 BVerfG, NJW 2015, 2485 (2486); BVerfGE 148, 267 (279 f.).

2. Grundrechte und Stadionverbot

Basierend auf der vorzugswürdigen Schutzpflichtenlehre ist die Grundrechtswirkung im Fall von zivilrechtlichen Stadionverboten zu prüfen. Insbesondere sollen die folgenden Ausführungen am Beispiel der Stadionverbot-Entscheidung[896] aufzeigen, dass die Lehre praxistauglich ist.

a) Betroffene Grundrechte

Zu Beginn ist festzustellen, welche Grundrechte im Fall der Stadionverbote überhaupt betroffen und gegeneinander abzuwägen sind. Dafür sind die Grundrechte des Veranstalters, die des Adressaten beziehungsweise Störers sowie die der friedlichen Fans heranzuziehen.

aa) Grundrechte des Veranstalters

Das zivilrechtliche Hausrecht stellt die einfachgesetzliche Ausprägung des Grundrechtsschutzes von Betriebsräumen nach Art. 13 Abs. 1 GG sowie des Eigentums nach Art. 14 Abs. 1 GG dar.[897] Insbesondere das Eigentumsrecht des Veranstalters, welches sowohl für Eigentümer als auch Besitzer gilt, ist durch sicherheitsbeeinträchtigendes Verhalten der Stadionbesucher beeinträchtigt.[898] Kommt es zu einem Stadionverbot, greift die gemäß Art. 2 Abs. 1 GG garantierte Vertragsfreiheit des Veranstalters, die grundsätzlich jeden frei darüber entscheiden lässt, ob und mit wem ein Vertrag eingegangen wird.[899] Sie spielt als Grundsatz der Privatautonomie[900] eine entscheidende Rolle im Fall der Stadionverbote und gibt dem Veranstalter das Recht, potenziell gefährlichen Stadionbesuchern den Zutritt zu verweigern. Die Vereinsautonomie nach Art. 9 Abs. 1 GG kommt im Fall der Stadionverbote nicht zum Tragen, da der Veranstalter als Inhaber des

896 BVerfGE 148, 267.

897 LG Hamburg, SpuRt 2002, 202 (204); *Breucker*, JR 2005, 133 (133); *Vieweg*, Normsetzung und -anwendung deutscher und internationaler Verbände, 1990, S. 192; *Henseler*, Die rechtlichen Dimensionen des bundesweiten Stadionverbots, 2016, S. 328.

898 *Staake*, SpuRt 2018, 138 (139).

899 BGH, NJW 2020, 3382 (3382); *Kunig/Kämmerer*, in: Münch/Kunig, GG, 2021, Art. 2 Rn. 27; *Busche*, Privatautonomie und Kontrahierungszwang, 1999, S. 30; *Weller/Schulz/Smela*, JuS 2021, 722 (722)

900 Ausführlich dazu *Isensee*, in: Isensee/Kirchhof, HStR VII, 2009, § 150 Rn. 24 ff.

Hausrechts wie jedermann im Rechtsverkehr gegenüber dem Stadionbesucher als Dritter tätig wird.[901]

bb) Grundrechte des Adressaten

Grundrechtsgeschützter ist der potenzielle Stadionbesucher, gegen den ein (bundesweites) Stadionverbot verhängt wird. Neben dem durch die Stadionverbot-Entscheidung des Bundesverfassungsgerichts[902] in den Fokus gestellten allgemeinen Gleichheitssatz nach Art. 3 Abs. 1 GG sind weitere Grundrechte in Erwägung zu ziehen, die in der Konstellation der Stadionverbote aufseiten des Grundrechtsgeschützten einschlägig sein könnten. Zu berücksichtigen ist allerdings, dass es zur Beurteilung der Rechtmäßigkeit eines zivilrechtlichen Stadionverbotes maßgeblich auf den gleichheitsgerechten Zugang zu der Veranstaltung ankommt, sodass dem Bundesverfassungsgericht zuzustimmen ist, dass Art. 3 Abs. 1 GG im konkreten Fall der Stadionverbote das maßgebliche Grundrecht ist.[903] Selbst wenn andere Freiheitsgrundrechte einschlägig sind, müssten diese hinter der Vertragsfreiheit des Veranstalters gemäß Art. 2 Abs. 1 GG zurücktreten, wenn ein sachlicher Grund für den ungleichen Ausschluss vorliegt.[904] Der Umstand, dass weitere Grundrechte beeinträchtigt sind, kann aber dazu führen, dass die Anforderungen an den sachlichen Grund erhöht sind.[905]

(1) Allgemeines Gleichbehandlungsgebot

Das Bundesverfassungsgericht sieht aufseiten der Stadionbesucher in seiner Stadionverbot-Entscheidung weniger die allgemeine Handlungsfreiheit nach

---

901 BVerfGE 70, 1 (25); *Jarass*, in: Jarass/Pieroth, GG, 2020, Art. 9 Rn. 9; zur Vereinigungsfreiheit von Vereinen und Verbänden im Allgemeinen siehe *Orth*, Vereins- und Verbandsstrafen, 2009, S. 95; Stadionbesucher gelten als Externe, siehe dazu *Vieweg*, Normsetzung und -anwendung deutscher und internationaler Verbände, 1990, S. 100.

902 BVerfGE 148, 267 (282 ff.).

903 BVerfGE 148, 267 (284) moniert, dass sich aus der Berufung auf das allgemeine Persönlichkeitsrecht keine weiteren inhaltlichen Anforderungen ergeben können.

904 Das gilt insbesondere dann, wenn der Besucher aufgrund vorangegangenen Verhaltens ein Stadionverbot erhalten hat, siehe *Schild*, in: WFV, Das Recht der Sportstätte, 1985, 66 (89 f.).

905 Der Grundsatz, dass „dem Gestaltungsspielraum des Gesetzgebers um so engere Grenzen gesetzt, je stärker sich die Ungleichbehandlung von Personen oder Sachverhalten auf die Ausübung grundrechtlich geschützter Freiheiten nachteilig auswirken kann“, stammt aus der Transsexuellen-Entscheidung, siehe dazu BVerfGE 88, 87 (97); *Wollenschläger*, in: v. Mangoldt/Klein u.a., GG, 2018, Art. 3 Rn. 146.

Art. 2 Abs. 1 GG, als den allgemeinen Gleichbehandlungsgrundsatz nach Art. 3 Abs. 1 GG beeinträchtigt.[906] Bei einem Ausschluss einzelner Personen von Großveranstaltungen durch die Ausübung des privatrechtlichen Hausrechts ist zwar nicht nur der allgemeine Gleichbehandlungsgrundsatz betroffen, sondern auch andere Grundrechte, aber ist dieser richtigerweise als maßgebliches Grundrecht für den Vertragsschluss anzuführen, um gegen einen willkürlichen Ausschluss vorgehen zu können.

Nach Ansicht des Bundesverfassungsgerichts enthalte Art. 3 Abs. 1 GG zwar kein objektives Verfassungsprinzip, wonach die Rechtsbeziehungen zwischen Privaten von diesen prinzipiell gleichheitsgerecht zu gestalten wären, allerdings können sich gleichheitsrechtliche Anforderungen für spezifische Konstellationen wie auch im Fall der Stadionverbote ergeben.[907] Die Anwendung des Art. 3 Abs. 1 GG auf ein Privatrechtsverhältnis ist für die verfassungsgerichtliche Judikatur Neuland.[908] Eine Eröffnung – ob über die mittelbare Drittwirkung oder unmittelbare Bindung – des Anwendungsbereichs für den allgemeinen Gleichbehandlungsgrundsatz wurde vom Bundesverfassungsgericht vor dem Hintergrund der Privatautonomie bislang (noch) nicht vorgenommen.[909] Dennoch ist die Entscheidung des Bundesverfassungsgerichts, die gleichheitsrechtlichen Anforderungen auch in den Privatrechtsverkehr zumindest für spezifische Konstellationen einfließen zu lassen, richtig. Dort, wo ein gesteigertes Schutzbedürfnis besteht, muss der Staat ein gleichheitsrechtliches Schutzminimum gewährleisten, welches Willkür und Diskriminierung im Privatrechtsverkehr verhindert. Anknüpfungspunkt für die Erfüllung der verfassungsrechtlichen Schutzpflicht ist im Privatrecht der in diesem Kapitel noch näher zu untersuchende allgemeine Kontrahierungszwang, der in spezifischen Konstellationen vor Ausgrenzung schützt.[910] Eine solche Konstellation hat das

---

906 BVerfGE 148, 267 (282 ff.).

907 BVerfGE 148, 267 (283 f.).

908 *Michl*, JZ 2018, 910 (914).

909 Allerdings hat der BGH in Bezug auf die Erteilung eines Hausverbotes für einen NPD-Vorsitzenden bereits darauf hingewiesen, dass die Privatautonomie für Örtlichkeiten, die dem allgemeinen Publikumsverkehr eröffnet sind, zurücktreten muss, wenn sich der Betroffene im Rahmen des üblichen Verhaltens bewegt, siehe dazu BGH, NJW 2012, 1725 (1727).

910 Zum allgemeinen Kontrahierungszwang siehe *Busche*, Privatautonomie und Kontrahierungszwang, 1999, S. 111; *Busche*, in: MüKo, BGB, 2018, Vor § 145 Rn. 12; ferner *Kilian*, AcP 1980, 47 (52); *Walker*, in: Gödicke/Hammen u.a., FS Schapp, 2010, 491 (494).

Bundesverfassungsgericht in der Stadionverbot-Entscheidung zu Recht bejaht, mithin ist der Schutzbereich von Art. 3 Abs. 1 GG einschlägig.[911]

(2) Allgemeines Persönlichkeitsrecht

Keine Berücksichtigung in der Entscheidung des Bundesverfassungsgerichts findet das allgemeine Persönlichkeitsrecht nach Art. 2 Abs. 1 i. V. m. Art. 1 Abs. 1 GG.[912] Dieser Umstand ist vor dem Hintergrund kritisch zu hinterfragen, dass die soziale Teilhabe am gesellschaftlichen Leben einen großen Aspekt des allgemeinen Persönlichkeitsrechts ausmacht.[913] Es umfasst gemäß Art. 2 Abs. 1 i. V. m. Art. 1 Abs. 1 GG auch teilhaberechtliche Elemente an gesellschaftlichen Ereignissen.[914] Wird dem potenziellen Stadionbesucher die Möglichkeit zum Besuch seines Fanobjektes verwehrt, ist der Schutzbereich des allgemeinen Persönlichkeitsrechts eröffnet.[915]

Das allgemeine Persönlichkeitsrecht gilt als entwicklungsoffenes Grundrecht und ist nicht abschließend umschrieben.[916] Es soll gerade jedem Einzelnen einen autonomen Bereich privater Lebensgestaltung sichern, in welchem er seine Individualität entwickeln und wahren kann.[917] Hält man sich die Feststellungen zur Fanszene vor Augen, ist insbesondere bei Ultra-Gruppierungen, die häufig von Stadionverboten betroffen sind, der Stadionbesuch als identitätswahrende Freizeitbeschäftigung anzusehen.[918] Der Besuch im Stadion, das gemeinsame Anfeuern in der Fankurve und die Meinungsäußerung im Stadion tragen zur Entwicklung ihrer persönlichen Identität bei. Wenn das Bundesverfassungsgericht anerkennt, dass Stadionverbote in erheblichem Umfang über die Teilnahme am gesellschaftlichen Leben entscheiden,[919] wird auch im gleichen

---

911 Sie liegt vor, wenn der Veranstalter die Veranstaltung einem großen Publikum ohne Ansehen der Person eröffnet und der Zugang für die Betroffenen in erheblichem Umfang über die Teilnahme am gesellschaftlichen Leben entscheidet, BVerfGE 148, 267 (284).

912 BVerfGE 148, 267 (284).

913 *Staake*, SpuRt 2018, 138 (140); *Michl*, JZ 2018, 910 (913); ferner *Martini*, JA 2009, 839 (844).

914 *Neuner*, JZ 2003, 57 (60); *Breucker*, JR 2005, 133 (136).

915 *Orth/Schiffbauer*, RW 2011, 177 (209); zustimmend *Henseler*, Die rechtlichen Dimensionen des bundesweiten Stadionverbots, 2016, S. 270 ff.

916 BVerfGE 79, 256 (268).

917 BVerfGE 35, 202 (220); 79, 256 (268).

918 Siehe oben § 2 III., S. 33 ff.

919 BVerfGE 148, 267 (280 f.).

Zuge nicht mehr verneint werden können, dass das allgemeine Persönlichkeitsrecht nach Art. 2 Abs. 1 i. V. m. Art. 1 Abs. 1 GG beeinträchtigt ist. Es ist dabei auch unerheblich, dass das Bundesverfassungsgericht diese Feststellung im Hinblick auf Art. 3 Abs. 1 GG trifft.[920] Wenn der Stadionbesuch einen erheblichen Umfang an der Teilnahme am gesellschaftlichen Leben ausmacht, ist die Sozialsphäre des Stadionbesuchers betroffen.[921] Ihm ist es nach einem Verbot nicht mehr möglich, seiner Freizeitbeschäftigung, seiner Leidenschaft und seinem Hobby nachzugehen.

Davon abzugrenzen sind Gelegenheitszuschauer, die lediglich konsumorientiert an der Veranstaltung teilnehmen und keine identitätswahrende Bindung zum Verein selbst haben.[922] Dadurch, dass auch diese Stadionbesucher regelmäßig und jedes Wochenende in die Stadien strömen, sind auch solche Fans zwar in einem Großteil ihrer Freizeitbeschäftigung betroffen, aber nicht in identitätsgefährdender Weise. Es ist im Einzelfall zu differenzieren, ob der einzelne Fan in seinem allgemeinen Persönlichkeitsrecht beeinträchtigt ist oder seine Stadionbesuche austauschbar sind. Einem Gelegenheitszuschauer, der – wie das Wort schon sagt – nur gelegentlich an Spielen teilnimmt, wird einen identitätsbeeinträchtigenden Eingriff in sein allgemeines Persönlichkeitsrecht aber kaum glaubhaft machen können.

(3) Versammlungsfreiheit

Versammlungsrechtlich gesehen handelt sich bei einer Sportgroßveranstaltung um eine öffentliche Versammlung im Sinne des VersG, die grundsätzlich jedem offensteht.[923] Allerdings ist der Zugang für die Öffentlichkeit durch hohe Sicherheitsvorkehrungen am Stadioneingang auf die Inhaber von Eintrittskarten beschränkt, sodass es sich nicht um eine Versammlung „unter freiem Himmel" im Sinne von Art. 8 Abs. 2 GG handelt.[924] Nach hier vertretener Ansicht fällt eine Sportgroßveranstaltung im Fußballsport zwar unter den Schutz der

---

920 BVerfGE 148, 267 (280 f.).

921 *Martini*, JA 2009, 839 (844).

922 Siehe oben § 2 III., S. 35 ff.

923 BVerwG, NVwZ 1999, 991 (992); Eintrittskarten oder -gelder stehen der Annahme einer öffentlichen Versammlung nicht entgegen, siehe dazu VGH Mannheim, NVwZ 1998, 761 (763); *Wapler*, in: Ridder/Breitbach u.a., VersG, 2020, § 1 Rn. 48; a. A. *Franz/Günther*, NWVBl 2006, 201 (204).

924 Die seitliche Umgrenzung muss so beschaffen sein, dass der Verantwortliche mit ihrer Hilfe den Zugang kontrollieren kann, siehe dazu *Ernst*, in: Münch/Kunig, GG, 2021, Art. 8 Rn. 114.

Versammlungsfreiheit nach Art. 8 Abs. 1 GG, aber stellt eine Entscheidung auf Grundlage der Versammlungsautonomie gemäß § 6 Abs. 1 VersG keinen Eingriff in diese dar.

(aa) Anforderungen an den gemeinsamen Zweck

Der Umstand, dass das Bundesverfassungsgericht der Versammlungsfreiheit in seiner Stadionverbot-Entscheidung[925] mit keinem Wort Beachtung schenkt, verwundert vor dem Hintergrund der Love-Parade-Entscheidung[926] nicht. Danach seien Versammlungen im Sinne von Art. 8 Abs. 1 GG örtliche Zusammenkünfte mehrerer Personen zwecks gemeinschaftlicher Erörterung und Kundgebung mit dem Ziel der Teilhabe an der öffentlichen Meinungsbildung.[927] Es reiche nicht aus, dass die Teilnehmer durch irgendeinen Zweck miteinander verbunden seien. Insbesondere würden Volksfeste und Vergnügungsveranstaltungen ebenso wenig unter den Versammlungsbegriff fallen wie Veranstaltungen, die der bloßen Zurschaustellung eines Lebensgefühls dienen oder die als eine auf Spaß und Unterhaltung ausgerichtete öffentliche Massenparty gedacht sind.[928] Das Bundesverfassungsgericht vertritt seither einen engen Versammlungsbegriff,[929] der vermuten lässt, dass Sportgroßveranstaltungen ebenfalls nicht unter den Versammlungsbegriff fallen, sondern lediglich der Unterhaltung dienen.

Der Ansicht des Bundesverfassungsgerichts ist nicht zuzustimmen. Vielmehr kann auch das Publikum einer Sportveranstaltung – wie hier im Fall des Stadionverbotes – vom Schutzbereich der Versammlungsfreiheit im Sinne des Art. 8 Abs. 1 GG umfasst sein.[930] Als Argument für diese weite Auslegung ist anzuführen, dass eine Beschränkung auf die politische Funktion einer Versammlung unzulässig ist, da Art. 8 Abs. 1 GG gleichermaßen vor einer drohenden Isolierung des Einzelnen schütze.[931] Problematisch erscheint auf den

---

925 BVerfGE 148, 267.

926 BVerfG, NJW 2001, 2459.

927 St. Rspr., siehe dazu BVerfG, NJW 2001, 2459 (2460); BVerfGE 104, 92 (104); 111, 147 (155); *Jarass*, in: Jarass/Pieroth, GG, 2020, Art. 8 Rn. 3a; *Deger*, NJW 1997, 923 (923 f.).

928 BVerfG, NJW 2001, 2459 (2460).

929 BVerfG, NJW 2001, 2459 (2460); *Bröhmer*, in: Dörr/Grote u.a., EMRK/GG, 2013, Kapitel 19: Versammlungs- und Vereinigungsfreiheit Rn. 29.

930 *Höfling*, in: Sachs, GG, 2021, Art. 8 Rn. 18 f.; *Schulze-Fielitz*, in: Dreier, GG, 2013, Art. 8 Rn. 26; *Bröhmer*, in: Dörr/Grote u.a., EMRK/GG, 2013, Kapitel 19: Versammlungs- und Vereinigungsfreiheit Rn. 29; zu dem gleichen Ergebnis kommt *Henseler*, Die rechtlichen Dimensionen des bundesweiten Stadionverbots, 2016, S. 283.

931 *Ernst*, in: Münch/Kunig, GG, 2021, Art. 8 Rn. 40; a. A. *Deger*, NJW 1997, 923 (923 f.).

ersten Blick das Merkmal „Verbindung durch einen gemeinsamen Zweck“,[932] wobei auch diese Bedenken auszuräumen sind. Der Umstand, dass im Stadion keine homogene Fangruppe existiert, sondern vielmehr Gruppierungen unterschiedlichster Art,[933] sowie auch Heim- und Gästefans gegenläufige Interessen vertreten, schließt eine Versammlung im Sinne von Art. 8 Abs. 1 GG nicht von vorneherein aus. Vielmehr ist es auch bei klassischen Straßendemonstrationen üblich, dass nicht alle Teilnehmer die gleichen Beweggründe zur Teilnahme haben.[934] Es lässt sich ohnehin trotz zum Teil gegenläufiger Interessen auch bei den Fans verschiedener Mannschaften ein gemeinsames Interesse erkennen. Die Mehrheit der Zuschauer hat ein Interesse an einem fairen und interessanten Fußballspiel mit guter Stimmung. Es kann sogar dazu kommen, dass sich die Fangruppierungen beider Mannschaften gegen ein gemeinsames Feindbild wie den DFB oder die Polizei verbünden.[935]

Um den Versammlungsbegriff nicht konturenlos erscheinen zu lassen und nicht nahezu alle gesellschaftlichen Veranstaltungen zu umfassen, ist dennoch eine Einschränkung in der Hinsicht zu machen, dass Veranstaltungen als bloße Spaßveranstaltungen, bei denen der kommerzielle oder unterhaltende Zweck im Vordergrund stehe, nicht vom Versammlungsbegriff umfasst sind.[936] Maßgeblich für die Eröffnung des Schutzbereiches ist, ob das Publikum bloß konsumierender Rezipient bleibt oder selbst als Akteur beziehungsweise Medium in Erscheinung tritt.[937] Im Fall der Stadionbesuche treten medienwirksam besonders die Gruppierungen der Hooligans und Ultras in Erscheinung. Letztere verfolgen zwar keine allgemeinpolitischen, aber verbands- oder vereinspolitische Interessen.[938] Gerade diese Fankultur der Ultras macht eine Eröffnung

---

932 BVerfG, NJW 2001, 2459 (2460).

933 Siehe oben § 2 III., S. 33 ff.

934 VG Hannover, NVwZ-RR 1997, 622 (623) zu den verschiedenen Anschauungen der Teilnehmer der sog. „Chaos-Tage“; *Deger*, NJW 1997, 923 (924).

935 *Pilz*, Sport, Fairplay und Gewalt, 2013, S. 89, 97 f.

936 *Gusy*, in: v. Mangoldt/Klein u.a., GG, 2018, Art. 8 Rn. 18 fordert, dass die Anwesenheit des Publikums einen über die bloße Kenntnisnahme hinausgehenden Gehalt ausweisen müsse oder die Zuschauer an der Zweckverfolgung durch die Veranstaltung oder Mitwirkenden mittelbar beteiligt seien. Dies sei unter anderem für Fan Gruppierungen von Sportvereinen zu diskutieren.

937 VGH Mannheim, Beschl. v. 27.5.1994 – 1 S 1397/94 zur Theateraufführung auf einem Marktplatz; *Ernst*, in: Münch/Kunig, GG, 2021, Art. 8 Rn. 42; *Höfling*, in: Sachs, GG, 2021, Art. 8 Rn. 19.

938 Siehe oben § 2 III. 3. b), S. 43 ff.

des Schutzbereichs der Versammlungsfreiheit nach Art. 8 Abs. 1 GG möglich, wenn regelmäßig eine Protest- und Demonstrationskultur gegen Polizeibehörden, Verbände und Vereinsführung stattfindet.[939] Sie erzeugen durch Spruchbanner, Choreografien und Gesänge ein über den bloß rezipierenden Zuschauer hinausgehendes Erscheinungsbild, welches der öffentlichen Meinungsbildung und -äußerung dient.

In regelmäßigen Abständen werden zudem – wenn auch in der Regel von den Veranstaltern initiiert – gesellschaftspolitische Themen wie Rassismus und Homophobie durch die Fankurven zur Diskussion und Anschauung gestellt, die von einem Millionenpublikum vor den Bildschirmen verfolgt werden.[940] Verbände wie der UEFA zum Trotz, die immer wieder betonen, dass der Fußballsport politisch neutral sei,[941] setzen sowohl die Spieler, Fans als auch Vereine regelmäßig gesellschaftspolitische Zeichen und schaffen somit Sichtbarkeit für gesellschaftliche Themen im Sport.[942]

Neben diesen Themen dienen auch vereins- und verbandspolitische Proteste der öffentlichen Meinungsbildung und -äußerung, wenn beispielsweise gegen Kollektivstrafen durch Ultra-Gruppierungen im Stadion protestiert wird.[943] Es lässt sich zwar einwenden, dass nicht in jedem Fußballspiel Inhalte von Meinungsbildung und -äußerungen wiederzufinden sind, aber besteht zumindest die Möglichkeit bei einem Publikum dieser Größenordnung. Es wäre praxisfern,

---

939 Siehe oben § 2 III. 3. b), S. 43 ff.

940 Siehe dazu einen Beitrag des WA vom 24.08.2019 über Plakate der Fans des FC Bayern München gegen Rassismus, online abrufbar unter: <www.wa.de/sport/schalke-04/schalke-fans-bayern-banner-gegen-rassismus-clemens-toennies-12898180.html>, zuletzt abgerufen am 01.08.2021; ferner einen Beitrag des 1. FSV Mainz 05 zur Fan-Choreografie gegen Homophobie im April 2012, online abrufbar unter: <www.mainz05.de/news/erinnerungstag-des-deutschen-fussballs-im-zeichen-des-kampfs-gegen-homophobie/>, zuletzt abgerufen am 01.08.2021.

941 Siehe dazu einen Beitrag der ZEIT vom 22.06.2021 über das Erleuchten der Allianz Arena in Regenbogenfarben bei der EURO 2020, online abrufbar unter: <www.zeit.de/sport/2021-06/uefa-regenbogen-verbot-em-stadion-muenchen-homophobie-ungarn-menschenrechte?utm_referrer=https%3A%2F%2Fwww.google.com%2F>, zuletzt abgerufen am 01.08.2021.

942 Siehe dazu einen Beitrag der TAZ vom 17.06.2021 zum politischen Knien als Protestzeichen gegen Rassismus, abrufbar unter <taz.de/Spieler-Protest-bei-der-EM/!5777037/>, zuletzt abgerufen am 01.08.2021.

943 Siehe dazu einen Beitrag der SZ vom 3.3.2020 über Kollektivstrafen im deutschen Fußball, online abrufbar unter: <www.sueddeutsche.de/sport/kollektivstrafen-dfb-ultras-1.4828578>, zuletzt abgerufen am 26.04.2021.

die Versammlungsfreiheit nur dann anzunehmen, wenn Plakate hochgehalten werden und wieder abzulehnen, wenn selbige heruntergenommen werden. Unabhängig von den Choreografien zur Meinungsbildung und -äußerung werden die Zuschauer durch ihren Einfluss auf Mannschaft und Spielgeschehen Teil der Veranstaltung und bringen mehr als nur die bloße Teilnahme als Rezipient mit sich. Das Publikum ist mit Emotionen am Spielgeschehen beteiligt und lässt einen inneren gemeinsamen Zweck erkennen. Es entsteht ein Gemeinschaftsgefühl, welches durch die Verfassung zu schützen ist.

(bb) Friedlichkeit

Selbst wenn nach hier vertretener Ansicht die Versammlung im Stadion unter den Versammlungsbegriff im Sinne des Art. 8 Abs. 1 GG fällt, ist die Eröffnung des Schutzbereiches vor dem Hintergrund kritisch zu würdigen, dass nach dem Wortlaut des Art. 8 Abs. 1 GG nur Versammlungen geschützt sind, die friedlich und ohne Waffen stattfinden. Der einzelne Versammlungsteilnehmer ist nicht mehr vom Schutz der Versammlungsfreiheit umfasst, wenn er sich unfriedlich verhält.[944] Eine Versammlung ist unfriedlich, wenn Handlungen von einiger Gefährlichkeit wie etwa Gewalttätigkeiten oder aggressive Ausschreitungen gegen Personen oder Sachen stattfinden.[945]

Unstreitig ist derjenige, der Gewalt gegen andere Personen oder Sachen anwendet, aber auch derjenige, der für umstehende Personen gefährliche pyrotechnische Gegenstände benutzt beziehungsweise bei sich führt,[946] nicht vom Schutz der Versammlungsfreiheit erfasst. Die Berufung auf ein gegen den potenziellen Stadionbesucher verhängtes Stadionverbot reicht grundsätzlich aus, um den Schutz der Versammlungsfreiheit für den einzelnen Teilnehmer zu versagen. Zu berücksichtigen ist dabei, dass bundesweite Stadionverbote in der Regel für die Zukunft ausgesprochen werden und nicht nur für die laufende Versammlung. Die (verfassungsrechtlich haltbaren)[947] Voraussetzungen eines Stadionverbotes sind erfüllt, wenn ein schwerer Fall nach § 4 Abs. 3–5 SVRL vorliegt.

---

944 Dagegen wird die Versammlung durch das Verhalten einiger Teilnehmer nicht unfriedlich, d. h. die friedlichen Versammlungsteilnehmer können sich weiterhin auf Art. 8 GG berufen, sofern die Versammlung nicht als solche unfriedlich wird, siehe dazu BVerfGE 69, 315 (361); *Schulze-Fielitz*, in: Dreier, GG, 2013, Art. 8 Rn. 48; *Jarass*, in: Jarass/Pieroth, GG, 2020, Art. 8 Rn. 10.

945 BVerfGE 87, 399 (406).

946 *Henseler*, Die rechtlichen Dimensionen des bundesweiten Stadionverbots, 2016, S. 301 ff. zur Gefährlichkeit pyrotechnischer Gegenstände.

947 Siehe oben § 5 II., S. 90 ff.

Damit geht regelmäßig (zumindest) der Verdacht einer Straftat einher, der zur Verhängung eines bundesweiten Stadionverbotes führt.

Kritisch zu würdigen ist der Umstand, dass der Stadionbesucher wegen eines Verhaltens aus der Vergangenheit von einer zukünftigen Versammlung ausgeschlossen wird. Diese Maßnahme kommt einem vorbeugenden Versammlungsverbot nach § 15 Abs. 1 Alt. 1 VersG gleich, welches einer Gefahrenprognose bedarf.[948] Erforderlich für ein Versammlungsverbot ist grundsätzlich ein höchstwahrscheinlicher Rechtsverstoß, der zu einer Gefährdung der öffentlichen Sicherheit führt.[949] Die Gefahrenprognose wird in der Regel für die Versammlung als solche erstellt und nicht für einzelne Teilnehmer.[950] Sie verpflichtet den Staat dazu, alle sinnvoll anwendbaren Mittel, die zu einer Grundrechtsverwirklichung der friedlichen Teilnehmer führt, zu ermöglichen.[951] Gerade deshalb muss der Ausschluss von potenziell gewaltbereiten und schon in der Vergangenheit in sicherheitsbeeinträchtigender Weise aufgefallenen Teilnehmern möglich sein, um die Friedlichkeit und den reibungslosen Ablauf der Versammlung als solche gewährleisten zu können.

Aus versammlungsrechtlicher Perspektive ist selbst das Kriterium der Gruppenzugehörigkeit zur Feststellung eines Stadionverbotes tragbar, da das Kriterium der Unfriedlichkeit schon dann erfüllt ist, wenn Solidarität mit der Gewalt einzelner Teilnehmer gezeigt oder deren Verhalten in Kauf genommen wird.[952] Das häufig angeführte Argument der Kritiker, dass Stadionverbote als Kollektivstrafe angewendet werden,[953] greift aus versammlungsrechtlicher Sicht nicht. Der Stadionbesucher, der mit einem Stadionverbot belegt wird, fällt mithin bei negativer Gefahrenprognose von vorneherein mangels Friedlichkeit schon aus dem Schutzbereich von Art. 8 Abs. 1 GG heraus.

(cc) Versammlungsautonomie

Unabhängig von der Friedlichkeit und dem Versammlungsbegriff ist nicht zu vergessen, dass es sich bei Sportgroßveranstaltungen um eine öffentliche

---

948 BVerfGE 69, 315 (331); *Gusy*, in: v. Mangoldt/Klein u.a., GG, 2018, Art. 8 Rn. 25.

949 Nach BVerfGE 69, 315 (354) sind die Anforderungen an ein vorbeugendes Verbot besonders hoch, zumal die Möglichkeit eines späteren Ausschlusses verbleibt; *Schneider*, in: Epping/Hillgruber, BeckOK, GG, Stand: 15.05.2021, Art. 8 Rn. 47.

950 OVG Lüneburg, BeckRS 2009, 33317 zu einer nicht unerheblichen Anzahl von gewaltbereiten Teilnehmern.

951 BVerfGE 69, 315 (361).

952 BVerfG, NVwZ 2011, 422 (423); *Jarass*, in: Jarass/Pieroth, GG, 2020, Art. 8 Rn. 10.

953 Siehe oben § 5 II. 2. d), S. 93 ff.

Veranstaltung in geschlossenem Raum handelt, die der Versammlungsautonomie des Veranstalters unterliegt.[954] Die Versammlungsfreiheit gewährt dem Bürger kein Zutrittsrecht zu Orten, die der Öffentlichkeit nicht allgemein zugänglich sind oder zu denen schon den äußeren Umständen nach nur zu bestimmten Zwecken Zugang gewährt wird. In Abgrenzung zur Bierdosen-Flashmob-Entscheidung des Bundesverfassungsgerichts handelt es sich nicht um einen dem allgemeinen öffentlichen Verkehr eröffneten Ort,[955] sondern ist auf die Inhaber von Eintrittskarten begrenzt.

In geschlossenen Räumen ist der Veranstalter schon nach § 6 Abs. 1 VersG berechtigt, bestimmte Personen oder Personenkreise in der Einladung von der Teilnahme an einer Versammlung auszuschließen. Dieses Recht nimmt der Veranstalter wahr, indem er mit einem Stadionverbot belegte Personen von der Veranstaltung ausschließt. In dem Ausschluss ist kein Eingriff in Art. 8 Abs. 1 GG zu sehen, da das Grundrecht der Versammlungsfreiheit keinen Anspruch auf Teilnahme an einer Versammlung gegen den Willen des Veranstalters beinhaltet.[956] Dem privaten Veranstalter sind nur äußerste Grenzen für den Ausschluss nach § 6 Abs. 1 VersG gesetzt.[957] Gleichheitsrechtliche Anforderungen für den Zugang zu Versammlungen in privaten Räumen sind mithin durch Art. 3 Abs. 1 GG zu beantworten und weniger eine Frage der Versammlungsfreiheit.[958]

(dd) Zwischenfazit

Zusammenfassend fällt eine Sportgroßveranstaltung grundsätzlich unter den Schutzbereich des hier vertretenen weiten Versammlungsbegriffs nach Art. 8 Abs. 1 GG. Allerdings sind im konkreten Fall der Stadionverbote Einschränkungen dahin gehend zu machen, dass erstens potenziell unfriedliche Teilnehmer im Sinne der Gewährleistung eines reibungslosen Ablaufes der Veranstaltung als solche nicht vom Schutzbereich erfasst sind und zweitens ein

954 BVerfGE 128, 226 (251); *Schild*, in: WFV, Das Recht der Sportstätte, 1985, 66 (91); *Rothfuß*, in: Ridder/Breitbach u.a., VersG, 2020, § 6 Rn. 1.

955 BVerfG, NJW 2015, 2485.

956 *Rothfuß*, in: Ridder/Breitbach u.a., VersG, 2020, § 6 Rn. 2.

957 *Ders.*, in: Ridder/Breitbach u.a., VersG, 2020, § 6 Rn. 23.

958 So auch schon das BVerfG im Hinblick auf Art. 2 Abs. 1 GG, siehe dazu BVerfGE 148, 267 (282 f.); *Rothfuß*, in: Ridder/Breitbach u.a., VersG, 2020, § 6 Rn. 22 ff.; a. A. *Henseler*, Die rechtlichen Dimensionen des bundesweiten Stadionverbots, 2016, S. 312 ff., die eine modifizierte Anwendung von Art. 8 GG im Hinblick auf das Monopol der Veranstalter fordert. Diese Ansicht kann nicht überzeugen und ist vielmehr durch gleichheitsrechtliche Anforderungen gem. Art. 3 GG zu beantworten.

Ausschluss bestimmter Personen auf Grundlage der Versammlungsautonomie des Veranstalters gemäß § 6 Abs. 1 VersG keinen Eingriff in die Versammlungsfreiheit darstellt. Ob darüber hinaus gleichheitsrechtliche Anforderungen an den Ausschluss bestimmter Personen zu stellen sind, ist im Hinblick auf Art. 3 Abs. 1 GG zu beantworten.

(4) *Informationsfreiheit*

Der Schutzbereich der Informationsfreiheit umfasst allgemein zugängliche Quellen, die technisch geeignet und bestimmt sind, der Allgemeinheit, das heißt einem individuell nicht bestimmbaren Personenkreis, Informationen zu verschaffen, Art . 5 Abs. 1 S. 1 Alt. 2 GG.[959] Dies gilt unabhängig davon, ob ein Leistungsentgelt für den Erhalt der Informationen verlangt wird.[960] Gegen eine Eröffnung des Schutzbereiches im Fall der Stadionverbote könnte sprechen, dass neben der persönlichen Anwesenheit weitere Informationsquellen wie Pay-TV, Radio und Zeitung bestehen, die den Erhalt von Informationen ermöglichen.[961] Für eine Eröffnung des Schutzbereiches ist allerdings anzuführen, dass die persönlichen Informationen aus erster Hand anders wahrgenommen werden als aus Presse- und Fernsehberichten.[962] Der Zuschauer im Stadion hat eine umfassendere Wahrnehmung von der Atmosphäre durch einen individuellen Blick auf das Spielgeschehen, da er nicht an die Wahrnehmung der Pressevertreter oder die gewählten Blickwinkel der Fernsehkameras gebunden ist.

Dem dürfte auch das Bundesverfassungsgericht zustimmen, welches nicht nur die Unterrichtung aus der Informationsquelle, sondern auch die Informationsaufnahme an der Quelle unter den Schutzbereich der Informationsfreiheit fasst.[963] Nach diesem weiten Verständnis sind auch Stadionbesuche als geschützte Informationsquellen anzusehen.[964] Die allgemeine Zugänglichkeit der Informationsquelle wird partiell beschränkt, wenn der Inhaber im Privatrecht sein

959 BVerfGE 27, 71 (83); 33, 52 (65).
960 *Schulze-Fielitz*, in: Dreier, GG, 2013, Art. 5 Rn. 80.
961 AG Frankfurt, SpuRt 2005, 172; AG Duisburg, BeckRS 2009, 29835; *Aschenbeck*, Fußballfans im Abseits, 1998, S. 19 f.; *König*, Fankultur, 2002, S. 11 f.; *Gietl*, JR 2010, 50 (50).
962 Siehe oben § 3 II. 2. c), S. 59 ff. zur dramatischen Darstellung von Gewaltereignissen.
963 BVerfGE 103, 44 (60).
964 *Grabenwarter*, in: Maunz/Dürig, GG, 94. EL Januar 2021, Art. 5 Abs. 1, Abs. 2 Rn. 1004.

Hausrecht gegenüber einigen Besuchern ausübt.[965] Derjenige, der das Bestimmungsrecht, das heißt das Hausrecht hat, entscheidet über die Zugänglichkeit und die Art der Zugangseröffnung, sodass der Schutzbereich der Informationsfreiheit durch den Ausschluss bestimmter Personen berührt ist.[966]

(5) Recht auf Freizügigkeit

Nach Art. 11 Abs. 1 GG genießen alle Deutschen Freizügigkeit im ganzen Bundesgebiet. Geschützt wird die Freiheit, ungehindert durch die deutsche Staatsgewalt an jedem Ort innerhalb des Bundesgebietes Aufenthalt und Wohnsitz zu nehmen, sowie zu diesem Zweck in das Bundesgebiet einzureisen.[967] Aus einer Entscheidung des Bundesverfassungsgerichts sticht der Leitsatz hervor, die Freizügigkeit sei „unbehindert durch die deutsche Staatsgewalt" zu gewähren.[968] Dieser könnte implizieren, dass der Schutzbereich der Freizügigkeit von einer Beeinträchtigung durch Private ohnehin nicht berührt ist. Gegen diese Sichtweise spricht, dass Art. 11 Abs. 1 GG bereits sowohl vom Bundesgerichtshof als auch vom Bundesarbeitsgericht im Privatrechtsverkehr herangezogen wurde.[969] Es kann im Sinne der Schutzfunktion der Grundrechte nicht überzeugen, eine Anwendbarkeit des Art. 11 Abs. 1 GG von vorneherein für private Beeinträchtigungen auszuschließen.[970]

Davon ausgehend, dass das Recht auf Freizügigkeit grundsätzlich auch im Privatrecht Wirkung entfalten kann, ist der Schutzbereich für den Fall der Stadionverbote dennoch nicht eröffnet. Maßgeblich ist das Kriterium des Aufenthaltes, dessen zeitliche Dauer umstritten ist. In Abgrenzung zur Bewegungsfreiheit gemäß Art. 2 Abs. 2 S. 2 GG wird überwiegend ein Ortswechsel von einiger

---

965 *Henseler*, Die rechtlichen Dimensionen des bundesweiten Stadionverbots, 2016, S. 320.

966 OLG München, NJW-RR 2010, 769 (772).

967 BVerfGE 2, 266; 43, 203 (211); 110, 177 (190 f.).

968 BVerfGE 2, 266.

969 BGH, NJW 1971, 1414 zur Nichtigkeit einer vereinbarten Freizügigkeitsbeschränkung geschiedener Eheleute; BAG, NZA 2007, 343 (345) zur tarifvertraglichen Residenzpflicht eines Hausmeisters.

970 *Jarass*, in: Jarass/Pieroth, GG, 2020, Art. 11 Rn. 10; *Wollenschläger*, in: Dreier, GG, 2013, Art. 11 Rn. 65; kritisch dazu *Durner*, in: Maunz/Dürig, GG, 94. EL Januar 2021, Art. 11 Rn. 110, der eine Anwendbarkeit im Privatrecht nur in Ausnahmefällen für zulässig erachtet.

Bedeutung und Dauer gefordert.[971] Richtigerweise ist unter einem Aufenthalt im Sinne von Art. 11 Abs. 1 GG mithin mehr als das Verweilen bei einer zeitlich eng begrenzten Veranstaltung zu verstehen.[972] Der Besuch eines Stadions fällt mangels ausreichender zeitlicher Dauer nicht unter den Schutzbereich der Freizügigkeit, sodass Art. 11 Abs. 1 GG bei der verfassungsrechtlichen Beurteilung keine Berücksichtigung findet.

(6) Körperliche Bewegungsfreiheit

Aus ähnlichen Gründen ist auch die körperliche Bewegungsfreiheit nach Art. 2 Abs. 2 S. 2 GG durch das Stadionverbot nicht beeinträchtigt. Nach Ansicht des Bundesverfassungsgerichts liege ein Eingriff vor, wenn jemand durch die öffentliche Gewalt gegen seinen Willen daran gehindert wird, einen Ort oder Raum aufzusuchen oder sich dort aufzuhalten, der ihm an sich tatsächlich und rechtlich zugänglich ist.[973] Dadurch, dass der Veranstalter sich weigert, einen Vertrag mit dem Störer abzuschließen, ist dem Störer das Stadion als Ort schon von vorneherein rechtlich nicht zugänglich.[974] Eine Beeinträchtigung der körperlichen Bewegungsfreiheit für den Fall eines Hausverbotes anzunehmen würde zu weit gehen und den Schutzbereich überspannen. Es darf nicht verkannt werden, dass es sich nicht um ein staatliches Betretungsverbot des Ortes handelt, sondern um eine bloße Weigerung, einen Stadionbenutzungsvertrag abzuschließen. Die Bewegungsfreiheit kann nicht dazu führen, dass jeder Private bereits dann eingeschränkt ist, wenn er das Grundstück eines anderen Privaten nicht betreten darf.

(7) Allgemeine Handlungsfreiheit

Als Auffanggrundrecht findet die allgemeine Handlungsfreiheit im Fall der Stadionverbote keine Anwendung. Nach ständiger Rechtsprechung des Bundesverfassungsgerichtes schützt Art. 2 Abs. 1 GG die Handlungsfreiheit im umfassenden Sinne.[975] Dennoch sind nach Ansicht des Bundesverfassungsgerichts

---

971 *Pagenkopf*, in: Sachs, GG, 2021, Art. 11 Rn. 16; *Jarass*, in: Jarass/Pieroth, GG, 2020, Art. 11 Rn. 2 sieht eine Übernachtung als Untergrenze an; so auch schon *Merten*, in: Merten/Papier, HGR IV, 2011, § 94 Rn. 41.

972 Dazu überzeugend *Orth/Schiffbauer*, RW 2011, 177 (208).

973 BVerfGE 94, 166 (198); 96, 10 (21); 105, 239 (248); eine rechtliche Zugänglichkeit ist kritisch zu bewerten, wenn Rechte Dritter betroffen sind, siehe dazu *Rixen*, in: Sachs, GG, 2021, Art. 2 Rn. 241.

974 *Di Fabio*, in: Maunz/Dürig, GG, 94. EL Januar 2021, Art. 2 Rn. 26 f.

975 Statt vieler: BVerfGE 6, 32 (36); 54, 143 (146); *Rixen*, in: Sachs, GG, 2021, Art. 2 Rn. 42.

Einschränkungen in der Hinsicht zu machen, dass sich aus der Gewährleistung der allgemeinen Handlungsfreiheit keine Werteentscheidung der Verfassung entnehmen lasse, nach der jede private Rechtsstreitigkeit unter Berufung auf die allgemeine Handlungsfreiheit beeinträchtigt werden kann.[976] Vielmehr biete diese in Privatrechtsverhältnissen nur für spezifische Konstellationen verfassungsrechtlichen Schutz, etwa wenn eine besondere Belastung oder strukturelle Unterlegenheit eines Vertragsteils erkennbar sei.[977] Eine solche Konstellation liege im Fall der Stadionverbote nicht vor, da Kern des Problems nicht die in der allgemeinen Handlungsfreiheit liegende Freiheitsbeschränkung sei, sondern die Ungleichbehandlung gegenüber denjenigen, die das Stadion frei besuchen können.[978]

Der Auffassung des Bundesverfassungsgerichts ist nur teilweise zuzustimmen.[979] Beide Parteien einer Privatrechtsstreitigkeit können sich gleichermaßen auf den Schutz der allgemeinen Handlungsfreiheit gemäß Art. 2 Abs. 1 GG berufen, sodass richtigerweise eine Anwendung nur für besondere Situationen in Betracht kommen kann.[980] Den Veranstalter trifft aber eine Art Monopolstellung für Sportgroßveranstaltungen im Fußball, sodass im Fall der Stadionverbote entgegen der Ansicht des Bundesverfassungsgerichts eine solche Konstellation vorliegt. Zuzustimmen ist dem Bundesverfassungsgericht aber, dass die gleichheitsrechtlichen Anforderungen nach Art. 3 Abs. 1 GG dieser Situation besser Rechnung tragen.[981] Die Privatautonomie gewährleistet es dem Privaten grundsätzlich frei darüber zu entscheiden, ob und mit wem ein Vertrag geschlossen wird.[982] Es ist deshalb richtig, dass aus dem Umstand der allgemeinen Handlungsfreiheit allein keine Einschränkung der Privatautonomie zulässig ist, zumal die allgemeine Handlungsfreiheit subsidiär hinter den anderen einschlägigen Freiheitsrechten zurücktritt.

---

976 BVerfGE 148, 267 (282).

977 BVerfGE 148, 267 (282).

978 BVerfGE 148, 267 (282).

979 Dagegen hält *Henseler*, Die rechtlichen Dimensionen des bundesweiten Stadionverbots, 2016, S. 267 f. die Verletzung der allgemeinen Handlungsfreiheit im Fall der Stadionverbote für grundsätzlich möglich.

980 BVerfGE 89, 214 (232).

981 BVerfGE 148, 267 (282).

982 *Busche*, Privatautonomie und Kontrahierungszwang, 1999, S. 30.

(8) *Zwischenfazit*

Das Bundesverfassungsgericht hat eine richtige Beurteilung dahin gehend getroffen, dass Art. 3 Abs. 1 GG das maßgebliche Grundrecht für die Stadionverbot-Entscheidung darstellt.[983] Die Wertungen der einschlägigen Freiheitsrechte, sprich des allgemeinen Persönlichkeitsrechts, der Versammlungsfreiheit und der Informationsfreiheit, müssen hinter der Privatautonomie in Form der Vertragsfreiheit beziehungsweise Versammlungsautonomie des Veranstalters zurücktreten, setzen dem Gestaltungsspielraum des Gesetzgebers hinsichtlich der Ungleichbehandlung aber enge Grenzen.[984]

cc) *Grundrechte der friedlichen Fans*

Nicht zu vergessen sind die Grundrechte der friedlichen Fans. Diese haben gemäß Art. 2 Abs. 2 S. 1 GG ein Grundrecht auf Leben und körperliche Unversehrtheit inne, welches durch gewalttätige Ausschreitungen im Stadion, insbesondere durch das Abbrennen und Werfen pyrotechnischer Gegenstände gefährdet werden kann.[985] Die verfassungsrechtliche Schutzpflicht bezüglich Leib und Leben der friedlichen Fans trifft allerdings nicht den privaten Veranstalter, sondern den Staat.[986] Übt der private Veranstalter sein Hausrecht aus, kommt er keiner verfassungsrechtlichen Schutzpflicht, sondern lediglich seiner zivilrechtlichen Verkehrssicherungspflicht nach.[987]

Daraus lässt sich nicht automatisch der Umkehrschluss ziehen, dass mangels staatlicher Maßnahme die Grundrechte der friedlichen Fans nicht in die Entscheidung über ein zivilrechtliches Hausverbot miteinzubeziehen sind. Auch wenn der Staat vorrangig die Privatautonomie des Veranstalters und die gleichheitsrechtlichen Anforderungen für den Ausschluss aus einer Sportgroßveranstaltung gegeneinander abwägt, ist nicht zu verkennen, dass es sich bei den verfassungsrechtlichen Schutzpflichten gegenüber den friedlichen Fans um ein staatliches Interesse handelt. Würde der Staat den Veranstalter verpflichten,

---

983 BVerfGE 148, 267 (282 ff.).

984 BVerfGE 88, 87 (97); *Wollenschläger*, in: v. Mangoldt/Klein u.a., GG, 2018, Art. 3 Rn. 146.

985 *Bressensdorf*, Das private „Hausrecht", 2020, S. 163; ausführlich dazu *Hermes*, Das Grundrecht auf Schutz von Leben und Gesundheit, 1987; ferner *Isensee*, Das Grundrecht auf Sicherheit, 1983.

986 *Götz*, in: Isensee/Kirchhof, HStR IV, 2006, § 85 Rn. 24; *Lange*, Sicherheit im „Sommermärchen", 2013, S. 49.

987 *Gietl*, JR 2010, 50 (52); *Kirchhoff*, NJW 2017, 294 (296).

einem potenziellen Gewalttäter Zutritt zum Stadion zu gewähren, könnte darin zugleich eine Verletzung seiner verfassungsrechtlichen Schutzpflicht gegenüber den friedlichen Fans gemäß Art. 2 Abs. 2 S. 1 GG liegen. Insofern handelt es sich nicht um eine Einbeziehung von Rechten Dritter, sondern um staatliche Interessen in Form von verfassungsrechtlichen Schutzpflichten, die in die Angemessenheitsprüfung einzubeziehen sind.[988]

b) Sachverhalt zur Stadionverbot-Entscheidung

Die Problematik zur Grundrechtswirkung im Fall von privaten Sportgroßveranstaltungen wird erstmals in der besagten Stadionverbot-Entscheidung[989] des Bundesverfassungsgerichts aufgegriffen. Die Verfassungshüter hatten über eine Verfassungsbeschwerde gegen ein Urteil des Bundesgerichtshofs zu entscheiden, der das vom MSV Duisburg ausgesprochene bundesweite Stadionverbot gegen einen Fan des FC Bayern München für rechtmäßig erachtet hatte.[990]

Hintergrund der Entscheidung ist ein Bundesligaspiel zwischen dem MSV Duisburg und dem FC Bayern München gewesen.[991] Nach Ende des Spiels kam es zu verbalen und körperlichen Auseinandersetzungen zwischen Fans des FC Bayern München und des MSV Duisburg, wie etwa Sachbeschädigung an einem Auto und der Verletzung von mindestens einer Person. Unstreitig ist, dass der damals sechzehnjährige Beschwerdeführer in einer gewaltbereiten Ultra-Gruppierung des FC Bayern München mitlief, sodass er zur Feststellung der Personalien in Polizeigewahrsam genommen wurde. Im Nachgang leiteten die Ermittlungsbehörden gegen den Beschwerdeführer ein Ermittlungsverfahren wegen Landfriedensbruchs nach § 125 StGB ein und regten ein bundesweites Stadionverbot beim MSV Duisburg an. Der Verein kam dieser Anregung nach und sprach gegenüber dem Beschwerdeführer ein zweijähriges bundesweites Stadionverbot auf Grundlage des zivilrechtlichen Hausrechts aus. Als das Ermittlungsverfahren gegen den Beschwerdeführer einige Monate später nach § 153 Abs. 1 StPO wegen Geringfügigkeit eingestellt worden ist, wurde das

988 Nicht die gegenläufigen Interessen der Bürger, sondern der staatliche Regelungszweck und die Interessen des Bürgers, in dessen Rechte eingegriffen wird, seien Gegenstand der Verhältnismäßigkeitsprüfung, siehe dazu *Poscher*, Grundrechte als Abwehrrechte, 2003, S. 329 f.

989 BVerfGE 148, 267.

990 BGH, NJW 2010, 534.

991 Zum ganzen Sachverhalt siehe BVerfGE 148, 267 (267 ff.).

Stadionverbot seitens des MSV Duisburg nach Durchsicht der Ermittlungsakte dennoch aufrechterhalten.

Der Beschwerdeführer erhob gegen die Aufrechterhaltung des Stadionverbotes Klage vor dem Amtsgericht Duisburg auf Aufhebung des bundesweiten Stadionverbotes und stellte seinen Klageantrag nach Erledigung des Begehrens durch Zeitablauf auf Feststellung der Rechtswidrigkeit des Stadionverbotes um. Das Amtsgericht Duisburg wies die Klage ab.[992] Zwar würden die Grundrechte des Stadionbesuchers als Wertordnung des Grundgesetzes auf das Privatrecht einwirken, seien hier aber nicht unverhältnismäßig eingeschränkt.[993] Insbesondere sei das Stadionverbot nicht willkürlich, sondern aufgrund bestehender Verdachtsmomente verhängt worden.[994] Auch das Landgericht Duisburg wies die Klage des Beschwerdeführers in nächster Instanz ab.[995] Das Stadionverbot verletze den Kläger nicht in seinen Rechten aus § 823 Abs. 1 BGB i. V. m. Art. 2 Abs. 1 GG, insbesondere finde das allgemeine Persönlichkeitsrecht seine Grenzen in der Eigentumsfreiheit nach Art. 14 Abs. 1 GG.[996] In letzter Instanz wies auch der Bundesgerichtshof die Revision mit der Begründung zurück, das allgemeine Persönlichkeitsrecht nach Art. 2 Abs. 1 i. V. m. Art. 1 Abs. 1 GG und das Gebot der Gleichbehandlung nach Art. 3 Abs. 1 GG würden einen willkürlichen Ausschluss einzelner Zuschauer nicht zulassen, im konkreten Fall hätte es aber erforderliche Sachgründe für den Ausschluss des Beschwerdeführers gegeben.[997]

Im nächsten Schritt rügte der Beschwerdeführer mit der Verfassungsbeschwerde die Verletzung seiner Grundrechte mit dem Argument, er sei aufgrund eines bloßen Verdachts vom Stadionbesuch ausgeschlossen worden.[998] Er beruft sich angesichts der überragenden sozialen Bedeutung auf Art. 2 Abs. 1 i. V. m. Art. 20 Abs. 3 GG und sein allgemeines Persönlichkeitsrecht gemäß Art. 2 Abs. 1 i. V. m. Art. 1 Abs. 1 GG.[999] Da es sich bei der Verfassungsbeschwerde um die Überprüfung einer zivilgerichtlichen Entscheidung handelt, lag eine typische Konstellation vor, in der die Judikative als Staatsgewalt über die

992 AG Duisburg, BeckRS 2009, 29835.
993 AG Duisburg, BeckRS 2009, 29835.
994 AG Duisburg, BeckRS 2009, 29835.
995 LG Duisburg, SpuRt 2009, 78.
996 LG Duisburg, SpuRt 2009, 78 (79).
997 BGH, NJW 2010, 534 (535 ff.).
998 BVerfGE 148, 267 (275).
999 BVerfGE 148, 267 (275).

Grundrechtswirkung im Privatrechtsverhältnis entscheiden musste und somit eine ideale Darstellung der Problematik ermöglicht wird.

c) Lösung des Bundesverfassungsgerichts

Das Bundesverfassungsgericht folgt der Lehre zur mittelbaren Drittwirkung seit der Lüth-Entscheidung in ständiger Rechtsprechung.[1000] Eine kritische Analyse der Stadionverbot-Entscheidung[1001] deckt indes auf, dass das Bundesverfassungsgericht seine eigene Praxis nicht (mehr) konsequent verfolgt und sich die Dogmatik zur Grundrechtswirkung im Privatrecht fortentwickelt hat. Dadurch, dass die Entscheidung mehreren Lesearten zugänglich ist,[1002] bleibt sie vielfachen Interpretationen ausgesetzt, die mehr Verwirrung als Klarheit stiften.

aa) Rudimentäre Anwendung der Lehre zur mittelbaren Drittwirkung

Zunächst ist festzustellen, dass das Bundesverfassungsgericht den Willen zum Ausdruck bringt, nicht von der Lehre zur mittelbaren Drittwirkung abzuweichen. Die Entscheidung orientiert sich dem Wortlaut nach an den Grundsätzen der Lehre zur mittelbaren Drittwirkung.[1003] Wie gewohnt werden die üblichen Grundsätze zur Ausstrahlungswirkung, insbesondere die Wirkung über unbestimmte Rechtsbegriffe und zivilrechtliche Generalklauseln dargestellt.[1004] In einem nächsten Schritt müsste – der Lehre zur mittelbaren Drittwirkung folgend – festgestellt werden, ob Grundrechte im konkreten Fall betroffen sind und diese über zivilrechtliche Generalklauseln oder unbestimmte Rechtsbegriffe in die Entscheidung einfließen können.

Diese Einbruchstelle sucht man in der Stadionverbot-Entscheidung jedoch vergeblich. Daran ändert auch der bloße Hinweis, die Reichweite des privatrechtlichen Hausrechts sei unter Berücksichtigung der §§ 826, 242 BGB zu bestimmen, nichts.[1005] Das Bundesverfassungsgericht hätte zur konsequenten Umsetzung der Lehre zur mittelbaren Drittwirkung ausdrücklich darauf

---

1000 BVerfGE 7, 198 (207); 112, 332 (358); 142, 74 (101).

1001 BVerfGE 148, 267.

1002 Siehe dazu *Kulick*, Horizontalwirkung im Vergleich, 2020, S. 210, der ebenso auf mehrere Interpretationsmöglichkeiten hinweist.

1003 Zur Darlegung der Grundsätze der Lehre zur mittelbaren Drittwirkung, siehe BVerfGE 148, 267 (279 f.).

1004 St. Rspr., siehe dazu BVerfGE 7, 198 (207); 42, 143 (148); 89, 214 (229); 103, 89 (100); 137, 273 (313).

1005 BVerfGE 148, 267 (282).

eingehen müssen, dass für den Fall des Hausverbotes der allgemeine Kontrahierungszwang gemäß § 826 BGB[1006] oder Treu und Glauben gemäß § 242 BGB[1007] als umfassende Prinzipien und Einbruchstellen in Betracht kommen. Es wäre unter Berücksichtigung der maßgeblichen gleichheitsrechtlichen Wertungen gemäß Art. 3 Abs. 1 GG eine Entscheidung zu treffen gewesen, ob das bundesweite Stadionverbot als Hausverbot gegen Treu und Glauben gemäß § 242 BGB oder den allgemeinen Kontrahierungszwang gemäß § 826 BGB verstößt. Gerade die zivilrechtlichen Generalklauseln und unbestimmten Rechtsbegriffe, die als Einfallstore das Prinzip der Lehre zur mittelbaren Drittwirkung ausmachen, werden in der Entscheidung nur rudimentär erwähnt.[1008]

Übrig bleibt von der Lehre zur mittelbaren Drittwirkung in der Stadionverbot-Entscheidung lediglich, dass ihre Grundsätze zu Beginn der Entscheidung dargelegt, in der Praxis aber nicht angewendet werden. Dieser Umstand spricht dafür, dass die Ausstrahlungswirkung als Instrument an sich ungeeignet ist, der Bedeutung einer Grundrechtswirkung im Privatrecht gerecht zu werden.[1009]

bb) Ansätze zur Schutzpflichtenlehre

Maßgebliche Entscheidungsgrundlage für die Grundrechtswirkung im Privatrecht ist der in der Stadionverbot-Entscheidung aufgestellte Grundsatz, die Grundrechte seien sowohl im Hinblick auf die allgemeine Handlungsfreiheit gemäß Art. 2 Abs. 1 GG als auch auf das allgemeine Gleichbehandlungsgebot gemäß Art. 3 Abs. 1 GG nur in „spezifischen Konstellationen“ anzuwenden.[1010] Es würde für beide Grundrechte grundsätzlich keine Wirkung im Privatrecht

---

1006 BGH, NVwZ 1994, 1240 (1241); NJW 1990, 761, 762 f.; *Nipperdey*, Kontrahierungszwang und diktierter Vertrag, 1920, S. 57 ff.; *Hackl*, Vertragsfreiheit und Kontrahierungszwang, 1980, S. 28 ff.; *Busche*, Privatautonomie und Kontrahierungszwang, 1999, S. 151; *Walker*, in: Gödicke/Hammen u.a., FS Schapp, 2010, 491 (494); *Orth/Schiffbauer*, RW 2011, 177 (180).

1007 *Krebs*, in: Dauner-Lieb/Langen, BGB, 2021, § 242 Rn. 1 zeigt die gewohnheitsrechtlich anerkannte Erweiterung des § 242 BGB als umfassendes Prinzip auf, welches jedermann im Privatrecht in Ausübung seiner Rechte und Pflichten zu beachten hat.

1008 Hier greift die Kritik von *Bressensdorf*, Das private „Hausrecht“, 2020, S. 195, der dem Bundesverfassungsgericht eine explizite Ablehnung der Herleitung des Gleichbehandlungsgebotes aus den Grundsätzen der Lehre über die mittelbare Drittwirkung vorwirft. Diese Sichtweise trifft nur teilweise zu, da die Ablehnung der Lehre zur mittelbaren Drittwirkung stillschweigend und nicht explizit erfolgt.

1009 Siehe oben § 5 III. 1. a) bb), S. 110 ff.

1010 BVerfGE 148, 267 (282 f.).

bestehen, da es kein objektives Verfassungsprinzip aus Art. 3 Abs. 1 GG sowie keine aus der allgemeinen Handlungsfreiheit gemäß Art. 2 Abs. 1 GG folgende Freiheit zu jedwedem selbstbestimmten Handeln geben würde.[1011] Mit anderen Worten: Die Grundrechte wirken nur dann, wenn bestimmte (Schutz-)Voraussetzungen vorliegen. Damit weicht das Bundesverfassungsgericht von der bislang umfänglichen Ausstrahlungswirkung der Grundrechte nach der Lehre zur mittelbaren Drittwirkung ab und stellt eine Art „Schwelle" auf, die erst überschritten werden muss, um eine Grundrechtswirkung im Privatrecht zu erreichen.

Bei genauer Betrachtung der Ansätze ergibt sich Folgendes: Die spezifischen Konstellationen legen nahe, dass das Bundesverfassungsgericht eine (versteckte) Prüfung des Untermaßverbotes vornimmt, ohne diese als solche ausdrücklich zu benennen. Es wird keine von Teilen der Lehre vermutete unmittelbare Grundrechtsbindung Privater praktiziert,[1012] sondern eine – noch nicht hinreichende, aber im Ansatz zu befürwortende – Prüfung nach der Schutzpflichtenlehre vorgenommen.[1013] Diese Annahme lässt sich durch einen Vergleich der genannten spezifischen Konstellationen mit den Voraussetzungen des Untermaßverbotes bestätigen. Nach Ansicht des Bundesverfassungsgerichts liege für Art. 2 Abs. 1 GG eine spezifische Konstellation in typisierbaren Fallgestaltungen vor, die sich besonders belastend auswirken und eine strukturelle Unterlegenheit des einen Vertragsteils erkennen lassen.[1014] Für Art. 3 Abs. 1 GG sei maßgeblich, ob ein einseitiger Ausschluss von Veranstaltungen, die aufgrund eigener Entscheidung der Veranstalter einem großen Publikum ohne Ansehen der Person geöffnet werden und für die Betroffenen in erheblichem Umfang über die Teilnahme am gesellschaftlichen Leben entscheidet, vorliege.[1015] Vergleicht man diese Voraussetzungen mit denen des verfassungsrechtlichen Schutzminimums, wie etwa Fremdbestimmung, ungleiche Machtverhältnisse oder ähnliche Bedingungen,[1016] lassen sich Ähnlichkeiten, sogar Überschneidungen feststellen.

1011 BVerfGE 148, 267 (282 f.).

1012 So wird es dem BVerfG vorgehalten, siehe dazu *Michl*, JZ 2018, 910 (916 ff.); *Hellgardt*, JZ 2018, 901 (908 ff.); *Smets*, NVwZ 2019, 34 (37); *Jobst*, NJW 2020, 11 (12 ff.); *Neuner*, NJW 2020, 1851 (1853).

1013 Diese Annahme kann als Antwort auf die Frage von *Bressensdorf*, Das private „Hausrecht", 2020, S. 195 f. gesehen werden, welches Prinzip die Anwendung von Art. 3 Abs. 1 GG unter Privatpersonen rechtfertige.

1014 BVerfGE 148, 267 (282).

1015 BVerfGE 148, 267 (283 f.); ähnlich bereits BGH, NJW 2012, 1725 (1727) zum Hausverbot für einen NPD-Vorsitzenden.

1016 Siehe oben § 5 III. 1. d) bb) S. 149 ff.

Ein Verweis des Bundesverfassungsgerichts auf eine frühere Entscheidung, in denen grundrechtliche Schutzpflichten zur Geltung kamen, bekräftigt die These, dass in der Stadionverbot-Entscheidung Ansätze der Schutzpflichtenlehre praktiziert worden sind.[1017] Nach dem Rechtsgrundsatz dieser Entscheidung, in der das Bundesverfassungsgericht über eine Inhaltskontrolle von Bürgschaften einkommens- und vermögensloser Familienangehöriger zu entscheiden hatte, „muss" die Zivilrechtsordnung reagieren, wenn eine typisierbare Fallgestaltung eine strukturelle Unterlegenheit des einen Vertragsteils erkennen lässt und die Folgen des Vertrages für den unterlegenen Vertragsteil ungewöhnlich belastend sind.[1018] Das Bundesverfassungsgericht erwähnt auch in dieser Entscheidung nicht ausdrücklich die Schutzpflicht des Staates, lässt eine solche aber durch die Pflicht zum Einschreiten des Gesetzgebers eindeutig erkennen.

Abschließend kommen auch einige in der Stadionverbot-Entscheidung verwendete Wortformulierungen der Annahme einer zunehmenden Tendenz zur Schutzpflichtenlehre zugute. Die Reichweite der mittelbaren Grundrechtsbindung richte sich nach den Umständen des Einzelfalls wie der „Unausweichlichkeit von Situationen, das Ungleichgewicht zwischen sich gegenüberstehenden Parteien, die gesellschaftliche Bedeutung von bestimmten Leistungen oder die soziale Mächtigkeit".[1019] Diese Formulierungen ähneln den Voraussetzungen zum Bestehen einer verfassungsrechtlichen Schutzpflicht und ermutigen die Annahme, das Bundesverfassungsgericht entwickelt im Ergebnis die Lehre zur mittelbaren Drittwirkung – wenn auch nicht ausdrücklich – in Bezug auf die Grundrechtswirkung im Privatrecht funktional fort.

Die Unmittelbarkeit der Bindung, die Berufung auf ungleiche Machtverhältnisse der Parteien und der Verweis auf eine vergangene Entscheidung zur Schutzpflicht des Gesetzgebers lassen die Interpretation zu, das Bundesverfassungsgericht befürwortet Tendenzen zur Schutzpflichtenlehre im Privatrecht. Ein klares Bekenntnis zu dieser Lehre, weg von der Konstruktion über die Ausstrahlungswirkung der Lehre zur mittelbaren Drittwirkung, findet sich aber mit Ernüchterung nicht wieder. Insbesondere fehlt es auch an einer ausreichenden Prüfung des Untermaßverbotes mit abschließender Abwägung beider Interessen. Auf diese muss es aber gerade in einem solchen Fall ankommen, um der Entscheidung eine inhaltlich nachvollziehbare Kontur zu verleihen.

1017 BVerfGE 148, 267 (281) verweist auf BVerfGE 89, 214 (232).
1018 BVerfGE 89, 214 (232).
1019 BVerfGE 148, 267 (280 f.).

cc) *Tendenzen zur unmittelbaren Bindung*

Kritisch zu würdigen sind die Neigungen des Bundesverfassungsgerichts zur Lehre der unmittelbaren Grundrechtsbindung, die Teile der Literatur zu der Annahme verleitet haben, es werde eine unmittelbare Bindung im Privatrecht praktiziert.[1020] Das Bundesverfassungsgericht führt in der Stadionverbot-Entscheidung aus, gleichheitsrechtliche Anforderungen für das Verhältnis zwischen Privaten würden sich „aus" Art. 3 Abs. 1 GG für spezifische Konstellationen ergeben können und dem Privaten erwachse in einer solchen Konstellation „von Verfassungs wegen" eine besondere rechtliche Verantwortung.[1021] Diese Formulierungen erwecken berechtigterweise den Anschein, die gleichheitsrechtlichen Anforderungen ergeben sich unmittelbar aus Art. 3 Abs. 1 GG, mithin aus der Verfassung. Der Vorwurf, das Bundesverfassungsgericht habe mit der Entscheidung im Ergebnis eine unmittelbare Grundrechtsbindung Privater praktiziert, die es so bislang in der verfassungsrechtlichen Judikatur nicht gegeben hat,[1022] ist nach dieser Auswertung berechtigt. Es mag vor dem Hintergrund, dass die Grundsätze der Lehre zur mittelbaren Drittwirkung im Voraus dargestellt wurden, nicht die Absicht des Bundesverfassungsgerichts gewesen sein, eine unmittelbare Bindung zu statuieren. Dennoch lässt sich nicht leugnen, dass der Wortlaut an diesen Stellen eine solche Interpretation zulässt.

dd) *Besonderheiten zum Gleichbehandlungsgebot*

Auf den Punkt bringt es *Michl*: „Als wäre das [die situative staatsgleiche Grundrechtsbindung Privater] nicht genug, beurteilt das Bundesverfassungsgericht den Fall [die Stadionverbot-Entscheidung] ausgerechnet im Lichte des allgemeinen Gleichheitssatzes, dessen Anwendung auf privatautonom gestaltete Rechtsverhältnisse ein Novum in der Rechtsprechung des BVerfG darstellt und gehörige Sprengkraft mit sich bringt".[1023]

Grundsätzlich wird die Wirkung des allgemeinen Gleichheitssatzes im Vergleich zu der Wirkung der Freiheitsrechte im Privatrecht besonders kritisch

1020 *Michl*, JZ 2018, 910 (916 ff.); *Hellgardt*, JZ 2018, 901 (908 ff.); *Smets*, NVwZ 2019, 34 (37); *Jobst*, NJW 2020, 11 (12 ff.); *Neuner*, NJW 2020, 1851 (1853).

1021 BVerfGE 148, 267 (283 f.).

1022 *Michl*, JZ 2018, 910 (916 ff.); *Hellgardt*, JZ 2018, 901 (908 ff.); *Smets*, NVwZ 2019, 34 (37); *Jobst*, NJW 2020, 11 (12 ff.); *Neuner*, NJW 2020, 1851 (1853).

1023 *Michl*, JZ 2018, 910 (911); *Stern*, Staatsrecht IV/2, 2011, S. 1581 f.; gleichermaßen *Bressensdorf*, Das private „Hausrecht", 2020, S. 166 ff.; die Bedenken ausräumend dagegen *Kulick*, Horizontalwirkung im Vergleich, 2020, S. 417 ff.

gesehen, da im Hinblick auf die Privatautonomie Ungleichbehandlungen dem Grundsatz nach ohne Rechtfertigung stattfinden dürfen.[1024] Zwar kennt auch das Zivilrecht Diskriminierungsverbote aus dem AGG oder dem allgemeinen und besonderen Kontrahierungszwang, aber statuieren diese noch keinen allgemeinen Gleichheitssatz, der in jeder Konstellation einen sachlichen Grund zur Ausübung der Vertragsfreiheit fordert.

Diesem Rechtsgedanken stimmt auch das Bundesverfassungsgericht in der Theorie seiner jüngsten Rechtsprechung zu, wenn es feststellt, dass sich aus Art. 3 Abs. 1 GG kein objektives Verfassungsprinzip entnehmen lasse, wonach die Rechtsbeziehungen zwischen Privaten von diesen prinzipiell gleichheitsgerecht zu gestalten wären.[1025] Für spezifische Konstellationen müsse von diesem Grundsatz allerdings eine Ausnahme gemacht werden.[1026] Gefordert ist der allgemeine Gleichbehandlungssatz gemäß Art. 3 Abs. 1 GG in spezifischen Konstellationen insbesondere dann, wenn es keinen effektiven Gleichbehandlungsanspruch auf der Ebene des einfachen Rechts gibt.[1027] Mit diesem Tenor eröffnet das Bundesverfassungsgericht dem Diskriminierungsschutz im Privatrecht völlig neue Wege,[1028] die nach hier vertretener Ansicht über die Schutzpflichtendogmatik zu begehen sind. Die grundsätzliche Anwendbarkeit des Gleichheitssatzes im Privatrecht ist auch vor dem Hintergrund überzeugend, dass der Wortlaut nur von der Gleichheit „vor dem Gesetz" spricht, ohne zwischen Staat und Privaten zu differenzieren.[1029]

Andere Stimmen sehen in der Stadionverbot-Entscheidung des Bundesverfassungsgerichts lediglich die Ausweitung der Lehre zur mittelbaren Drittwirkung auf den allgemeinen Gleichheitssatz.[1030] Dieser Ansicht folgt auch der

---

1024 *Barczak*, in: Scheffczyk/Wolter, Linien der Rechtsprechung des Bundesverfassungsgerichts, 2017, 91 (97 f.) m. w. N.; *Ruffert*, JuS 2020, 1 (3); ablehnend auch *Isensee*, in: Isensee/Kirchhof, HStR IX, 2011, § 191 Rn. 252; a. A. *Baer*, ZRP 2002, 290 (292).

1025 BVerfGE 148, 267 (283); weiterführend BVerfG, NJW 2019, 3769; bislang hatte der allgemeine Gleichheitssatz außerhalb des Arbeitsrechts im Privatrecht kaum eine Rolle gespielt, siehe dazu *Stern*, Staatsrecht IV/2, 2011, S. 1581 f.

1026 BVerfGE 148, 267 (283 f.).

1027 *Grünberger/Washington*, JZ 2019, 1104 (1108).

1028 *Michl*, JZ 2018, 910 (915).

1029 *Canaris*, AcP 1984, 201 (204).

1030 *Hellgardt*, JZ 2018, 901 (909); *Hebeler/Berg*, JA 2021, 89 (91); grundsätzlich kritisch gegenüber einer Wirkung des allgemeinen Gleichbehandlungsgrundsatzes im Privatrecht dagegen: *Heun*, in: Dreier, GG, 2013, Art. 3 Rn. 71; *Hofmann*, Jura 2014, 141 (145); *Bressensdorf*, Das private „Hausrecht", 2020, S. 195 f.

Bundesgerichtshof, wenn er ausdrücklich entgegen einer unmittelbaren Bindung des Gleichheitssatzes feststellt, dass eine der unmittelbaren Geltung gleichkommende generelle Bindung von Privatrechtssubjekten an den Gleichheitssatz nicht bestehe, da diese die privatrechtliche Vertragsfreiheit und die grundgesetzlichen Freiheitsrechte aushebeln würde.[1031] Aber auch der Bundesgerichtshof macht eine Ausnahme, die sich danach richte, ob im Verhältnis einzelner Privatrechtssubjekte zueinander ein soziales Machtverhältnis bestehe.[1032]

Weitere Kritik erfährt die Ausweitung der Lehre zur mittelbaren Drittwirkung auf den allgemeinen Gleichheitssatz dahin gehend, dass eine solche Wirkung im Privatrecht nicht möglich sei.[1033] Eine Abwägung wie bei Freiheitsrechten, ohne dass das Grundrecht vollständig und schematisch angewendet werde, sei für das allgemeine Gleichbehandlungsgebot mangels Grundwert nicht möglich.[1034] Dem ist zu widersprechen. Gerade die Entscheidung des Bundesverfassungsgerichts zum Stadionverbot hat gezeigt, dass Art. 3 Abs. 1 GG einer Abwägung zugänglich ist und dahin gehende verfassungsrechtliche Schutzpflichten gegenüber dem Bürger entfalten werden können.[1035] Auch die Wertungen des Art. 3 Abs. 1 GG, der gleichheitsrechtliche Anforderungen an das Rechtsverhältnis stellt, können in einen angemessenen Ausgleich mit der Privatautonomie des Veranstalters gestellt werden. Letztlich spricht die Systematik des Grundgesetzes für eine Wirkung des Gleichheitssatzes im Privatrecht, da die Grundrechtsbindung nach Art. 1 Abs. 3 GG alle „nachfolgenden Grundrechte“ umfasst, mithin auch Art. 3 Abs. 1 GG.

ee) Stellungnahme

Die Lösung des Bundesverfassungsgerichts bildet ein Sammelsurium aus der Lehre zu mittelbaren Drittwirkung, einer unmittelbaren Grundrechtsbindung Privater und der Schutzpflichtenlehre, welches sowohl in praktischer als auch dogmatischer Hinsicht nicht überzeugen kann. Nicht zuletzt auch die in der

---

1031 BHG, NJW 2013, 1519 (1523); zustimmend *Sachs*, JuS 2019, 89 (92) der eine Ausstrahlungswirkung im Wege der mittelbaren Drittwirkung für die richtige Lösung erachtet.

1032 BHG, NJW 2013, 1519 (1523).

1033 *Heun*, in: Dreier, GG, 2013, Art. 3 Rn. 71; *Bressensdorf*, Das private „Hausrecht“, 2020, S. 195.

1034 *Kischel*, in: Epping/Hillgruber, BeckOK, GG, Stand: 15.05.2021, Art. 3 GG Rn. 93.

1035 BVerfGE 148, 267 (284 ff.); zustimmend *Kirchhof*, in: Maunz/Dürig, GG, 94. EL Januar 2021, Art. 3 Rn. 331; *Wollenschläger*, in: v. Mangoldt/Klein u.a., GG, 2018, Art. 3 Rn. 62.

Entscheidung zu erkennenden Tendenzen des Bundesverfassungsgerichts pro Schutzpflichtenlehre sprechen dafür, dass diese der richtige Ansatz zur Lösung der Problematik der Grundrechtswirkung im Privatrecht ist. Wenn das Bundesverfassungsgericht an eine unmittelbare Anwendung des Art. 3 Abs. 1 GG denken möchte,[1036] ist diese dogmatisch einwandfrei nur über die Bindung des Staates an seine Schutzpflichten gemäß Art. 1 Abs. 3 GG zu erreichen. Der funktionale Anknüpfungspunkt an die Schutzpflichten ist weder konstruiert, noch überholt. Er verspricht einen handfesten Prüfungsaufbau zu liefern und stellt einen angemessenen Ausgleich zwischen den Interessen der Privaten im Wege der praktischen Konkordanz her.[1037]

In der Stadionverbot-Entscheidung fehlt es an einem klaren Bekenntnis zur Schutzpflichtenlehre. Wünschenswert ist eine Abkehr von der gängigen und kaum mehr haltbaren Formulierung der Ausstrahlungswirkung der Grundrechte als objektive Werteordnung[1038] hin zu einer funktionalen Anknüpfung. Wenn das Bundesverfassungsgericht in seiner Judikatur weiterhin zwischen der mittelbaren Drittwirkung als verfassungsrechtlicher Werteentscheidung und der unmittelbaren staatsgerichteten Schutzwirkung unterscheidet,[1039] wird deutlich, dass das Bundesverfassungsgericht die Grundrechte im Privatrecht (noch) nicht über die verfassungsrechtlichen Schutzpflichten wirken lässt.

Im Hinblick auf die eigentliche Prüfung der spezifischen Konstellationen ist dem Bundesverfassungsgericht außerdem vorzuhalten, dass insbesondere das Untermaßverbot nur unzureichend geprüft wird. Es fehlt an einem handfesten Prüfungsaufbau, der die Art und Weise des verfassungsrechtlichen Einflusses auf zivilrechtliche Entscheidungen deutlich macht. Letztlich ist Abstand zu nehmen von Formulierungen wie „aus Art. 3 GG“ oder „von Verfassungs wegen“, um nicht den Eindruck zu erwecken, es werde eine unmittelbare Bindung Privater an die Grundrechte vertreten, denn eine solche ist aus benannten Gründen nicht haltbar.[1040]

d) Lösung nach der vorzugswürdigeren Schutzpflichtenlehre

Im folgenden Abschnitt ist nach der mit Kritik behafteten Entscheidung des Bundesverfassungsgerichts aufzuzeigen, dass mit der modifizierten

1036 Siehe dazu die Formulierung „aus Art. 3 Abs. 1 GG“, BVerfGE 148, 267 (283).
1037 Siehe oben § 5 III. 1. d), S. 141 ff.
1038 Siehe oben § 5 III. 1. a) bb), S. 110 ff.
1039 BVerfGE 152, 152 (190) in der „Recht auf Vergessen I“-Entscheidung.
1040 Siehe oben § 5 III. 1. b) bb), S. 122 ff.

Schutzpflichtenlehre eine einwandfreie Lösung hätte geschaffen werden können, die in Dogmatik und Aufbau überzeugt.[1041] Die Konstellation zwischen Veranstalter, Stadionbesucher und Staat legt nahe, dass sich eine potenzielle Schutzpflicht des Staates gegenüber dem Stadionbesucher nur durch einen Schutzeingriff[1042] in die Privatautonomie des Veranstalters wahrnehmen lässt. Es ist dem hier für die Schutzpflichtenlehre hinreichend konkretisierten Prüfungsaufbau zu folgen,[1043] der sich neben den bereits festgestellten Grundrechtsbeeinträchtigungen durch ein Stadionverbot,[1044] das heißt Schutzbereich und Eingriff, auf die Verhältnismäßigkeitsprüfung beschränkt.

aa) Legitimer Zweck

Als entscheidender Prüfungspunkt ist mit der Frage zu beginnen, ob im Fall der Stadionverbote verfassungsrechtlich überhaupt ein Schutz durch den Staat geboten ist, das heißt, ob die Maßnahme einem legitimen Zweck dient. Dies ist zu bejahen für den Fall, dass in der Erfüllung der verfassungsrechtlichen Schutzpflicht nach Art. 3 Abs. 1 GG als absoluter Gemeinschaftswert ein legitimer Zweck zu sehen ist.[1045] Wenn das Bundesverfassungsgericht für private Veranstaltungen, die einem großen Publikum ohne Ansehen der Person eröffnet sind und in erheblichem Umfang über die Teilnahme am gesellschaftlichen Leben entscheiden, einen sachlichen Grund zum Ausschluss bestimmter Personen fordert,[1046] wird nichts anderes als ein Schutzanspruch des Bürgers gegenüber dem Staat auf allgemeine Gleichbehandlung in spezifischen Konstellationen statuiert.

Im konkreten Fall der Stadionverbote verweigert der Veranstalter einen Vertragsschluss mit potenziellen Stadionbesuchern, das heißt, es liegt eine Grundrechtsbeeinträchtigung durch Dritte vor.[1047] Dadurch, dass bundesweite

---

1041 In ähnlicher Weise schlägt *Faßbender*, NJW 2021, 2085 (2088 ff.) eine Lösung über die grundrechtlichen Schutzpflichten im Fall der Klima-Entscheidung vor, siehe dazu BVerfG, BeckRS 2921, 8946.

1042 *Möstl*, Die Staatliche Garantie für die öffentliche Sicherheit und Ordnung, 2002, S. 112.

1043 Siehe oben § 5 III. 1. d) dd), S. 160 ff.

1044 Siehe oben § 5 III. 2. a), S. 179 ff.

1045 Bei den sog. absoluten Gemeinschaftswerten handelt es sich um zwingende Vorgaben aus der Verfassung, während sog. relative Gemeinschaftswerte Ziele umfassen, die sich der Staat selbst setzt, siehe dazu BVerfGE 13, 97 (107); *Borowski*, Grundrechte als Prinzipien, 2018, S. 256; *Klatt*, JuS 2014, 193 (194 f.).

1046 BVerfGE 148, 267 (283 f.).

1047 *Hermes*, Das Grundrecht auf Schutz von Leben und Gesundheit, 1987, S. 226 ff.

Stadionverbote Geltung für alle oberen Ligen des Fußballs in Deutschland haben,[1048] kommt den Veranstaltern eine Monopolstellung im Profifußball zu.[1049] Der potenzielle Stadionbesucher unterliegt einer einseitigen Machtbestimmung durch den Veranstalter, welcher der Staat zur Erfüllung seiner verfassungsrechtlichen Schutzpflichten entgegentreten muss. Schon nach dieser Sichtweise ist eine Schutzpflicht des Staates zu begründen und wird durch das Bundesverfassungsgericht in der Stadionverbot-Entscheidung mit einer anderen Begründung bestätigt.[1050] Eine Konstellation, in der Veranstaltungen für ein großes Publikum ohne Ansehen der Person geöffnet werden und der Zugang zu diesen in erheblichem Umfang über die Teilnahme am gesellschaftlichen Leben entscheidet, liege dem bundesweiten Stadionverbot als Ausnahme zu dem Grundsatz, es gebe kein Verfassungsprinzip für Gleichheit im Privatrechtsverkehr, zugrunde.[1051] Abzustellen ist im Fall der Stadionverbote mithin sowohl auf die strukturelle Unterlegenheit durch Monopolstellung als auch auf die – daraus zum Teil resultierende – erhebliche Bedeutung über die Teilhabe am kulturellen Leben.[1052]

Das Bundesverfassungsgericht begegnet mit dieser Ausnahme der Kritik aus der Literatur, die verfassungsrechtlichen Schutzpflichten seien konturenlos.[1053] Durch die Stadionverbot-Entscheidung werden für den Fall von Sportgroßveranstaltungen klare Kriterien und mithin auch eine Fallgruppe geschaffen, wann eine verfassungsrechtliche Schutzpflicht im Sinne des Art. 3 Abs. 1 GG besteht. Diese sind im vorliegenden Fall auch erfüllt, sodass der Staat in die Rechte des Veranstalters eingreifen muss, um seine verfassungsrechtliche Schutzpflicht auf gleichheitsrechtlichen Zugang zu der Veranstaltung als legitimen Zweck zu erfüllen. Der Zweck ist nicht nur legitim, sondern sogar verfassungsrechtlich verpflichtend.

1048 Präambel der 4. Richtlinien zur einheitlichen Behandlung von Stadionverboten.

1049 Den Stadionbetreibern als Veranstalter von Fußballspielen auf professionellem Niveau kommt eine beherrschende Stellung zu, siehe dazu BVerfGE 148, 267 (282 f.); *Orth*, Vereins- und Verbandsstrafen, 2009, S. 94 zum Monopolcharakter von Fußballverbänden.

1050 BVerfGE 148, 267 (283 f.).

1051 BVerfGE 148, 267 (283 f.); anders der BGH zum Besuch einer Therme, siehe dazu BGH, NJW 2020, 3382 (3384).

1052 BVerfGE 148, 267 (284) stellt auf Art. 15 Abs. 1a des Internationalen Pakts über wirtschaftliche, soziale und kulturelle Rechte ab; ferner BGH, NJW 2020, 3382 (3383 f.).

1053 *Dietlein*, Die Lehre von den grundrechtlichen Schutzpflichten, 2005, S. 106 ff.

bb) Legitimes Mittel

In einem nächsten Schritt ist zu fragen, ob der Eingriff des Staates in das Privatrechtsverhältnis durch ein legitimes Mittel erfolgt. Zu überprüfen ist, ob und wenn ja welches legitime Mittel der Staat bereits gewählt hat oder welches er zu wählen hat, um seiner verfassungsrechtlichen Schutzpflicht als legitimes Handlungsziel nachzukommen.[1054]

(1) Gesetzgeberisches Handeln

Der Gesetzgeber, dem die verfassungsrechtliche Schutzpflicht primär obliegt,[1055] ist im konkreten Fall der Stadionverbote nicht ausreichend tätig geworden. Er ist verfassungsrechtlich dazu verpflichtet, die gleichheitsrechtlichen Anforderungen für den Zugang zu Veranstaltungen, die für ein großes Publikum ohne Ansehen der Person eröffnet werden und in erheblichem Umfang über die Teilnahme am gesellschaftlichen Leben entscheiden, zu gewährleisten.[1056] Diese Pflicht kann nur erfüllt werden, wenn er durch einfaches Recht sicherstellt, dass für jeden Ausschluss beziehungsweise jede Ungleichbehandlung in besagter spezifischer Konstellation ein sachlicher Grund vorliegt.

(aa) Kein Stadionverbotsgesetz

Bundesweite Stadionverbote werden nicht auf Grundlage eines besonderen Stadionverbotsgesetzes ausgesprochen, sondern durch das den Veranstaltern zustehende allgemeine zivilrechtliche Hausrecht gemäß §§ 858 ff., 903, 1004 BGB (analog) i. V. m. einer wirksamen Vertretung nach den SVRL.[1057] Letztere fallen zur Erfüllung der verfassungsrechtlichen Schutzpflicht durch den Gesetzgeber von vorneherein heraus, da es sich (bloß) um verbandliches Innenrecht handelt. Entscheidend für die Beurteilung des legitimen Mittels sind die parlamentarischen Vorschriften nach §§ 858 ff., 903, 1004 BGB (analog), die es dem Hausrechtsinhaber ermöglichen, ein Unterlassen gegen einen anderen Privaten zu erwirken.

Bei den Voraussetzungen der Anspruchsgrundlage, wie etwa Beeinträchtigung, Störereigenschaft und Wiederholungsgefahr, handelt es sich um

1054 Dabei ist der Gestaltungsspielraum zu berücksichtigen, welcher dem Gesetzgeber bei Erfüllung seiner Schutzpflichten zukommt, siehe BVerfGE 77, 170 (229 f.).

1055 *Jarass*, AöR 1985, 363 (380); *Höfling*, Vertragsfreiheit, 1991, S. 54; *Hillgruber*, AcP 1991, 69 (76).

1056 BVerfGE 148, 267 (280 f.).

1057 Siehe oben § 5 I., S. 82 ff.

unspezifische Voraussetzungen in Form von unbestimmten Rechtsbegriffen, die zwar grundsätzlich für die Stadionverbote einschlägig sein können, aber auslegungsbedürftig sind. Ein Stadionverbotsgesetz, wie es in ähnlicher Weise in den SVRL verbandsrechtlich schon vorliegt, ist vom staatlichen Gesetzgeber bisher nicht erlassen worden. Dadurch, dass die Voraussetzungen für ein Stadionverbot auf unbestimmten Rechtsbegriffen beruhen, liegen nach einfachem Recht keine Schutzmechanismen und insbesondere keine gleichheitsrechtlichen Anforderungen vor, die den betroffenen Stadionbesucher vor einem Ausschluss von Großveranstaltungen ausreichend schützen.

(bb) Zivilrechtlicher Kontrahierungszwang

Neben dem zivilrechtlichen Hausrecht besteht der allgemein anerkannte zivilrechtliche Kontrahierungszwang,[1058] der ebenso wie die zivilrechtlichen Normen zum Hausrecht nicht den ausreichend verfassungsrechtlichen Schutz leisten kann, der für einen gleichheitsgerechten Zugang zu Großveranstaltungen nach Art. 3 Abs. 1 GG erforderlich ist. Die Vertragsfreiheit, die sich aus dem Grundsatz der Privatautonomie ergibt, ermöglicht dem Veranstalter frei darüber zu entscheiden, ob und mit wem ein Stadionbenutzungsvertrag abgeschlossen wird.[1059] Der Veranstalter ist demnach durch die Ausübung seiner Vertragsfreiheit ermächtigt, bestimmte Personen von der Veranstaltung auszuschließen.[1060] Diese Freiheit wird durch die Rechtsordnung und insbesondere durch das Zivilrecht näher ausgestaltet und begrenzt.[1061]

Nach § 903 S. 1 BGB kann der Eigentümer mit seiner Sache nach Belieben verfahren und andere von jeder Einwirkung ausschließen, soweit Gesetz oder Rechte Dritter der freien Ausübung nicht entgegenstehen. Die Formulierung „soweit“ macht bereits deutlich, dass der Umfang der Vertragsfreiheit Grenzen

---

1058 Siehe dazu ausführlich *Busche*, Privatautonomie und Kontrahierungszwang, 1999, S. 111.

1059 BVerfGE 148, 267 (283); *Busche*, Privatautonomie und Kontrahierungszwang, 1999, S. 30; *Paulus/Zenker*, JuS 2001, 1 (1); *Musielak*, JuS 2017, 949 (949).

1060 BGH, NJW 2006, 377 (379); LG Duisburg, SpuRt 2009, 78 (78 f.); AG Duisburg, BeckRS 29835.

1061 BVerfGE 148, 267 (283); Ausnahmen von der freien Ausübung des Hausrechts sind zu machen, wenn Veranstaltungen für den Publikumsverkehr geöffnet werden oder Arbeitskampfmaßnahmen sowie Versammlungen stattfinden, siehe dazu *Bressensdorf*, Das private „Hausrecht“, 2020, S. 163 ff.; zu den Grenzen des Hausrechts siehe *Weller/Schulz/Smela*, JuS 2021, 722 (722 ff.).

erfordert, um Willkür und Diskriminierung zu verhindern.[1062] Allgemein anerkannt ist diese Grenze als zivilrechtlicher Kontrahierungszwang, der als Instrument zur Korrektur privatautonom handelnder Rechtssubjekte dient.[1063] Da im Sportrecht beziehungsweise bei Stadionbenutzungsverträgen keine gesetzlichen Vorschriften für einen besonderen Kontrahierungszwang[1064] existieren, ist ein Rückgriff auf den allgemeinen Kontrahierungszwang erforderlich.[1065] Dieser ist im Zivilrecht aber nicht ausdrücklich gesetzlich normiert, sodass ein ausreichender Schutz durch den einfachen Gesetzgeber nicht vorliegt. Vielmehr ist eine Konkretisierung des allgemeinen Kontrahierungszwangs durch die Rechtsprechung erforderlich, die diesen für spezifische Konstellationen konkretisieren kann.[1066]

(cc) Zwischenfazit

Der einfache Gesetzgeber hat es bislang unterlassen, klare Regelungen für den gleichheitsgerechten Zugang zu Sportgroßveranstaltungen, insbesondere für Stadionverbote zu treffen und seine verfassungsrechtliche Schutzpflicht in einfaches Recht zu transformieren. Vielmehr muss sich der Stadionbetreiber auf allgemeine zivilrechtliche Regelungen berufen, die durch ihre Unbestimmtheit einer Konkretisierung durch die Rechtsprechung bedürfen. Solange der Gesetzgeber nicht handelt, ist die Judikative als Staatsgewalt aufgerufen, der verfassungsrechtlichen Schutzpflicht ausreichend Rechnung zu tragen.

1062 BVerfGE 89, 214 (231); *Nipperdey*, Kontrahierungszwang und diktierter Vertrag, 1920, S. 105 die Grenzen der Vertragsfreiheit seien ein Stück Sozialisierung des Privatrechts; *Paulus/Zenker*, JuS 2001, 1 (1); *Orth/Schiffbauer*, RW 2011, 177 (180); *Musielak*, JuS 2017, 949 (949).

1063 Zu unterscheiden ist zwischen einem allgemeinen und besonderen Kontrahierungszwang, siehe dazu *Busche*, in: MüKo, BGB, 2018, Vor § 145 Rn. 12; *Walker*, in: Gödicke/Hammen u.a., FS Schapp, 2010, 491 (494).

1064 Dieser dient nicht primär individueller Freiheitssicherung, sondern vielmehr allgemeinen Interessen wie solche aus dem Bereich der Daseinsvorsorge und ist ausdrücklich gesetzlich normiert, siehe dazu *Busche*, Privatautonomie und Kontrahierungszwang, 1999, S. 299 ff.; eine Aufzählung von Beispielen zum besonderen Kontrahierungszwang liefert *Kilian*, AcP 1980, 47 (53 f.).

1065 *Breucker*, JR 2005, 133 (136); *Marzahn*, ZJS 2010, 428 (429).

1066 Auch in der Stadionverbot-Entscheidung ist eine Konkretisierung des allgemeinen Kontrahierungszwangs zu sehen, siehe dazu BVerfGE 148, 267 (283 f.); *Orth/Schiffbauer*, RW 2011, 177 (180 f.).

(2) Konkretisierung durch Rechtsprechung

Die verfassungsrechtliche Schutzpflicht ist durch die Rechtsprechung im Wege verfassungskonforme Auslegung zu erfüllen,[1067] indem sie die Voraussetzungen des allgemeinen Kontrahierungszwangs konkretisiert. Sowohl die Herleitung als auch die Voraussetzungen des allgemeinen Kontrahierungszwangs sind nicht abschließend geklärt und daher in diesem Abschnitt in Bezug auf das Stadionverbot zu untersuchen.

(aa) Herleitung des allgemeinen Kontrahierungszwangs

Passend zur Diskussion der Grundrechtswirkung im Privatrecht leiten Teile der Literatur den allgemeinen zivilrechtlichen Kontrahierungszwang aus einer Drittwirkung der Gleichheitssätze gemäß Art. 3 GG her.[1068] Andere gehen sogar noch weiter, und leiten einen unmittelbaren Kontrahierungszwang aufgrund des Gleichheitssatzes für lebensnotwendige Güter und Dienstleistungen her.[1069] Gegen diese Sichtweisen ist einzuwenden, dass die Gleichheitssätze im Zivilrecht keine unmittelbare Grundrechtsbindung Privater entfalten,[1070] sondern vielmehr an die verfassungsrechtlichen Schutzpflichten gegenüber dem Staat anzuknüpfen ist.[1071] Die Ansicht, das Bundesverfassungsgericht leite in seiner Stadionverbot-Entscheidung den allgemeinen Kontrahierungszwang unmittelbar aus Art. 3 Abs. 1 GG her,[1072] kann dogmatisch nicht überzeugen. Vielmehr erfüllt das Bundesverfassungsgericht seine verfassungsrechtlichen Schutzpflichten aus Art. 3 Abs. 1 GG, indem es die Voraussetzungen zum allgemeinen Kontrahierungszwang im Wege der verfassungskonformen Auslegung konkretisiert.[1073]

1067 *Krings*, Grund und Grenzen grundrechtlicher Schutzansprüche, 2003, S. 245 f.; *Kulick*, Horizontalwirkung im Vergleich, 2020, S. 186 ff.

1068 *Wolf*, in: Bauer, FS Raiser, 1974, 597 (611 f.); ähnlich *Oechsler*, in: Staudinger, BGB, 2018, § 826 Rn. 433, der einen Kontrahierungszwang aus den Schutzzwecken der verletzten Rechtsgüter ableiten möchte; ein weiterer Ansatz knüpft an das Sozialstaatsprinzip aus der Verfassung an, siehe dazu *Neuner*, Privatrecht und Sozialstaat, 1999, S. 287 f.

1069 *Kilian*, AcP 1980, 47 (60).

1070 Siehe oben § 5 III. 1. b) bb), S. 122 ff.; ferner BVerfGE 148, 267 (281); BGH, NJW 2013, 1519 (1521); *Busche*, in: MüKo, BGB, 2018, Vor § 145 Rn. 21.

1071 *Oechsler*, in: Staudinger, BGB, 2018, § 826 Rn. 433.

1072 *Bressensdorf*, Das private „Hausrecht", 2020, S. 196.

1073 Das Bundesverfassungsgericht erwähnt den Kontrahierungszwang nicht ausdrücklich, jedoch kann aus dem Umstand, dass ein sachlicher Grund für eine Ablehnung des Vertragsschlusses gefordert wird, der Umkehrschluss gezogen werden, dass ein solcher besteht; *Singer*, JZ 1995, 1133 (1136); *Canaris*, AcP 1984, 201 (227).

Die Ansicht, der allgemeine Kontrahierungszwang lasse sich unmittelbar aus der Verfassung herleiten, kann vor dem Hintergrund nicht überzeugen, dass die unmittelbare Grundrechtsbindung Privater zu einem Verfassungsprivatrecht führen würde, welches die Unterscheidung zwischen Staat und Privaten aufheben und unverhältnismäßig in die Privatautonomie eingreifen würde.[1074]. Insbesondere spricht dagegen, dass der Rechtsprechung zur Erfüllung ihrer verfassungsrechtlichen Schutzpflicht mit § 826 BGB eine Norm zur Verfügung steht und die gleichheitsrechtlichen Anforderungen durch Konkretisierung der Voraussetzungen über die Schutzpflichten einfließen können.[1075]

Überwiegend wird zu Recht die Auffassung vertreten, der allgemeine zivilrechtliche Kontrahierungszwang lasse sich aus einem vorsätzlichen Verstoß gegen die guten Sitten gemäß § 826 BGB herleiten.[1076] Nach dieser Ansicht fließen das allgemeine Persönlichkeitsrecht nach Art. 2 Abs. 1 GG i. V. m. Art 1 Abs. 1 GG und das allgemeine Gleichbehandlungsgebot gemäß Art. 3 Abs. 1 GG mittelbar durch die Generalklausel der guten Sitten in das Zivilrecht hinein.[1077] Die daraus resultierende Rechtsfolge der Naturalrestitution nach § 249 Abs. 1 BGB ist auf den Abschluss des Vertrages gerichtet.[1078]

Einen ähnlichen Ansatz verfolgt *Busche* in seiner lesenswerten Arbeit zur Privatautonomie und zum Kontrahierungszwang.[1079] Er vertritt die Auffassung, der allgemeine Kontrahierungszwang lasse sich aus einem verschuldensunabhängigen, durch § 826 BGB vermittelten quasinegatorischen Beseitigungsanspruch gemäß § 1004 analog BGB herleiten.[1080] Tatsächliches Ziel des Klägers sei nicht der Ersatz

---

1074 Siehe oben § 5 III., 1. b), S. 119 ff.

1075 *Hackl*, Vertragsfreiheit und Kontrahierungszwang, 1980, S. 30 f.

1076 BGH, NJW 1990, 761 (762 f.); NVwZ 1994, 1240 (1241); *Nipperdey*, Kontrahierungszwang und diktierter Vertrag, 1920, S. 57 ff.; *Hackl*, Vertragsfreiheit und Kontrahierungszwang, 1980, S. 28 ff.; *Busche*, Privatautonomie und Kontrahierungszwang, 1999, S. 151; *Orth*, Vereins- und Verbandsstrafen, 2009, S. 138.

1077 BGH, NJW 2010, 534 (535); *Walker*, in: Gödicke/Hammen u.a., FS Schapp, 2010, 491 (494 f.).

1078 *Mansel*, in: Jauernig, BGB, 2021, Vorb. § 145 Rn. 11; die h. M. lässt aber einen Verstoß gegen § 826 BGB ausreichen, ohne dass es einer Geltendmachung des Schadensersatzanspruches bedarf, siehe dazu *Ellenberger*, in: Palandt, BGB, 2021, Einf. v. § 145 Rn. 9; *Rademacher/Schulze*, in: Heidel/Hüßtege u.a., BGB, 2021, Vorb. § 145 Rn. 11; zustimmend *Schmitt*, Das bundesweite Fußball-Stadionverbot, 2013, S. 52.

1079 *Busche*, Privatautonomie und Kontrahierungszwang, 1999, S. 230 ff.; zustimmend *Eckert*, in: Hau/Poseck, BeckOK, BGB, Stand: 01.05.2021, § 145 Rn. 16.

1080 LG Dortmund, NJW 1973, 2212; *Busche*, in: MüKo, BGB, 2018, Vor § 145 Rn. 21.

eines Schadens, der infolge der Beeinträchtigung der individuellen Vertragsfreiheit entstanden ist, sondern die Beseitigung der Rechtsbeeinträchtigung.[1081] Andere Stimmen pflichten bei, dass der Weg über den Schadensersatzanspruch umständlich sei und ein Verschulden des Veranstalters erfordere.[1082]

Beizupflichten ist der Begründung zur Herleitung eines allgemeinen Kontrahierungszwangs über § 826 BGB, wobei die Geltendmachung eines Schadens gemäß § 249 Abs. 1 BGB nicht erforderlich ist, da ein Kontrahierungszwang kein schuldhaftes Verhalten des Verpflichteten voraussetzt.[1083] Die Ablehnung des Vertragsschlusses als Verstoß gegen die guten Sitten, Treu und Glauben oder gegen Diskriminierungsverbote muss für sich genommen bereits ausreichend sein, um seinen Gegenüber zum Vertragsschluss zu verpflichten. Für diese Sichtweise spricht, dass der Gesetzgeber zur Sozialbindung des Eigentums verpflichtet ist und diese in §§ 242, 826 BGB ihre einfachgesetzliche Ausgestaltung findet.[1084] Gegen die Auffassung von *Busche*, der allgemeine Kontrahierungszwang lasse sich aus einem quasi-negatorischen Beseitigungsanspruch herleiten, spricht die erforderliche Trennbarkeit von störender und beseitigender Handlung.[1085] Die zur Beseitigung erforderliche Handlung (Vertragsschluss) und die Rechtsbeeinträchtigung (Vertragsverweigerung) müssen aus zwei unterschiedlichen Handlungen bestehen, was im Fall des Kontrahierungszwangs nicht gegeben ist.[1086]

(bb) Voraussetzungen des allgemeinen Kontrahierungszwangs

In Abhängigkeit zur Herleitung ergeben sich unterschiedliche Voraussetzungen, die für das Bestehen eines allgemeinen Kontrahierungszwangs erforderlich sind. Diese sind umstritten und variieren von der Deckung essenzieller Lebensbedürfnisse[1087] bis hin zur Öffnung einer Großveranstaltung für den allgemeinen Publikumsverkehr.[1088]

1081 *Ders.*, Privatautonomie und Kontrahierungszwang, 1999, S. 230.

1082 *Bydlinski*, AcP 1980, 1 (11); *Paulus/Zenker*, JuS 2001, 1 (5).

1083 *Rademacher/Schulze*, in: Heidel/Hüßtege u.a., BGB, 2021, Vorb. § 145 Rn. 11.

1084 BVerfGE 37, 132 (140); 38, 348 (370); 52, 1 (32); *Antoni*, in: Hömig/Wolff, GG, 2018, Art. 14 Rn. 12; *Orth*, Vereins- und Verbandsstrafen, 2009, S. 138.

1085 *Bydlinski*, AcP 1980, 1 (12).

1086 *Ders.*, AcP 1980, 1 (12).

1087 LG Duisburg, SpuRt 2009, 78 (79); *Paulus/Zenker*, JuS 2001, 1 (5); kritisch dagegen: *Bydlinski*, AcP 1980, 1 (37); *Busche*, in: MüKo, BGB, 2018, Vor § 145 Rn. 22; nach *Mansel*, in: Jauernig, BGB, 2021, Vorb. § 145 Rn. 11 sei eine wichtige Bedeutung ausreichend.

1088 BGH, NJW 2010, 534 (535); *Breucker*, JR 2005, 133 (136); *Walker*, in: Gödicke/Hammen u.a., FS Schapp, 2010, 491 (494 f.); *Gietl*, JR 2010, 50 (50); *Orth/Schiffbauer*, RW 2011, 177 (180 f.).

Angenommen wurde ein allgemeiner Kontrahierungszwang von der Rechtsprechung bereits für Theaterbesuche von Kritikern, wenn eine Monopolstellung des Veranstalters vorlag.[1089] Schon hier wird deutlich, dass die Voraussetzungen nicht an der engen Wortlautgrenze der „essenziellen Lebensbedürfnisse" zu messen sein werden. Demzufolge leitet auch der Bundesgerichtshof in seiner jüngeren Rechtsprechung, ohne auf ein essenzielles Lebensbedürfnis oder weitere Voraussetzungen abzustellen, den Kontrahierungszwang aus der Öffnung der Veranstaltung für den Publikumsverkehr sowie der erheblichen Bedeutung für die Teilnahme am gesellschaftlichen Leben ab.[1090] Die Forderung nach einem sachlichen Grund wurde von *Orth* und *Schiffbauer* schon früh und richtigerweise als Kontrahierungszwang interpretiert,[1091] was vom Bundesverfassungsgericht einige Jahre später in der Stadionverbot-Entscheidung bestätigt wurde.[1092] Beide Entscheidungen führen im Ergebnis dazu, dass eine Ablehnung des Vertragsschlusses durch den Veranstalter ohne Vorliegen eines sachlichen Grundes nicht zulässig ist.

Selbst wenn als Voraussetzung essenzielle Lebensbedürfnisse gefordert werden würden, ist der Besuch von Sportgroßveranstaltungen nach weiter Auslegung entgegen anderen Stimmen in Literatur und Rechtsprechung[1093] unter die Deckung essenzieller Lebensbedürfnisse zu fassen und begründet einen allgemeinen Kontrahierungszwang.[1094] Gerade die voranstehenden Ausführungen zur Bedeutung des Fußballsports für die Fanszene machen deutlich, dass es sich bei dem Stadionbesuch mehr als nur um eine bloße Informationsbeschaffung handelt.[1095] Das Bundesverfassungsgericht hat deutlich gemacht, dass die Stadionverbote in erheblichem Umfang über die Teilnahme am gesellschaftlichen Leben entscheiden.[1096] Wenn bereits eine identitätsgefährdende

---

1089 RGZ 133, 388; *Katzenmeier*, in: Dauner-Lieb/Langen, BGB, 2021, § 826 Rn. 54; *Eidenmüller*, NJW 1991, 1439 (1441).

1090 BGH, NJW 2010, 534 (535); *Bressensdorf*, Das private „Hausrecht", 2020, S. 164 ff.

1091 *Orth/Schiffbauer*, RW 2011, 177 (180 f.).

1092 BVerfGE 148, 267 (283 ff.).

1093 LG Duisburg, SpuRt 2009, 78 (79); AG Dortmund, BeckRS 2014, 20612; AG Frankfurt, SpuRt 2005, 172; AG Duisburg, BeckRS 2009, 29835; *Breucker*, JR 2005, 133 (136); *Breucker*, NJW 2006, 1233 (1235).

1094 Wenn der BGH in seiner Entscheidung einen sachlichen Grund fordert, statuiert er nichts anderes als einen Kontrahierungszwang, siehe dazu BGH, NJW 2010, 534 (535); so schon *Orth*, Vereins- und Verbandsstrafen, 2009, S. 138 m. w. N.; *Orth/Schiffbauer*, RW 2011, 177 (180).

1095 Siehe oben § 4 II., S. 74 ff.; ferner *Orth*, Vereins- und Verbandsstrafen, 2009, S. 138 f.

1096 BVerfGE 148, 267 (283 f.).

Grundrechtsbeeinträchtigung angenommen werden kann,[1097] ist es dogmatisch haltbar, Stadionbesuche bei großzügiger Betrachtung auch unter die essenziellen Lebensbedürfnisse zu subsumieren.

(cc) Zurückweisung/Aufhebung der Entscheidung

Dadurch, dass das Bundesverfassungsgericht im konkreten Fall der Stadionverbot-Entscheidung zu dem Ergebnis kommt, das Stadionverbot sei verfassungsgemäß,[1098] liegt auch nach Überprüfung durch die Judikative weiterhin kein Eingriff in die Privatautonomie des Veranstalters vor. Zwar besteht eine verfassungsrechtliche Schutzpflicht, aber wurde diese erfüllt, wenn das Bundesverfassungsgericht einen sachlichen Grund für den Ausschluss fordert und dieser festgestellt wird.[1099]

Der Vollständigkeit halber ist der hypothetische Fall anzunehmen, dass das Bundesverfassungsgericht keinen sachlichen Grund für das Stadionverbot feststellen konnte und die Maßnahme für verfassungswidrig hält. Die Folge wäre, dass die Sache vom Bundesverfassungsgericht an den Bundesgerichtshof gemäß § 95 Abs. 2 BVerfGG zurückzuweisen gewesen wäre. Zwar ist die Maßnahme nach erneuter fachgerichtlicher Entscheidung nicht zwangsläufig aufzuheben,[1100] aber ist dies zu vermuten, wenn kein sachlicher Grund für den Ausschluss vorliegt. Die Zurückweisung durch das Bundesverfassungsgericht beziehungsweise die Aufhebung der ursprünglichen Entscheidung durch den Bundesgerichtshof wäre ein legitimes Mittel, um die verfassungsrechtliche Schutzpflicht gegenüber dem Stadionbesucher judikativ zu erfüllen.

cc) Geeignetheit

Die Entscheidung des Bundesverfassungsgerichts ist auch dazu geeignet, die verfassungsrechtliche Schutzpflicht zu erfüllen. Dadurch, dass das Bundesverfassungsgericht den allgemeinen Kontrahierungszwang in seiner Stadionverbot-Entscheidung konkretisiert hat, ist die Maßnahme geeignet, dem Privaten einen Schutz vor allgemeiner Ungleichbehandlung gegenüber privaten Veranstaltern zu gewähren. Nach der Entscheidung des Bundesverfassungsgerichts ist der

---

1097 Siehe oben § 5 III. 2. a) bb) (2), S. 182 ff.; BVerfGE 35, 202 (220); 79, 256 (268); *Martini*, JA 2009, 839 (844).

1098 BVerfGE 148, 267 (279 ff.).

1099 BVerfGE 148, 267 (287 ff.).

1100 *Ungern-Sternberg*, in: Walter/Grünewald, BeckOK, BVerfGG, Stand: 01.07.2021, § 95 Rn. 24.

Grundsatz aufzustellen, dass jede Großveranstaltung, die für ein großes Publikum ohne Ansehen der Person geöffnet wird und in erheblichem Umfang über die Teilnahme am gesellschaftlichen Leben entscheidet,[1101] an den gleichheitsrechtlichen Anforderungen zu messen ist, das heißt jeder Ausschluss eines sachlichen Grundes bedarf.

dd) Effektivität

Die Maßnahme ist erforderlich, wenn sie effektiv genug ist.[1102] Als wirksameres Mittel, das nicht intensiver in die Rechte des Störers eingreift, ist ein gesetzgeberisches Tätigwerden heranzuziehen, das gleichheitsrechtliche Anforderungen für Sportgroßveranstaltungen wie Fußballspiele in Stadien von vorneherein in einfachem Recht festlegt. Dagegen spricht aber, dass sowohl der Anspruch aus einem neuen Gesetz als auch der Anspruch aus dem allgemeinen Kontrahierungszwang nach § 826 BGB vor den Zivilgerichten geltend gemacht werden müsste. Das Gesetz hätte allein den Vorteil, dass zunehmend Rechtsklarheit herrscht, ohne dass es einer Analyse der Rechtsprechung bedürfte. Aus Sicht der Judikative ist die Feststellung, dass gleichheitsrechtliche Anforderungen in der spezifischen Konstellation zu wahren sind, zunächst das effektivste Mittel, um die verfassungsrechtliche Schutzpflicht zu erfüllen. Das muss insbesondere vor dem Hintergrund gelten, dass der Spielraum des Gesetzgebers und die verschiedenen Handlungsmöglichkeiten des Staates, wie er seiner verfassungsrechtlichen Handlungspflicht nachkommt, zu beachten sind.[1103]

ee) Angemessenheit

Zuletzt ist in der Verhältnismäßigkeitsprüfung eine Abwägung von Über- und Untermaßverbot vorzunehmen.[1104] Aufseiten des Veranstalters streiten die Grundrechte der Eigentumsfreiheit nach Art. 14 Abs. 1 GG sowie die Privatautonomie

---

1101 BVerfGE 148, 267 (283).

1102 *Krings*, Grund und Grenzen grundrechtlicher Schutzansprüche, 2003, S. 303; mit anderen Worten wird eine Effektivität statt Erforderlichkeit geprüft, siehe dazu *Michael*, JuS 2001, 148 (148 ff.).

1103 BVerfGE 77, 170 (229 f.); *Kempen*, in: Merten/Papier, HGR II, 2006, § 54 Rn. 69; *Möstl*, Die Staatliche Garantie für die öffentliche Sicherheit und Ordnung, 2002, S. 106; *Kaspar*, Verhältnismäßigkeit und Grundrechtsschutz im Präventionsstrafrecht, 2014, S. 65; *Brade/Müller*, NVwZ 2020, 1793 (1796 f.).

1104 Herzustellen ist eine praktische Konkordanz, siehe dazu *Vieweg*, Normsetzung und -anwendung deutscher und internationaler Verbände, 1990, S. 192; *Orth*, Vereins- und Verbandsstrafen, 2009, S. 95.

nach Art. 2 Abs. 1 GG. Kommt es zu einem Schutzeingriff des Staates, sind diese Grundrechte inzident zu prüfen, um einen Eingriff darzulegen.[1105] Auf der anderen Seite streitet für den Stadionbesucher der Schutzanspruch auf allgemeine Gleichbehandlung nach Art. 3 Abs. 1 GG gegenüber dem Staat.

Die Privatautonomie der Veranstalter steht unter dem Schutz des Grundgesetzes und ist ein hohes Rechtsgut.[1106] Art. 2 Abs. 1 GG verpflichtet den Staat zur grundsätzlichen Anerkennung individueller Freiheit und dient der Selbstbestimmung des Einzelnen im Rechtsleben.[1107] Dazu zählen insbesondere die Vertragsfreiheit und das Recht, einen Vertragsschluss ablehnen zu können.[1108] Umfasst ist auch der Schutz vor staatlichen Vorgaben wie Kontrahierungszwang, Abschlussverbote oder Genehmigungsvorbehalte.[1109] Dennoch ist es der Verfassungsjudikatur nicht fremd, dass der Privatautonomie Grenzen gesetzt werden. Das Bundesverfassungsgericht hat eine Einschränkung der Privatautonomie bereits vor dem Hintergrund des Sozialstaatsprinzips gemäß Art. 20 Abs. 1, Art. 28 Abs. 1 GG angesichts der strukturellen Überlegenheit eines Privaten anerkannt.[1110] Ferner sind auch dem einfachen Recht Einschränkungen der Privatautonomie im Bereich des AGG nicht unbekannt, welche gemäß § 19 AGG auf Massengeschäfte Anwendung finden.

Dagegen streitet für den Stadionbesucher die Pflicht zur Einhaltung gleichheitsrechtlicher Anforderungen gemäß Art. 3 Abs. 1 GG. Der Privatautonomie wird in zweierlei Hinsicht Grenzen gesetzt. Zum einen ist an die strukturelle Überlegenheit der Veranstalter im Hinblick auf ihre Monopolstellung,[1111] zum anderen an die spezifische Konstellation des Bundesverfassungsgerichts, die Anforderungen an einen gleichheitsgerechten Zugang für gesellschaftliche Großevents stellt, anzuknüpfen.[1112] Der sachgrundlose Ausschluss von einer Sportgroßveranstaltung entscheidet in erheblichem Umfang darüber, ob der Betroffene am gesellschaftlichen

1105 Insofern ähnlich wie im Fall von kollidierenden Grundrechten siehe dazu BVerfGE 52, 223 (242); 93, 1 (21 ff.); *Kalenborn*, JA 2016, 6 (10).

1106 Dieser müsse der denkbar größte Platz eingeräumt werden, siehe dazu *Kempen*, DZWir 1994, 499 (502); *Isensee*, in: Isensee/Kirchhof, HStR VII, 2009, § 150 Rn. 124 ff.

1107 BVerfGE 114, 1 (34); *Busche*, Privatautonomie und Kontrahierungszwang, 1999, S. 30; *Jarass*, in: Jarass/Pieroth, GG, 2020, Art. 2 Rn. 22.

1108 *Starck*, in: v. Mangoldt/Klein u.a., GG, 2018, Art. 2 Rn. 145; *Busche*, Privatautonomie und Kontrahierungszwang, 1999, S. 46 ff.

1109 *Dreier*, in: ders., GG, 2013, Art. 2 Rn. 35.

1110 BVerfGE 89, 214 (232).

1111 *Rixen*, in: Sachs, GG, 2021, Art. 2 Rn. 108b f.

1112 BVerfGE 148, 267 (284).

Leben teilhaben darf.[1113] Ein Stadionverbot hat für den Betroffenen regelmäßig eine hohe gesellschaftliche Bedeutung und ist mit anderweitigen Grundrechtsbeeinträchtigungen verbunden.[1114] Der gleichheitsgerechte Zugang ist insbesondere auch vor dem Hintergrund des Sozialstaatsprinzips nach Art. 20 Abs. 1, Art. 28 A bs. 1 GG von hohem Gewicht, da andernfalls eine Zweiklassengesellschaft entstehen könnte, wenn Private sachgrundlos von gesellschaftlichen Großveranstaltungen ausgeschlossen werden.

Im konkreten Fall der Stadionverbote gilt die Einschränkung nur für Veranstalter, die ihre Veranstaltung einem großen Publikum ohne Ansehen der Person eröffnen und in erheblichem Umfang über die Teilnahme am gesellschaftlichen Leben entscheiden.[1115] Der Veranstalter wird nicht pauschal zu einem Vertragsschluss mit jedermann gezwungen, sondern nur dazu, in spezifischen Konstellationen einen sachlichen Grund für die Ablehnung des Vertrages anzugeben. Dieser Grund liegt nach Ansicht des Bundesverfassungsgerichts darin, dass von den Betroffenen künftig Störungen bei Sportveranstaltungen zu besorgen seien, an die keine hohen Anforderungen zu stellen sind.[1116] Insbesondere hat der Staat bei einem Eingriff in die Privatautonomie zu berücksichtigen, dass ihn gleichermaßen verfassungsrechtliche Schutzpflichten gegenüber den friedlichen Fans nach Art. 2 Abs. 2 S. 1 GG treffen. Die Anforderungen an den sachlichen Grund, die zur Einschränkung der Privatautonomie erforderlich sind, sind daher verhältnismäßig gering.[1117] Folglich greift der Eingriff in die Privatautonomie nicht tief, sondern wird sich nur auf wenige Fälle begrenzen, in denen ein Stadionverbot nicht zu rechtfertigen ist.

Nach diesen Ausführungen ist festzustellen, dass die gleichheitsrechtlichen Interessen der Stadionbesucher dem Interesse des Veranstalters an einer privatautonomen Vertragsgestaltung überwiegen. Der Eingriff in die Privatautonomie ist im Verhältnis zu einem sachgrundlosen Ausschluss gering. Das Bundesverfassungsgericht hat – wenn auch in dogmatischer Hinsicht rudimentär – zu Recht anerkannt,

---

1113 BVerfGE 148, 267 (284); diese Voraussetzung ist zwingend erforderlich, um eine Schutzpflicht nach Art. 3 Abs. 1 GG auszulösen, siehe dazu BGH, NJW 2020, 3382.

1114 Siehe oben § 4 II., S. 74 ff.; § 5 III. 2. a) bb), S. 180 ff.

1115 BVerfGE 148, 267 (284).

1116 BVerfGE 148, 267 (273).

1117 Willkür liegt erst vor, wenn der Entscheidung jede rechtliche Grundlage fehlt, siehe dazu BVerfGE 1, 14 (52); *Orth*, Vereins- und Verbandsstrafen, 2009, S. 97; der Begriff des Untermaßverbotes weist schon darauf hin, dass die Schutzpflichtenlehre nur ein minimales Schutzniveau fordert, siehe dazu *Kaspar*, Verhältnismäßigkeit und Grundrechtsschutz im Präventionsstrafrecht, 2014, S. 72.

dass die Bedeutung der gleichheitsgerechten Anforderungen nach Art. 3 Abs. 1 GG im vorliegenden Fall überwiegt.[1118]

e) Fazit

Die Grundrechtswirkung im Fall der Veranstalter von Sportgroßveranstaltungen ist maßgeblich durch die verfassungsrechtliche Schutzpflicht des Staates hinsichtlich des allgemeinen Gleichbehandlungsgebotes gemäß Art. 3 Abs. 1 GG bestimmt. Eingriffe in andere Freiheitsrechte wie Versammlungsfreiheit, Informationsfreiheit und das allgemeine Persönlichkeitsrecht sind zwar grundsätzlich im Hinblick auf den Stadionbesuch denkbar, aber allenfalls in die Verhältnismäßigkeitsprüfung der Ungleichbehandlung miteinzubeziehen.[1119]

Die Stadionverbot-Entscheidung des Bundesverfassungsgerichts bildet ein Sammelsurium aus Elementen der Lehre zur mittelbaren Drittwirkung, unmittelbaren Grundrechtsbindung Privater und Schutzpflichtenlehre, welches in dogmatischer Hinsicht kontradiktorisch ist. Überzeugen können allein die Ansätze des Bundesverfassungsgerichts zur Schutzpflichtenlehre. Mit dem Hinweis darauf, dass in spezifischen Konstellationen gleichheitsrechtliche Anforderungen auch durch Private zu beachten sind,[1120] erfüllt das Bundesverfassungsgericht seine verfassungsrechtliche Schutzpflicht gegenüber dem Stadionbesucher, die sich nach Art. 1 Abs. 3 GG unmittelbar aus Art. 3 Abs. 1 GG ergibt. Das Bundesverfassungsgericht statuiert damit einen konkreten Fall des Untermaßverbotes und beweist (unbewusst), dass eine Abkehr von der inhaltslosen Ausstrahlungswirkung der Lehre zur mittelbaren Drittwirkung und der Lehre zur unmittelbaren Grundrechtsbindung Privater die beste Lösung wäre, um einen dogmatisch einwandfreien Ansatz zur Problematik der Grundrechtswirkung im Privatrecht zu schaffen.

1118 BVerfGE 148, 267 (283 f.).

1119 BVerfGE 88, 87 (97); *Wollenschläger*, in: v. Mangoldt/Klein u.a., GG, 2018, Art. 3 Rn. 146.

1120 BVerfGE 148, 267 (283 f.).

§ 6 Öffentlich-rechtliche Stadionverbote

Bislang wenig Beachtung in der Literatur haben öffentlich-rechtliche Maßnahmen als Stadionverbote im weiteren Sinne erhalten.[1121] Dieser Umstand ist insbesondere auf die hier nicht bestehende Problematik zur Grundrechtswirkung (im Privatrecht) zurückzuführen, obgleich den Grundrechten im Verhältnis zwischen Staat und Bürger durch die unmittelbare Bindung nach Art. 1 Abs. 3 GG eine besonders weitgehende Bedeutung zukommt. Unter allen denkbaren Arten von Stadionverboten machen die polizeirechtlichen Maßnahmen als öffentlich-rechtliche Stadionverbote den größten Anteil aus.[1122] Ebenfalls als öffentlich-rechtliches Stadionverbot zu qualifizieren sind strafrechtliche Maßnahmen wie Bewährungsweisungen nach § 56c StGB, wonach die Aussetzung einer Freiheitsstrafe an bestimmte Weisungen geknüpft wird.[1123] In diesem Zusammenhang ist letztlich auch der Frage nachzugehen, inwiefern sich der Staat an zivilrechtlichen Stadionverboten beteiligt, wenn personenbezogene Daten an den Veranstalter übermittelt und zivilrechtliche Stadionverbote konsequent angeregt werden.[1124]

I. Rechtsgrundlage

Als polizeirechtliche Maßnahmen kommen die Platzverweisung, das Aufenthaltsverbot, die Meldeauflage, der Verbringungsgewahrsam, die Gefährderansprache sowie die Videoüberwachung in Betracht, während die Bewährungsweisung

---

1121 *Deusch*, Polizeiliche Gefahrenabwehr bei Sportgroßveranstaltungen, 2005, S. 174 ff.; *Orth*, Vereins- und Verbandsstrafen, 2009, S. 135; *Siegel*, NJW 2013, 1035 ff.; ausführlich *Niemeier*, Gefahrenabwehrrechtliche Möglichkeiten der Bekämpfung ritualisierten Gewaltverhaltens im Zusammenhang mit Fußballveranstaltungen, 2015, S. 69 ff.; *Moldenhauer/Scherer*, in: Grau/Heyde u.a., Sozialwissenschaftliche Perspektiven der Fußballfanforschung, 2017, 176 (176, 185); *Klein*, Sicherheit durch Stadionverbote?, 2019, S. 93 f.

1122 Zum Vergleich: Gegenüber 766 zivilrechtlichen Stadionverboten wurden 9.140 freiheitsentziehende bzw. -beschränkende polizeiliche Maßnahmen im Zusammenhang mit Fußballspielen erlassen, siehe dazu ZIS Jahresbericht Fußball Saison 2018/2019, S. 17 f., 21.

1123 Siehe dazu beispielhaft AG München, Urt. v. 11.5.2016, 821 Ds 467 Js 213716/14 (unveröffentlicht).

1124 *Kirchhoff*, NJW 2017, 294 (295 f.).

nach § 56c StGB aus strafrechtlicher Perspektive als Mittel zur Verhängung von Stadionverboten herangezogen wird.

1. Polizeirechtliche Maßnahmen

In diesen Abschnitten soll untersucht werden, welche der genannten Maßnahmen eine ausreichende Rechtsgrundlage im PolG NRW innehaben und zugleich geeignet sind, ein dem bundesweiten Stadionverbot vergleichbares Verbot festzusetzen.

a) Platzverweisung

Der Klassiker unter den polizeirechtlichen Stadionverboten ist die Platzverweisung gemäß § 34 Abs. 1 S. 1 PolG NRW, wonach die Polizei eine Person zur Abwehr einer Gefahr vorübergehend von einem Ort verweisen oder ihr vorübergehend das Betreten eines Ortes verbieten kann. Auch wenn die Dauer der Platzverweisung umstritten ist,[1125] ist augenscheinlich, dass durch die zeitliche Begrenzung „vorübergehend" keine längerfristige Maßnahme möglich ist, die mehrere Wochenenden beziehungsweise Spieltage umfassen kann.[1126] Vielmehr handelt es sich bei der Platzverweisung um ein *Ad-hoc*-Stadionverbot, das (nur) einen Ausschluss von laufenden Spieltagen ermöglicht. Zudem ist die Maßnahme der Platzverweisung auch in räumlicher Hinsicht dezimiert, da die Grenze zum Aufenthaltsverbot gemäß § 34 Abs. 2 PolG NRW bereits überschritten ist, wenn sich das Verbot nicht auf das Stadion beschränkt, sondern auch dessen Umfeld umfasst.[1127]

b) Aufenthaltsverbot

Aussichtsreicher in ihrer Intensität und Wirkung sind dagegen polizeiliche Aufenthaltsverbote nach § 34 Abs. 2 PolG NRW.[1128] Liegen Tatsachen vor, welche die

---

1125 Die Ansichten reichen von einigen Stunden bis zu wenigen Tagen, siehe dazu *Ogorek*, in: Möstl/Kugelmann, BeckOK, PolG NRW, Stand: 01.06.2021, § 34 Rn. 17 f. m. w. N.; *Lang*, VerwArch 2005, 283 (299) geht von maximal 24 Stunden aus; zustimmend *Hauk*, Jura 2017, 922 (925).

1126 *Graulich*, in: Lisken/Denninger, PolR-HdB, 2018, E. Rn. 416; *Franz/Günther*, NWVBl 2006, 201 (209); *Finger*, DVP 2015, 367 (367).

1127 LT NRW-Drs. 13/2854, S. 58; *Siegel*, NJW 2013, 1035 (1036); *Stoll/Lüers*, DÖV 2014, 222 (230).

1128 Siehe dazu beispielhaft OVG Münster, BeckRS 2016, 130235; VG Köln, BeckRS 2015, 54963 zum Aufenthaltsverbot rund um das Rhein-Energie-Stadion; *Kirchhoff*,

Annahme rechtfertigen, dass eine Person in einem bestimmten örtlichen Bereich eine Straftat begehen oder zu ihrer Begehung beitragen wird, kann ein solches Verbot nach Ermessen der Behörde erlassen werden. Dass die Maßnahme des Aufenthaltsverbotes ein beliebtes Mittel ist, zeigt beispielhaft der Erlass von insgesamt 1.060 Aufenthaltsverboten gegenüber Hooligans während der Fußball-Weltmeisterschaft 2006.[1129] Denkbar wäre auch ein ergänzender Erlass des Aufenthaltsverbotes zu einem bereits bestehenden zivilrechtlichen Stadionverbot, um eine Verlagerung der Gewalt in die Innenstädte zu verhindern.[1130]

Das Verbot ist in räumlicher Hinsicht nach § 34 Abs. 2 S. 2 PolG NRW für ein ganzes Gemeindegebiet oder innerhalb eines Gebietsteils einer Gemeinde zulässig, während die zeitliche Dauer gemäß § 34 Abs. 2 S. 4 PolG NRW auf drei Monate beschränkt ist. Im Unterschied zur Platzverweisung nach § 34 Abs. 1 PolG NRW kann das Aufenthaltsverbot mithin zu einem Stadionverbot an mehreren aufeinanderfolgenden Spieltagen führen sowie in räumlicher Hinsicht nicht nur das Stadion, sondern auch dessen Umfeld umfassen.[1131]

c) Meldeauflage

Als weitere polizeirechtliche Maßnahme ist die Meldeauflage anzuführen, die in tatsächlicher Hinsicht ein Stadionverbot begründen kann, wenn dem Betroffenen auferlegt wird, sich zu bestimmten Zeiten bei einer bestimmten Polizeidienststelle persönlich vorzustellen.[1132] Insbesondere für Auswärtsspiele innerhalb Deutschlands kann die Meldeauflage ein adäquates Mittel sein, um mit Sicherheit festzustellen, dass gewaltbereite Fans tatsächlich nicht zu den betreffenden Spielen reisen.[1133] Sie dient als Kontrollmaßnahme und ergeht

---

NJW 2017, 294 (294 ff.); allgemein zu den Vorteilen gegenüber einer Platzverweisung siehe *Graulich*, in: Lisken/Denninger, PolR-HdB, 2018, E. Rn. 426.

1129 *Krahm*, Polizeiliche Maßnahmen zur Eindämmung von Hooligangewalt, 2007, S. 273.

1130 VG Darmstadt, NVwZ 2016, 1344 zur Rechtswidrigkeit eines ordnungsrechtlichen Aufenthaltsverbotes in der Innenstadt.

1131 *Siegel*, NJW 2013, 1035 (1037).

1132 VG Ansbach, BeckRS 2006, 29711; VG München, BeckRS 2006, 31884; *Petersen-Thrö*, KommJur 2006, 289 (290); *Schucht*, NVwZ 2011, 709 (709 f.); *Graulich*, in: Lisken/Denninger, PolR-HdB, 2018, E. Rn. 235

1133 Für Meldeauflagen bei Spielen im Ausland treten Besonderheiten mit Pass- und/oder Personalausweisbeschränkungen auf, die aber auf Ebene der bundesweiten Stadionverbote nicht relevant sind, siehe dazu BVerwGE 129, 142; *Schucht*, NVwZ 2011, 709 (710 f.); *Siegel*, NJW 2013, 1035 (1037 ff.).

deshalb regelmäßig in Kombination mit einem Aufenthaltsverbot.[1134] Je nach Bundesland ist die Maßnahme auf ein bis drei Monate beschränkt,[1135] sodass sie über ein *Ad-hoc*-Stadionverbot hinausgehen und wie das Aufenthaltsverbot mehrere aufeinanderfolgende Spieltage umfassen kann.

Berechtigte Kritik erfährt die Maßnahme insbesondere in Nordrhein-Westfalen dahin gehend, dass keine ausreichende Ermächtigungsgrundlage vorliegt.[1136] Auch wenn die Mehrzahl der Bundesländer die Meldeauflage bereits standardisiert haben,[1137] findet in einigen Bundesländern, unter anderem auch in Nordrhein-Westfalen, (noch) die polizeiliche Generalklausel Anwendung.[1138] Zu monieren ist, dass typische und zunehmend angewendete Maßnahmen wie die Meldeauflage auf eine spezielle Ermächtigungsgrundlage gestützt werden müssen.[1139] Anders sah es das Bundesverwaltungsgericht in einer Entscheidung zu Meldeauflagen im Zusammenhang mit dem G-8-Gipfel,[1140] wonach weder die polizeirechtliche Generalklausel auf „untypische" Maßnahmen beschränkt sei, noch die mit der Maßnahme verbundenen Grundrechtseingriffe intensiver als solche seien, die in der Generalermächtigung für die Fälle einer drohenden Straftat des Adressaten allgemein angelegt sind.[1141]

Dem Bundesverwaltungsgericht ist nicht zuzustimmen.[1142] Überzeugend wird gegen die Argumente des Bundesverwaltungsgerichts angeführt, dass

---

1134 *Graulich*, in: Lisken/Denninger, PolR-HdB, 2018, E. Rn. 235.

1135 Bspw. ein Monat in Rheinland-Pfalz nach § 12a RhPfPOG, drei Monate in Bayern nach Art. 16 Abs. 2 S. 3 PAG.

1136 *Hecker*, in: Roggan/Kutscha, Recht der Inneren Sicherheit-HdB, 2006, 331 (370 f.); *Krahm*, Polizeiliche Maßnahmen zur Eindämmung von Hooligangewalt, 2007, S. 340 ff.; *Schucht*, NVwZ 2011, 709 (712 f.); *Deusch*, Polizeiliche Gefahrenabwehr bei Sportgroßveranstaltungen, 2005, S. 186 lässt eine kritische Auseinandersetzung vermissen.

1137 Dazu gehören: Bayern, Brandenburg, Hamburg, Hessen, Mecklenburg-Vorpommern, Niedersachsen, Rheinland-Pfalz, Sachsen, Sachsen-Anhalt, siehe dazu *Kirchhoff*, NVwZ 2020, 1617 (1619); neu dazugekommen sind Berlin und Schleswig-Holstein.

1138 BVerwGE 129, 142 (144 ff.); *Breucker*, NJW 2004, 1631 (1632); *Schucht*, NVwZ 2011, 709 (712 ff.).

1139 *Butzer*, VerwArch 2002, 506 (523); a. A. *Möstl*, Jura 2011, 840 (845), der nicht auf die Häufigkeit der Maßnahme, sondern auf die Eingriffsintensität abstellt.

1140 BVerwGE 129, 142.

1141 BVerwGE 129, 142 (149 ff.); zustimmend *Breucker*, NJW 2004, 1631 (1632); *Graulich*, in: Lisken/Denninger, PolR-HdB, 2018, E. Rn. 238; a. A. *Schucht*, DÖV 2011, 553 (559 f.) im Hinblick auf typische Maßnahmen.

1142 *Kirchhoff*, NVwZ 2020, 1617 (1620 ff.); *Krahm*, Polizeiliche Maßnahmen zur Eindämmung von Hooligangewalt, 2007, S. 340 ff.; *Müller-Eiselt*, Die Gewährleistung

Meldeauflagen und Aufenthaltsverbote das gleiche Ziel verfolgen und der Rückgriff auf die Generalklausel eine Umgehung der spezielleren Voraussetzungen des § 34 Abs. 2 PolG NRW darstellt.[1143] Beide Maßnahmen erwirken, dass Gewalttäter aus dem Stadion und dessen Umfeld fernbleiben. Wenn die Voraussetzungen eines Aufenthaltsverbotes nicht vorliegen, kann nicht auf die Generalklausel zurückgegriffen werden. Dies muss „Erst-Recht" gelten, weil die Meldeauflagen nicht nur den Aufenthalt im Stadion, sondern zudem den Aufenthalt an jedem beliebigen Ort verhindern, mithin der Eingriff sogar intensiver ist.[1144]

Für das Erfordernis der Standardisierung spricht die aus Art. 20 Abs. 3 GG abgeleitete Wesentlichkeitstheorie, wonach nicht nur bestimmt wird, ob ein parlamentarisches Gesetz erforderlich ist, sondern zugleich auch mit zunehmender Wesentlichkeit der Entscheidung erforderlich ist, dass das Parlamentsgesetz die erforderliche Regelungsdichte besitzt.[1145] Die Maßnahme zeigt sowohl im Hinblick auf die allgemeine Handlungsfreiheit nach Art. 2 Abs. 1 GG als auch der Freizügigkeit nach Art. 11 Abs. 1 GG verfassungsrechtliche Relevanz.[1146] Ebenfalls beeinträchtigt durch die Pflicht zum Erscheinen ist nach hier vertretener Auffassung die körperliche Bewegungsfreiheit nach Art. 2 Abs. 2 S. 2 GG.[1147] Sofern eine Verpflichtung zur Meldung auf einer bestimmten Polizeidienststelle, das heißt, nicht auf jeder geeigneten Stelle im Bundesgebiet, besteht[1148]

---

der Sicherheit bei Fußballspielen, 2015, S. 329 f.; a. A. *Franz/Günther*, NWVBl 2006, 201 (206 f.).

1143 Zur Sperrwirkung für die Generalklausel siehe OVG Bremen, NVwZ 1999, 314 (315); zum Verhältnis von Aufenthaltsverboten und Meldeauflagen siehe *Kirchhoff*, NVwZ 2020, 1617 (1620); *Petersen-Thrö*, KommJur 2006, 289 (293).

1144 *Müller-Eiselt*, Die Gewährleistung der Sicherheit bei Fußballspielen, 2015, S. 329 f.; *Krahm*, Polizeiliche Maßnahmen zur Eindämmung von Hooligangewalt, 2007, S. 341; *Möstl*, Jura 2011, 840 (845) zur Eingriffsintensität.

1145 *Grzeszick*, in: Maunz/Dürig, GG, 94. EL Januar 2021, Art. 20 Rn. 106.

1146 LT MV-Drs. 7/3694, 252 zum Entwurf eines Gesetzes über die öffentliche Sicherheit und Ordnung in Mecklenburg-Vorpommern; *Franz/Günther*, NWVBl 2006, 201 (206 f.); *Schucht*, NVwZ 2011, 709 (711).

1147 *Rixen*, in: Sachs, GG, 2021, Art. 2 Rn. 229 ff.; *Krahm*, Polizeiliche Maßnahmen zur Eindämmung von Hooligangewalt, 2007, S. 327 ff.; a. A. sind Teile der Literatur, die den Schutzbereich des Art. 2 Abs. 2 Satz 2 GG eng auslegen, siehe dazu *Kunig/Kämmerer*, in: Münch/Kunig, GG, 2021, Art. 2 Rn. 132.

1148 *Breucker*, NJW 2004, 1631 (1632 f.); dies sei der Regelfall, da das Erscheinen auf jeder beliebigen Polizeidienststelle in der Praxis mangels bundesweiter Vernetzung der verschiedenen Polizeidienststellen nicht möglich sei, siehe dazu *Petersen-Thrö*, KommJur 2006, 289 (293).

oder diese über mehrere Tage gilt, liegt ein Eingriff in das Recht auf Freizügigkeit nach Art. 11 Abs. 1 GG vor.[1149] Daraus ist der Umkehrschluss zu ziehen, dass die Generalklausel nicht die nach der Wesentlichkeitstheorie erforderliche Regelungsdichte besitzt, die der Intensität der Maßnahme ausreichend Rechnung tragen würde.

Die Maßnahme der Meldeauflage hat im PolG NRW noch keine Standardisierung gefunden. Nach hier vertretener Ansicht sind auf Grundlage der Generalklausel erlassene Meldeauflagen rechtswidrig und stellen kein taugliches Mittel zur Eindämmung von Fangewalt bei Sportgroßveranstaltungen dar. Nicht zu verkennen ist aber, dass die Bundesländer die Meldeauflagen überwiegend bereits standardisiert haben und die Maßnahme grundsätzlich als wirksames Mittel dienen kann.

d) Verbringungsgewahrsam

Ungeeignet ein längerfristiges Stadionverbot durchzusetzen ist der Verbringungsgewahrsam, bei dem die potenziell gewaltbereiten Störer an einen entlegenen Ort gebracht und dort abgesetzt werden.[1150] Es liegt schon in der Natur der Sache, dass die Maßnahme einer Verbringung an einen entlegenen Ort nur vorübergehend wirkt und kein bundesweites Stadionverbot für mehrere aufeinanderfolgende Spieltage ersetzen kann. Die Maßnahme dient überwiegend allein dazu, Platzverweisungen oder Aufenthaltsverbote durchzusetzen.[1151]

Neben der mangelnden Praxistauglichkeit in zeitlicher Hinsicht besteht in Nordrhein-Westfalen außerdem keine ausreichende Ermächtigungsgrundlage für die Maßnahme des Verbringungsgewahrsams.[1152] Insbesondere umfasst die Ermächtigungsgrundlage des Gewahrsams nach § 35 PolG NRW nicht die zusätzliche Verbringung der betroffenen Person an einen entlegenen Ort.[1153]

1149 VG Berlin, BeckRS 2004, 21415 zum G-8-Gipfel; VG Ansbach, BeckRS 2006, 27911 sieht Art. 11 Abs. 1 GG als „nicht unvertretbar beeinträchtigt“ an, was impliziert, dass zumindest ein Eingriff vorliegt; *Schucht*, NVwZ 2011, 709 (711).

1150 *Leggereit*, NVwZ 1999, 263 (263).

1151 Als Beispiel können gewalttätige Hooligans, die sich weigern der Platzverweisung nachzukommen, von den Polizeibeamten im Dienstfahrzeug an den Stadtrand verbracht und dort abgesetzt werden, siehe dazu *Hauk*, Jura 2017, 922 (926).

1152 *Maaß*, NVwZ 1985, 151 (156 f.); *Leggereit*, NVwZ 1999, 263 (264); *Graulich*, in: Lisken/Denninger, PolR-HdB, 2018, E. Rn. 247; *Schucht*, DÖV 2011, 553 (559 f.).

1153 LG Hamburg, NVwZ-RR 1997, 537 (538) zur unzureichenden Ermächtigungsgrundlage der Generalklausel im hamburgischen Polizeigesetz; *Basteck*, in: Möstl/Kugelmann, BeckOK, PolG NRW, Stand: 01.06.2021, § 35 Rn. 52; Gewahrsam setzt gerade

Vor dem Hintergrund, dass – ähnlich wie bei der Meldeauflage – nicht nur der Aufenthalt im Stadion verhindert wird, sondern zugleich auch der Aufenthalt an jedem beliebigen Ort, liegt eine eingriffsintensivere Maßnahme als das sich auf ein bestimmtes Gebiet beschränkende Aufenthaltsverbot vor, die einer speziellen Ermächtigungsgrundlage bedarf.[1154]

e) *Gefährderansprache*

In praktischer Hinsicht ungeeignet zum Verbot eines Stadionbesuches ist die Gefährderansprache,[1155] welche bislang noch keinen Eingang in das PolG NRW gefunden hat. Die Polizei spricht im Vorfeld der Veranstaltung potenzielle Gewalttäter an und weist sie darauf hin, dass sie polizeilich bekannt sind und unter besonderer Beobachtung stehen.[1156] Ferner können sie dazu ermahnt werden, bestimmte Orte oder Veranstaltungen nicht aufzusuchen.[1157]

Gestützt werden kann die Maßnahme angesichts der geringen Eingriffsqualität auf die polizeiliche Generalklausel. Zum Teil wird in der Literatur eine Ermächtigungsgrundlage sogar nur dann für erforderlich gehalten, sofern die Ansprache über die Information hinaus auch die persönliche Ehre betrifft, eine Befragung gemäß § 9 PolG NRW stattfindet oder die Personalien gemäß § 12 PolG NRW festgestellt werden.[1158] Dagegen ist anzuführen, dass obwohl in der informellen Handlung mangels Regelungscharakter kein Verwaltungsakt zu

---

voraus, dass die Maßnahme darauf abzielt, ein Herrschaftsverhältnis zu begründen, siehe dazu *Schucht*, DÖV 2011, 553 (558 f.).

1154 *Siegel*, NJW 2013, 1035 (1038); *Möstl*, Jura 2011, 840 (845); siehe zur Standardisierung von typischen Maßnahmen *Butzer*, VerwArch 2002, 506 (523); *Schucht*, DÖV 2011, 553 (559 f.).

1155 Ferner auch als Gefährderanschreiben bezeichnet, wenn die entsprechende Mitteilung schriftlich erfolgt, siehe dazu *Hebeler*, NVwZ 2011, 1364 (1364).

1156 OVG Lüneburg, BeckRS 2016, 55848, Rn. 48; *Franz/Günther*, NWVBl 2006, 201 (206); *Graulich*, in: Lisken/Denninger, PolR-HdB, 2018, E. Rn. 229; die Ansprache kann sowohl zu Hause als auch am Arbeitsplatz erfolgen, siehe dazu *Deusch*, Polizeiliche Gefahrenabwehr bei Sportgroßveranstaltungen, 2005, S. 184; zur Grundrechtsverletzung bei Ansprache am Arbeitsplatz siehe *Bleckmann*, SpuRt 2018, 6 ff.

1157 *Hebeler*, NVwZ 2011, 1364 (1364); siehe beispielhaft den Sachverhalt zu einem Gefährderanschreiben *Engelbrecht*, JA 2007, 197 (197).

1158 *Franz/Günther*, NWVBl 2006, 201 (206); die persönliche Ehre kann z. B. bei Aufsuchen am Arbeitsplatz betroffen sein, siehe dazu *Deusch*, Polizeiliche Gefahrenabwehr bei Sportgroßveranstaltungen, 2005, S. 184 f.; eingehend dazu *Bleckmann*, SpuRt 2018, 6 ff.

sehen ist,[1159] in den meisten Fällen nach dem modernen Eingriffsbegriff durch den empfehlenden und warnenden Charakter zumindest ein Grundrechtseingriff in die allgemeine Handlungsfreiheit gemäß Art. 2 Abs. 1 GG vorliegt.[1160] Allerdings erfüllt nicht jede Ansprache die Voraussetzungen an einen Grundrechtseingriff, vielmehr ist ihr konkreter Inhalt maßgeblich.[1161] Immer dann, wenn der appellative Charakter der Ansprache dazu führt, dass der Betroffene keinen anderen Entschluss mehr treffen kann, als der Aufforderung nachzukommen, liegt ein Grundrechtseingriff in die allgemeine Handlungsfreiheit des Betroffenen vor.[1162]

Trotz der ausreichenden Ermächtigungsgrundlage ist die Maßnahme aber nicht dazu geeignet, potenzielle Gefährder aus den Stadien fernzuhalten. Ziel der Maßnahme ist es, Gewalttäter von jeglicher Form der Gewaltanwendung präventiv abzuhalten.[1163] Zwar kann die Aufhebung der Anonymität ein wirksames Mittel gegen Fangewalt sein,[1164] aber geht aus einer Ansprache allein noch keine dem bundesweiten Stadionverbot vergleichbare Maßnahme hervor. Als deeskalierende Maßnahme soll die Gefährderansprache lediglich warnenden und hinweisenden Einfluss auf das Verhalten der Gewalttäter nehmen und dient nicht als Betretungsverbot.

f) Videoüberwachung

Mit zunehmender Digitalisierung hat auch die Maßnahme der Videoüberwachung Eingang in die Stadien gefunden und ist fester Bestandteil der Sicherheitskonzepte bei sportlichen Großveranstaltungen geworden.[1165] Abzugrenzen ist die bloße Überwachung von der Videoaufzeichnung, die – wie auch schon

---

1159 OVG Lüneburg, NJW 2006, 391 (391); *Jutzi*, LKRZ 2009, 75 (76); *Graulich*, in: Lisken/Denninger, PolR-HdB, 2018, E. Rn. 406.

1160 OVG Lüneburg, NJW 2006, 391 (392 f.); zutreffend dazu *Hebeler*, NVwZ 2011, 1364 (1365 f.); a. A. *Breucker*, NJW 2006, 1233 (1236).

1161 OVG Münster, BeckRS 2016, 51094, Rn. 14; *Deusch*, Polizeiliche Gefahrenabwehr bei Sportgroßveranstaltungen, 2005, S. 185; *Lange*, Sicherheit im „Sommermärchen", 2013, S. 101.

1162 *Graulich*, in: Lisken/Denninger, PolR-HdB, 2018, E. Rn. 232.

1163 *Lange*, Sicherheit im „Sommermärchen", 2013, S. 101.

1164 Siehe oben § 3 II. 2. b), S. 56 ff.

1165 *Müller-Eiselt*, NVwZ 2016, 643 (646); *Franz/Günther*, NWVBl 2006, 201 (210).

die Videobeachtung[1166] – einen Eingriff in das Recht auf informationelle Selbstbestimmung nach Art. 2 Abs. 1 i. V. m. Art. 1 Abs. 1 GG darstellt.[1167]

Für eine Videoüberwachung beziehungsweise -aufzeichnung als Stadionverbot im erweiterten Sinne lässt sich anführen, dass durch die hohe Anzahl an Videokameras ein Abschreckungseffekt eintreten könnte und demzufolge potenzielle Besucher dem Stadion fernbleiben.[1168] Allerdings lässt sich aus der Maßnahme der Videoüberwachung allein – weder in rechtlicher noch in tatsächlicher Hinsicht – kein Stadionverbot herleiten. Selbst vor dem Hintergrund, dass schon durch die Videoüberwachung ein Grundrechtseingriff in das Recht auf informationelle Selbstbestimmung vorliegt, soll dieser gerade dazu dienen, unerwünschte Besucher, die bereits mit einem Stadionverbot belegt sind, zu identifizieren und an einem Stadionbesuch zu hindern.[1169] Es handelt sich bei der Überwachung vielmehr um eine Kontrollmaßnahme für bereits bestehende Maßnahmen, als um ein eigenständiges Verbot. Die Videoüberwachung beziehungsweise -aufzeichnung als alleinige Maßnahme ist nicht dazu geeignet, allein durch den potenziellen Abschreckungseffekt, ein Stadionverbot im weiteren Sinne zu begründen.

2. Strafrechtliche Maßnahmen

Bislang in der öffentlichen Diskussion im Hinblick auf Fangewalt nahezu verborgen geblieben sind Bewährungs- und Gefängnisstrafen, die zu öffentlich-rechtlichen Stadionverboten im weiteren Sinne führen. Letztere Strafen enthalten durch die Freiheitsentziehung ohnehin ein tatsächliches Hindernis für den Stadionbesuch, sodass sich der vorliegende Abschnitt auf die Bewährungsstrafen beschränkt. Beispielhaft ist eine Entscheidung des Amtsgerichts München anzuführen, in welcher der Verurteilte angewiesen wurde, während der Bewährungszeit keine Stadien, Fußballplätze und Hallen bei Spielen der Bundesliga, der

---

1166 VGH Mannheim, NVwZ 2004, 498 (500); OVG Hamburg, BeckRS 2010, 50985; VG Berlin, NVwZ 2010, 1442; *Siegel*, NVwZ 2012, 738 (739).

1167 OVG Münster, BeckRS 2010, 56316; *Di Fabio*, in: Maunz/Dürig, GG, 94. EL Januar 2021, Art. 2 Rn. 194; *Röger/Stephan*, NWVBl 2001, 243 (206 f.).

1168 Die Abschreckung durch Videoüberwachung ist als Grundrechtseingriff für Versammlungen überwiegend anerkannt, siehe dazu BVerfGE 122, 342 (368 f.); OVG Münster, BeckRS 2010, 56316; *Höfling*, in: Sachs, GG, 2021, Art. 8 Rn. 57; zum Einschüchterungseffekt allgemein siehe *Schwabenbauer*, in: Lisken/Denninger, PolR-HdB, 2018, G. Rn. 82.

1169 Zur sog. Gesichtserkennungssoftware siehe *Müller-Eiselt*, NVwZ 2016, 643 (647).

Regionalligen, des Ligaverbandes und des DFB zu betreten.[1170] Darüber hinaus hat ihm das Gericht untersagt, sich bei Spielen einer Mannschaft des FC Bayern, des TSV 1860 München und der Eintracht Frankfurt bis zu 4 Stunden vor, während und bis zu 4 Stunden nach der jeweiligen Fußballveranstaltung in einem Umfeld von 2 km zum jeweiligen Austragungsort (Stadion, Fußballplatz, Halle) aufzuhalten.[1171]

a) *Strafaussetzung zur Bewährung*

Ein Stadionverbot im weiteren Sinne stellt nicht die Bewährungsstrafe als solche dar, sondern vielmehr die damit verbundenen und während der Bewährungszeit zu beachtenden Auflagen und Weisungen. Diese beinhalten durch Resozialisierungsmaßnahmen und der Verhütung weiterer Straftaten einen präventiven Charakter, der neben der sanktionierenden Natur zum Tragen kommt.[1172] Rechtsgrundlage für die Strafaussetzung zur Bewährung ist § 56 Abs. 1 StGB.[1173] Danach setzt das Gericht die Vollstreckung der Strafe zur Bewährung aus, wenn zu erwarten ist, dass die Verurteilung als Warnung ausreichend ist und der Verurteile künftig auch ohne die Einwirkung des Strafvollzugs keine Straftaten mehr begehen wird. Der Verzicht auf das grundrechtsintensivste staatliche Repressionsmittel des vollständigen Freiheitsentzuges ermöglicht es einem sozial bisher angepassten Täter seine Integration in die Gesellschaft aufrechtzuerhalten, wobei er gleichzeitig präventiv dazu angehalten wird, künftig, zumindest während der Bewährungszeit, straffrei zu bleiben.[1174]

b) *Bewährungsmittel*

Die Strafaussetzung kann sowohl von Auflagen nach § 56b StGB als auch Weisungen nach § 56c StGB zur Bewährung begleitet werden. Zu beantworten bleibt die Frage, welches Begleitmittel geeignet ist, ein öffentlich-rechtliches Stadionverbot im weiteren Sinne zu begründen.

1170 AG München, Urt. v. 11.5.2016, 821 Ds 467 Js 213716/14 (unveröffentlicht).

1171 AG München, Urt. v. 11.5.2016, 821 Ds 467 Js 213716/14 (unveröffentlicht).

1172 Siehe dazu beispielhaft für die Weisung *Heintschel-Heinegg*, in: ders., BeckOK, StGB, Stand: 01.05.2021, § 56c Rn. 1.

1173 Zum Begriff der Strafaussetzung zur Bewährung siehe *Werner*, in: Weber, Creifelds, Rechtswörterbuch, Stand: 01.03.2021, Strafaussetzung zur Bewährung.

1174 *Groß/Kett-Straub*, in: MüKo, StGB, 2020, § 56 Rn. 3; Strafe und Prävention werden vereinigt, siehe dazu *Heger*, in: Lackner/Kühl, StGB, 2018, § 56 Rn. 3.

aa) Auflagen, § 56b StGB

Ungeeignet als Stadionverbot im weiteren Sinne sind Auflagen im Sinne von § 56b StGB. Als Auflagen werden nach § 56b Abs. 2 S. 1 StGB angeführt, den Schaden wiedergutzumachen (Nr. 1), einen Geldbetrag zugunsten einer gemeinnützigen Einrichtung zu zahlen (Nr. 2), sonst gemeinnützige Leistungen zu erbringen (Nr. 3) oder einen Geldbetrag zugunsten der Staatskasse zu zahlen (Nr. 4). Weitere Auflagen sind unzulässig, da es sich bei der Aufzählung um einen abschließenden Katalog handelt.[1175] Sowohl die Auflage, ein Stadion beziehungsweise dessen Umfeld nicht zu betreten, als auch eine Meldeauflage fallen nicht unter die enumerierten Auflagen des Katalogs. Demnach wäre es unzulässig, ein Stadionverbot auf Grundlage von § 56b StGB zu begründen.

bb) Weisungen, § 56c StGB

Als Begleitmaßnahme zur Aussetzung einer Strafe zur Bewährung sind Weisungen nach § 56c StGB dazu geeignet, den Verurteilten vor der Begehung neuer Straftaten zu schützen, indem er bestimmte Anordnungen zu befolgen hat. Ihnen kommt die Aufgabe zu, dem zu einer zur Bewährung ausgesetzten Freiheitsstrafe Verurteilten zu helfen, zukünftig ein straffreies Leben zu führen.[1176] Es steht nicht der repressive, sondern der spezialpräventive Zweck der Maßnahme im Vordergrund.[1177]

(1) Ausreichende Ermächtigungsgrundlage

Der aufgeführte Weisungskatalog des § 56c Abs. 2 StGB ist im Gegensatz zu § 56b Abs. 2 S. 1 StGB nicht abschließend und an einigen Stellen generalklauselartig ausgestaltet.[1178] Dagegen angeführte Bedenken von Teilen der Literatur, Weisungen außerhalb der in Absatz 2 bestimmten Nummerierungen seien für Eingriffe in vorbehaltlose Grundrechte unzulässig,[1179] sind nicht überzeugend.

1175 *Kinzig*, in: Schönke/Schröder, StGB, 2019, § 56b Rn. 8; *Heintschel-Heinegg*, in: ders., BeckOK, StGB, Stand: 01.05.2021, § 56b Rn. 4.

1176 BGH, NStZ 2015, 179 (180); *Ostendorf*, in: Kindhäuser/Neumann u.a., StGB, 2017, § 56c Rn. 1.

1177 Darin liegt der fundamentale Unterschied zur Bewährungsauflage nach § 56b StGB, siehe dazu BGH, NStZ 2015, 179 (180); *Groß/Kett-Straub*, in: MüKo, StGB, 2020, § 56c Rn. 2.

1178 OLG Frankfurt a. M., NStZ-RR 2010, 389 (390); *Heger*, in: Lackner/Kühl, StGB, 2018, § 57c Rn. 6.

1179 *Fischer*, in: ders., StGB, 2021, § 56c Rn. 2a; *Kinzig*, in: Schönke/Schröder, StGB, 2019, § 56c Rn. 8.

Vielmehr ist die Intensität der Weisung entscheidendes Kriterium für die Zulässigkeit der Grundrechtseingriffe, die nicht über die der in Absatz 2 festgelegten Weisungen hinausgehen darf.[1180] Die Ermächtigungsgrundlage ist mithin offen für nicht enumerierte Weisungen.

(2) Aufenthaltsverbot

Als Aufenthaltsverbot kann ein Stadionverbot durch Weisung nach § 56c Abs. 2 Nr. 1 StGB erteilt werden. Danach kann das Gericht den Verurteilten dazu anweisen, Anordnungen zu befolgen, die sich auf Aufenthalt, Ausbildung, Arbeit oder Freizeit oder auf die Ordnung seiner wirtschaftlichen Verhältnisse beziehen. Wird der Betroffene im Zusammenhang mit Stadionaufenthalten straffällig, ist in Erwägung zu ziehen, den Verurteilten anzuweisen, sich nicht im Stadion und dessen Umfeld aufzuhalten.[1181] Die Maßnahme ist vergleichbar mit einem längerfristigen Aufenthaltsverbot nach § 34 Abs. 2 PolG NRW, welches geeignet ist, den Betroffenen von weiteren Straftaten innerhalb des Stadions abzuhalten. Sinn und Zweck ist es, dass besondere Reize wie Gruppendynamik und Emotionen, die zu Gewalt im Stadion führen,[1182] von vorneherein vermieden werden.

(3) Meldepflicht

Geeignet zur Festsetzung eines Stadionverbotes im weiteren Sinne ist außerdem eine Weisung zur Meldepflicht nach § 56c Abs. 2 Nr. 2 StGB. Danach hat der Verurteilte sich zu bestimmten Zeiten bei Gericht oder einer anderen Stelle zu melden. Ähnlich wie bei polizeirechtlichen Meldeauflagen kann es dem Betroffenen durch das persönliche Erscheinen[1183] unmöglich gemacht werden, ein Stadion zu besuchen, wenn die Meldung zum Zeitpunkt der Spieltage zu erfolgen hat. Im Gegensatz zu der polizeirechtlichen Praxis in NRW[1184] besteht hier allerdings eine ausreichende Ermächtigungsgrundlage für den Grundrechtseingriff.

1180 OLG Frankfurt a. M., NStZ-RR 2010, 389; *Groß/Kett-Straub*, in: MüKo, StGB, 2020, § 56c Rn. 10.

1181 Zulässig ist eine Weisung bzgl. des Aufenthaltsortes für Drogenkonsumräume oder Spielkasinos, siehe dazu *Kinzig*, in: Schönke/Schröder, StGB, 2019, § 56c Rn. 14.

1182 Siehe oben § 3 II. 2. b), S. 56 ff.

1183 *Heintschel-Heinegg*, in: ders., BeckOK, StGB, Stand: 01.05.2021, § 56c Rn. 14.

1184 *Hecker*, in: Roggan/Kutscha, Recht der Inneren Sicherheit-HdB, 2006, 331 (370 f.); *Krahm*, Polizeiliche Maßnahmen zur Eindämmung von Hooligangewalt, 2007, S. 340 ff.; *Schucht*, NVwZ 2011, 709 (712 f.).

(4) Kontaktverbot

Letztlich kann ein Kontaktverbot zu Gruppierungen nach § 56c Abs. 2 Nr. 3 StGB dazu dienen, ein Stadionverbot im weiteren Sinne zu begründen. Die Maßnahme dient dazu, persönliche Kontakte mit kriminellem Bezug zu unterbinden und Straftaten präventiv zu verhindern.[1185] Als gewaltbereit beziehungsweise -geneigt kommen im Fall der Stadionverbote Ultra und Hooligan Gruppierungen[1186] in Betracht, die einen negativen Einfluss auf den Resozialisierungsprozess des Verurteilten haben könnten. Da sich diese Gruppierungen regelmäßig im Stadion wiederfinden und treffen, würde es dem Verurteilten durch ein Kontaktverbot unmöglich gemacht werden, weiterhin das Stadion zu besuchen. Dieses Verbot greift in praktischer Hinsicht insbesondere dann, wenn der mit einem Kontaktverbot belegte Verurteilte als Dauerkarteninhaber denselben Block im Stadion wie die Gruppierung besucht, zu der ein Kontaktverbot besteht.

3. Exkurs: Beteiligung an zivilrechtlichen Stadionverboten

Obwohl zivilrechtliche Stadionverbote von privaten Veranstaltern verhängt werden, ist eine Schlüsselrolle der Polizeibehörden im Entstehungsprozess nicht zu verkennen. In dem von Polizei und Fußballveranstaltern begründeten NKSS steht geschrieben:

> *„Die Polizei prüft zeitnah entsprechende Sachverhalte auf Grundlage der von ihnen durchgeführten strafprozessualen und polizeirechtlichen Maßnahmen und regt konsequent Stadionverbote an.“*[1187]

Demzufolge kommt es in der Praxis selten vor, dass sicherheitsbeeinträchtigendes Verhalten von privaten Ordnungsdiensten der Veranstalter selbst festgestellt wird, sondern meist ist die Polizei durch die Übermittlung von personenbezogenen Daten aus Ermittlungsverfahren Initiator der Verbote und regt diese konsequent an.[1188] Die Veranstalter sind auf

---

1185 Nicht nur Kontakte mit krimineller Energie, sondern auch der Kontakt zu einer bestimmten Opfergruppe wie bspw. Kindern bei Pädophilen kann unterbunden werden, siehe dazu *Groß/Kett-Straub*, in: MüKo, StGB, 2020, § 56c Rn. 26.

1186 Siehe oben § 2 III. 3., S. 39 ff.

1187 NKSS 2012, S. 33.

1188 VG Köln, BeckRS 2016, 45419; *Müller-Eiselt*, DVBl 2014, 1168 (1169); *Ruch*, JZ 2015, 936 (936).

die Informationen seitens des Staates angewiesen, um Gewalttäter ausfindig zu machen.[1189]

a) *Datenübermittlung*

Spätestens seit dem *Volkszählungsurteil* des Bundesverfassungsgerichts steht fest, dass die Übermittlung personenbezogener Daten einer Rechtsgrundlage bedarf.[1190] Aus dem Recht auf informationelle Selbstbestimmung gemäß Art. 2 Abs. 1 i. V. m. Art. 1 Abs. 1 GG folgt, dass grundsätzlich jeder selbst darüber entscheidet, wann und innerhalb welcher Grenzen persönliche Lebenssachverhalte offenbart werden.[1191] Anders liegt der Fall, wenn lediglich allgemein gehaltene Informationen über die Sicherheitslage ausgetauscht werden.[1192] Im Fall der Stadionverbote liegt der selbstständige Grundrechtseingriff darin, dass die Polizeibehörden personenbezogene Daten von mutmaßlichen Störern an private Veranstalter übermitteln.[1193]

aa) *Rechtsgrundlage*

Rechtsgrundlage für die polizeiliche Übermittlung von personenbezogenen Daten an private Veranstalter ist § 27 Abs. 3 Nr. 1, Abs. 2 Nr. 2 lit. a, b, d oder e PolG NRW.[1194] Danach kann die Polizei personenbezogene Daten an Personen oder Stellen außerhalb des öffentlichen Bereichs übermitteln, soweit dies erforderlich ist. Das Erfordernis liegt gemäß § 27 Abs. 2 Nr. 2 PolG NRW vor, wenn dies zur Erfüllung polizeilicher Aufgaben (lit. a), zur Abwehr einer Gefahr durch die empfangene Stelle (lit. b), zur Verhütung oder Beseitigung erheblicher Nachteile für das Gemeinwohl (lit. d) oder zur Verhütung oder

---

1189 Neben den Personendaten wird der gesamte Sachverhalt inklusive eines Hinweises, welcher Tatbestand der SVRL erfüllt ist, übermittelt, siehe dazu *Ruch*, JZ 2015, 936 (936 f.).

1190 BVerfGE 65, 1; *Zöller*, in: Roggan/Kutscha, Recht der Inneren Sicherheit-HdB, 2006, 445 (451 f.); *Müller-Eiselt*, NVwZ 2016, 643 (644 f.).

1191 Das muss insbesondere für die automatische Datenverarbeitung unter modernen Bedingungen gelten, siehe dazu BVerfGE 65, 1 (41 ff.).

1192 *Ogorek*, in: Möstl/Kugelmann, BeckOK, PolG NRW, Stand: 01.06.2021, § 27 Rn. 47.

1193 *Ruch*, JZ 2015, 936 (937); auch die Erhebung personenbezogener Daten im Vorfeld der Übermittlung stellt bereits einen Eingriff in das Recht auf informationelle Selbstbestimmung dar, siehe dazu *Nolte*, NVwZ 2001, 147 (150); *Franz/Günther*, NWVBl 2006, 201 (204 f.).

1194 Zuletzt geändert durch Gesetzesentwurf vom 9.5.2018, siehe dazu LT NRW-Drs. 17/2576, S. 72.

Beseitigung einer schwerwiegenden Beeinträchtigung der Rechte einer Person (lit. e) erforderlich ist.

Vereinzelnd wird in Literatur und Rechtsprechung auf die Variante zur Verhütung oder Beseitigung erheblicher Nachteile für das Gemeinwohl (lit. d) oder zur Verhütung oder Beseitigung einer schwerwiegenden Beeinträchtigung der Rechte einer Person (lit. e) abgestellt.[1195] Bedenken gegen diese Varianten werden in der Hinsicht geäußert, dass es sich um einen grundrechtsintensiven Eingriff in das Recht auf informationelle Selbstbestimmung handele und die Normen durch unbestimmte Rechtsbegriffe wie „erhebliche Nachteile" und „schwerwiegende Beeinträchtigung" zu unbestimmt seien.[1196] Gegen diese Bedenken ist anzuführen, dass gerade die Begriffe „erheblich" und „schwerwiegend" deutlich machen, dass hohe Anforderungen an die Voraussetzungen zu stellen sind. Die gesetzgeberische Beschränkung trägt dem Umstand Rechnung, dass aus der Übermittlung personenbezogener Daten ein intensiver Eingriff in das Grundrecht auf informationelle Selbstbestimmung folgt.

Unbedenklich ist die Datenübermittlung zur Erfüllung polizeilicher Aufgaben (lit. a).[1197] Darunter fallen nach § 1 PolG NRW sowohl Aufgaben der Gefahrenabwehr als auch im Eilfall der Schutz privater Rechte. Dagegen ungeeignet ist die Variante zur Abwehr einer Gefahr durch die empfangene Stelle (lit. b), denn im Zusammenhang mit Stadionverboten als Präventivmaßnahme wird nur selten im Vorfeld eine hier erforderliche konkrete Gefahr im Sinne von § 8 Abs. 1 PolG NRW anzunehmen sein.[1198] Dass Personen oder Stellen außerhalb des öffentlichen Bereichs aber grundsätzlich zur Abwehr einer Gefahr

---

1195 VG Köln, BeckRS 2016, 45419; *Ogorek*, in: Möstl/Kugelmann, BeckOK, PolG NRW, Stand: 01.06.2021, § 27 Rn. 47.1 stellt auf die Verhütung oder Beseitigung erheblicher Nachteile für das Gemeinwohl ab; a. A. *Müller-Eiselt*, DVBl 2014, 1168 (1171), der die Vorschrift für verfassungswidrig erachtet.

1196 Im Wege der verfassungskonformen Auslegung können nur hochrangige Rechtsgüter in Betracht kommen, d. h. solche, die zugleich auch Teil der öffentlichen Sicherheit sind und sich somit mit der Aufgabe der Gefahrenabwehr deckt, siehe dazu *Ruch*, JZ 2015, 936 (938).

1197 *Tegtmeyer/Vahle*, PolG NRW, 2018, S. 292; *Ruch*, JZ 2015, 936 (937) setzt die Abwehr einer Gefahr mit der Erfüllung polizeilicher Aufgaben gleich. Dabei wird verkannt, dass es sich bei lit. b um die Abwehr einer Gefahr durch die empfangene Stelle handelt.

1198 *Ogorek*, in: Möstl/Kugelmann, BeckOK, PolG NRW, Stand: 01.06.2021, § 27 Rn. 25, 47.1.

geeignet sind, ergibt sich bereits aus dem Verweis von § 27 Abs. 3 Nr. 1 auf Abs. 2 lit. b PolG NRW.

Im Ergebnis kommt sowohl die Erfüllung polizeilicher Aufgaben (lit. a) als auch zugleich in einigen Fällen die Verhütung oder Beseitigung erheblicher Nachteile für das Gemeinwohl (lit. d) oder einer schwerwiegenden Beeinträchtigung der Rechte einer Person (lit. e) in Betracht.[1199] Letztere Varianten werden von der Erfüllung polizeilicher Aufgaben umfasst, sodass in der Regel auf die polizeilichen Aufgaben nach § 27 Abs. 3 Nr. 1, Abs. 2 Nr. 2 lit. a PolG NRW abzustellen sein wird.

bb) Anforderungen

Zur Übermittlung der Daten ist keine konkrete Gefahr im Sinne von § 8 Abs. 1 PolG NRW erforderlich.[1200] Das Argument, an den Gefahrenmaßstab seien strenge Anforderungen zu stellen,[1201] ist schon deshalb nicht schlüssig, weil die einschlägigen Varianten (lit. a, lit. d und lit. e) dem Wortlaut nach keine Gefahr fordern. Reicht schon die Erfüllung polizeilicher Aufgaben aus, ist gerade keine konkrete Gefahr wie in § 27 Abs. 2 Nr. 2 lit. b PolG NRW erforderlich.[1202] Wenn die Übermittlung von Daten nur im Fall einer konkreten Gefahr für zulässig erachtet werden würde,[1203] liefe die angestrebte Gefahrenprävention der Veranstalter ins Leere. Bei Präventivmaßnahmen muss es insbesondere zum Schutz von hochrangigen Rechtsgütern wie Leib und Leben der friedlichen Fans nach Art. 2 Abs. 2 S. 1 GG zulässig sein, dass eine personenbezogene Datenübermittlung der Gefährder schon bei Vorliegen geringer Anforderungen möglich ist. Auch die Polizeibehörden sind verfassungsrechtlich zum Schutz der friedlichen Fans nach Art. 2 Abs. 2 S. 1 GG verpflichtet.

cc) Verhältnismäßigkeit

Im Hinblick auf die Verhältnismäßigkeit stehen der Übermittlung der personenbezogenen Daten keine Bedenken entgegen und sind insbesondere im Hinblick auf die Erforderlichkeit auszuräumen.[1204]

1199 *Kirchhoff*, NJW 2017, 294 (296 f.) zum ASOG Bln.

1200 VG Köln, BeckRS 2016, 45419; *Ogorek*, in: Möstl/Kugelmann, BeckOK, PolG NRW, Stand: 01.06.2021, § 27 Rn. 47.1; *Kirchhoff*, NJW 2017, 294 (296).

1201 *Ruch*, JZ 2015, 936 (938); *Müller-Eiselt*, DVBl 2014, 1168 (1170).

1202 In ähnlicher Weise schon *Kirchhoff*, NJW 2017, 294 (296) zum ASOG Bln.

1203 *Müller-Eiselt*, DVBl 2014, 1168 (1171).

1204 *Ruch*, JZ 2015, 936 (939 f.).

Nach § 2 Abs. 1 PolG NRW hat die Polizei von mehreren möglichen und geeigneten Maßnahmen diejenige auszuwählen, die den Einzelnen und die Allgemeinheit voraussichtlich am wenigsten beeinträchtigen. Als mildere Maßnahme gegenüber der Übermittlung von personenbezogenen Daten könnte das polizeiliche Aufenthaltsverbot nach § 34 Abs. 2 PolG NRW in Betracht kommen.[1205] Im Vergleich zum zivilrechtlichen Stadionverbot sind durch die unmittelbare Grundrechtsbindung des Staates nach Art. 1 Abs. 3 GG strengere Anforderungen an öffentlich-rechtliche Maßnahmen zu stellen. So unterliegen Aufenthaltsverbote einer zeitlichen Begrenzung von drei Monaten, während zivilrechtliche Stadionverbote im Extremfall nach § 5 Abs. 3 SVRL bis zu 60 Monate andauern können, mithin wäre das Aufenthaltsverbot das mildere Mittel.

Gegen ein Aufenthaltsverbot als milderes Mittel spricht aber, dass nach Übermittlung der personenbezogenen Daten an die Veranstalter gar keine weiterführenden staatlichen Maßnahmen ergehen. Sofern der Veranstalter sich auf die Übermittlung der personenbezogenen Daten hin dazu entscheiden sollte, ein Verbot zu verhängen, ist in dieser Maßnahme kein weiterer staatlicher Grundrechtseingriff zu sehen.[1206] Dadurch, dass die personenbezogene Datenübermittlung kein unmittelbares Verbot des Staates gegenüber dem Bürger nach sich zieht, stellt diese Maßnahme das mildere Mittel im Vergleich zu einem staatlichen Aufenthaltsverbot dar, denn nur diese beiden Mittel stehen sich gegenüber. Das öffentlich-rechtliche Aufenthaltsverbot und das zivilrechtliche Stadionverbot sind im Hinblick auf die Erforderlichkeit der Maßnahme nicht vergleichbar, denn sie sind unterschiedlicher Rechtsnatur.

Auch gegen die gleiche Wirksamkeit von Aufenthaltsverboten sind Bedenken zu erheben. Zum einen sind Fans gegenüber der Polizei deutlich feindseliger als gegenüber dem eigenen Verein eingestellt, sodass die Akzeptanz und Befolgung des Verbotes geringer ausfallen könnten.[1207] Zum anderen ist die Durchsetzung des Verbotes für die Vereine praktikabler, da sie mit dem Verkauf von Eintrittskarten und der Kontrolle am Eingang den Zugang zum Stadion besser kontrollieren können als Polizeibehörden durch allgemeine Kontrollen.[1208]

1205 *Ruch*, JZ 2015, 936 (939 f.); vermittelnd dazu *Kirchhoff*, NJW 2017, 294 (298), der eine Kombination beider Maßnahmen zur effektiven Gefahrenabwehr empfiehlt.

1206 Es handelt sich bei der Anregung um eine formlose Kooperation, siehe dazu *Stoll/Lüers*, DÖV 2014, 222 (229).

1207 *Kirchhoff*, NJW 2017, 294 (297).

1208 *Müller-Eiselt*, DVBl 2014, 1168 (1172).

b) Anregung

Mit der Übermittlung personenbezogener Daten geht eine Empfehlung beziehungsweise Anregung der Polizeibehörden zu einem Stadionverbot einher, die von den privaten Veranstaltern regelmäßig befolgt wird.[1209] Grund dafür ist, dass sich die Veranstalter bei Missachtung der Anregung der Gefahr aussetzen würden, ihre zivilrechtlichen Verkehrssicherungspflichten gegenüber den übrigen Zuschauern zu verletzen, wenn der potenzielle Störer tatsächlich gewalttätig wird.[1210] Mangels Beleihungsakt, Beauftragung als Verwaltungshelfer oder polizeilicher Verfügung kann in dem zivilrechtlichen Stadionverbot jedoch auch hier keine weitere öffentlich-rechtliche Maßnahme gesehen werden, sodass es bei einer informellen Kooperation verbleibt, die keiner rechtlichen Grundlage bedarf.[1211] Es handelt sich um eine polizeiliche Empfehlung, die den Veranstalter in rechtlicher Hinsicht weder bindet noch verpflichtet.

4. Zwischenfazit

Das Aufenthaltsverbot nach § 34 Abs. 2 PolG NRW ist die einzige polizeirechtliche Maßnahme, die in ihrer Wirkungsweise mit einem bundesweiten Stadionverbot der privaten Veranstalter vergleichbar ist. Platzverweisungen und Verbringungsgewahrsam sind ungeeignet, da sie durch zeitliche Beschränkungen nur als *Ad-hoc*-Stadionverbote dienen können. Gefährderansprache und Videoüberwachung können zwar durch ihre abschreckende Wirkung dazu geeignet sein, entsprechende Gefährder von einem Besuch des Stadions abzuhalten, sind aber für sich genommen nicht mit der Eingriffsintensität eines tatsächlichen Verbotes zu vergleichen. In ihrer Intensität und Wirksamkeit geht die Meldeauflage weiter als Aufenthaltsverbote, aber fehlt es bislang in Nordrhein-Westfalen an einer ausreichenden Ermächtigungsgrundlage für die Maßnahme, sodass diese nur in anderen Bundesländern als Mittel gegen Fangewalt anzuführen ist.

Aus strafrechtlicher Perspektive kommt die Bewährungsweisung nach § 56c StGB als öffentlich-rechtliches Stadionverbot im weiteren Sinne zur Geltung, wenn eine Strafe nach § 56 StGB zur Bewährung ausgesetzt wird. Als Weisungen sind Aufenthaltsverbote, Meldepflichten oder Kontaktverbote denkbar, um ein Stadionverbot umzusetzen.

1209 *Kirchhoff*, NJW 2017, 294 (295 f.) m. w. N.; *Stoll/Lüers*, DÖV 2014, 222 (222) spricht von einer planmäßigen Initiierung der Verbote.

1210 *Gietl*, JR 2010, 50 (52); *Kirchhoff*, NJW 2017, 294 (296).

1211 *Stoll/Lüers*, DÖV 2014, 222 (228 f.).

Letztlich sind die Übermittlung der personenbezogenen Daten und Anregung von zivilrechtlichen Stadionverboten durch Kooperation von Veranstalter und Behörden zwar geeignete Mittel zur Eindämmung der Fangewalt, stellen aber lediglich Vorbereitungshandlungen zur Festsetzung der zivilrechtlichen Stadionverbote durch den Veranstalter dar und sind nicht dazu geeignet, öffentlich-rechtliche Stadionverbote zu begründen.

II. Voraussetzungen

Die öffentlich-rechtlichen Stadionverbote im weiteren Sinne unterliegen strengeren Voraussetzungen als das durch die Privatautonomie geschützte zivilrechtliche Stadionverbot.[1212] Sowohl verwaltungsverfahrensrechtliche[1213] und strafprozessuale[1214] Vorschriften als auch die Grundrechtsbindung des Staates nach Art. 1 Abs. 3 GG schützen den Bürger unmittelbar gegenüber öffentlich-rechtlichen Maßnahmen.[1215]

1. Polizeirechtliche Maßnahmen

Der Fokus der folgenden Ausführungen liegt auf dem Aufenthaltsverbot, welches als einzige polizeirechtliche Maßnahme mit dem zivilrechtlichen Stadionverbot vergleichbar ist und auf einer ausreichenden Ermächtigungsgrundlage beruht. Trotz der unterschiedlichen Rechtsnatur finden sich einige Überschneidungen mit den Voraussetzungen der zivilrechtlichen Stadionverbote wieder, wie etwa die Anknüpfung an das Kriterium der Gruppenzugehörigkeit.

1212 *Dies.*, DÖV 2014, 222 (231) halten es deswegen für geboten, die öffentlich-rechtlichen Maßstäbe zumindest bei der Weitergabe der Daten zu berücksichtigen.

1213 Beispielsweise ergibt sich aus dem Rechtsstaatsprinzip sowie aus dem Recht auf ein faires Verfahren, dass der Einzelne nicht zum bloßen Objekt staatlicher Entscheidungen werden darf, d.h. er ist im Verwaltungsverfahren anzuhören, siehe dazu BVerfG, NJW 2000, 1709 (1710 f.); OVG Münster, NVwZ 1987, 606 (607); *Herrmann*, in: Bader/Ronellenfitsch, BeckOK VwVfG, Stand: 01.07.2021, § 28 Rn. 1.

1214 Beispielsweise müssen nach § 267 Abs. 1 StPO erwiesene Tatsachen für eine Verurteilung vorliegen, siehe zur Unschuldsvermutung *Orth*, in: Cherkeh/Momsen u.a., Handbuch Sportstrafrecht, 2021, 2. Kapitel Rn. 51.

1215 Zur Gegenüberstellung siehe unten § 7 I., S. 275 ff.

a) *Formelle Voraussetzungen*

In formeller Hinsicht sind die aus dem Rechtsstaatsprinzip sowie dem Recht auf ein faires Verfahren abzuleitende Anhörungspflicht und das gegebenenfalls bestehende Schriftformerfordernis als Voraussetzungen für ein rechtmäßiges Stadionverbot durch Aufenthaltsverbot hervorzuheben.[1216]

aa) *Anhörungspflicht*

Eine Ausnahme der nach § 28 Abs. 1 VwVfG NRW grundsätzlich bestehenden Anhörungspflicht ist nur unter den Voraussetzungen des § 28 Abs. 2 Nr. 1–5 VwVfG NRW zulässig. Dadurch, dass ein Aufenthaltsverbot für einen längeren Zeitraum erlassen wird, ist mangels Eilbedürftigkeit aber nicht davon auszugehen, dass eine sofortige Entscheidung ohne Anhörung wegen Gefahr im Verzug nach § 28 Abs. 2 Nr. 1 VwVfG notwendig erscheint.[1217] Auch die übrigen Ausnahmen gemäß Nr. 2–5 dürften im Regelfall für das Aufenthaltsverbot nicht einschlägig sein, insbesondere vor dem Hintergrund der nachhaltigen Grundrechtsrelevanz.[1218] Bevor die Behörden ein Aufenthaltsverbot erlassen, ist der betroffene Stadionbesucher zwingend anzuhören.

bb) *Schriftformerfordernis*

In förmlicher Hinsicht sind grundsätzlich keine besonderen Voraussetzungen an ein Aufenthaltsverbot zu stellen, insbesondere ist eine unmittelbare Schriftform nicht erforderlich, da eine verwaltungsrechtliche Maßnahme nach § 37 Abs. 2 S. 1 VwVfG NRW grundsätzlich mündlich ergehen kann.[1219] Dem steht auch nicht § 20 Abs. 1 OBG NRW entgegen, da nach § 24 Abs. 1 Nr. 12 OBG NRW ausschließlich die Polizeibehörden für den Erlass von Aufenthaltsverboten zuständig sind.[1220]

1216 BVerfG, NJW 2000, 1709 (1710 f.); der Grundsatz der Formfreiheit ist aus Gründen der Rechtssicherheit einschränkbar, siehe dazu *Schröder*, in: Schoch/Schneider, VwVfG, Stand: Juli 2020, § 37 Rn. 48 ff.

1217 *Finger*, DVP 2015, 367 (370); *Ogorek*, in: Möstl/Kugelmann, BeckOK, PolG NRW, Stand: 01.06.2021, § 34 Rn. 31.

1218 *Hecker*, in: Roggan/Kutscha, Recht der Inneren Sicherheit-HdB, 2006, 331 (357).

1219 Es gilt der Grundsatz der Formfreiheit, siehe dazu *Schröder*, in: Schoch/Schneider, VwVfG, Stand: Juli 2020, § 37 Rn. 48.

1220 *Krahm*, Polizeiliche Maßnahmen zur Eindämmung von Hooligangewalt, 2007, S. 300 f.

Vor dem Hintergrund, dass Aufenthaltsverbote für einen längeren Zeitraum gelten und präventiv erlassen werden, erfolgt ein Verbot in der Praxis dennoch schriftlich.[1221] Teile der Literatur sprechen sich sogar dafür aus, dass nach allgemeinen rechtsstaatlichen Anforderungen ein Aufenthaltsverbot grundsätzlich nur schriftlich erfolgen kann.[1222] Dem stehen die verwaltungsrechtlichen Ausnahmeregelungen entgegen, die ohnehin eine Schriftform für die Maßnahme des Aufenthaltsverbotes begründen. Nach § 37 Abs. 2 S. 2 VwVfG NRW muss der mündliche Verwaltungsakt bei berechtigtem Interesse oder auf Verlangen des Betroffenen schriftlich bestätigt werden.[1223] Wird das Aufenthaltsverbot zudem mit der Anordnung der sofortigen Vollziehung verbunden, besteht ebenfalls ein Schriftformerfordernis nach § 80 Abs. 3 S. 1 VwGO.[1224] Vor dem Hintergrund, dass eine Bestätigung des Verwaltungsaktes nach § 37 Abs. 2 S. 2 VwVfG NRW unverzüglich erfolgen muss und abgesehen von der Möglichkeit des Verlangens die Anforderungen an das berechtigte Interesse nur niedrig anzusetzen sind,[1225] genügt es rechtsstaatlichen Anforderungen, wenn der Betroffene im Nachgang die Möglichkeit hat, den Verwaltungsakt unverzüglich schriftlich bestätigen zu lassen.

b) Materielle Voraussetzungen

In materieller Hinsicht sind die Anforderungen unmittelbar an den Grundrechten zu messen, wobei der Gestaltungsspielraum des Gesetzgebers zu berücksichtigen ist.[1226] Zu Fragen ist insbesondere, ob ein Gefahrenverdacht ausreicht, die befürchtete Straftat erheblich sein muss und das Kriterium der Gruppenzugehörigkeit miteinbezogen werden darf.

1221 *Graulich*, in: Lisken/Denninger, PolR-HdB, 2018, E. Rn. 426; zum Teil wird auch zwingend eine Schriftform gefordert, siehe dazu *Hecker*, in: Roggan/Kutscha, Recht der Inneren Sicherheit-HdB, 2006, 331 (357 f.); *Tegtmeyer/Vahle*, PolG NRW, 2018, S. 324.

1222 *Hecker*, in: Roggan/Kutscha, Recht der Inneren Sicherheit-HdB, 2006, 331 (357 f.); *Finger*, DVP 2015, 367 (370).

1223 Das berechtigte Interesse ist einem Feststellungsinteresse vergleichbar und lässt jedes rechtliche, wirtschaftliche oder ideelle Interesse genügen, siehe dazu *Stelkens*, in: Stelkens/Bonk u.a., VwVfG, 2018, § 37 Rn. 83.

1224 *Hecker*, in: Roggan/Kutscha, Recht der Inneren Sicherheit-HdB, 2006, 331 (358).

1225 *Schröder*, in: Schoch/Schneider, VwVfG, Stand: Juli 2020, § 37 Rn. 69, 71.

1226 Ausführlich zu den Grenzen des Gestaltungsspielraums siehe *Schoenemann*, NWVBl 2012, 329 ff.

aa) Gefahrenverdacht ausreichend

Nach § 34 Abs. 2 PolG NRW müssen für den Erlass eines Aufenthaltsverbotes Tatsachen die Annahme rechtfertigen, dass eine Person in einem bestimmten örtlichen Bereich eine Straftat begehen oder zu ihrer Begehung beitragen wird, es sei denn, sie hat dort ihre Wohnung oder nimmt dort berechtigte Interessen wahr. Wenn der Gesetzeswortlaut eine bloße „Annahme" voraussetzt, ist richtigerweise davon auszugehen, dass anstelle einer konkreten Gefahr eine abgesenkte Eingriffsschwelle vorliegt.[1227] Ausreichend ist bereits ein Gefahrenverdacht, sodass Straftaten im Vorfeld der Entstehung einer konkreten Gefahr verhindert werden können.[1228] Ein solcher liegt vor, wenn die Polizei aufgrund objektiver Umstände das Vorhandensein einer Gefahr für möglich, nicht aber für sicher hält.[1229] Obwohl der Gefahrenverdacht die Polizei grundsätzlich nur dazu ermächtigt Gefahrerforschungsmaßnahmen zu treffen, bevor der Sachverhalt nicht hinreichend aufgeklärt ist,[1230] sind im Fall des Aufenthaltsverbotes ausnahmsweise auch Gefahrenabwehrmaßnahmen zulässig.[1231]

Ungeachtet des Gefahrenverdachts fordert ein Teil dieser Literaturstimmen auf zweiter Stufe der Eingriffsschwelle nach verfassungskonformer Auslegung eine hinreichende Wahrscheinlichkeit des Gefahreneintrittes.[1232] Darin liege auch kein Widerspruch zur abgesenkten Schwelle des Gefahrenverdachts, denn die hinreichende Wahrscheinlichkeit umfasse geringere Anforderungen als eine

---

1227 *Hecker*, in: Roggan/Kutscha, Recht der Inneren Sicherheit-HdB, 2006, 331 (350 f.).

1228 *Graulich*, in: Lisken/Denninger, PolR-HdB, 2018, E. Rn. 425; *Hecker*, in: Roggan/Kutscha, Recht der Inneren Sicherheit-HdB, 2006, 331 (332 f.); *Kirchhoff*, NJW 2017, 294 (294).

1229 *Kingreen/Poscher*, POR, 2020, § 8 Rn. 51; ausreichend ist auch die Anknüpfung an ein laufendes Ermittlungsverfahren als Tatsache, da die prozessuale Unschuldsvermutung nicht greift, siehe dazu VG Hannover, BeckRS 2011, 52822; *Siegel*, NJW 2013, 1035 (1037).

1230 Zum Gefahrenverdacht siehe *Worms/Gusy*, in: Möstl/Kugelmann, BeckOK, PolG NRW, Stand: 01.06.2021, § 8 Rn. 104.

1231 Diese Praxis liege noch an der Grenze des polizeirechtlich Vertretbaren, siehe dazu *Graulich*, in: Lisken/Denninger, PolR-HdB, 2018, E. Rn. 425; nach *Kingreen/Poscher*, POR, 2020, § 9 Rn. 25 ist eine Abwehrmaßnahme bei Verdacht nur dann zulässig, wenn besonders hochwertige Rechtsgüter betroffen sind.

1232 VGH Mannheim, NVwZ-RR 2017, 873 (873 f.); *Graulich*, in: Lisken/Denninger, PolR-HdB, 2018, E. Rn. 425 spricht von einer „zweistufigen Eingriffsschwelle"; *Hecker*, in: Roggan/Kutscha, Recht der Inneren Sicherheit-HdB, 2006, 331 (350 f.); *Finger*, DVP 2015, 367 (371).

überwiegende oder hohe Wahrscheinlichkeit.[1233] Mit kritischem Blick auf die Definition einer Gefahr, die gerade die hinreichende Wahrscheinlichkeit voraussetzt,[1234] stellt sich bei diesem Vorschlag die Frage nach dem Unterschied von Gefahr und Gefahrenverdacht. Es erscheint paradox, einen Gefahrenverdacht für ausreichend zu erachten, auf zweiter Stufe aber die Voraussetzungen des Gefahrenbegriffs in Form der hinreichenden Wahrscheinlichkeit zu fordern. Gleichermaßen unsinnig wäre es, das Vorliegen einer Gefahr zu fordern, denn dieses würde dem Wortlaut „Annahme einer Straftat" widersprechen. Richtig ist mithin eine Differenzierung durch Anknüpfung an die Gewichtung des gefährdeten Rechtsgutes,[1235] das heißt, wenn ein Gefahrenverdacht ohne hinreichende Wahrscheinlichkeit vorliegen sollte, ist das Aufenthaltsverbot nur bei Gefährdung hochwertiger Rechtsgüter zulässig, dementsprechend bei Vorliegen einer hinreichenden Wahrscheinlichkeit auch bei weniger gewichtigen Rechtsgütern.

Übertragen auf den konkreten Fall der Stadionverbote sind regelmäßig hochwertige Rechtsgüter wie Leib und Leben der friedlichen Fans gemäß Art. 2 Abs. 2 S. 1 GG betroffen. Ist der Täter früher bereits im Zusammenhang mit Sportgroßveranstaltungen strafrechtlich in Erscheinung getreten und hat sich erneut in einem gewaltbereiten Umfeld bewegt, ist davon auszugehen, dass unter ähnlichen Bedingungen erneut Straftaten begangen werden können.[1236] Der Gesetzgeber geht davon aus, dass derjenige, der besonders gewalttätig auftritt, verbotene Gegenstände mitführt oder wiederholt polizeilich auffällt, unter den Verdacht der Straftatbegehung beziehungsweise -beteiligung fällt.[1237] Eine bloße Bezugnahme auf das zivilrechtliche Stadionverbot ist dagegen nicht ausreichend, da die Privatautonomie des Zivilrechts nicht für die Gefahrenabwehrbehörde streitet und das zivilrechtliche Hausverbot keinen öffentlich-rechtlichen Anforderungen entsprechen muss.[1238]

1233 *Ogorek*, in: Möstl/Kugelmann, BeckOK, PolG NRW, Stand: 01.06.2021, § 34 Rn. 37; die hinreichende Wahrscheinlichkeit liege zwischen der Sicherheit und der nahezu, aber nicht völlig ausschließenden Möglichkeit, siehe dazu *Kingreen/Poscher*, POR, 2020, § 8 Rn. 7.

1234 *Kingreen/Poscher*, POR, 2020, § 8 Rn. 2.

1235 *Dies.*, POR, 2020, § 9 Rn. 25.

1236 *Tegtmeyer/Vahle*, PolG NRW, 2018, S. 323; *Kirchhoff*, NJW 2017, 294 (295).

1237 LT NRW-Drs. 13/2854, S. 58.

1238 VG Neustadt, BeckRS 2014, 52805; *Hecker*, NVwZ 2016, 1301 (1303).

bb) Erheblichkeit der Straftat

Nicht überzeugen kann die Forderung aus der Literatur, Aufenthaltsverbote nur bei erheblichen Straftaten für zulässig zu erachten.[1239] Gegen diese Sichtweise spricht, dass ein abschließender Straftatenkatalog – wie in § 8 Abs. 3 PolG NRW – dazu führen könnte, dass Aufenthaltsverbote in einigen Situationen nicht mehr anwendbar sein und Schutzlücken sowie Rechtsunsicherheit im Polizeirecht entstehen könnten.[1240] Etwas anderes ergibt sich auch nicht aus dem qualifizierten Gesetzesvorbehalt in Art. 11 Abs. 2 GG, der lediglich von „strafbaren Handlungen" spricht.[1241] Wenn der Gesetzgeber das Aufenthaltsverbot nur für bestimmte Straftaten für zulässig erachten würde, hätte dieser eine Beschränkung wie in § 34b Abs. 1 PolG NRW auf „terroristische Straftaten" vornehmen können. Es lässt sich der Umkehrschluss ziehen, dass gerade durch die Einführung des speziellen Aufenthaltsverbotes für terroristische Straftaten[1242] der § 34 Abs. 2 PolG NRW nicht nur erhebliche Straftaten umfasst. Letztlich wird dem Bedürfnis einer Einschränkung bereits dadurch Genüge getan, dass hinsichtlich der Gefahrenschwelle eine Differenzierung im Hinblick auf die Hochwertigkeit der gefährdeten Rechtsgüter zu machen ist.[1243]

cc) Gruppenzugehörigkeit

Grundsätzlich kann die Zugehörigkeit zu einer bestimmten Gruppierung als Tatsache in der Gefahrenprognose berücksichtigt werden.[1244] Ein pauschales Verbot für alle Anhänger lehnt die Rechtsprechung allerdings ab.[1245] Die bessere

---

1239 *Ders.*, in: Roggan/Kutscha, Recht der Inneren Sicherheit-HdB, 2006, 331 (340); *Graulich*, in: Lisken/Denninger, PolR-HdB, 2018, E. Rn. 435 f.

1240 *Ogorek*, in: Möstl/Kugelmann, BeckOK, PolG NRW, Stand: 01.06.2021, § 34 Rn. 34 f.; *Finger*, DVP 2015, 367 (371).

1241 *Durner*, in: Maunz/Dürig, GG, 94. EL Januar 2021, Art. 11 Rn. 153 f.; *Ogorek*, in: Möstl/Kugelmann, BeckOK, PolG NRW, Stand: 01.06.2021, § 34 Rn. 35.

1242 GV. NRW v. 19.12.2018, S. 684.

1243 Siehe oben § 6 II. 1. b) aa), S. 245 ff.

1244 VGH Mannheim, NVwZ-RR 2017, 873 (874) zu einer Hooligan-Gruppierung.

1245 OVG Bremen, BeckRS 2010, 46388 stellt den Zusammenhang von Straftatenbegehung und Zugehörigkeit zur Ultra-Fanszene infrage; VG Darmstadt, NVwZ 2016, 1344 (1345) bezweifelt sowohl die Bestimmtheit des Adressatenkreises (erkennbar durch Fanbekleidung, Skandieren von Parolen und sonstigem Auftreten) sowie die Tatsache, dass jedes einzelne Mitglied der Fangruppe die Tatbestandsvoraussetzungen erfüllt; dazu auch schon VG Ansbach, BeckRS 2012, 60082; grundsätzlich zustimmend *Krahm*, Polizeiliche Maßnahmen zur Eindämmung von Hooligangewalt, 2007, S. 305 f.

Lösung sei es, Einzelmaßnahmen gegenüber bekannten gewaltbereiten Fans zu veranlassen, ohne dass die Nichtstörer beziehungsweise die friedlichen Anhänger des Vereins ebenfalls in Anspruch genommen werden müssten.[1246] Auf der anderen Seite ist nicht zu verkennen, dass – unabhängig davon, ob bewusst oder unbewusst – jeder Mitläufer in gewalttätigen Gruppierungen die Gewalthandlungen anderer mit seiner körperlichen Anwesenheit zumindest psychisch unterstützt.[1247] Die Gefahr liegt im Fall der Aufenthaltsverbote darin, dass der Störer durch seine zum Ausdruck gebrachte Zugehörigkeit zu der durch Gewalttätigkeiten auffallenden Gruppe die Gewaltbereitschaft dieser Personen fördert und für diejenigen, die persönlich Gewalt anwenden, eine psychologische beziehungsweise sogar physische Stütze ist.[1248]

Einen Anhaltspunkt für die Beurteilung liefert das Strafrecht, wobei an strafrechtliche Verurteilungen sogar strengere Anforderungen zu stellen sind. Bekannt ist das Merkmal der Gruppenzugehörigkeit aus Verfahren wegen Landfriedensbruch nach § 125 StGB. Nach Ansicht des Bundesgerichtshofs reiche die bloße Zugehörigkeit zu einer Gruppe grundsätzlich nicht dafür aus, um eine Täterschaft oder Teilnahme wegen Landfriedensbruch zu begründen.[1249] Es entspreche nicht dem Willen des Gesetzgebers, dass die „Pflicht zum Weggehen" aus einer gewalttätigen Gruppe strafrechtlich sanktioniert wird.[1250] Allerdings könne bereits dann eine psychische Beihilfe vorliegen, wenn der Täter über die bloße Anwesenheit vor Ort die feindselige Stimmung und die Aktivitäten der Menschenmenge billigt und sich mit ihr solidarisiert.[1251] Beispielhaft sind anfeuernde Rufe oder ähnlich bestärkende Aktionen, die Abschirmung der Gewalttäter gegen das Vorgehen der Polizei und Ablenkungsmanöver als Beihilfehandlungen anzuführen.[1252] In einem Fall verabredeter gewalttätiger

---

1246 Ausführlich dazu VG Darmstadt, NVwZ 2016, 1344 (1345 f.).

1247 OVG Münster, NVwZ 2001, 459 (460) zum Aufenthaltsverbot wegen Beitrag in der Drogenszene; VG Köln, BeckRS 2015, 53221; *Ruch*, JZ 2015, 936 (938).

1248 VGH Mannheim NVwZ-RR 2017, 873 (874).

1249 Die bloße Zugehörigkeit zu einer Menge ist nicht tatbestandsmäßig, insbesondere reiche das bloße „Mitmarschieren" in einer Gruppe nicht aus, siehe dazu BGH, NStZ 2009, 28 (28); LG Aachen, BeckRS 2011, 10180; *Feilcke*, in: MüKo, StGB, 2021, § 125 Rn. 31.

1250 BT-Drs. VI 502, S. 9; *Sternberg-Lieben/Schittenhelm*, in: Schönke/Schröder, StGB, 2019, § 125 Rn. 14.

1251 BGH, NJW 2017, 3456 (3456); OLG Düsseldorf, BeckRS 2012, 13767; OLG Naumburg, NJW 2001, 2034.

1252 *Heger*, in: Lackner/Kühl, StGB, 2018, § 125 Rn. 10 m. w. N.

Ausschreitungen von Fußballanhängern außerhalb des Stadions hat der Bundesgerichtshof entschieden, dass das sog. ostentative Mitmarschieren zur verabredeten Stelle ausreiche, um eine strafbare Beteiligung anzunehmen.[1253] Die Auseinandersetzung gewalttätiger Fußballfans unterscheide sich dahin gehend von denen des „Demonstrationsstrafrechts", dass die Begehung der verabredeten Gewalttätigkeiten alleiniges Ziel aller Beteiligten ist.[1254]

Gleiches muss durch einen „Erst-Recht"-Schluss für gefahrenabwehrrechtliche Aufenthaltsverbote gelten, die aufgrund des präventiven und nicht sanktionierenden Charakters geringeren Anforderungen unterliegen. Maßgeblich sind die Umstände des Einzelfalls, das heißt, es muss wie beim zivilrechtlichen Stadionverbot oder bei der strafrechtlichen Verurteilung wegen Landfriedensbruchs nach § 125 StGB situationsbezogen differenziert werden.[1255] Derjenige, der bewusst in einer Gruppierung mitläuft, die offensichtlich gewaltbereit ist und aus der heraus Straftaten verübt werden, ist (mit-)verantwortlich dafür, dass die Straftäter durch die Gruppe bestärkt werden und in der Masse anonym bleiben. Beispielhaft kann der sog. Schwarze Block angeführt werden, der häufig bei Demonstrationen, aber auch bei Fußballspielen anzutreffen ist. Dagegen ist die bloße Mitgliedschaft in einer Gruppe oder das zufällige Hineingeraten während plötzlich auftretender gewalttätiger Ausschreitungen nicht ausreichend für die Annahme eines Gefahrenverdachts zur Beteiligung an Straftaten.[1256]

Letztlich spricht auch der Wortlaut „zu ihrer Begehung beitragen" für eine weite Auslegung des Anwendungsbereichs von § 34 Abs. 2 PolG NRW.[1257] Der Gesetzgeber bringt mit der Formulierung gerade zum Ausdruck, dass nicht nur diejenigen, die selbst eine Straftat begehen, sondern auch die, die sich an der Begehung einer Straftat beteiligen, mit einem präventiven Aufenthaltsverbot belegt werden können.

2. Strafrechtliche Maßnahmen

Neben dem Freiheitsentzug als solcher kommt eine Strafaussetzung nebst Bewährungsweisung als öffentlich-rechtliches Stadionverbot durch strafrechtliche

---

1253 BGH, NJW 2017, 3456 (3457); OLG Naumburg, NJW 2001, 2034; *Ostendorf*, in: Kindhäuser/Neumann u.a., StGB, 2017, § 125 Rn. 22.

1254 BGH, NJW 2017, 3456 (3457).

1255 Siehe oben § 5 II. 2. d) cc), S. 96 ff.; nicht ausreichend ist es, wenn der Betroffene lediglich Mitglied der Szene ist, siehe dazu *Kirchhoff*, NJW 2017, 294 (295).

1256 *Finger*, DVP 2015, 367 (371).

1257 Kritisch dazu *Graulich*, in: Lisken/Denninger, PolR-HdB, 2018, E. Rn. 437.

Maßnahme in Betracht. Nach § 56c Abs. 1 S. 1 StGB kann das Gericht dem Verurteilten Weisungen für die Dauer der Bewährungszeit auferlegen, wenn er dieser Hilfe bedarf, um keine Straftaten mehr zu begehen. Verboten sind nach § 56c Abs. 1 S. 2 StGB dagegen Weisungen, die unzumutbare Anforderungen an die Lebensführung stellen.

a) Verurteilung zu Freiheitsstrafe

Grundvoraussetzung für eine Bewährungsweisung ist zunächst die strafrechtliche Verurteilung des Täters zu einer Freiheitsstrafe.[1258] Das Strafverfahren beinhaltet Justiz- und Verfahrensgrundrechte wie das Rückwirkungsverbot gemäß Art. 103 Abs. 2 GG, den Grundsatz *nullum crimen et nulla poena sine lege scripta/certa* gemäß Art. 103 Abs. 2 GG, die sich unmittelbar aus Art. 104 Abs. 2 GG ergebende verfassungsrechtliche Pflicht zur Anhörung sowie der Grundsatz *ne bis in idem* gemäß Art. 103 Abs. 3 GG.[1259] Aus dem allgemeinen Anspruch auf ein faires rechtsstaatliches Verfahren nach Art. 2 Abs. 1 GG i. V. m. dem Rechtsstaatsprinzip ergeben sich weitere strenge Verfahrensrechte wie etwa das Recht auf effektive Verteidigung oder die Pflicht zur hinreichenden richterlichen Sachaufklärung, die im Strafprozess zu berücksichtigen sind.[1260]

Die strengen Anforderungen setzen sich auch in materiell-rechtlicher Hinsicht fort.[1261] Zur Erreichung des erforderlichen Wahrscheinlichkeitsgrades ist anders als im Gefahrenabwehrrecht keine Gefahrenprognose ausreichend, sondern vor dem Hintergrund der Unschuldsvermutung müssen nach § 267 Abs. 1 S. 1 StPO erwiesene Tatsachen vorliegen, in denen die gesetzlichen Merkmale der Straftat aufzufinden sind.[1262] Nach dem verfassungsrechtlichen Grundsatz *in dubio pro reo* ist der Täter freizusprechen, wenn nicht behebbare Zweifel an einer für die

---

1258 Die Strafaussetzung ist insofern „nur“ eine Modifikation der bestehenden Freiheitsstrafe, siehe dazu *Kinzig*, in: Schönke/Schröder, StGB, 2019, § 56 Rn. 2.

1259 *Gusy*, NJW 1992, 457 (462 f.); *Orth*, in: Cherkeh/Momsen u.a., Handbuch Sportstrafrecht, 2021, 2. Kapitel Rn. 51; *Schiffbauer*, in: Cherkeh/Momsen u.a., Handbuch Sportstrafrecht, 2021, 3. Kapitel Rn. 279 ff.

1260 BVerfGE 70, 297 (319 f., 322 f.); *Schulze-Fielitz*, in: Dreier, GG, 2018, Art. 104 Rn. 43; *Schiffbauer*, in: Cherkeh/Momsen u.a., Handbuch Sportstrafrecht, 2021, 3. Kapitel Rn. 279 ff.

1261 *Schiffbauer*, in: Cherkeh/Momsen u.a., Handbuch Sportstrafrecht, 2021, 3. Kapitel Rn. 333 ff.

1262 *Ders.*, in: Cherkeh/Momsen u.a., Handbuch Sportstrafrecht, 2021, 3. Kapitel Rn. 333 ff.

Entscheidung erheblichen Tatsache vorliegen.[1263] Bevor es also überhaupt zu der Möglichkeit einer Weisung nach § 56c StGB kommt, sind strenge Voraussetzungen hinsichtlich der strafrechtlichen Verurteilung zu überwinden.

b) Positive Prognose des Gerichts

Das Gericht muss bezüglich des Verurteilten eine günstige Prognose in der Hinsicht stellen, dass nach § 56 Abs. 1 S. 1 StGB zu erwarten ist, dass schon die Verurteilung als solche zur Warnung ausreicht und der Verurteilte auch künftig ohne die Einwirkung des Strafvollzugs keine Straftaten mehr begehen wird. Letzteres ist von der Einwirkung durch Weisungen der Gerichte nach § 56c StGB zu unterscheiden. Ausreichend für eine solche Prognose ist, dass nach den festgestellten Tatsachen die Wahrscheinlichkeit künftig straffreien Verhaltens höher einzuschätzen ist als die Möglichkeit neuer Straftaten.[1264]

c) Hilfsbedürftigkeit

Anknüpfend an eine positive Täterprognose nach § 56 StGB ist es zwar nicht erforderlich, dass der Verurteilte die Einwirkung des Strafvollzuges erfährt, aber gemäß § 56c Abs. 1 S. 1 ist es dafür – gewissermaßen als milderes Mittel – erforderlich, dass der Verurteilte auf die Hilfe von staatlichen Weisungen angewiesen ist, um keine Straftaten mehr zu begehen. Unzulässig ist eine vom Gericht vorsorgliche Weisung mit dem Hintergedanken „Es kann ja letztlich nicht schaden".[1265] Wenn zu erwarten ist, dass der Verurteilte auch ohne die Weisung keine Straftat mehr begehen wird und eine Wiederholung unwahrscheinlich ist, ist die Anordnung einer Weisung unzulässig.[1266] Im Fall der Stadionverbote dürfte für Verurteilte, die fester Bestandteil der Ultra- oder Hooliganszene sind, eine Wiederholung von Straftaten als wahrscheinlich gelten, wenn diese wiederholt innerhalb der Szene straffällig geworden sind. Dies gilt insbesondere vor dem Hintergrund, dass in einigen Teilen der Szene Straftäter als „Helden" gefeiert werden und sich durch Verurteilungen ein Ruf in der Szene erarbeitet wird.[1267]

1263 BVerfG, NJW 1988, 477; *Ott*, in: KK, StPO, 2019, § 261 Rn. 63.

1264 BGH, NStZ 1997, 594; NStZ-RR 2005, 38; OLG Oldenburg, NJW 2015, 2745 (2746); *Heger*, in: Lackner/Kühl, StGB, 2018, § 57c Rn. 8.

1265 *Groß/Kett-Straub*, in: MüKo, StGB, 2020, § 56c Rn. 6.

1266 *Kinzig*, in: Schönke/Schröder, StGB, 2019, § 56c Rn. 4.

1267 Siehe oben § 2 III. 3., S. 39 ff.

Gerade der Abstand zur Szene kann für die Rehabilitation notwendig sein, um die erneute Begehung von Straftaten zu verhindern.

d) Inhalt der Weisung

Nach § 56c Abs. 1 S. 2 StGB dürfen die Weisungen keine unzumutbaren Anforderungen an die Lebensführung stellen. Unzulässig wäre es beispielsweise, wenn die Weisungen in ihrem Umfang oder in ihrer Art und Weise mit der beruflichen Tätigkeit des Verurteilten oder auch mit der Ausübung des Sorgerechts für Kinder unvereinbar wären.[1268] Maßgeblich für die Schwelle der Unzumutbarkeit ist der Grundsatz der Verhältnismäßigkeit.[1269] Da sich die Weisung zu einem Stadionverbot regelmäßig nur auf die Spieltage beschränkt, ist ein Aufenthaltsverbot für Stadien in dieser Hinsicht unbedenklich. Anders sähe es dagegen aus, wenn ein Kontaktverbot zu einer Ultra-Gruppierung erlassen wird, in welcher der Betroffene seinen gesamten Freundeskreis wiederfindet. Eine solche Weisung würde einer sozialen Isolation gleichkommen, die im konkreten Einzelfall gegen eine Verhältnismäßigkeit der Weisung sprechen könnte.

Weiterhin muss die erteilte Weisung dem verfassungsrechtlichen Bestimmtheitsgebot als Ausprägung des Rechtsstaatsprinzips nach Art. 20 Abs. 3 GG gerecht werden.[1270] Nicht ausreichend bestimmt genug ist beispielsweise die Weisung, nicht mit Personen aus der rechten Szene zu verkehren.[1271] Übertragen auf die Stadionverbote könnte es einem Verbot, die Ultraszene zu meiden, an der Bestimmtheit fehlen.

3. Zwischenfazit

Sowohl polizeirechtliche als auch strafrechtliche Maßnahmen erfordern ein strengeres Maß an Wahrscheinlichkeit beziehungsweise Tatsachen, um ein wirksames Stadionverbot festsetzen zu können. Das polizeirechtliche Aufenthaltsverbot unterliegt verwaltungsverfahrensrechtlichen Anforderungen wie einer Anhörungspflicht sowie zumindest einer unverzüglich nachzuholender Schriftform und fordert in materiell-rechtlicher Hinsicht für die Gefährdung hochwertiger Rechtsgüter einen (bloßen) Gefahrenverdacht beziehungsweise für alle anderen Rechtsgüter eine hinreichende Wahrscheinlichkeit. Strengere

1268 BVerfG, NStZ 1991, 181 zur Unzumutbarkeit einer Auflage.

1269 *Ostendorf*, in: Kindhäuser/Neumann u.a., StGB, 2017, § 56c Rn. 2.

1270 *Heintschel-Heinegg*, in: ders., BeckOK, StGB, Stand: 01.05.2021, § 56c Rn. 4, 29.

1271 OLG Jena, NStZ 2006, 39.

Anforderungen sind an die Bewährungsweisung nach § 56c StGB zu stellen, da für die vorgelagerte Verurteilung des Täters strafprozessuale Justiz- und Verfahrensgrundrechte zu achten sind, die sich unmittelbar aus der Verfassung ergeben. Hervorzuheben ist der Grundsatz *in dubio pro reo*, wonach der Täter freizusprechen ist, wenn nicht behebbare Zweifel an einer für die Entscheidung erheblichen Tatsache vorliegen.

III. Verfassungsrechtlicher Einfluss

Auf Grundlage von Art. 1 Abs. 3 GG sind sowohl die Polizeibehörden für die Festsetzung von Aufenthaltsverboten gemäß § 34 Abs. 2 PolG NRW als auch die Strafgerichte im Fall der Bewährungsweisungen gemäß § 56c StGB unmittelbar an die Grundrechte gebunden. Anders als im Fall zivilrechtlicher Stadionverbote[1272] hat der Stadionbesucher gegen den Staat keinen Schutzanspruch, sondern einen unmittelbaren verfassungsrechtlichen Abwehranspruch gegen den Staat.

1. Grundrechte und Staat

Während für zivilrechtliche Stadionverbote die Schutzfunktion als Ausgangspunkt der Prüfung diente,[1273] aktivieren öffentlich-rechtliche Stadionverbote als staatliche Maßnahme die Abwehrfunktion der Grundrechte.[1274] Die Schutzfunktion ist in dieser Konstellation entbehrlich und den Privatrechtsstreitigkeiten vorbehalten, da bereits ein unmittelbarer Anspruch gegen den Staat auf Abwehr unverhältnismäßiger Grundrechtsbeeinträchtigungen besteht, der keines weiteren Schutzes bedarf.[1275]

a) Abwehrfunktion

Entwickelt hat sich die Abwehrfunktion in ihrer heutigen Gestalt erst in der frühen Bundesrepublik.[1276] Den Anfang machte der Parlamentarische Rat mit

---

1272 Siehe oben § 5 III., S. 106 ff.

1273 Siehe oben § 5 III. 1. d), S. 141 ff.

1274 BVerfGE 7, 198 (204 f.); *Starck*, in: v. Mangoldt/Klein u.a., GG, 2018, Art. 1 Rn. 182 ff.; *Kunig/Kämmerer*, in: Münch/Kunig, GG, 2021, Art. 2 Rn. 98 zum Grundrecht auf Leben als Abwehrrecht.

1275 *Canaris*, AcP 1984, 201 (226); *Möstl*, Die Staatliche Garantie für die öffentliche Sicherheit und Ordnung, 2002, S. 714.

1276 *Poscher*, Grundrechte als Abwehrrechte, 2003, S. 42.

seiner klassischen Grundrechtsvorstellung, indem er die Funktion des Grundgesetzes darin sah, der „Allmacht des Staates Schranken zu setzen".[1277] Daran anknüpfend sah auch das Bundesverfassungsgericht in der Lüth-Entscheidung den Sinn und Zweck der Aufnahme von Grundrechten in die Verfassung darin, dass aus den Erfahrungen von historischem Staatsversagen, insbesondere der nationalsozialistischen Vergangenheit, die Grundrechte als „Abwehrrechte des Bürgers gegen den Staat" dienen sollen und dem Bürger durch die Verfassungsbeschwerde ein Instrument zur Wahrung dieser Abwehrrechte gegeben worden ist.[1278]

Wenn das Bundesverfassungsgericht die Grundrechte primär dazu bestimmt sieht, die Freiheitssphäre des Einzelnen vor Eingriffen der öffentlichen Gewalt zu sichern, ist es nicht verwunderlich, dass die Abwehrfunktion der Grundrechte allgemein als ihre klassische Funktion bezeichnet wird.[1279] Die Grundrechte verpflichten den Staat im Sinne des Status negativus dazu, ungerechtfertigte Eingriffe in die geschützten Bereiche zu unterlassen.[1280] Maßgeblich für die Beurteilung der Verfassungsmäßigkeit ist der vom Bundesverfassungsgericht entwickelte Grundsatz der Verhältnismäßigkeit, der dem Abwehrrecht seine spezifische Leistungsfähigkeit vermittelt.[1281] In der Praxis erfolgt die Prüfung durch das Übermaßverbot, welches den Bürger vor einer unverhältnismäßigen Beeinträchtigung seiner Grundrechte schützt.[1282]

1277 Anlage zum stenographischen Bericht der 9. Sitzung des Parlamentarischen Rates am 06.05.1949, S. 6; *Poscher*, Grundrechte als Abwehrrechte, 2003, S. 42 f.; zur historischen Begründung siehe *Kempen*, Die Formenwahlfreiheit der Verwaltung, 1989, S. 31 ff.

1278 BVerfGE 7, 198 (204 f.).

1279 BVerfGE 7, 198 (204 f.); *Schlink*, EuGRZ 1984, 457 (457 ff.); die Verfassungsbeschwerde wurde als spezifischer Rechtsbehelf des Bürgers gegen den Staat bezeichnet, siehe dazu BVerfGE 4, 27 (30); *Poscher*, Grundrechte als Abwehrrechte, 2003, S. 18 f., 46.

1280 *Jellinek*, Allgemeine Staatslehre, 1914, S. 418 ff.; *Dreier*, in: ders., GG, 2013, Vorb. Art. 1 Rn. 84; *Starck*, in: v. Mangoldt/Klein u.a., GG, 2018, Art. 1 Rn. 185.

1281 Siehe dazu das Apotheken-Urteil, BVerfGE 7, 377, (410 ff.); *Poscher*, Grundrechte als Abwehrrechte, 2003, S. 46.

1282 Zur Entstehung und Ableitung des Übermaßverbotes siehe *Stern*, in: Badura, FS Lerche, 1993, 165 ff.; *Remmert*, in: Maunz/Dürig, GG, 94. EL Januar 2021, Art. 19 Rn. 42; *Schröder*, JA 2016, 641 (641).

b) Schutzfunktion

Die für das zivilrechtliche Stadionverbot besonders im Fokus stehende Schutzpflichtendogmatik[1283] gewinnt in der jüngeren Rechtsprechung des Bundesverfassungsgerichts auch im Verhältnis von Bürger und Staat zunehmend an Bedeutung.[1284] Die wohl bekannteste Entscheidung und Ursprung der Schutzpflichtendogmatik in der Judikatur des Bundesverfassungsgerichts ist die Entscheidung zum Schwangerschaftsabbruch nach § 218 StGB.[1285] Aus Art. 2 Abs. 2 S. 1 GG lasse sich nicht nur ein Abwehrrecht gegen unmittelbare staatliche Eingriffe, sondern zugleich ein positiver Schutzanspruch gegenüber dem Staat herleiten.[1286] Die Schutzpflichten werden überwiegend zur Legitimation von Grundrechtseingriffen durch den Staat herangezogen, das heißt in Dreieckskonstellationen zwischen Staat, Bürger und Bürger.[1287] Betrachtet man die Konstellation im Fall des Schwangerschaftsabbruches genauer, liegt auch hier keine Zweierkonstellation zwischen Staat und Bürger vor, sondern vielmehr eine Dreieckskonstellation zwischen Staat, der schwangeren Frau und dem sich im Mutterleib entwickelnden Leben.[1288] Auch wenn das sich im Mutterleib entwickelnde Leben noch nicht geboren ist, hat der Staat schon eine Schutzpflicht gegenüber dem Ungeborenen, welche den Eingriff in die Grundrechte der Schwangeren legitimieren soll.[1289]

Ein weiteres Beispiel zur Anwendung der Schutzpflichtenlehre auf Dreierkonstellationen, die auf den ersten Blick eine Zweierkonstellation zu sein scheinen, liefert jüngst die Klima-Entscheidung des Bundesverfassungsgerichts zum Klimaschutzgesetz, in der die Beschwerdeführer gegen das legislative Unterlassen weiterer Maßnahmen zur Reduktion von Treibhausgasemissionen Verfassungsbeschwerde erhoben.[1290] Ohne auf die Besonderheiten zum Klimaschutzgesetz

---

1283 Siehe oben § 5 III. 1. d), S. 141 ff.

1284 Zuletzt BVerfG, BeckRS 2921, 8946 zum Klimaschutzgesetz; ausführlich dazu *Faßbender*, NJW 2021, 2085 ff.; BVerfGE 152, 152 (186 ff.) zum Recht auf Vergessen I.

1285 BVerfGE 39, 1.

1286 BVerfGE 39, 1 (20); ferner ebenfalls zu Art. 2 Abs. 2 S. 1 GG siehe BVerfG, BeckRS 2921, 8946 Rn. 99.

1287 *Isensee*, Das Grundrecht auf Sicherheit, 1983, S. 34; *Stern*, Staatsrecht III/1, 1988, S. 946; *Höfling*, Vertragsfreiheit, 1991, S. 52; *Krings*, Grund und Grenzen grundrechtlicher Schutzansprüche, 2003, S. 139 f.

1288 BVerfGE 39, 1 (36).

1289 BVerfGE 39, 1 (36).

1290 BVerfG, BeckRS 2921, 8946 Rn. 1.

eingehen zu wollen, ist allgemeiner Konsens, dass der Klimaschutz in einem freiheitlich-demokratischen Staat letztlich an das Verhalten jedes einzelnen Bürgers gebunden ist. Der Gesetzgeber setzt (nur) den legislativen Rahmen für die Umsetzung der Klimaschutzziele, während der Bürger seine Freiheiten innerhalb dieses Rahmens ausübt. Verbietet der Gesetzgeber Dieselmotoren, erfüllt er seine verfassungsrechtliche Schutzpflicht vor drohenden Gesundheitsschäden für Leib und Leben gemäß Art. 2 Abs. 2 S. 1 GG gegenüber anderen Bürgern dadurch, dass umweltschädigende Beeinträchtigungen durch Bürger, die Kraftfahrzeuge mit Dieselmotoren fahren, verhindert werden. Die tatsächliche Beeinträchtigung der Umwelt geht letztlich in den meisten Fällen von anderen Bürgern, das heißt von Privaten, aus.

Anders läge der Fall, wenn der Staat selbst Kohlekraftwerke bauen und unterhalten würde. In diesem Fall könnte nach erfolglosem Instanzenzug Verfassungsbeschwerde gegen den Bau des Kohlekraftwerkes erhoben werden, indem sich die Beschwerdeführer auf die Verletzung ihrer Grundrechte auf Leben und Gesundheit nach Art. 2 Abs. 2 S. 1 GG berufen. Da der Staat selbst Grundrechtsbeeinträchtiger ist, wäre in diesem Fall die Abwehrfunktion der Grundrechte ausreichend, ohne dass es einer Schutzfunktion bedürfe. Solche Fälle staatlicher Beeinträchtigung werden allerdings durch die voranschreitende Privatisierung der Wirtschaft zunehmend seltener werden.[1291]

c) Konkurrenzen

Zu Fragen bleibt, wie sich das Verhältnis beider Funktionen gestaltet. Grundsätzlich lassen sich Abwehr- und Schutzfunktion konkret voneinander abgrenzen: Das Abwehrrecht statuiert eine Unterlassungspflicht, die Schutzpflicht eine Handlungs- und Leistungspflicht.[1292]

Auszugehen ist von einem Nebeneinander beider Funktionen. Die Schutzfunktion dient überwiegend der Legitimation staatlicher Eingriffe, die wiederum an der Abwehrfunktion zu messen sind.[1293] Wenn der Stadionbesucher im Fall des öffentlich-rechtlichen Stadionverbotes gegen den staatlichen Eingriff vorgehen möchte, sind neben den in abwehrrechtlicher Funktion greifenden Grundrechten des Stadionbesuchers auch verfassungsrechtliche Schutzpflichten des

---

1291 Privatisierung existiert in den vielfältigen Erscheinungsformen, siehe dazu *Schulze-Fielitz*, in: Dreier, GG, 2013, Art. 19 Rn. 45; die Politik versucht dem Trend entgegenzuwirken, siehe dazu *Boehme-Neßler*, LKV 2013, 481 ff.

1292 Eingehend dazu *Poscher*, Grundrechte als Abwehrrechte, 2003, S. 381.

1293 *Krings*, Grund und Grenzen grundrechtlicher Schutzansprüche, 2003, S. 139 f.

Staates bezüglich Leib und Leben der friedlichen Fans nach Art. 2 Abs. 2 S. 1 GG zu berücksichtigen.[1294] Während die Abwehrfunktion aufseiten des Stadionbesuchers für die Abwehrrechte gegenüber dem Staat streitet, verpflichtet beziehungsweise legitimiert die Schutzfunktion der Grundrechte den Staat zu gerade diesem Eingriff. In der klassischen Zweierkonstellation zwischen Staat und Bürger dagegen ist die Schutz- gegenüber der Abwehrfunktion der Grundrechte subsidiär, wenn der Staat ausschließlich eigene Interessen zu schützen hat.[1295]

Gegen diese Praxis bestehen Bedenken, die Grundrechte könnten in ihrem fundamentalen Freiheitsgedanken dazu verwendet werden, um Gegenteiliges zu bewirken.[1296] Es ist die Rede von einer verfassungsimmanenten Universalschranke der Grundrechte, das heißt einer allgemeinen Schranken durch die Schutzfunktion der Grundrechte.[1297] Diesen Bedenken ist eine klare Absage zu erteilen, da sich aus der Schutzfunktion der Grundrechte nichts anderes als die Herstellung einer praktischen Konkordanz zwischen verschiedenen Rechtspositionen im Privatrechtsverkehr ergibt.[1298] Sind ohnehin im Rahmen der Abwehrfunktion kollidierende Grundrechte in die Verhältnismäßigkeitsprüfung mit einzubeziehen, stellen auch diese seither eine verfassungsimmanente Universalschranke dar.[1299]

Der Umstand, dass die Schutzpflichtendogmatik über die Lehre der praktischen Konkordanz hinaus nicht nur staatliche Eingriffe, sondern auch Grundrechtsbeeinträchtigungen durch Private umfasst, vermindert nicht den Grundrechtsschutz, sondern weitet diesen im Privatrechtsverkehr vielmehr aus. Zwar werden dem Staat durch die verfassungsrechtlichen Schutzpflichten mehr Möglichkeiten erteilt, Eingriffe zu legitimieren, aber dienen gerade diese Schutzpflichten doch dem Interesse der Bevölkerung. Auch wenn die Grundrechte in ihrer klassischen Funktion nur vor dem Staat schützen sollen,[1300] ist ein darüber

---

1294 *Götz*, in: Isensee/Kirchhof, HStR IV, 2006, § 85 Rn. 24; *Lange*, Sicherheit im „Sommermärchen", 2013, S. 49.

1295 Zur Entbehrlichkeit der Schutzfunktion im ausschließlichen Verhältnis Bürger und Staat siehe oben § 5 III. 1. d) aa), S. 144 ff.

1296 Abweichende Meinung zum Urteil von *Rupp-v. Brünneck/Simon,* in: BVerfGE 39, 1 (73).

1297 *Krings*, Grund und Grenzen grundrechtlicher Schutzansprüche, 2003, S. 140 f.

1298 *Vieweg*, Normsetzung und -anwendung deutscher und internationaler Verbände, 1990, S. 192; *Götz*, in: Isensee/Kirchhof, HStR IV, 2006, § 85 Rn. 27; *Schladebach*, STAAT 2014, 263 (264); *Orth*, in: Cherkeh/Momsen u.a., Handbuch Sportstrafrecht, 2021, 2. Kapitel Rn. 74.

1299 *Jeand'Heur*, JZ 1995, 161 (163 f.).

1300 BVerfGE 7, 198 (204 f.).

hinausgehender Schutz durch den Staat vor Beeinträchtigungen anderer Bürger geradezu wünschenswert, um ein Schutzminimum an verfassungsrechtlichen Freiheiten auch gegenüber anderen Bürgern zu schaffen.[1301]

2. Grundrechte und Stadionverbot

Im konkreten Fall der öffentlich-rechtlichen Stadionverbote ist sowohl die Schutz- als auch die Abwehrfunktion der Grundrechte von Bedeutung. Es liegt der Fall einer klassischen Dreieckskonstellation vor, in der die Grundrechte der Stadionbesucher in ihrer Abwehrfunktion sowie diese der friedlichen Fans in ihrer Schutzfunktion nebeneinander zum Tragen kommen. Im Fokus steht die Abwehrfunktion, da der staatliche Eingriff in die Rechte des Stadionbesuchers durch die Erfüllung verfassungsrechtlicher Schutzpflichten zu legitimieren ist.[1302]

a) Betroffene Grundrechte

Bevor der verfassungsrechtliche Einfluss im Fall der öffentlich-rechtlichen Stadionverbote überprüft werden kann, ist zunächst festzustellen, welche Grundrechte überhaupt betroffen und gegeneinander abzuwägen sind. Dafür sind die Grundrechte des Veranstalters, die des potenziellen Störers sowie die der friedlichen Fans heranzuziehen. Weniger Bedeutung kommt den Grundrechten des Veranstalters im Vergleich zum zivilrechtlichen Stadionverbot zu, da Ausgangspunkt nicht mehr die Erfüllung der verfassungsrechtlichen Schutzpflicht durch Eingriff in dessen Rechte ist, sondern vielmehr die eigenen Abwehrrechte des Stadionbesuchers gegenüber dem Staat.[1303]

aa) Grundrechte des Veranstalters

In der Stadionverbot-Entscheidung hat das Bundesverfassungsgericht aufseiten der Veranstalter die Eigentumsfreiheit und die damit einhergehende Vertragsfreiheit des Veranstalters angeführt.[1304] Anders liegt der Fall für die

---

1301 Zum Schutzbedürfnis gegenüber mächtigen Privaten siehe die Tendenzen der Rechtsprechung in Fraport-Entscheidung, BVerfGE 128, 226; Freizeitbad-Entscheidung, BVerfG, NJW 2016, 3153, 3154; Bierdosen-Flashmob-Entscheidung, BVerfG, NJW 2015, 2485 ff.; Stadionverbot-Entscheidung, BVerfGE 148, 267.

1302 *Möstl*, Die Staatliche Garantie für die öffentliche Sicherheit und Ordnung, 2002, S. 112.

1303 *Poscher*, Grundrechte als Abwehrrechte, 2003, S. 329 f.

1304 BVerfGE 148, 267 (281); siehe oben § 5 III. 2. a) aa), S. 179 ff.

öffentlich-rechtlichen Stadionverbote. Die infrage stehenden Maßnahmen gehen nicht mehr von einem privaten Veranstalter aus, sondern es handelt sich um staatliche Maßnahmen, die nicht unter dem Schutz der Privatautonomie stehen. Dagegen spricht auch nicht, dass der Veranstalter zumindest mittelbar in seiner Vertragsfreiheit nach Art. 2 Abs. 1 GG beeinträchtigt sein könnte, weil es zwar rechtlich möglich ist, einen Stadionbenutzungsvertrag abzuschließen, aber der Besucher tatsächlich durch staatliche Verbote daran gehindert ist, seinen Anspruch auf den Besuch des Fußballspiels einzulösen. Es liegt in der Verantwortung der jeweiligen Vertragspartei, dafür Sorge zu tragen, die rechtlichen Voraussetzungen zur Einhaltung des Vertrages zu erfüllen. Außerdem wäre es praxisfern anzunehmen, dass sich der Veranstalter durch Präventivmaßnahmen der Polizei in seiner Privatautonomie beeinträchtigt fühlt.[1305] Vielmehr liegt es gerade auch vor dem Hintergrund zivilrechtlicher Verkehrssicherungspflichten im Interesse des Veranstalters, dass Straftaten wie Sachbeschädigungen, Körperverletzungen und andere präventiv verhindert werden.[1306]

Dass die präventive Gefahrenabwehr im Interesse des Veranstalters liegt, heißt aber nicht, dass auch seine Interessen im Hinblick auf die Privatautonomie in der Verhältnismäßigkeitsprüfung zu berücksichtigen wären, da es sich nicht um deckungsgleiche staatliche Interessen handelt.[1307] Sofern der Staat keiner verfassungsrechtlichen Schutzpflicht unterliegt, die für die Interessen der Veranstalter angeführt werden kann, sind dessen Interessen im Verhältnis von Stadionbesucher und Staat unerheblich. Eine solche Schutzpflicht ist im Fall der Veranstalter von Sportgroßveranstaltungen mangels Schutzbedürfnis aber nicht erkennbar, sondern vielmehr steht es diesem frei, sollte er sich durch die Maßnahme in seiner Vertragsfreiheit verletzt fühlen, eigens gegen den staatlichen Eingriff vorzugehen und eine Grundrechtsverletzung im abwehrrechtlichen Kontext zu rügen.

bb) Grundrechte des Adressaten

Aufseiten des Adressaten beziehungsweise Störers finden nahezu identisch durch öffentlich-rechtliche Stadionverbote alle Grundrechtsbeeinträchtigungen statt, die im Fall des zivilrechtlichen Stadionverbotes anzuführen sind.[1308] Zwar

1305 Vielmehr arbeiten Veranstalter und Sicherheitsbehörden zusammen, siehe dazu VG Köln, BeckRS 2016, 45419; *Müller-Eiselt*, DVBl 2014, 1168 (1169); *Ruch*, JZ 2015, 936 (936 f.).

1306 *Gietl*, JR 2010, 50 (52); *Kirchhoff*, NJW 2017, 294 (296).

1307 *Poscher*, Grundrechte als Abwehrrechte, 2003, S. 329 f.

1308 Siehe oben § 5 III. 2. a) bb), S. 180 ff.

werden die Grundrechte nicht von einem privaten Veranstalter, sondern vom Staat beeinträchtigt, aber ist der Störer dennoch in seinen gleichen verfassungsrechtlichen Gewährleistungen beeinträchtigt. Liegt kein sachlicher Grund für die Ungleichbehandlung gegenüber anderen Stadionbesuchern vor, greift die Polizei durch die Festsetzung eines Aufenthaltsverbotes in ungerechtfertigter Weise in den allgemeinen Gleichbehandlungsgrundsatz nach Art. 3 Abs. 1 GG ein. Das Stadionverbot beeinträchtigt nach hier vertretener Ansicht das allgemeine Persönlichkeitsrecht, die Versammlungsfreiheit, die Informationsfreiheit und die allgemeine Handlungsfreiheit.[1309] Dem Besucher ist es verwehrt an der nach weiter Auslegung vorliegenden Versammlung im Sinne des Art. 8 Abs. 1 GG teilzunehmen, sich Informationen aus erster Hand zu beschaffen oder seiner identitätswahrenden Freizeitbeschäftigung nachzugehen.

Einer gesonderten Untersuchung bedürfen die Grundrechte der körperlichen Bewegungsfreiheit nach Art. 2 Abs. 2 S. 2 GG und der Freizügigkeit nach Art. 11 Abs. 1 GG, deren Abgrenzung zu grundrechtsrelevanten Unterschieden gegenüber dem zivilrechtlichen Stadionverbot führt. Öffentlich-rechtliche Stadionverbote beeinträchtigen die körperliche Bewegungsfreiheit nach Art. 2 Abs. 2 S. 2 GG insofern, dass es dem Störer anders als beim zivilrechtlichen Stadionverbot[1310] rechtlich und tatsächlich möglich ist, das Stadion zu betreten.[1311] Nach weiter Auslegung schützt die körperliche Bewegungsfreiheit nicht nur die Freiheitsentziehung, sondern auch die bloße Freiheitsbeschränkung.[1312] Gerade das Verbot im Stadion beziehungsweise dessen Umfeld zu erscheinen, schränkt den Betroffenen in seiner körperlichen Bewegungsfreiheit ein. Das Aufenthaltsverbot als Maßnahme allein kann den Zugang nicht rechtlich unmöglich machen, da es gerade um die Verfassungsmäßigkeit dieser Maßnahme als Eingriff in das Grundrecht geht.[1313] Sollte der Stadionbesucher dagegen keine Eintrittskarte besitzen oder gleichzeitig einem zivilrechtlichen Stadionverbot unterliegen, ist es diesem ohnehin rechtlich nicht möglich, das Stadion zu besuchen.

1309 Siehe oben § 5 III. 2. a) bb), S. 180 ff.

1310 *Di Fabio*, in: Maunz/Dürig, GG, 94. EL Januar 2021, Art. 2 Rn. 26 f.

1311 BVerfGE 94, 166 (198); 96, 10 (21); 105, 239 (248); VG München, BeckRS 1998, 31156944; *Krahm*, Polizeiliche Maßnahmen zur Eindämmung von Hooligangewalt, 2007, S. 274 ff.

1312 *Rixen*, in: Sachs, GG, 2021, Art. 2 Rn. 229 ff.; *Krahm*, Polizeiliche Maßnahmen zur Eindämmung von Hooligangewalt, 2007, S. 274 ff.

1313 Auf diesen Widerspruch hinweisend *Kunig/Kämmerer*, in: Münch/Kunig, GG, 2021, Art. 2 Rn. 131.

Die Frage, ob auch das Grundrecht auf Freizügigkeit nach Art. 11 Abs. 1 GG beeinträchtigt ist, ist wie bereits beim zivilrechtlichen Stadionverbot zu verneinen. Schon der Gesetzgeber ging davon aus, dass die Maßnahme des Aufenthaltsverbotes nicht in das Grundrecht der Freizügigkeit eingreife.[1314] Begründet wurde die Ansicht damit, dass Art. 11 Abs. 1 GG nur beeinträchtigt sei, wenn sich das Aufenthaltsverbot auf denjenigen Stadtteil beziehe, in welchen der Betroffene seinen Lebensmittelpunkt habe.[1315] Diese Begründung überzeugt nicht vollends, da sie verkennt, dass zwischen Wohnsitz und Aufenthalt zu unterscheiden ist.[1316] Für den Aufenthalt ist gerade nicht erforderlich, dass der Betroffene an dem Ort seinen Lebensmittelpunkt habe, sondern es ist ausreichend, wenn ein Verweilen an einem bestimmten Ort von gewisser Dauer und Bedeutung vorliegt.[1317] Maßgeblich ist dabei in Abgrenzung zur körperlichen Bewegungsfreiheit nach Art. 2 Abs. 2 S. 2 GG, ob eine darüber hinausgehende Bedeutung für die räumlich gebundene Gestaltung des alltäglichen Lebenskreises vorliegt.[1318] Selbst wenn man aber von diesem Verständnis des Art. 11 Abs. 1 GG ausgeht, hat das Bundesverfassungsgericht im Fall der sog. Chaostage entschieden, dass eine zweitägige Platzverweisung nach Art. 16 BayPAG die Freizügigkeit der Betroffenen nicht beeinträchtige.[1319] Da Aufenthaltsverbote für Stadionbesucher in der Regel nur für die jeweiligen Spieltage ausgesprochen werden, ist davon auszugehen, dass auch hier in zeitlicher Hinsicht kein ausreichender Aufenthalt vorliege.[1320]

1314 Vor Einführung des § 34a PolG NRW (Wohnungsverweisung) war Art. 11 GG nicht im Grundrechtskatalog des § 7 PolG NRW aufgeführt, siehe dazu LT NRW-Drs. 13/1525, S. 10.

1315 *Franz/Günther*, NWVBl 2006, 201 (209); im Gegensatz zu Fällen von Drogenkonsumräumen, in denen die Konsumenten über keinen festen Lebenskreis verfügen, haben die Betroffenen hier ihren Lebensmittelpunkt i.d.R. nicht im Stadion, siehe dazu *Hecker*, in: Roggan/Kutscha, Recht der Inneren Sicherheit-HdB, 2006, 331 (334 f.).

1316 BVerfGE 2, 266 (273); 43, 203 (211); 80, 137 (150); 110, 177 (190); *Graulich*, in: Lisken/Denninger, PolR-HdB, 2018, E. Rn. 439 ff.; *Finger*, DVP 2015, 367 (368).

1317 *Jarass*, in: Jarass/Pieroth, GG, 2020, Art. 11 Rn. 2; eine weite Auslegung vertritt *Hecker*, in: Roggan/Kutscha, Recht der Inneren Sicherheit-HdB, 2006, 331 (334 ff.).

1318 BVerfG, BeckRS 2008, 142691, Rn. 21; *Kunig/Graf von Kielmansegg*, in: Münch/Kunig, GG, 2021, Art. 11 Rn. 31; *Wollenschläger*, in: Dreier, GG, 2013, Art. 11 Rn. 27 f.

1319 BVerfG, BeckRS 2008, 142691, Rn. 21 f.

1320 Ähnlich *Franz/Günther*, NWVBl 2006, 201 (209); a. A. *Graulich*, in: Lisken/Denninger, PolR-HdB, 2018, E. Rn. 440 ff.; vermittelnd *Wollenschläger*, in: Dreier, GG, 2013, Art. 11 Rn. 27, der auf die Art und Intensität der Einschränkung abstellt.

Das Argument, die Dauer der Maßnahme über mehrere Wochen spreche für einen Eingriff in die Freizügigkeit,[1321] ist gerade dann nicht übertragbar, wenn das Verbot nur bestimmte Uhrzeiten und Tage umfasst.

cc) Grundrechte der friedlichen Fans

In der Konstellation des zivilrechtlichen Stadionverbotes sind die Grundrechte der friedlichen Fans nur beiläufig relevant gewesen, während sie im Fall des Aufenthaltsverbotes in die Verhältnismäßigkeitsprüfung primär in die Abwägung miteinzubeziehen sind. Die staatliche Maßnahme dient gerade der Erfüllung verfassungsrechtlicher Schutzpflichten gegenüber den friedlichen Fans, die nach Art. 2 Abs. 2 S. 1 GG ein Recht auf Leben und körperliche Unversehrtheit haben.[1322] Dieses Recht wird auch nicht dadurch verwirkt, dass grundsätzlich der Veranstalter die Verantwortung für die Sicherheit im Stadion trägt. Vielmehr ist die Polizei auch im privaten Bereich für Leib und Leben als polizeiliches Schutzgut verantwortlich.[1323] Als staatlicher Regelungszweck, dem die Maßnahme gerade dient, können die Schutzpflichten als legitimer Zweck der Maßnahme herangezogen werden.[1324] Die Anwendung der Schutzpflichtendogmatik legitimiert insofern den Eingriff in die Grundrechte des Störers.[1325]

b) Verfassungsmäßigkeit von Aufenthaltsverboten

Für die Beurteilung, ob polizeirechtliche Aufenthaltsverbote nach § 34 Abs. 2 PolG NRW als öffentlich-rechtliche Stadionverbote verfassungsgemäß sind, ist eine Verhältnismäßigkeitsprüfung vorzunehmen.[1326] Im Unterschied zur Stadionverbot-Entscheidung unterliegt der Staat zweifelsfrei einer unmittelbaren Grundrechtsbindung, sodass die Problematik zur Grundrechtswirkung im Privatrecht in diesem Fall obsolet ist.

1321 *Finger*, DVP 2015, 367 (368).

1322 *Noltc*, NVwZ 2001, 147 (148 f.); *Götz*, in: Isensee/Kirchhof, HStR IV, 2006, § 85 Rn. 24; *Kutscha*, in: Roggan/Kutscha, Recht der Inneren Sicherheit-HdB, 2006, 23 (25 f.) zur inneren Sicherheit als Staatsaufgabe.

1323 *Gusy*, VerwArch 2001, 344 (366); *Siegel*, NJW 2013, 1035 (1036).

1324 So wohl auch *Poscher*, Grundrechte als Abwehrrechte, 2003, S. 329 f.

1325 *Dietlein*, Die Lehre von den grundrechtlichen Schutzpflichten, 2005, S. 87 f.; *Krings*, Grund und Grenzen grundrechtlicher Schutzansprüche, 2003, S. 141.

1326 *Wendt*, AöR 1979, 414 (452 ff.); *Finger*, DVP 2015, 367 (369).

aa) Sachverhalt zur Stadionverbot-Entscheidung (abgewandelt)

Im Unterschied zum Originalfall des Bundesverfassungsgerichts[1327] ist der Fall fiktiv in der Hinsicht abzuwandeln, dass kein zivilrechtliches Stadionverbot verhängt wurde, sondern im Nachgang von den Ermittlungsbehörden ein Ermittlungsverfahren gegen den Beschwerdeführer wegen Landfriedensbruchs nach § 125 StGB eingeleitet und ein Aufenthaltsverbot für drei Monate nach § 34 Abs. 2 PolG NRW erlassen wurde. Das Ermittlungsverfahren gegen den Stadionbesucher wurde einige Monate später nach § 153 Abs. 1 StPO wegen Geringfügigkeit eingestellt, das Aufenthaltsverbot ist in zeitlicher Hinsicht bereits abgelaufen. Der Stadionbesucher begehrt im Nachgang die Feststellung der Rechtswidrigkeit des Stadionverbotes. Nachdem seine Klage in allen Instanzen erfolglos blieb, wendet er sich an das Bundesverfassungsgericht und beanstandet die Verletzung seiner Grundrechte.[1328]

bb) Lösung nach klassischer Abwehrfunktion

Ausgangspunkt ist nicht die Verletzung von Schutzpflichten gegenüber dem Stadionbesucher,[1329] sondern der staatliche Eingriff in die Grundrechte des Stadionbesuchers. Hat der Staat im Fall des zivilrechtlichen Stadionverbotes noch auf der Seite des Stadionbesuchers gestritten, um seine verfassungsrechtliche Schutzpflicht hinsichtlich gleichheitsrechtlicher Anforderungen zu erfüllen,[1330] steht er im Fall des öffentlich-rechtlichen Stadionverbotes auf der Gegenseite. Die verfassungsrechtliche Schutzpflicht besteht in dieser Konstellation lediglich gegenüber den friedlichen Fans, da die gleichheitsgerechten Anforderungen nach Art. 3 Abs. 1 GG vom Staat in ihrer abwehrrechtlichen Funktion zur Geltung kommen. Mithin stehen auch nicht die verfassungsrechtlichen Schutzpflichten, sondern die Abwehrfunktion im Vordergrund der Prüfung. Die Rechtfertigung der Grundrechtseingriffe orientiert sich an der klassischen Verhältnismäßigkeitsprüfung,[1331] ohne dass es einer modifizierten Prüfung nach der Schutzpflichtenlehre[1332] bedarf.

1327 BVerfGE 148, 267.

1328 Fiktive Abwandlung zur Stadionverbot-Entscheidung, BVerfGE 148, 267.

1329 BVerfGE 148, 267 (273).

1330 BVerfGE 148, 267 (283 f.).

1331 BVerfGE 7, 377 (407 ff.); *Kirchhof*, in: Maunz/Dürig, GG, 94. EL Januar 2021, Art. 3 Rn. 242 f.; ferner *Bühner*, JA 2021, 395 (401); *Stocker/Kraus*, JA 2021, 127 (136).

1332 Zum Vergleich siehe oben § 5 III., 1. d) dd), S. 160 ff.

Um einen Vergleich zur Stadionverbot-Entscheidung des Bundesverfassungsgerichts[1333] ziehen zu können, ist beispielhaft die Prüfung des allgemeinen Gleichheitssatzes anhand der abwehrrechtlichen Funktion nach Art. 3 Abs. 1 GG aufzuzeigen.[1334] Dieser ist verletzt, wenn eine Gruppe von Normadressaten oder Normbetroffenen anders behandelt wird, obwohl zwischen beiden Gruppen keine Unterschiede von solcher Art und solchem Gewicht bestehen, dass sie die unterschiedliche Behandlung rechtfertigen können.[1335] In der Rechtfertigung gilt ein stufenloser, am Grundsatz der Verhältnismäßigkeit orientierter verfassungsrechtlicher Prüfungsmaßstab, das heißt die verfassungsrechtlichen Anforderungen sind umso strenger, je weniger die Merkmale für den Einzelnen verfügbar sind.[1336] Der Eingriff ist gerechtfertigt, wenn das Differenzierungskriterium, vorliegend Tatsachen, welche die Annahme rechtfertigen, dass eine Person in einem bestimmten örtlichen Bereich eine Straftat begehen oder zu ihrer Begehung beitragen wird, im Hinblick auf den Zweck der Differenzierung geeignet, erforderlich und angemessen ist.[1337]

(1) Legitimer Zweck

Bereits bei der Feststellung des legitimen Zwecks wird deutlich, dass auch im Fall der Abwehrfunktion die Schutzpflichtendogmatik einfließen kann und ein Nebeneinander der Funktionen möglich ist. Zweck der Differenzierung ist es, die Begehung und Beteiligung an Straftaten in einem bestimmten Bereich zu verhindern, das heißt die Gewährleistung der öffentlichen Sicherheit als absoluter Gemeinschaftswert[1338] zu sichern. Dieser Zweck ist zwingend und ergibt sich

---

1333 BVerfGE 148, 267.

1334 Die Lösung soll ausdrücklich kein umfassendes Gutachten für den aufgeworfenen Fall liefern, sondern vielmehr beispielhaft darstellen, dass die verfassungsrechtlichen Schutzpflichten nicht nur im Privatrechtsverkehr, sondern auch aufseiten des Staates angeführt werden können, um öffentlich-rechtliche Maßnahmen zu legitimieren.

1335 BVerfGE 55, 72 (88); 88, 87 (97); 93, 386 (397); 99, 367 (389); 105, 73 (110); 107, 27 (46); 110, 412 (432); 129, 49 (69).

1336 BVerfGE 75, 108 (157); 88, 87 (96); 129, 49 (69); *Kirchhof*, in: Maunz/Dürig, GG, 94. EL Januar 2021, Art. 3 Rn. 240; zum Streit zwischen Willkür- und Verhältnismäßigkeitsprüfung siehe eingehend *Kischel*, in: Epping/Hillgruber, BeckOK, GG, Stand: 15.05.2021, Art. 3 GG Rn. 24.

1337 *Nußberger*, in: Sachs, GG, 2021, Art. 3 Rn. 16 ff.; *Kischel*, in: Epping/Hillgruber, BeckOK, GG, Stand: 15.05.2021, Art. 3 GG Rn. 24; kritisch dazu *Heun*, in: Dreier, GG, 2013, Art. 3 Rn. 27 ff.

1338 Bei den sog. absoluten Gemeinschaftswerten handelt es sich um zwingende Vorgaben aus der Verfassung, während sog. relative Gemeinschaftswerte Ziele umfassen, die

schon daraus, dass der Staat nach Art. 2 Abs. 2 S. 1 GG zum Schutz von Leib und Leben der friedlichen Fans verfassungsrechtlich verpflichtet ist.[1339] Die Gewährleistung der öffentlichen Sicherheit als Zweck des Aufenthaltsverbotes deckt sich mit der verfassungsrechtlichen Schutzpflicht des Staates, Leib und Leben der friedlichen Fans zu schützen.

(2) Geeignetheit

Die Aufenthaltsverbote sind zumindest dazu geeignet, den gewünschten Erfolg zu fördern.[1340] Dagegen könnte zwar sprechen, dass Aufenthaltsverbote zu einer Verlagerung der Gewalt außerhalb der Stadien führen,[1341] aber ist nicht von der Hand zu weisen, dass die Maßnahme des Aufenthaltsverbotes zumindest einen Beitrag dafür leistet, dass die Gewaltausübung erschwert wird.[1342] Den nach Ansehen und Macht strebenden Hooligans fehlt es durch das Aufenthaltsverbot an einer großen Bühne, die sie für ihre Präsentation von Gewaltfantasien anstreben.[1343] Dafür spricht auch, dass es sich bei gewalttätigen Ausschreitungen im Fußballstadion um Begleiterscheinungen handelt, dessen situativer Bezugsrahmen durch das Aufenthaltsverbot wegfällt.[1344] Selbst wenn es zu einer Verlagerung außerhalb der Stadien kommt, werden aber zumindest die friedlichen Fans innerhalb der Stadien geschützt und die verfassungsrechtliche Schutzpflicht nach Art. 2 Abs. 2 S. 1 GG erfüllt.

(3) Erforderlichkeit

Strenge Anforderungen sind an die Erforderlichkeit zu stellen, wenn bereits dem Wortlaut nach die Maßnahme gemäß § 34 Abs. 2 S. 3 PolG NRW in zeitlicher und

---

sich der Staat selbst setzt, siehe dazu BVerfGE 13, 97 (107); *Borowski*, Grundrechte als Prinzipien, 2018, S. 256; *Klatt*, JuS 2014, 193 (194 f.).

1339 *Bressensdorf*, Das private „Hausrecht“, 2020, S. 163.

1340 Es ist nicht erforderlich, dass der Erfolg auch tatsächlich erreicht wird, siehe dazu BVerfGE 63, 88 (115); 67, 157 (175); 96, 10 (23); *Klatt*, JuS 2014, 193 (195).

1341 So ist es zumindest zu befürchten, siehe dazu ZIS Jahresbericht Fußball Saison 2018/19, S. 20 f.; kritisch dazu auch *Hecker*, in: Roggan/Kutscha, Recht der Inneren Sicherheit-HdB, 2006, 331 (345).

1342 Es fehlt an einem zentralen Ort, siehe dazu VGH München, NVwZ 2000, 454 (456) für die Drogenszene; zustimmend für Fußballveranstaltungen *Krahm*, Polizeiliche Maßnahmen zur Eindämmung von Hooligangewalt, 2007, S. 308 f.

1343 *Friedmann*, Polizei und Fans – ein gestörtes Verhältnis?, 2009, S. 19 f.

1344 *Graulich*, in: Lisken/Denninger, PolR-HdB, 2018, E. Rn. 445 f. spricht wörtlich von einem „den Taten den Boden entziehen“.

örtlicher Hinsicht auf den erforderlichen Umfang zu beschränken ist. Aufenthaltsverbote mit dem legitimen Zweck, friedliche Fans innerhalb der Stadien zu schützen, sind immer nur dann erforderlich, wenn sie sich auf den Tag der Ligaspiele und das Stadion beziehungsweise dessen Umfeld beschränken.[1345] Eine Ausweitung auf die gesamte Woche ist nicht erforderlich, da situationsspezifisch bedingt keine Begehung von Straftaten außerhalb der Sportgroßveranstaltungen zu befürchten ist.[1346] Die in Nordrhein-Westfalen vorgenommene Beschränkung der Dauer auf maximal drei Monate nach § 34 Abs. 2 S. 4 PolG NRW ist verfassungsrechtlich unbedenklich.[1347]

(4) Angemessenheit

Die Abwägung beider Interessen, das heißt dem Grundrecht auf allgemeine Gleichbehandlung und dem Zweck der Maßnahme, die Verhinderung von Straftaten zum Schutze der friedlichen Fans, umfasst die Verhältnismäßigkeit im engeren Sinne.[1348] Hinsichtlich der Beeinträchtigung für den Stadionbesucher liegt nur eine geringe Eingriffsintensität in den allgemeinen Gleichbehandlungsgrundsatz vor, da das Aufenthaltsverbot auf einen überschaubaren Zeitraum und Ort begrenzt ist. Selbst wenn anzunehmen ist, dass durch die erhebliche gesellschaftliche Bedeutung von Stadionbesuchen[1349] ein intensiver Grundrechtseingriff vorliegt, wiegt das Interesse des Staates, Straftaten zum Schutze friedlicher Fans zu verhindern, schwerer. Insbesondere spricht für die hohe Gewichtung des legitimen Zwecks, dass der Staat verfassungsrechtliche Schutzpflichten gegenüber den friedlichen Fans auf Leib und Leben nach Art. 2 Abs. 2 S. 1 GG zu beachten hat. Dass für das Grundrecht auf Leib und Leben eine Schutzpflicht

---

1345 *Krahm*, Polizeiliche Maßnahmen zur Eindämmung von Hooligangewalt, 2007, S. 310 ff.

1346 Zur tageszeitlichen Begrenzung der Drogenszene siehe *Graulich*, in: Lisken/Denninger, PolR-HdB, 2018, E. Rn. 449.

1347 VGH Mannheim, NVwZ-RR 2017, 873 (875 f.) zur Dreimonatsgrenze in BW; *Tegtmeyer/Vahle*, PolG NRW, 2018, S. 323 f.; a. A. *Hecker*, in: Roggan/Kutscha, Recht der Inneren Sicherheit-HdB, 2006, 331 (347), der eine Begrenzung auf maximal einen Monat fordert.

1348 Zum Begriff der Verhältnismäßigkeit im engeren Sinne siehe *Klatt*, JuS 2014, 193 (195 f.); eingehend dazu *Daiber*, JA 2020, 37 ff.

1349 Siehe oben § 4 II., S. 74 ff.

besteht und das verfassungsrechtliche Schutzminimum erreicht ist, ist vor dem Hintergrund der überragenden Bedeutung des Schutzgutes[1350] unzweifelhaft.

Die Einbindung verfassungsrechtlicher Schutzpflichten in die abwehrrechtliche Prüfung der Grundrechte wirft die Frage auf, ob eine inzidente Prüfung der verfassungsrechtlichen Schutzpflichten erforderlich ist. Für den Fall von Leib und Leben nach Art. 2 Abs. 2 S. 1 GG als hochrangiges Rechtsgut ist ohne Bedenken offensichtlich, dass eine verfassungsrechtliche Schutzpflicht gegenüber den friedlichen Fans besteht. Andere Schutzpflichten – wie beispielsweise die Schutzpflicht des Staates in privatrechtlichen Vertragsstreitigkeiten[1351] – sind demgegenüber nicht ohne Weiteres anzunehmen. In einem solchen Fall kann es notwendig sein, dass in der Abwägung eine (knappe) inzidente Prüfung des Bestehens einer Schutzpflicht erforderlich ist. Auch wenn für das legitime Ziel noch jedes staatliche Interesse, das heißt auch sog. relative Gemeinschaftsgüter ausreichend sind,[1352] kann es in der nachfolgenden Angemessenheitsprüfung entscheidend sein, ob es sich um ein verfassungsrechtlich verpflichtendes oder nur wünschenswertes legitimes Ziel handelt. Eine Inzidenzprüfung ist dem Verhältnismäßigkeitsgrundsatz und der verfassungsrechtlichen Judikatur auch nicht fremd.[1353] Muss im Fall von kollidierenden Grundrechten ein angemessener Ausgleich im Wege der praktischen Konkordanz erfolgen, kann dies nur gemacht werden, indem inzident die Einschlägigkeit des kollidierenden Grundrechts überprüft wird, bevor es zur eigentlichen Abwägung kommt.[1354]

Im Ergebnis ist für den hier fingierten Fall des Aufenthaltsverbots als Stadionverbot festzustellen, dass der Grundrechtseingriff gerechtfertigt ist, sofern die Voraussetzungen des § 34 Abs. 2 PolG NRW vorliegen. Die verfassungsrechtliche Schutzpflicht des Staates für Leib und Leben der friedlichen Fans nach Art. 2 Abs. 2 S. 1 GG überwiegt als absoluter Gemeinschaftswert den gleichheitsrechtlichen Anforderungen in der Verhältnismäßigkeitsprüfung und dient als sachlicher Grund für einen Ausschluss.

1350 BVerfGE 49, 24 (53); 115, 118 (139) zum Leben als „Höchstwert"; BVerfGE 65, 317 (322); 128, 282 (302) zum „besonderen Gewicht" des Rechts auf körperliche Unversehrtheit; zum Ganzen siehe *Jarass*, in: Jarass/Pieroth, GG, 2020, Art. 2 Rn. 80.

1351 Siehe oben § 5 III. 2. d) aa), S. 207 ff.

1352 BVerfGE 13, 97 (107); *Borowski*, Grundrechte als Prinzipien, 2018, S. 256; *Klatt*, JuS 2014, 193 (194 f.).

1353 BVerfGE 52, 223 (242); 93, 1 (21 ff.); *Kalenborn*, JA 2016, 6 (10).

1354 *Jeand'Heur*, JZ 1995, 161 (163 f.).

c) *Verfassungsmäßigkeit von Bewährungsweisungen*

Für den Fall der strafrechtlichen Bewährungsweisungen als Stadionverbote nach § 56c StGB sind ähnliche verfassungsrechtliche Erwägungen zu treffen, wie im Fall der polizeilichen Aufenthaltsverbote.

aa) *Sachverhalt zur Stadionverbot-Entscheidung (abgewandelt)*

Im Unterschied zum Originalfall des Bundesverfassungsgerichts[1355] ist der Fall in der Hinsicht abzuwandeln, dass kein zivilrechtliches Stadionverbot verhängt wurde, sondern im Nachgang von den Ermittlungsbehörden ein Ermittlungsverfahren gegen den Beschwerdeführer wegen Landfriedensbruchs nach § 125 StGB eingeleitet wurde. Ein paar Monate später folgte die entsprechende Verurteilung wegen Landfriedensbruch zu einer Freiheitsstrafe von acht Monaten. Diese wurde nach § 56 StGB zur Bewährung ausgesetzt, verbunden mit der Weisung nach § 56c StGB, während der Bewährungszeit kein Fußballstadion mehr zu betreten. Der Beschwerdeführer möchte gegen die im Zusammenhang mit der Verurteilung erfolgte Bewährungsweisung vorgehen. Nachdem seine Klage in allen Instanzen erfolglos blieb, wendet er sich an das Bundesverfassungsgericht und beanstandet die Verletzung seiner Grundrechte.[1356]

bb) *Lösung durch klassische Abwehrfunktion der Grundrechte*

Als staatlicher Eingriff in die Grundrechte des Verurteilten ist die Bewährungsweisung an der Abwehrfunktion der Grundrechte zu messen. Da die strafrechtliche Sanktion eine Fülle von intensiven Grundrechtseingriffen beinhaltet, sind diese ebenfalls am Grundsatz der Verhältnismäßigkeit zu beurteilen.[1357] Gleichermaßen wie für das Aufenthaltsverbot zeigt sich an dieser Maßnahme, dass die verfassungsrechtliche Schutzpflicht gegenüber den friedlichen Fans auf Leib und Leben nach Art. 2 Abs. 2 S. 2 GG den staatlichen Eingriff in die Rechte des Verurteilten legitimiert.[1358]

1355 BVerfGE 148, 267.

1356 Fiktive Abwandlung zur Stadionverbot-Entscheidung BVerfGE 148, 267.

1357 BVerfGE 6, 389 (433 f.); 39, 1 (47); 88, 203 (258); dies gilt insb. für die Bewährungsweisung, siehe dazu *Kinzig*, in: Schönke/Schröder, StGB, 2019, § 56c Rn. 10; zu den verfassungsrechtlichen Vorgaben für Strafe im Allgemeinen siehe *Orth*, in: Cherkeh/Momsen u.a., Handbuch Sportstrafrecht, 2021, 2. Kapitel Rn. 50 ff.

1358 Siehe oben § 6 III. 2. b) bb), S. 265 ff.

(1) Legitimer Zweck

Trotz des primären Zwecks der Weisung, den Verurteilten von der Begehung weiterer Straftaten abzuhalten und ihm eine Hilfestellung zu geben,[1359] wird nicht nur die Rehabilitation des Täters ermöglicht, sondern gleichermaßen die Bevölkerung vor weiteren Straftaten geschützt. Insofern können auch hier die Grundrechte der friedlichen Fans im Wege der Schutzfunktion ihre Wirkung entfalten, um den staatlichen Eingriff zu legitimieren.[1360] Legitimer Zweck ist nicht nur die Rehabilitationsmaßnahme, sondern gleichermaßen die verfassungsrechtliche Schutzpflicht des Staates gegenüber den friedlichen Bürgern, diese vor Gefahren für Leib und Leben nach Art. 2 Abs. 2 S. 1 GG zu schützen. Auch wenn Strafe einer Fülle von Zwecken dient,[1361] kommen strafrechtliche Sanktionen als *Ultima Ratio* unter anderem zum Einsatz, wenn ein bestimmtes Verhalten über sein Verbotensein hinaus in besonderer Weise sozialschädlich und für das geordnete Zusammenleben der Menschen unerträglich, seine Verhinderung daher besonders dringlich ist.[1362] Es ist nicht zu verkennen, dass strafrechtliche Maßnahmen einem zumindest subsidiären Rechtsgüterschutz unterliegen, indem Straftaten geahndet werden.[1363] Die Verurteilung enthält eine Kettenreaktion an Zweckbindungen, die letztlich der öffentlichen Sicherheit zugutekommen. Selbst wenn primärer Zweck der Weisung die Rehabilitation des Täters ist,[1364] dient diese wiederum auf lange Sicht der öffentlichen Sicherheit, mithin auch dem Leib und Leben der Bevölkerung, mithin den friedlichen Fans im Stadion.

(2) Geeignetheit

Bewährungsweisungen fördern den Zweck, die friedlichen Fans vor Gefahren gegenüber Leib und Leben zu schützen, indem der Täter nicht dem Risiko ausgesetzt wird, im Stadion wieder rückfällig zu werden. Zwar wird von einem

---

1359 Darin liegt der fundamentale Unterschied zur Bewährungsauflage nach § 56b StGB, siehe dazu BGH, NStZ 2015, 179 (180); *Groß/Kett-Straub*, in: MüKo, StGB, 2020, § 56c Rn. 2.

1360 *Krings*, Grund und Grenzen grundrechtlicher Schutzansprüche, 2003, S. 139 f.

1361 Angeführt werden können als Strafzwecke Spezialprävention, Abschreckungsprävention, Integrationsprävention und Sühne, die im Einzelnen umstritten sind, siehe dazu *Maier*, in: MüKo, StGB, 2020, § 46 Rn. 46 ff.

1362 BVerfGE 88, 203 (258); 96, 245 (249).

1363 *Radtke*, in: MüKo, StGB, 2020, Vorb. § 38 Rn. 3.

1364 BGH, NStZ 2015, 179 (180); *Groß/Kett-Straub*, in: MüKo, StGB, 2020, § 56c Rn. 2.

vollständigen Freiheitsentzug abgesehen, aber sind die Fans im Stadion dennoch vor Gewalttätern aus der Szene geschützt, wenn es diesen verboten ist, das Stadion zu betreten. Nicht überzeugend ist das Argument, eine Weisung sei deshalb nicht geeignet, weil keine taugliche Überwachungsmöglichkeit für eine aufenthaltsbestimmende Weisung bestehe.[1365] Unabhängig davon, dass für ein Stadionverbot bereits eine Vielzahl an Kontrollmaßnahmen wie Videoüberwachung oder personalisierte Eintrittskarten eingeführt worden sind,[1366] sind Maßnahmen nicht schon deshalb ungeeignet, weil der Verurteilte möglicherweise durch das Kontrollsystem fallen könnte. Dagegen spricht zum einen, dass nicht jedem Verurteilten grundsätzlich unterstellt werden kann, er halte sich nicht an die Bewährungsweisungen, wenn diese nicht kontrollierbar sind und zum anderen käme das Argument einer Kapitulation des Staates gleich, wenn dieser nicht mehr in der Lage ist, staatliche Maßnahmen wie Bewährungsweisungen durchzusetzen.

(3) Erforderlichkeit

Als milderes Mittel ist im Fall der Bewährungsweisungen zu überprüfen, ob eine die Lebensführung weniger beeinträchtigende Weisung möglich ist.[1367] Nicht gleichwirksam ist die Überlegung, dem Verurteilten nur den Aufenthalt für bestimmte Fanblöcke im Stadion zu verbieten, ihm aber den Stadionbesuch auf Sitzplätzen der neutralen Bühnen zu gestatten. Dagegen ist anzuführen, dass es gerade auch im Vorfeld beziehungsweise Nachgang des Spiels zu gewalttätigen Ausschreitungen im Umfeld des Stadions kommt.[1368] Die schon befürchteten fehlenden Kontrollmöglichkeiten wären weiter eingeschränkt, wenn sich das Verbot nicht mehr auf das gesamte Stadion, sondern nur auf bestimmte Blöcke beschränkt. Die Bewährungsweisung kommt dem Betroffenen als milderes Mittel bereits zugute, indem auf eine Freiheitsentziehung verzichtet wird.

(4) Angemessenheit

Im Hinblick auf die Angemessenheit ist zu erwähnen, dass die vorgelagerte strafrechtliche Verurteilung bereits strengeren Anforderungen unterliegt als ein polizeirechtliches Aufenthaltsverbot. Wenn die Tat nach § 267 Abs. 1 S. 1 StPO in den Urteilsgründen nachgewiesen wurde, spricht vieles dafür, dass

1365 *Kinzig*, in: Schönke/Schröder, StGB, 2019, § 56c Rn. 10.
1366 *Franz/Günther*, NWVBl 2006, 201 (210); *Müller-Eiselt*, NVwZ 2016, 643 (646).
1367 *Kinzig*, in: Schönke/Schröder, StGB, 2019, § 56c Rn. 10.
1368 *Schulz/Weber*, in: Pilz, Sport und körperliche Gewalt, 1986, 55 (64).

der Grundrechtseingriff ohnehin gerechtfertigt ist. Die Eingriffe in die Grundrechte des Täters, der nachweislich eine Straftat begangen hat, sind „Erst-Recht" gerechtfertigt, wenn schon Grundrechtseingriffe durch Maßnahmen zu rechtfertigen sind, die präventiv erlassen werden, ohne dass zwingend eine Verurteilung des Gefährders vorliegen muss.[1369] In der Grundrechtsprüfung wirkt sich die Verurteilung dahin gehend auf die Angemessenheit aus, indem das Bestehen einer verfassungsrechtlichen Schutzpflicht des Staates gegenüber den friedlichen Fans durch die bereits feststehende kriminelle Energie des Täters verstärkt wird. Wenn dieser wissentlich auf „freien Fuß" gelassen wird, ist der Staat verpflichtet sicherzustellen, dass keine Gefährdung mehr von ihm ausgeht.[1370]

d) Fazit

Der Stadionbesucher ist durch Aufenthaltsverbote und Bewährungsweisungen als öffentlich-rechtliche Stadionverbote in seinen Grundrechten der körperlichen Bewegungsfreiheit, dem allgemeinen Persönlichkeitsrecht, der Versammlungs-, Informations- und Handlungsfreiheit sowie dem allgemeinen Gleichbehandlungsgrundsatz beeinträchtigt, sodass ihm ein Abwehranspruch gegen den staatlichen Eingriff zukommt. Die Privatautonomie des Veranstalters ist für die Verhältnismäßigkeitsprüfung ohne Bedeutung, da sich nur die Grundrechte des Stadionbesuchers und die staatlichen Interessen gegenüberstehen.[1371] Zu Letzteren zählt die Erfüllung der verfassungsrechtlichen Schutzpflichten, hier gegenüber den friedlichen Fans auf Leib und Leben nach Art. 2 Abs. 2 S. 1 GG, die als staatliches Interesse zu qualifizieren ist. Als hochrangiges Rechtsgut wird grundsätzlich davon auszugehen sein, dass der Schutz von Leib und Leben der friedlichen Fans gewichtiger ist als der Eingriff in die Freiheitsrechte des potenziellen Gefährders. Insbesondere, wenn bereits eine Straftat rechtssicher durch Strafurteil festgestellt worden ist, dürften die Anforderungen an die Verhältnismäßigkeitsprüfung einer Bewährungsweisung niedrig anzusetzen sein.

1369 Siehe oben § 6 III. 2. b), S. 264 ff.

1370 Der klassische Fall, in dem der Staat seiner Schutzpflicht dahin gehend nachkommt, ist die Unterbringung in der Sicherungsverwahrung, siehe dazu BVerfGE 128, 326 zu den verfassungsrechtlichen Anforderungen; sie dient dem Schutz der Allgemeinheit, aber auch dem der Opfer, siehe dazu *Ziegler*, in: Heintschel-Heinegg, BeckOK, StGB, Stand: 01.05.2021, § 66 Rn. 1.

1371 *Poscher*, Grundrechte als Abwehrrechte, 2003, S. 329 f.

§ 7 Vergleich und Konkurrenzen

I. Vergleich

Das zivilrechtliche Hausverbot, das polizeirechtliche Aufenthaltsverbot und die strafrechtliche Bewährungsweisung sind allesamt dazu geeignet, ein Stadionverbot im weiteren Sinne zu begründen. Die Maßnahmen unterschiedlicher Rechtsnatur zeigen Gemeinsamkeiten und Differenzen auf, die in diesem Kapitel in einem Vergleich gegenüberzustellen sind.

1. Reichweite des Verbotes

Sowohl in räumlicher als auch in zeitlicher Hinsicht weisen die Stadionverbote divergente Obergrenzen auf, die sich auf Wirksamkeit und Effektivität der Maßnahme auswirken. Je länger der zeitliche und räumliche Umfang ist, desto wirksamer und effektiver ist die Maßnahme als Mittel zur Eindämmung der Fangewalt in Fußballstadien.

a) Zeitlicher Umfang

Das zivilrechtliche Hausverbot selbst ist dem Wortlaut nach gemäß § 1004 Abs. 1 (analog) BGB beziehungsweise § 862 Abs. 1 BGB keiner zeitlichen Grenze unterworfen. Der Anspruch auf Unterlassung besteht so lange, wie die Wiederholungsgefahr als Anspruchsvoraussetzung besteht.[1372] Allenfalls durch Nichtausübung des Anspruchs über längere Zeit oder durch Verjährung nach §§ 195, 199 BGB kann der Unterlassungsanspruch nach § 1004 Abs. 1 S. 2 BGB entfallen.[1373] Eine zeitliche Beschränkung erfährt das bundesweite Stadionverbot allenfalls durch die Abhängigkeit einer wirksamen Bevollmächtigung nach den SVRL. Nach § 5 Abs. 2 und 3 SVRL beträgt die Dauer mindestens eine Woche, maximal 12 Monaten in minderschweren Fällen und maximal 60 Monaten in besonders schweren Fällen.

Für einen ähnlich langen Zeitraum können Meldeauflagen, Aufenthalts- und Kontaktverbote als Bewährungsweisung nach § 56c StGB festgesetzt werden.

1372 *Henckel*, AcP 1974, 97 (126 f.).

1373 Zur Verjährung siehe BGH, NJW-RR 2016, 24 (27); *ders.*, AcP 1974, 97 (126 f.); zur Verwirkung siehe *Raff*, in: MüKo, BGB, 2020, § 1004 Rn. 270, 309; *Spohnheimer*, in: Gsell/Krüger u.a., BeckOGK, BGB, Stand: 01.06.2021, § 1004 Rn. 277.

Die Dauer Weisung beschränkt sich in Abhängigkeit zur Bewährungszeit nach § 56a Abs. 1 S. 2 StGB auf maximal fünf Jahre, das heißt wie bei den zivilrechtlichen Stadionverboten in besonders schweren Fällen ist eine Dauer von maximal 60 Monaten zulässig. Eine Besonderheit enthält die Bewährungsweisung dahin gehend, dass die Bewährungszeit nicht nur an eine Obergrenze, sondern auch an eine Untergrenze von mindestens zwei Jahren nach § 56a Abs. 1 S. 2 StGB gebunden ist. Werden Weisungen erteilt, die zu einem Stadionverbot im weiteren Sinne führen, gilt die Maßnahme dementsprechend für mindestens zwei Jahre und greift besonders intensiv in die Grundrechte des Stadionbesuchers ein.

Deutlich kürzer gefasst ist die zeitliche Obergrenze für polizeirechtliche Aufenthaltsverbote, denn nach § 34 Abs. 2 S. 3 PolG NRW ist die Maßnahme in zeitlicher Hinsicht auf den zur Verhütung der Straftat erforderlichen Umfang zu beschränken, mit einer nach § 34 Abs. 2 S. 4 PolG NRW starren Obergrenze von drei Monaten.[1374] Kommt die Polizei auf Grundlage einer neuen Gefahrenprognose zu der Einschätzung, dass die Voraussetzungen für den Erlass weiterhin erfüllt sind, ist ein erneutes Aufenthaltsverbot nach dem Grundsatz der effektiven Gefahrenabwehr zulässig.[1375]

b) Räumlicher Umfang

Bezüglich des räumlichen Geltungsbereichs sind eindeutige Unterschiede erkennbar. Das zivilrechtliche Stadionverbot kann sich durch Ausübung des Hausrechts nur auf den Bereich erstrecken, der im Eigentum beziehungsweise Besitz des Veranstalters steht. In der Regel wird dies nur das Stadion selbst sein, denn das Umfeld des Stadions verliert sich überwiegend in öffentlichen Plätzen und Straßen. Aufenthaltsverbote nach § 34 Abs. 2 PolG NRW dagegen können sowohl das Stadion als auch dessen Umfeld umfassen, indem sowohl das Gemeindegebiet insgesamt als auch ein Gebietsteil innerhalb einer Gemeinde benannt werden kann. Auch hier ist die nach § 34 Abs. 2 S. 3 PolG NRW geltende Beschränkung auf den zur Verhütung der Straftat erforderlichen Umfang zu beachten. Unzulässig ist beispielsweise eine Ausweitung auf das gesamte Stadtgebiet, wenn Zweck der Verfügung ist, Straftaten im Zusammenhang mit einem Fußballspiel zu verhindern.[1376] Einen Nachteil stellt die fehlende

---

1374 Selbst dieser Maximalgrenze werden bereits Bedenken entgegengehalten, siehe dazu *Hecker*, in: Roggan/Kutscha, Recht der Inneren Sicherheit-HdB, 2006, 331 (347).

1375 VGH Mannheim, BeckRS 2017, 111995, Rdn. 60; *Ogorek*, in: Möstl/Kugelmann, BeckOK, PolG NRW, Stand: 01.06.2021, § 34 Rn. 42.

1376 VG Darmstadt, NVwZ 2016, 1344 (1346).

bundesweite Wirkung des Aufenthaltsverbotes dar, da diese nur im jeweiligen Zuständigkeitsbereich der Landesbehörden erlassen werden können.[1377] Eine solche räumliche Begrenzung erfolgt schon aus dem Wortlaut „Gemeindegebiet" des § 34 Abs. 2 S. 2 PolG NRW, sodass sich zur effektiven Gefahrenabwehr eine Kombination mit dem zivilrechtlichen Stadionverbot empfiehlt.[1378]

Den bestmöglichen Gestaltungsspielraum in räumlicher Hinsicht hat die Bewährungsweisung nach § 56c StGB. Dadurch, dass Strafgerichte Weisungen bezüglich des Aufenthalts nach § 56c Abs. 2 Nr. 1 StGB erteilen dürfen, sind keine räumlichen Grenzen gesetzt und eine Weisung bezüglich des gesamten Gemeindegebiets dürfte zulässig sein.[1379] Auch ein Verbot, das sich bundesweit auf alle Stadien beschränkt, erscheint noch verhältnismäßig. So hat das Amtsgericht München einem Straftäter die Weisung auferlegt, keine Stadien, Fußballplätze und Hallen bei Spielen der Bundesliga, der Regionalligen, des Ligaverbandes und des DFB zu betreten.[1380] Darüber hinaus hat es ihm untersagt, sich bei Spielen der Mannschaften des FC Bayern, des TSV 1860 München und der Eintracht Frankfurt bis zu 4 Stunden vor, während und bis zu 4 Stunden nach der jeweiligen Fußballveranstaltung in einem Umfeld von 2 km zum jeweiligen Austragungsort (Stadion, Fußballplatz, Halle) aufzuhalten.[1381]

2. Gefahrenprognose und Tatsachenfeststellungen

Weitere Unterschiede lassen sich für die Anforderungen an die Gefahrenprognose und Tatsachenfeststellungen erkennen. Zu messen ist die Prognose an dem Wahrscheinlichkeitsgrad des Gefahreneintritts, wobei für alle Arten von Stadionverboten einige Kriterien wie beispielsweise dieses der Gruppenzugehörigkeit umstritten sind.

a) Wahrscheinlichkeitsgrad des Gefahreneintritts

Das zivilrechtliche Stadionverbot knüpft an die Wiederholungsgefahr gemäß § 1004 Abs. 1 S. 2 BGB an, die für den Erlass eines bundesweiten Stadionverbotes auf Grundlage des Hausrechts nur geringe Anforderungen an die Gefahrenprognose stellt.[1382] Eine Wiederholungsgefahr ist bei bereits stattgefundenen

1377 *Stoll/Lüers*, DÖV 2014, 222 (230).

1378 *Kirchhoff*, NJW 2017, 294 (298).

1379 *Groß/Kett-Straub*, in: MüKo, StGB, 2020, § 56c Rn. 10.

1380 AG München, Urt. v. 11.5.2016, 821 Ds 467 Js 213716/14 (unveröffentlicht).

1381 AG München, Urt. v. 11.5.2016, 821 Ds 467 Js 213716/14 (unveröffentlicht).

1382 Siehe oben § 5 II. 2. d), S. 93 ff.

Beeinträchtigungen zu vermuten und vom Störer zu widerlegen.[1383] In diesem Zusammenhang hat das Bundesverfassungsgericht festgestellt, dass für die Annahme der Gefahr keine überhöhten Anforderungen an die Gefahrenprognose zu stellen sind, da das Sicherheitsrisiko für sportliche Großveranstaltungen situationsbedingt hoch ist und es sachgerecht erscheint, potenziellen Störern bereits präventiv den Zutritt zum Stadion zu versagen.[1384]

Strengere Anforderungen sind an die Gefahrenprognose für das polizeiliche Aufenthaltsverbot nach § 34 Abs. 2 PolG NRW zu stellen.[1385] Zwar liegt nach dem Wortlaut der „Annahme" die Vermutung nahe, dass ein Gefahrenverdacht ausreichend ist, aber ist vor dem Hintergrund, dass das Aufenthaltsverbot keine bloße Gefahrerforschungsmaßnahme, sondern eine tatsächliche Gefahrenabwehrmaßnahme darstellt, zumindest für nicht hochwertig gefährdete Rechtsgüter zusätzlich eine hinreichende Wahrscheinlichkeit zu fordern.[1386]

Letztlich unterliegt das Stadionverbot durch Bewährungsweisung nach § 56c StGB den strengsten Anforderungen an die Gefahrenprognose.[1387] Zu unterscheiden ist dabei zwischen der rechtskräftigen Verurteilung des Betroffenen und der Prognose hinsichtlich einer Wiederholungsgefahr, die Weisungen während der Bewährungszeit zulässt. Maßgebliches Kriterium für letztere Prognose ist die Hilfsbedürftigkeit nach § 56 Abs. 1 S. 1 StGB, nach der die staatliche Weisung dafür erforderlich sein muss, dass der Verurteilte während seiner Bewährungszeit keine Straftaten mehr begeht. Dadurch, dass auch hier allein auf eine Wahrscheinlichkeit abgestellt wird,[1388] lässt sich nicht pauschal sagen, dass im Vergleich zum Aufenthaltsverbot strengere Anforderungen gegeben sind. Allerdings unterliegt eine Bewährungsstrafe als solche den strafrechtlichen Verfahrensgrundsätzen wie dem Grundsatz *in dubio pro reo*, sodass zumindest die Verurteilung, auf die sich die spätere Prognose zur Wiederholungsgefahr stützt, strengsten Anforderungen unterliegt.[1389]

1383 BGHZ 140, 1 (10); BGH, NJW 2012, 3781 (3782); NJW 2016, 863 (865); *Münzberg*, JZ 1967, 689 (690); *Raff*, in: MüKo, BGB, 2020, § 1004 Rn. 303 ff.

1384 BVerfGE 148, 267 (286 f.); BGH, NJW 2010, 534 (536); *Breucker*, JR 2005, 133 (136); *Breucker*, NJW 2006, 1233 (1235); *Siegel*, NJW 2013, 1035 (1036); *Kirchhoff*, NJW 2017, 294 (295) nennt als Besonderheit die emotional aufgeheizte Stimmung zwischen rivalisierenden Gruppen und häufige Ausschreitungen.

1385 Siehe oben § 6 II. 1. c), S. 244 ff.

1386 Zu dieser Differenzierung siehe *Kingreen/Poscher*, POR, 2020, § 9 Rn. 25.

1387 Siehe oben § 6 II. 2. c), S. 251 ff.

1388 Eingehend dazu *Kinzig*, in: Schönke/Schröder, StGB, 2019, § 56c Rn. 4.

1389 BVerfG, NJW 1988, 477; *Ott*, in: KK, StPO, 2019, § 261 Rn. 63.

b) Kriterium der Gruppenzugehörigkeit

Größter Kritikpunkt der Fanszene ist das von den Fans als eine Art Kollektivstrafe wahrgenommenes Kriterium der Gruppenzugehörigkeit.[1390] Auch in rechtlicher Hinsicht ist die Anknüpfung an die Gruppenzugehörigkeit auf Bedenken gestoßen, sodass zumindest die bloße Gruppenzugehörigkeit allein, wie etwa durch eine Mitgliedschaft, nicht ausreichend sein kann.[1391]

In Bezug auf das zivilrechtliche Stadionverbot ist festzustellen, dass die bloße Mitreise oder Anhängerschaft allein nicht ausreichen kann, um Einfluss auf die Gefahrenprognose nehmen zu können.[1392] Abzustellen ist vielmehr auf eine situationsbezogene Zugehörigkeit, die über die bloße Anwesenheit hinaus tatsächlich gewaltförderndes Verhalten voraussetzt. Dazu zählen beispielsweise das Verstecken von Gewalttätern durch Abschirmen oder das Anfeuern und Aufhetzen der Gewalttäter innerhalb der Gruppierung.[1393] Vor dem Hintergrund, dass es sich um eine präventive Maßnahme handelt, die von der Privatautonomie gedeckt ist, dürften allerdings keine überhöhten Anforderungen an die Prognose zu stellen sein.[1394]

Für die Maßnahme der Aufenthaltsverbote nach § 34 Abs. 2 PolG NRW gilt ebenfalls das Erfordernis einer situationsbezogenen Zugehörigkeit.[1395] Anknüpfungspunkt ist die strafrechtliche Beurteilung einer psychischen Beihilfe, die durch Billigung und Solidarisierung der Gewalttaten eintritt.[1396] Ähnlich wie im Zivilrecht ist zwischen dem zufälligen Hineingeraten in eine Gruppierung und dem bewussten Unterstützen von Gewalttaten zu unterscheiden. Zwar streitet hier nicht mehr die Privatautonomie für die Rechtmäßigkeit der Maßnahme, aber handelt es sich auch bei dem Aufenthaltsverbot um eine Präventivmaßnahme,

---

1390 Siehe dazu Beitrag der SZ vom 03.03.2020 über Kollektivstrafen im deutschen Fußball, online abrufbar unter: <www.sueddeutsche.de/sport/kollektivstrafen-dfb-ultras-1.4828578>, zuletzt abgerufen am 01.08.2021.

1391 Erforderlich ist vielmehr ein bewusstes Mitlaufen im gewaltbereiten Umfeld, siehe dazu BGH, NJW 2010, 534 (536); zum Begriff des sog. ostentativen Mitmarschierens siehe BGH, NJW 2017, 3456 (3457); OLG Naumburg, NJW 2001, 2034.

1392 Siehe oben § 5 II. 2. d) cc), S. 96 ff.

1393 BGH, NJW 2017, 3456 (3456); OLG Düsseldorf, BeckRS 2012, 13767; OLG Naumburg, NJW 2001, 2034.

1394 BVerfGE 148, 267 (286 f.).

1395 Siehe oben § 6 II. 1. c) cc), S. 247 ff.

1396 BGH, NJW 2017, 3456 (3456); OLG Düsseldorf, BeckRS 2012, 13767; OLG Naumburg, NJW 2001, 2034.

an die im Fall einer sportlichen Großveranstaltung keine überhöhten Anforderungen hinsichtlich der Gefahrenprognose zu stellen sind.[1397]

Durch die für die zivilrechtlichen und polizeirechtlichen Stadionverbote vorgenommene Anknüpfung an strafrechtliche Beihilfehandlung ist auch für strafrechtliche Bewährungsweisungen ein ähnlicher Maßstab anzusetzen. Allerdings ist auch hier wieder die Unterscheidung zwischen vorausgehender Verurteilung und Bewährungsweisung nach § 56c StGB zu beachten. Wenn selbst das ostentative Mitmarschieren zur verabredeten Stelle, Anfeuerungsrufe oder das Abschirmen der Gewalttäter für eine Beteiligung an der Straftat Landfriedensbruch gemäß § 125 StGB ausreichend sind, muss dies „Erst-Recht" für die anschließende Bewährungsweisung gelten.

3. Rechtsschutzmöglichkeiten

Erhebliche Unterschiede lassen sich im Hinblick auf Rechtsschutzmöglichkeiten durch Anhörungsmöglichkeiten vor Festsetzung, außergerichtliche Überprüfungsmaßnahmen nach Festsetzung und gerichtlichen Rechtsschutz feststellen.

a) Anhörungsmöglichkeiten vor Festsetzung

Im verwaltungsrechtlichen Verfahren nach § 28 VwVfG NRW sowie im strafrechtlichen Verfahren nach §§ 133 ff., 163a StPO sind Anforderungen an die Anhörung beziehungsweise Vernehmung des Betroffenen zu stellen. Die nach § 6 Abs. 1 SVRL festgelegte Anhörungspflicht trägt der Ansicht des Bundesverfassungsgerichts Rechnung, dass eine vorherige Anhörung des Betroffenen grundsätzlich auch im Fall der zivilrechtlichen Stadionverbote erforderlich ist.[1398]

In begründeten Fällen besteht für das zivilrechtliche Stadionverbot gemäß § 6 Abs. 2 SVRL sowie für Aufenthaltsverbote nach § 45 Abs. 1 Nr. 3 VwVfG die Möglichkeit, eine Anhörung insbesondere vor dem Hintergrund des Massencharakters von Großveranstaltungen sowie den daraus entstehenden spezifischen Gefährdungen nachzuholen.[1399] Eine nachgeholte Anhörung ist aber wegen des mangelnden Eilcharakters nur in Ausnahmefällen zulässig.[1400] Dagegen ist im

---

1397 BVerfGE 148, 267 (286 f.).

1398 BVerfGE 148, 267 (285 f.).

1399 BVerfGE 148, 267 (286 f.).

1400 *Finger*, DVP 2015, 367 (370); *Ogorek*, in: Möstl/Kugelmann, BeckOK, PolG NRW, Stand: 01.06.2021, § 34 Rn. 31.

strafrechtlichen Verfahren ausdrücklich keine Möglichkeit zur nachträglichen Anhörung gegeben, der Betroffene ist hinsichtlich der Weisung nach § 265a StGB ausdrücklich zu befragen. Die Befragung zur Weisung ist ausnahmsweise dann entbehrlich, wenn der Angeklagte die Tat bestreitet oder schweigt und den Vorwurf im Ganzen bekämpft.[1401]

b) Überprüfungsmöglichkeiten nach Festsetzung

Sowohl für das zivilrechtliche als auch das öffentlich-rechtliche Stadionverbot in Form von Aufenthaltsverboten besteht die Möglichkeit, das Verbot durch die festsetzende Stelle noch einmal überprüfen zu lassen. Nach § 7 Abs. 2 SVRL soll das Stadionverbot auf Antrag des Betroffenen im Hinblick auf Bestand und Dauer überprüft werden, wenn das Ermittlungsverfahren nach § 153 StPO eingestellt worden ist. Für den Fall, dass das Verfahren nach § 153a StPO eingestellt worden ist, steht es im Ermessen („kann“) der Behörde, ob das Verbot noch einmal im Hinblick auf die Dauer, nicht aber auf den Bestand, überprüft wird.[1402]

Anders sieht es für die öffentlich-rechtlichen Stadionverbote aus. Im Fall des Aufenthaltsverbots nach § 34 Abs. 2 PolG NRW hat der Betroffene in Nordrhein-Westfalen nach § 68 Abs. 1 S. 2 Var. 1 VwGO in Verbindung mit § 110 Abs. 1 JustG NRW nicht mehr die Möglichkeit, Widerspruch gegen den Verwaltungsakt einzulegen.[1403] Auch für ein Stadionverbot durch Bewährungsweisung bestehen keine außergerichtlichen Möglichkeiten, gegen das Verbot vorzugehen.

c) Gerichtlicher Rechtsschutz

Lehrbuchartig haben Bundesgerichtshof und Bundesverfassungsgericht in ihren Entscheidungen zum Stadionverbot aufzeigen können, wie das zivilrechtliche Stadionverbot als Hausverbot zu überprüfen ist.[1404] Da es sich bei zivilrechtlichen Verfahren um langjährige Prozesse handelt, wird die Umstellung des Klageantrages auf einen Feststellungsantrag regelmäßig geboten sein.[1405] Im

---

1401 BT-Drs. V/4094, S. 42; *Eschelbach*, in: Graf, BeckOK, StPO, Stand: 01.01.2021, § 265a Rn. 2.

1402 Siehe oben § 5 II. 2. b) bb), S. 100 ff.

1403 Es besteht ausdrücklich keine Wahlmöglichkeit, siehe dazu BVerwG, BeckRS 2016, 46095; *Hüttenbrink*, in: Posser/Wolff, BeckOK VwGO, Stand: 01.07.2021, § 68 Rn. 21.

1404 BVerfGE 148, 267; BGH, NJW 2010, 534.

1405 Der Beklagte begehrte zunächst die Aufhebung des Stadionverbotes, das sich im Laufe des Berufungsverfahrens erledigt hatte, siehe dazu BVerfGE 148, 267 (271 f.); im umgekehrten Fall wird sich der Hausrechtsinhaber zur Durchsetzung seines

konkreten Fall erging die Maßnahme gegen den Beschwerdeführer 2006, das letztinstanzliche Urteil des Bundesgerichtshofs 2010 und die abschließende Entscheidung des Bundesverfassungsgerichts erst 2018.

Um gegen ein noch aktives zivilrechtliches Stadionverbot gegenwärtig vorzugehen, ist ein Antrag auf einstweilige Verfügung nach § 935 ZPO vorzuschlagen. Im Wege des vorläufigen Rechtsschutzes kann der Gläubiger seine Ansprüche geltend machen, wenn ihm ansonsten die Vollstreckungsmöglichkeiten durch eine zwischenzeitliche Veränderung der Verhältnisse vereitelt oder wesentlich erschwert werden oder weil schon der bloße Zeitablauf vollendete Tatsachen schaffen würde.[1406] Letzterer Fall ist für die zivilrechtlichen Stadionverbote einschlägig, da der Verbotszeitraum nur nach Monaten bemessen ist und der Betroffene durch das Verbot für die Dauer des Verfahrens vor vollendete Tatsachen gestellt werden würde. Sowohl das Begehren auf Aufhebung des rechtswidrigen Verbotes als auch die Verpflichtung des Veranstalters einen Vertrag einzugehen, stellen Ansprüche auf Handlung dar, die als sicherbare Klageansprüche im Sinne des § 935 BGB geltend zu machen sind.[1407]

Für das öffentliche-rechtliche Stadionverbot in Form der Aufenthaltsverbote nach § 34 Abs. 2 PolG NRW ist das verwaltungsgerichtliche Verfahren einschlägig, sodass vorläufiger Rechtsschutz nach § 80 Abs. 5 VwGO grundsätzlich möglich ist. Maßgebliche Klageart ist die Anfechtungsklage nach § 42 Abs. 1 Alt. 1 VwGO mit dem Begehren, das Aufenthaltsverbot als Verwaltungsakt aufzuheben. Regelmäßig werden Aufenthaltsverbote in der Praxis mit einer Anordnung der sofortigen Vollziehung nach § 80 Abs. 2 S. 1 Nr. 4 VwGO verbunden,[1408] um eine aufschiebende Wirkung nach § 80 Abs. 1 S. 1 VwGO zu vermeiden. Sollte dies der Fall sein, ist dem Kläger zu raten, neben der Anfechtungsklage auch einen Antrag auf Wiederherstellung der aufschiebenden Wirkung nach § 80 Abs. 5 S. 1 VwGO zu stellen.

Schwieriger sieht es im Hinblick auf vorläufigen Rechtsschutz für die Bewährungsweisung nach § 56c StGB aus. Zu differenzieren ist nach § 268a Abs. 1 StPO zwischen dem Urteil und dem Strafaussetzungsbeschluss. Wird Letzterer nicht

---

Anspruches auch auf einen Feststellungsantrag stützen müssen, wenn die Störung bereits vor Erhebung der Klage entfallen ist, siehe dazu *Bressensdorf*, Das private „Hausrecht", 2020, S. 256.

1406 *Mayer*, in: Vorwerk/Wolf, BeckOK, ZPO, Stand: 01.07.2021, § 935 Rn. 1.

1407 *Drescher*, in: MüKo, ZPO, 2020, § 935 Rn. 6 ff.; *Huber*, in: Musielak/Voit, ZPO, 2021, § 935 Rn. 12.

1408 *Hecker*, in: Roggan/Kutscha, Recht der Inneren Sicherheit-HdB, 2006, 331 (358).

selbstständig mit der Berufung oder Revision angefochten, ist er dennoch als unselbstständige Nebenentscheidung mit der Aufhebung der Rechtsfolgen gegenstandslos.[1409] Gegen den Strafaussetzungsbeschluss kann auch unabhängig von der Urteilsverkündung mit einer Beschwerde nach §§ 304 Abs. 1, 305a Abs. 1 StPO vorgegangen werden.[1410] Ähnlich wie bei einer verwaltungsrechtlichen Anordnung der sofortigen Vollziehung nach § 80 Abs. 1 Nr. 4 VwGO wird der Vollzug der angefochtenen Entscheidung aber durch Einlegung der Beschwerde nach § 307 Abs. 1 StPO grundsätzlich nicht gehemmt, auch wenn das Gericht in Härtefällen die Vollzugshemmung von Amts wegen oder auf Antrag nach § 307 Abs. 2 StPO anordnen kann.[1411] Der § 307 StPO bleibt aber nach Würdigung der Vorschrift des § 56a Abs. 2 S. 1 BGB ohnehin unerheblich, da die Bewährungszeit erst mit der Rechtskraft des Urteils beginnt. Da der Angeklagte den Beginn der Rechtskraft durch die Einlegung von Rechtsmitteln über Monate oder sogar Jahre verhindern kann, ist eine Hemmung der Entscheidung ohnehin entbehrlich. Ergänzend muss noch hinzugefügt werden, dass eine „Vollziehung" des Stadionverbotes streng genommen nicht möglich ist, da eine Bewährungsweisung nicht durch Vollstreckung durchsetzbar ist. Vielmehr bleibt dem Gericht nur die Möglichkeit, die Strafaussetzung zur Bewährung gemäß § 56f Abs. 1 Nr. 2 StGB zu widerrufen.

4. Verfassungsrechtlicher Einfluss

Aus verfassungsrechtlicher Perspektive weisen die Maßnahmen sowohl Unterschiede als auch Gemeinsamkeiten auf, die in der Beurteilung zur Verfassungsmäßigkeit von Stadionverboten Relevanz zeigen. Insbesondere ergeben sich Unterschiede in der dogmatischen Anknüpfung, den abzuwägenden Grundrechten und der Verhältnismäßigkeitsprüfung. An die öffentlich-rechtlichen Stadionverbote, die nicht dem Grundsatz der Privatautonomie unterliegen, sind grundsätzlich strengere Anforderungen zu stellen.[1412] Eine weitergehende Differenzierung in Aufenthaltsverbote und Bewährungsweisungen ist an dieser Stelle

---

1409 KG, NStZ-RR 2006, 137 (138); *Groß/Kett-Straub*, in: MüKo, StGB, 2020, § 56c Rn. 43; *Heintschel-Heinegg*, in: ders., BeckOK, StGB, Stand: 01.05.2021, § 56c Rn. 26 f.

1410 *Ostendorf*, in: Kindhäuser/Neumann u.a., StGB, 2017, § 56c Rn. 18 mit Verweis auf § 56b Rn. 19.

1411 *Cirener*, in: Graf, BeckOK, StPO, Stand: 01.01.2021, § 307 Rn. 4 ff.

1412 *Stoll/Lüers*, DÖV 2014, 222 (231) halten es deswegen für geboten, die öffentlich-rechtlichen Maßstäbe zumindest bei der Weitergabe der Daten zu berücksichtigen.

entbehrlich, da beide als staatliche Maßnahmen der gleichen verfassungsrechtlichen Dogmatik unterliegen.

a) *Dogmatische Anknüpfung*

Für den verfassungsrechtlichen Einfluss ist entgegen anderen Auffassungen, die im Fall der zivilrechtlichen Stadionverbote eine unmittelbare Grundrechtsbindung für Private vermuten,[1413] ausschließlich die unmittelbare Grundrechtsbindung des Staates nach Art. 1 Abs. 3 GG der maßgebliche Anknüpfungspunkt. Unterschiede ergeben sich in den Stadionverboten verschiedener Rechtsnatur lediglich in den Grundrechtsfunktionen. Während für die zivilrechtlichen Stadionverbote die Schutzfunktion der Grundrechte maßgeblich ist,[1414] kommt es für die öffentlich-rechtlichen Stadionverbote entscheidend auf deren Abwehrfunktion an.[1415] Beide Funktionen lassen sich unmittelbar aus dem Verfassungstext herleiten[1416] und sind sowohl in Literatur als auch in der Rechtsprechung allgemein anerkannt.[1417]

Die zur Anwendung kommenden Grundrechtsfunktionen der ungleichen Stadionverbote lassen den mit Vorsicht zu genießenden Schluss zu, dass der verfassungsrechtliche Einfluss auf zivilrechtliche Stadionverbote geringer als derjenige für öffentlich-rechtliche Stadionverbote sein muss. Begründen lässt sich die These damit, dass die Schutzfunktion der Grundrechte überwiegend im Privatrecht,[1418] sprich für die zivilrechtlichen Stadionverbote, zum Tragen kommt und im Vergleich zur Abwehrfunktion lediglich ein verfassungsrechtliches Schutzminimum gewährleistet.[1419] Dadurch, dass die Schutzfunktion der Grundrechte in vertraglichen Privatrechtsstreitigkeiten dem Grundsatz der Privatautonomie gegenübersteht,[1420] sind die Anforderungen an die verfassungsrechtliche Rechtfertigung für das zivilrechtliche Stadionverbot insofern geringer, als dass der

---

1413 *Michl*, JZ 2018, 910 (916 ff.); *Hellgardt*, JZ 2018, 901 (908 ff.); *Smets*, NVwZ 2019, 34 (37); *Jobst*, NJW 2020, 11 (12 ff.); *Neuner*, NJW 2020, 1851 (1853).

1414 Siehe oben § 5 III. 2. d), S. 206 ff.

1415 Siehe oben § 6 III. 2. b) und c), S. 264 ff.

1416 BVerfGE 49, 89 (142); *Canaris*, AcP 1984, 201 (226); *Höfling*, Vertragsfreiheit, 1991, S. 53; *Ruffert*, Vorrang der Verfassung und Eigenständigkeit des Privatrechts, 2001, S. 158 f.; *Dietlein*, Die Lehre von den grundrechtlichen Schutzpflichten, 2005, S. 55.

1417 Statt vieler: BVerfGE 81, 242 (255).

1418 *Stern*, Staatsrecht III/1, 1988, S. 1573; *Klein*, NJW 1989, 1633 (1639).

1419 BVerfGE 88, 203 (254); *Canaris*, AcP 1984, 201 (228); *Höfling*, Vertragsfreiheit, 1991, S. 55; *Denninger*, in: Däubler-Gmelin/Klinkel u.a., FS Mahrenholz, 1994, 561 (568 f.).

1420 *Ruffert*, Vorrang der Verfassung und Eigenständigkeit des Privatrechts, 2001, S. 14.

Private bis zur Grenze des Untermaßverbotes frei entscheiden kann, gegenüber wem er ein Stadionverbot ausspricht. Greift der Staat durch öffentlich-rechtliche Stadionverbote in die Grundrechte des Stadionbesuchers ein, kann er sich konträr zu den Veranstaltern nicht auf den Grundsatz der Privatautonomie berufen, sondern muss seinen Eingriff (nur) über die ebenso beim zivilrechtlichen Stadionverbot zum Tragen kommenden verfassungsrechtlichen Schutzpflichten gegenüber den friedlichen Fans rechtfertigen.

b) Abzuwägende Grundrechte

Dem Grundsatz nach, dass der Staat nicht die gegenläufigen Interessen der Bürger abzuwägen hat, sondern ausschließlich eigene staatliche Interessen mit denen des Bürgers, in dessen Rechte eingegriffen wird,[1421] sind nur bestimmte Grundrechte im konkreten Fall der Stadionverbote relevant. Nichtsdestotrotz für alle Arten von Stadionverboten einschlägig ist das staatliche Interesse an der Erfüllung seiner verfassungsrechtlichen Schutzpflicht gegenüber den friedlichen Fans auf Leib und Leben nach Art. 2 Abs. 2 S. 1 GG.[1422]

Im Fall der zivilrechtlichen Stadionverbote streiten primär die verfassungsrechtliche Schutzpflicht des Staates gegenüber dem Stadionbesucher auf gleichheitsgerechten Zugang und die Privatautonomie des Veranstalters nach Art. 2 Abs. 1 GG miteinander.[1423] Das Interesse des Stadionbesuchers auf gleichheitsgerechten Zugang zu einer sportlichen Großveranstaltung deckt sich mit dem staatlichen Interesse, die verfassungsrechtliche Schutzpflicht nach Art. 3 Abs. 1 GG zu erfüllen. Wenn der Staat allerdings in die Privatautonomie des Veranstalters eingreift, ist zu berücksichtigen, dass der staatliche Eingriff das verfassungsrechtliche Schutzminimum im Hinblick auf das Grundrecht Leib und Leben der friedlichen Fans nach Art. 2 Abs. 2 S. 1 GG nicht verletzten darf. Insofern ist letzteres Grundrecht im Rahmen der Schutzpflichtendogmatik durch das staatliche Interesse an der Erfüllung der Schutzpflichten in die Abwägung zur Verhältnismäßigkeit eines zivilrechtlichen Stadionverbotes miteinzubeziehen. Auch wenn der Staat dadurch deckungsgleiche Rechte Dritter, das heißt von Stadionbesuchern und friedlichen Fans, vertritt, bleibt es letztlich bei

1421 *Poscher*, Grundrechte als Abwehrrechte, 2003, S. 330.

1422 *Nolte*, NVwZ 2001, 147 (148 f.) zur Schutzpflicht bzgl. Leib und Leben anderer Fans gem. Art. 2 Abs. 2 S. 1 GG; *Götz*, in: Isensee/Kirchhof, HStR IV, 2006, § 85 Rn. 24; ausführlich dazu *Hermes*, Das Grundrecht auf Schutz von Leben und Gesundheit, 1987.

1423 Siehe oben § 5 III. 2. a), S. 179 ff.

einer zulässigen Abwägung zwischen der Privatautonomie des Veranstalters und staatlichen Interessen.

Demgegenüber verteidigt der Staat durch öffentlich-rechtliche Stadionverbote seine eigenen Verbote, um seine Schutzpflicht gegenüber den friedlichen Fans nach Art. 2 Abs. 2 S. 1 GG unmittelbar zu erfüllen. Unerheblich für die Entscheidung ist die Privatautonomie des Veranstalters, denn Interessen Dritter sind grundsätzlich nur in die Verhältnismäßigkeitsprüfung mit einzubeziehen, sofern es sich um deckungsgleiche staatliche Interessen handelt.[1424] Der Staat hat – bis auf das verfassungsrechtlich geschützte Minimum – kein Interesse daran, die Privatautonomie des Veranstalters im Fall eines Aufenthaltsverbotes oder einer Bewährungsweisung zu schützen. Vielmehr decken sich die Interessen des Veranstalters mit denen des Staates, Gewalttäter aus den Stadien fernzuhalten.[1425]

c) Verhältnismäßigkeitsprüfung

Daran anknüpfend zeigen öffentlich- und zivilrechtliche Stadionverbote Unterschiede in der Verhältnismäßigkeitsprüfung dahin gehend, dass entweder das Unter- oder Übermaßverbot den Ausgangspunkt der Prüfung bildet.[1426] Das Untermaßverbot gewährleistet lediglich ein verfassungsrechtliches Schutzminimum, während das Übermaßverbot vor unverhältnismäßigen Eingriffen schützt. Legitimer Zweck ist in beiden Fällen abstrakt benannt eine verfassungsrechtliche Schutzpflicht. Für die zivilrechtlichen Stadionverbote greift die Schutzpflicht bezüglich des gleichheitsgerechten Zugangs nach Art. 3 Abs. 1 GG, während für die öffentlich-rechtlichen Stadionverbote der legitime Zweck die Schutzpflicht bezüglich Leib und Leben der friedlichen Fans gemäß Art. 2 Abs. 2 S. 1 GG ist. In beiden Fällen wird jedoch deutlich, welche Relevanz die Schutzpflichtendogmatik für die Konstellation der Stadionverbote aufweist.

Stellt man das Grundrecht auf Leib und Leben der friedlichen Fans nach Art. 2 Abs. 2 S. 1 GG in Form einer staatlichen Schutzpflicht dem Grundrecht auf gleichheitsgerechten Zugang nach Art. 3 Abs. 1 GG gegenüber, überwiegt im Fall der öffentlich-rechtlichen Stadionverbote bei abstrakter Betrachtung das Grundrecht auf Leib und Leben dem Gleichheitsgrundsatz, wenn ein sachlicher Grund für die Ungleichbehandlung vorliegt. Anders dagegen stehen sich

---

1424 *Poscher*, Grundrechte als Abwehrrechte, 2003, S. 329 f.

1425 Vielmehr arbeiten Veranstalter und Sicherheitsbehörden zusammen, siehe dazu VG Köln, BeckRS 2016, 45419; *Müller-Eiselt*, DVBl 2014, 1168 (1169); *Ruch*, JZ 2015, 936 (936 f.).

1426 Siehe oben § 5 III. 1. d) cc) und dd), S. 152 ff.

im Fall der zivilrechtlichen Stadionverbote primär die Privatautonomie nach Art. 2 Abs. 1 GG sowie die staatliche Schutzpflicht nach Art. 3 Abs. 1 GG gegenüber. Bekräftigend ist aufseiten der Veranstalter anzuführen, dass der Staat gleichzeitig auch einer verfassungsrechtlichen Schutzpflicht gegenüber den friedlichen Fans unterliegt, wodurch die privatautonome Entscheidung des Veranstalters, einen potenziellen Gewalttäter von der Veranstaltung auszuschließen, leichter zu befürworten ist. Auch hier überwiegen bei abstrakter Betrachtung die Rechtfertigungsgründe eines Ausschlusses, wobei eine Entscheidung im Einzelfall zu treffen ist. Ein sachlicher Grund wird ohnehin zu fordern sein, allerdings sind die Anforderungen an diesen nicht zu überspannen.[1427] Im direkten Vergleich wiegt der Eingriff im Fall der öffentlich-rechtlichen Stadionverbote schwerer, weil das Grundrecht der Privatautonomie nicht zusätzlich aufseiten der festsetzenden Stelle streitet, sondern (nur) auf die verfassungsrechtliche Schutzpflicht gegenüber den friedlichen Fans abzustellen ist.

5. Zwischenfazit

Es lässt sich auch nach einem direkten Vergleich der ungleichen Stadionverbote im Hinblick auf Unterschiede und Gemeinsamkeiten nicht abschließend sagen, welche der Maßnahmen das bestmögliche Mittel gegen Fangewalt ist. Insbesondere ist es eine Frage der Perspektive, welche Maßnahme die beste ist, da aus Sicht der Fans, Veranstalter und Polizeibehörden eine jeweils andere Betrachtungsweise vorgenommen werden wird. Finden Stadionbesucher, die mit einem (rechtmäßigen oder unrechtmäßigen) Stadionverbot belegt worden sind, tendenziell solche Maßnahmen besser, die sie am stärksten vor Grundrechtseingriffen schützen,[1428] ist es aus Perspektive der Sicherheitsbehörden und Veranstalter vorzugswürdiger, wenn die Hürden für ein Verbot niedrig angesetzt werden.

Zumindest aus Perspektive der Veranstalter und Polizeibehörden dürfte das zivilrechtliche Stadionverbot das vorzugswürdigere Mittel sein. Dies zeigt sich schon in der Praxis dadurch, dass die Polizeibehörden die Veranstalter dazu anregen, ein Stadionverbot auszusprechen, anstatt selbst tätig zu werden.[1429]

1427 BVerfGE 148, 267 (286 f.).

1428 *Kübert/Neumann*, in: Kübert, Fußball, Medien und Gewalt, 1994, 21 (43); *Kauerhof*, in: Kauerhof/Nagel u.a., Stadionverbote im internationalen Vergleich, 2012, 43 (45 f.); *Feltes*, NK 2013, 48 (64); *Moldenhauer/Scherer*, in: Grau/Heyde u.a., Sozialwissenschaftliche Perspektiven der Fußballfanforschung, 2017, 176 (189 f.).

1429 Siehe oben § 6 I. 3., S. 236 ff.; NKSS 2012, S. 33; *Stoll/Lüers*, DÖV 2014, 222 (222); *Kirchhoff*, NJW 2017, 294 (295 f.).

Obwohl der zeitliche und räumliche Geltungsbereich mehrmonatig und bundesweit ist, sind sowohl die Anforderungen an die Gefahrenprognose als auch an die Rechtfertigung der Grundrechtseingriffe gering.[1430]

Unter den öffentlich-rechtlichen Maßnahmen sind Aufenthaltsverbote und Bewährungsauflagen nur rudimentär vergleichbar, da das Bewährungsverbot zwar in räumlicher und zeitlicher Hinsicht weit über den Geltungsbereich eines Aufenthaltsverbotes hinausgeht, dafür aber die Anforderungen an die Gefahrenprognose sowie an das vorausgehende Urteil umso strenger sind.[1431] Liegen alle Voraussetzungen für eine Verurteilung sowie die dazugehörige Bewährungsweisung durch Strafaussetzungsbeschluss vor, zeigt die Bewährungsweisung aber selbst im Falle einer Verurteilung Schwächen auf, da der Beginn der Rechtskraft durch Einlegung von Rechtsmitteln über Jahre herausgezögert werden kann.

II. Konkurrenzen

Sowohl zivilrechtliche als auch öffentlich-rechtliche Stadionverbote in Form von Aufenthaltsverboten und Bewährungsweisungen sind dazu geeignet, den Aufenthalt im Stadion zu verbieten. Aus diesem Grund drängt sich die Frage auf, inwiefern die Maßnahmen in Konkurrenz zueinanderstehen und ob strengere Voraussetzungen in unzulässiger Weise umgangen werden.

1. Keine Flucht ins Privatrecht

Öffentlich- und zivilrechtliche Stadionverbote schließen sich schon ihrer Rechtsnatur und Zuständigkeitsverteilung nicht gegenseitig aus. Kritisch zu würdigen ist aber, ob die Voraussetzungen von polizeirechtlichen Maßnahmen wie dem Aufenthaltsverbot nach § 34 Abs. 2 PolG NRW dadurch umgangen werden, dass die Behörden dem Privatsektor die Verbote überlassen.[1432] In der Literatur wird moniert, dass die Umgehung von polizeilichen Ermächtigungen bei der Beurteilung der polizeilichen Datenweitergabe berücksichtigt werden müsse.[1433] Diese Kritik verkennt aber, dass die Übermittlung der Daten keine öffentlich-rechtliche Pflicht der Veranstalter nach sich zieht, die Stadionverbote tatsächlich zu erlassen.[1434] Daran ändert auch der Umstand nichts, dass die Behörden neben

1430 Siehe oben § 5 II., S. 90 ff.

1431 Siehe oben § 6 II., S. 242 ff.

1432 NKSS 2012, S. 33.

1433 *Stoll/Lüers*, DÖV 2014, 222 (231); ferner *Müller-Eiselt*, DVBl 2014, 1168 (1172).

1434 Siehe oben § 6 I. 3., S. 236 ff.

der Datenübermittlung eine nicht bindende Empfehlung oder Anregung zu Stadionverboten aussprechen. Ob die Veranstalter den polizeilichen Informationen Glauben schenken oder sie ihren „eigenen" Fans vertrauen und sich der Gefahr von zivilrechtlichen Schadensersatzansprüchen aussetzen,[1435] bleibt ihnen selbst überlassen.

a) Kein staatlicher Zwang

In der polizeilichen Anregung ist auch keine Flucht ins Privatrecht zu sehen.[1436] Wenn die zivilrechtlichen Maßnahmen eine bessere Wirkung versprechen, ist es Polizeibehörden und Veranstaltern in Kooperation nicht verwehrt, die Verbote den Privaten zu überlassen. Solange kein Zwang durch polizeiliche Verfügung entsteht, ist das kooperationsrechtliche Verhältnis von Veranstaltern und Polizeibehörden nicht zu beanstanden.[1437] Dies muss insbesondere vor dem Hintergrund gelten, dass die Stadionbesucher auch im zivilrechtlichen Verhältnis nicht schutzlos gestellt sind. Durch die verfassungsrechtlichen Schutzpflichten des Staates wird den Besuchern ein Schutzminimum gewährleistet, dem mit der Stadionverbot-Entscheidung des Bundesverfassungsgerichts ausreichend Rechnung getragen wurde.[1438]

b) Privatisierung der Gefahrenabwehr

Gleichermaßen ist eine befürchtete Privatisierung der Gefahrenabwehr[1439] im Hinblick auf Sportgroßveranstaltungen unbegründet. Der Vorschlag, dass Stadionverbote von staatlicher Seite aus ergehen sollen, ist schon deshalb nicht zielführend, da mit diesem ein tiefgehender Eingriff in die Privatautonomie beider Parteien einhergehen würde. Wenn der Staat einem potenziellen Störer über Jahre verbieten würde, eine Veranstaltung eines Privaten zu besuchen, ohne die Maßnahme mit dem Veranstalter abzusprechen, ist nicht nur der Stadionbesucher, sondern auch der Veranstalter in seiner Privatautonomie erheblich beeinträchtigt. Es darf nicht verkannt werden, dass es sich um eine Privatrechtstreitigkeit handelt, für die der Gesetzgeber den Rahmen nur im Hinblick auf

---

1435 *Gietl*, JR 2010, 50 (52); *Kirchhoff*, NJW 2017, 294 (296).

1436 In dieser Hinsicht zweifelnd *Stoll/Lüers*, DÖV 2014, 222 (231); *Müller-Eiselt*, DVBl 2014, 1168 (1172); ebenso *Smets*, NVwZ 2019, 34 (37), der den Gesetzgeber zum Handeln auffordert, um Private nicht in die Rolle des Staates zu drängen.

1437 Siehe oben § 6 I. 3., S. 236 ff.

1438 Siehe oben § 5 III. 2. b), S. 196 ff.

1439 *Lange*, Sicherheit im „Sommermärchen", 2013, S. 163.

das verfassungsrechtliche Schutzminimum setzen darf. Sofern die Polizeibehörden lediglich personenbezogene Daten übermitteln und den Veranstaltern die Entscheidung überlassen, liegt darin keine zu beanstandende Privatisierung der Gefahrenabwehr, sondern vielmehr eine staatliche Achtung der Privatautonomie.

2. Keine Flucht ins Strafrecht

Innerhalb des öffentlichen Rechts ist das Verhältnis von Aufenthaltsverboten und Bewährungsweisung zu untersuchen. Trotz festzustellender Ähnlichkeiten ist die Schutzrichtung der jeweiligen Verbote eine andere,[1440] sodass eine Kombination beider Maßnahmen möglich ist.

Kritik erfährt die Bewährungsweisung aus der Literatur, wenn sie inhaltlich Maßnahmen festlegt, die bereits anderweitig normiert sind.[1441] Es sei systemwidrig, wenn im Wege der Weisung bei Strafaussetzung die speziellen Voraussetzungen anderer Sanktionen mit gleicher Zielrichtung unterlaufen werden. In ähnlicher Weise könnte für Stadionverbote angeführt werden, dass die Voraussetzungen von Aufenthaltsverboten nach § 34 Abs. 2 PolG NRW durch Bewährungsweisungen umgangen werden. Auszuräumen sind die Bedenken dadurch, dass sich die Kritik auf anderweitige Normen wie Fahrverbote nach § 44 StGB mit spezialpräventivem Charakter beschränkt,[1442] während polizeirechtliche Aufenthaltsverbote der Gefahrenabwehr dienen und ohnehin im Vergleich zur Bewährungsweisung eine unterschiedliche Zielrichtung verfolgen.

III. Fazit

Zivilrechtliche Stadionverbote sind durch ihre geringen Anforderungen unter dem Schutz der Privatautonomie am besten geeignet, Fangewalt im Stadion zu minimieren. Aus diesem Grund ist es nur folgerichtig, dass die Polizeibehörden den privaten Veranstaltern die Entscheidung überlassen, indem sie Verbote nur empfehlen beziehungsweise anregen.[1443] Darin ist auch keine Flucht ins

---

1440 Siehe gegenüber dem präventiven Charakter der Gefahrenabwehr BGH, NStZ 2015, 179 (180); *Ostendorf*, in: Kindhäuser/Neumann u.a., StGB, 2017, § 56c Rn. 1.

1441 *Heintschel-Heinegg*, in: ders., BeckOK, StGB, Stand: 01.05.2021, § 56c Rn. 5; beispielhaft ist die Umgehung der Vorschriften zu Fahrverboten anzuführen, siehe dazu *Ostendorf*, in: Kindhäuser/Neumann u.a., StGB, 2017, § 56c Rn. 4.

1442 BGH, NStZ 2004, 144 (147); *Kinzig*, in: Schönke/Schröder, StGB, 2019, § 44 Rn. 1; *Ostendorf*, in: Kindhäuser/Neumann u.a., StGB, 2017, § 56c Rn. 4.

1443 NKSS 2012, S. 33.

Privatrecht zu sehen, da es sich um eigenständige und privatautonome Maßnahmen der Veranstalter handelt, in denen kein weiterer staatlicher Eingriff zu sehen ist. In Härtefällen kann es durchaus sinnvoll sein, wenn der Staat ergänzend zum zivilrechtlichen Stadionverbot Aufenthaltsverbote oder Bewährungsweisungen erlässt, um zusätzlich auch staatliche Maßnahmen zu ergreifen, die zur Eindämmung von Fangewalt beitragen.[1444] Besonders eingriffsintensiv ist die Maßnahme der Bewährungsweisung für verurteilte Straftäter, da die Androhung von Freiheitsentzug bei Verstoß gegen die Weisungen eine besonders hohe Hemmschwelle für die Gewalttäter festlegt. Allerdings bestehen hier auch durch das vorgelagerte strafrechtliche Urteil die höchsten Anforderungen an eine Festsetzung.

1444 *Kirchhoff*, NJW 2017, 294 (298).

§ 8 Schlussbetrachtung

Eine thesenartige Zusammenfassung der Forschungsergebnisse sowie ein Ausblick, insbesondere auf möglicherweise bestehenden gesetzgeberischen Handlungsbedarf beschließen die Arbeit.

I. Thesenartige Zusammenfassung

Durch den Vergleich von zivil- und öffentlich-rechtlichen Stadionverboten gelingt die These, welches Stadionverbot vorzugswürdiger ist. In diesem Zusammenhang und für die Bewertung der zivilrechtlichen Stadionverbote maßgeblich ist die Problematik zur Grundrechtswirkung im Privatrecht. Anhand der Stadionverbot-Entscheidung des Bundesverfassungsgerichts[1445] lässt sich lehrbuchhaft darstellen, dass die Schutzpflichtenlehre, welche in der Literatur bislang mehr Beachtung als in der Rechtsprechung gefunden hat,[1446] die vorzugswürdigere Lösung zur Problematik der Grundrechtswirkung im Privatrecht ist. In diesem Kontext sind Lücken durch Konturlosigkeit der noch aufstrebenden Lehre zur Schutzpflichtendogmatik mit den Thesen dieser Arbeit zu schließen.

1. Zur Fangewalt im Fußballsport

Die schon seit Jahrhunderten bestehende Fangewalt im Sport ist durch die heutigen wissenschaftlichen Erkenntnisse fassbarer geworden und einer Analyse zugänglich. Einen Überblick zur Sicherheitslage in deutschen Fußballstadien liefert insbesondere die Einteilung der ZIS in die Kategorien friedliche Fans (A), gewaltbereite/-geneigte Fans (B) und gewaltsuchende Fans (C).[1447] Hervorzuheben und unter besondere Beobachtung zu stellen sind wegen ihrer Gewaltbereitschaft bekannte Ultra- und Hooligan-Gruppierungen, da insbesondere für Letztere nicht der Stadionbesuch, sondern die Suche nach Gewalt im Vordergrund steht.[1448]

1445 BVerfGE 148, 267.

1446 Zumindest für die Grundrechtsbindung im Privatrecht stellt das Bundesverfassungsgericht weiterhin ausdrücklich auf die Lehre zur mittelbaren Drittwirkung im Wege der Ausstrahlungswirkung ab, siehe dazu BVerfGE 148, 267 (279 f.).

1447 Siehe dazu beispielhaft ZIS Jahresbericht Fußball Saison 2018/2019, S. 11.

1448 BT-Drs. 17/8051, S. 2; *Lange*, Sicherheit im „Sommermärchen", 2013, S. 24.

Zurückblickend auf die letzten Jahrhunderte, hat die Gewalt durch zunehmenden Wohlstand und Aufklärungsarbeit sowohl in den Stadien als auch das grundsätzliche Gewaltpotenzial in der Gesellschaft abgenommen.[1449] Ein möglicherweise durch die Medien entstandene anderweitige Eindruck ist auf die Überdramatisierung und ein gesteigertes Gewaltempfinden zurückzuführen.[1450]

Nach Auswertungen der Statistiken hat das Gewaltpotenzial in den Stadien in den letzten Jahrzehnten wieder leicht zugenommen.[1451] Mit Blick auf die zunehmenden Gewalttendenzen sind sowohl private als auch staatliche Akteure alarmiert, Maßnahmen zu ergreifen. Insbesondere das *Low Policing*, neue Sicherheitskonzepte und insbesondere auch die Stadionverbote als *Ultima Ratio* liefern im Hinblick auf die Bekämpfung von Fangewalt vielversprechende Ansätze zur Lösung der Problematik.[1452]

2. Zur Grundrechtswirkung im Privatrecht

Die gängigen Lehren, sprich sowohl die Lehre zur mittelbaren Drittwirkung als auch die Lehre zur unmittelbaren Grundrechtsbindung Privater weisen Schwächen auf, die in dogmatischer Hinsicht nicht auszuräumen sind.[1453] Vorzugswürdiger zur Lösung der Problematik ist nach hier vertretener Ansicht die Schutzpflichtenlehre, die bereits von namhaften Stimmen in der Literatur vertreten wird.[1454] Die nach der Stadionverbot-Entscheidung ergangenen

---

1449 Siehe oben § 3 I. 1., S. 47 ff.

1450 *Pilz*, in: Bierhoff/Wagner, Aggression und Gewalt, 1998, 128 (132); *Kauerhof*, in: Kauerhof/Nagel u.a., Stadionverbote im internationalen Vergleich, 2012, 43 (54).

1451 Auswertung der ZIS Jahresberichte Fußball Saison 2000/2001; 2010/2011; 2018/19, siehe oben § 3 I. 3., S. 50 ff.

1452 Siehe oben § 3 III., S. 61 ff.

1453 Siehe oben § 5 III. 1. a) und b), S. 107 ff.

1454 *Canaris*, AcP 1984, 201 (225 ff.) sieht die „entscheidende Grundlage für die Einwirkung der Grundrechte auf das Verhalten der Privatrechtssubjekte" in der Funktion der Schutzgebote; *Hermes*, Das Grundrecht auf Schutz von Leben und Gesundheit, 1987, S. 219 ff.; *Höfling*, Vertragsfreiheit, 1991, S. 52 ff. bezeichnet die Schutzgebotsfunktion als die „überzeugendste" Erfassung der Dreiecksbeziehung; *Hillgruber*, AcP 1991, 69 (84 ff.) mit kritischen Ausführungen zum Handelsvertreter-Beschluss, aber „Zustimmung aus grundrechtsdogmatischer Sicht"; *Kempen*, DZWir 1994, 499 (502 ff.); *Singer*, JZ 1995, 1133 (1138) führt aus, dass sich die Grundrechtskontrolle von Verträgen mit der Lehre vom Schutzpflichtcharakter der Grundrechte wesentlich schlüssiger begründen lasse, als mit der Lehre von der mittelbaren Drittwirkung; *Kempen*, in: Merten/Papier, HGR II, 2006, § 54 Rn. 69; *Gurlit*, NZG 2012, 249 (251); *Lehner*, Zivilrechtlicher Diskriminierungsschutz und Grundrechte, 2013,

anderweitigen Ansätze verkennen, dass ihre Lösung durch die Schutzpflichtendogmatik entbehrlich bleibt, und sind daher ebenso wenig überzeugend wie die gängigen Lehren.[1455] Trotz des Aufstrebens der Lehre zur Schutzpflichtendogmatik[1456] im Privatrecht wird nach wie vor sowohl die Konturlosigkeit des Untermaßverbotes[1457] als auch die fehlende Konstanz im Prüfungsaufbau[1458] beanstandet. Die Interpretation der Stadionverbot-Entscheidung[1459] sowie die hier vorgeschlagenen Ansätze zum Prüfungsaufbau[1460] tragen dazu bei, dass diese Lücke weiter geschlossen wird.

Die Konturenlosigkeit des Untermaßverbotes, das heißt die Frage, ob eine verfassungsrechtliche Schutzpflicht besteht, wurde bislang im Hinblick auf gleichheitsgerechte Anforderungen nicht beantwortet. Abgestellt wurde bislang auf eine strukturelle Ungleichheit zwischen den Privatparteien durch einseitige Machtausübung, Monopolstellung, ungleiche Machtverhältnisse oder

---

S. 297 ff. hält die mittelbare Drittwirkungslehre für „unannehmbar" und die Erweiterung der Schutzpflichtkategorie für „grundrechtsdogmatisch vorzugswürdig, wenn nicht sogar dringend geboten"; überzeugt von der „Präzisierung durch funktionale Ausfächerung" scheint auch *Ruffert*, JuS 2020, 1 (2 f.); lesenswert zu den grundrechtlichen Schutzpflichten auch schon *Krings*, Grund und Grenzen grundrechtlicher Schutzansprüche, 2003; *Dietlein*, Die Lehre von den grundrechtlichen Schutzpflichten, 2005; *Neuner*, NJW 2020, 1851 (1852), der die Schutzpflichtenlehre für adäquat hält, in Ausnahmefällen aber eine unmittelbare Grundrechtsbindung zulassen möchte; zuletzt für Schutzpflichten bei Corona-Triage siehe *Lehner*, DÖV 2021, 252 (254 ff.); diesem Ansatz offen gegenüber scheint auch *Orth*, in: Cherkeh/Momsen u.a., Handbuch Sportstrafrecht, 2021, 2. Kapitel Rn. 74 ff.; *Orth*, Vereins- und Verbandsstrafen, 2009, S. 94 f.; konkret in Bezug auf Stadionverbote wohl auch *Stoll/Lüers*, DÖV 2014, 222 (226).

1455 Siehe oben § 5 III. 1. c), S. 129 ff.; insb. *Michl*, JZ 2018, 910 (911) zur sog. staatsgleichen Grundrechtsbindung; *Kulick*, Horizontalwirkung im Vergleich, 2020, S. 76 ff. zur sog. zweistufigen Anwendung.

1456 Als derzeit herrschende Meinung bezeichnend sogar *Muckel*, in: VVDStRL, 2019, 246 (274).

1457 Eingestehend selbst *Dietlein*, ZG 1995, 131 (132 f., 141); auch nach zehn Jahren bestätigt er seine Befürchtung, dass die Figur des Untermaßverbotes bis heute inhalts- und konturenlos geblieben ist, *Dietlein*, Die Lehre von den grundrechtlichen Schutzpflichten, 2005, S. Vorb. III.

1458 In dieser Hinsicht kritisiert *Möstl*, Die Staatliche Garantie für die öffentliche Sicherheit und Ordnung, 2002, S. 90 zu Recht, dass sich noch „keine vorherrschende Linie" bzw. ein „bewährtes Prüfprogramm" erkennen lässt.

1459 Siehe oben § 5 III. 2. c), S. 198 ff.

1460 Siehe oben § 5 III. 1. d) dd), S. 160 ff. sowie 2. d), S. 206 ff.

ähnliche den verfassungsrechtlichen Schutz auslösende Umstände.[1461] Ob die Ablehnung eines Vertragsschlusses nach den Grundsätzen der Vertragsfreiheit gerechtfertigt ist, wurde im Zivilrecht bislang nach dem aus § 826 BGB herzuleitenden allgemeinen Kontrahierungszwang beantwortet.[1462] Die Stadionverbot-Entscheidung, mit der die Anwendung gleichheitsrechtlicher Anforderungen für Sportgroßveranstaltungen statuiert worden ist, konkretisiert den allgemeinen Kontrahierungszwang im Zivilrecht dahin gehend, dass bei Veranstaltungen, die einem großen Publikum ohne Ansehen der Person eröffnet sind und in erheblichem Umfang über die Teilnahme am gesellschaftlichen Leben entscheiden, ein sachlicher Grund für den Ausschluss erforderlich ist.[1463] Unerheblich ist, ob es sich bei dem Stadionbesuch einer Sportgroßveranstaltung um eine Deckung essenzieller Lebensbedürfnisse handelt,[1464] sondern maßgeblich ist allein der Charakter des Publikums sowie die erhebliche Bedeutung für die Teilnahme am gesellschaftlichen Leben. Es ist eine Fallgruppe geschaffen worden, die sowohl dem Untermaßverbot als auch dem allgemeinen Kontrahierungszwang neue Konturen verschafft.

Hinsichtlich des Prüfungsaufbaus sind einige Modifikationen vorzuschlagen, die in der Umsetzung der Schutzpflichtendogmatik für das Privatrecht Eingang finden sollen.[1465] Der Fokus der Prüfung ist auf das Untermaßverbot zu legen, welches neben dem Übermaßverbot entgegen der Kongruenzthese eine

---

1461 BVerfGE 49, 89 (142); 81, 242 (255 f.); *Klein*, NJW 1989, 1633 (1640); *Wiedemann*, JZ 1990, 695 (697); *Hillgruber*, AcP 1991, 69 (75); *Orth*, Vereins- und Verbandsstrafen, 2009, S. 94.

1462 RGZ 133, 388 (392) – juris; BGH, NJW 1990, 761 (762 f.); NVwZ 1994, 1240 (1241); *Nipperdey*, Kontrahierungszwang und diktierter Vertrag, 1920, S. 57 ff.; *Hackl*, Vertragsfreiheit und Kontrahierungszwang, 1980, S. 28 ff.; *Busche*, Privatautonomie und Kontrahierungszwang, 1999, S. 151; *Breucker*, JR 2005, 133 (136); *Orth*, Vereins- und Verbandsstrafen, 2009, S. 138; *Walker*, in: Gödicke/Hammen u.a., FS Schapp, 2010, 491 (494); *Orth/Schiffbauer*, RW 2011, 177 (180); a. A. *Oechsler*, in: Staudinger, BGB, 2018, § 826 Rn. 433.

1463 BVerfGE 148, 267 (284).

1464 LG Duisburg, SpuRt 2009, 78 (79); *Paulus/Zenker*, JuS 2001, 1 (5); kritisch dagegen: *Bydlinski*, AcP 1980, 1 (37); *Busche*, in: MüKo, BGB, 2018, Vor § 145 Rn. 22; nach *Mansel*, in: Jauernig, BGB, 2021, Vorb. § 145 Rn. 11 sei eine wichtige Bedeutung ausreichend.

1465 Siehe oben § 5 III. 1. d) dd), S. 160 ff.

Existenzberechtigung hat.[1466] Im Gegenzug ist auf die Prüfung des Übermaßverbotes weitgehend zu verzichten, sodass mögliche Eingriffe in die Grundrechte des Störers, die bei den Maßnahmen zur Schutzpflichtenerfüllung als Schutzeingriff entstehen, allein in der Angemessenheit zu berücksichtigen sind. Entscheidender Prüfungspunkt ist der legitime Zweck der Maßnahme, der in der Erfüllung verfassungsrechtlicher Schutzpflichten liegt. Die Prüfung steht und fällt mit dem Ergebnis, ob eine Schutzpflicht und mithin ein legitimer Zweck vorliegt.

3. Zur Stadionverbot-Entscheidung

Anlass für viel Kritik hat die Stadionverbot-Entscheidung des Bundesverfassungsgerichts[1467] nicht nur in der Literatur,[1468] sondern auch in dieser Arbeit[1469] gegeben. In der Entscheidung mangelt es durch „Ausflüge“ in alle benannten Lehren an einer klaren Linie, wie Grundrechte in das Privatrecht einwirken. Allein der Umstand, dass das Bundesverfassungsgericht anfangs auf die Grundzüge der Lehre zur mittelbaren Drittwirkung abstellt, reicht nicht aus, denn letztlich kommt es vielmehr darauf an, wie die Grundrechte tatsächlich angewendet werden.[1470] Unabhängig davon, dass eine Ausstrahlungswirkung ohne funktionale Anknüpfung an die Schutzpflichten dogmatisch nicht haltbar ist, finden sich in der Entscheidung durch Formulierungen wie „aus“ Art. 3 Abs. 1 GG oder „von Verfassungs wegen“ Ansätze wieder, mit denen eine unmittelbare Grundrechtsbindung Privater assoziiert werden könnte.[1471] Eine solche ist aber

---

1466 Die These ist umstritten, siehe dazu *Dietlein*, ZG 1995, 131 ff.; *Hain*, DVBl 1993, 982 ff.; *Hain*, ZG 1996, 75 ff.; am überzeugendsten sind die Ausführungen von *Möstl*, Die Staatliche Garantie für die öffentliche Sicherheit und Ordnung, 2002, S. 94, 99 ff.

1467 BVerfGE 148, 267.

1468 *Michl*, JZ 2018, 910 (911 ff.) spricht von einer „situativ staatsgleichen Grundrechtsbindung statt mittelbarer Drittwirkung“; *Hellgardt*, JZ 2018, 901 (901 ff.) bezeichnet die Stadionverbot-Entscheidung als „Anerkennung der unmittelbaren Drittwirkung“; *Smets*, NVwZ 2019, 34 ff. nennt die Stadionverbot-Entscheidung eine „Umwälzung der Grundrechtssicherung auf Private“; *Jobst*, NJW 2020, 11 ff. stellt die Konsequenzen einer unmittelbaren Grundrechtsbindung dar; *Kulick*, Horizontalwirkung im Vergleich, 2020, S. 76 ff. liefert einen gänzlich neuen Ansatz, indem er durch eine „zweistufige Anwendung“ für eine unmittelbare Grundrechtsbindung Privater plädiert.

1469 Siehe oben § 5 III. 2. c), S. 198 ff.

1470 Siehe oben § 5 III. 2. c), S. 198 ff.

1471 *Michl*, JZ 2018, 910 (916 ff.); *Hellgardt*, JZ 2018, 901 (908 ff.); *Smets*, NVwZ 2019, 34 (37); *Jobst*, NJW 2020, 11 (12 ff.); *Neuner*, NJW 2020, 1851 (1853).

insbesondere vor der hohen Bedeutung der Privatautonomie im Privatrechtsverkehr und der Gefahr eines Verfassungsprivatrechts ausdrücklich abzulehnen.[1472]

Die Arbeit soll musterhaft aufzeigen, dass die Stadionverbot-Entscheidung mithilfe der vorzugswürdigeren Schutzpflichtendogmatik und dem hier vorgeschlagenen Prüfungsaufbau eine dogmatisch einwandfreie Lösung zur Problematik der Grundrechtswirkung im Privatrecht hätte liefern können.[1473] Entscheidend ist der Ausgleich zwischen dem Schutzanspruch des Stadionbesuchers gegenüber dem Staat auf gleichheitsgerechten Zugang und der Privatautonomie des Veranstalters. In der spezifischen Konstellation der Stadionbesucher hat das Bundesverfassungsgericht zu Recht (wenn auch nicht ausdrücklich) festgestellt, dass die verfassungsrechtlichen Schutzpflichten des Staates greifen und ein willkürlicher Ausschluss durch den Veranstalter verfassungswidrig ist.[1474] Im Gegenzug ist zu beachten, dass es sich bei dem Untermaßverbot nur um den Schutz des äußersten Minimums handelt, das heißt, in praktischer Hinsicht sind die Anforderungen an den sachlichen Grund niedrig anzusetzen.[1475] Ein rechtmäßiges Stadionverbot, wie es nach der aktuellen Rechtslage auf Grundlage der §§ 858 ff., 903, 1004 BGB (analog) BGB sowie den SVRL ausgesprochen wird,[1476] ist vor dem Hintergrund der besonderen Gefahren bei Sportgroßveranstaltungen als sachlicher Grund ausreichend, um einen Ausschluss begründen.[1477]

4. Zur Übertragbarkeit auf andere Fallgruppen

Die Anwendung des allgemeinen Gleichheitssatzes im Privatrecht ist ein Novum in der rechtswissenschaftlichen Judikatur,[1478] das sich nicht ohne weiteres auf andere Fallgruppen übertragen lässt. Eine verfassungsrechtliche Schutzpflicht hinsichtlich gleichheitsrechtlicher Anforderungen besteht nur dann, wenn (1)

1472 Siehe oben § 5 III. 1. b) bb), S. 122 ff.

1473 Siehe oben § 5 III. 2. d), S. 206 ff.

1474 BVerfGE 148, 267 (283 f.).

1475 BVerfGE 1, 14 (52); *Orth*, Vereins- und Verbandsstrafen, 2009, S. 97; der Begriff des Untermaßverbotes weist schon darauf hin, dass die Schutzpflichtenlehre nur ein minimales Schutzniveau fordert, siehe dazu *Kaspar*, Verhältnismäßigkeit und Grundrechtsschutz im Präventionsstrafrecht, 2014, S. 72.

1476 Siehe oben § 5 I., S. 82 ff.

1477 BVerfGE 148, 267 (286 f.); BGH, NJW 2010, 534 (536); *Breucker*, JR 2005, 133 (136); *Breucker*, NJW 2006, 1233 (1235); *Siegel*, NJW 2013, 1035 (1036); *Kirchhoff*, NJW 2017, 294 (295).

1478 *Stern*, Staatsrecht IV/2, 2011, S. 1581 f.; *Michl*, JZ 2018, 910 (911); gleichermaßen *Bressensdorf*, Das private „Hausrecht", 2020, S. 166 ff.

die Veranstaltung einem großen Publikum ohne Ansehen der Person eröffnet ist und (2) diese in erheblichem Umfang über die Teilnahme am gesellschaftlichen Leben entscheidet.[1479] Sind Musikfestivals zwar jedem ohne Ansehen der Person zugänglich und können auch diese eine erhebliche Bedeutung für die Entfaltung der Persönlichkeit und Freizeitbeschäftigung haben, steht der Entscheidung in erheblichem Umfang über die Teilnahme am gesellschaftlichen Leben entgegen, dass die Veranstalter von Musikfestivals nicht über bundesweite Strukturen verfügen, um ein „bundesweites Festivalverbot" festzusetzen. Dies wäre grundsätzlich durch Übertragung des Hausrechts möglich, unterliegt aber mangels Verbandsstruktur keiner bekannten gängigen Praxis. Wie auch für eine Vielzahl andere Veranstaltung wird das Bestehen einer Schutzpflicht daran scheitern, dass die Monopolstellung oder eine anderweitige besondere Schutzbedürftigkeit durch den Staat erst mit Bestehen eines bundesweiten Verbotes greift. Andernfalls sind die Bürger dazu angehalten, andere vergleichbare Veranstaltungen zu besuchen, um dem Prozess der Vertragsfreiheit gerecht zu werden.

Darüber hinaus ist das Kriterium der „erheblichen Bedeutung für die Teilnahme am gesellschaftlichen Leben" restriktiv auszulegen. Nach Ansicht des Bundesgerichtshofs in einer Entscheidung, welche die Rechtsprechung des Bundesverfassungsgerichts fortführt, fällt der Besuch einer Therme nicht unter diese spezifische Konstellation.[1480] Es handele sich aus objektiver Sicht und bei typisierender Betrachtung nicht um eine Einrichtung, die in erheblicher Bedeutung über die Teilnahme am gesellschaftlichen Leben entscheide.[1481] Wenn man berücksichtigt, dass für wöchentliche Thermen- oder Stadiongänger jeweils subjektiv eine andere Freizeitbeschäftigung von Bedeutung ist, ist die objektive Betrachtungsweise kritisch zu würdigen. Vielmehr ist es verfassungsrechtlich haltbarer daran anzuknüpfen, dass kein bundesweites Verbot vorliegt, sondern die Leistung durch andere Thermen einfach austauschbar ist.[1482] Die fehlende Monopolstellung minimiert die Erheblichkeit der Entscheidung um ein Vielfaches, da die Leistung ersetzbar ist.

5. Zum Vergleich

Die Verlagerung der Stadionverbote auf den Privatsektor ist vor dem Hintergrund zulässig, dass die Veranstalter eigenständig und ohne öffentlich-rechtlichen

1479 BVerfGE 148, 267 (283 f.).
1480 BGH, NJW 2020, 3382 (3384).
1481 BGH, NJW 2020, 3382 (3384).
1482 Siehe oben § 5 III. d) bb), S. 149 ff.

Zwang ein privatrechtliches Interesse daran haben, Stadionverbote zur Wahrung der Sicherheit für ihre Veranstaltungen auszusprechen. Durch die geringen Anforderungen, die an die Festsetzung eines zivilrechtlichen Hausverbotes nach §§ 858 ff., 903, 1004 BGB (analog) zu stellen sind, ist die Maßnahme am besten geeignet, potenzielle Gewalttäter für einen längerfristigen Zeitraum aus den Stadien fernzuhalten.[1483]

In öffentlich-rechtlicher Hinsicht stellen die Bewährungsweisungen nach § 56c StGB das intensivste Mittel dar, im gleichen Zug werden aber durch die Anforderungen an das Strafverfahren strenge Voraussetzungen gefordert, an denen die Festsetzung einer solchen Weisung beziehungsweise das vorausgehende Urteil zu messen ist.[1484] Dagegen hat das polizeirechtliche Aufenthaltsverbot nach § 34 Abs. 2 PolG NRW eine geringere örtliche sowie zeitliche Reichweite, verlangt aber auch (nur) einen Gefahrenverdacht beziehungsweise je nach Gewichtigkeit des Rechtsgutes eine hinreichende Wahrscheinlichkeit dafür, dass der Störer Straftaten begehen beziehungsweise einen Beitrag zu diesen leisten wird.

Idealerweise ist eine Kombination von öffentlich- und zivilrechtlichem Stadionverbot vorzunehmen, um eine größtmögliche Wirkung zu erreichen.[1485] Das polizeirechtliche Aufenthaltsverbot kann ergänzend zu dem zivilrechtlichen Stadionverbot auch das Umfeld des Stadionverbotes umfassen, sodass eine mögliche Verlagerung der Gewalt auf das unmittelbare Umfeld des Stadions verhindert wird. Sollte bereits eine strafrechtliche Bewährungsweisung bestehen, ist keine weitere Maßnahme erforderlich, da diese sowohl in räumlicher als auch zeitlicher Hinsicht bereits alle Bereiche abdeckt, die potenziell einen Rückfall des Verurteilten verursachen könnten. Ein zusätzliches Aufenthalts- oder zivilrechtliches Stadionverbot wäre in diesem Fall überflüssig.

II. Ausblick

Letztlich ist in einem Ausblick möglicher gesetzgeberischer Handlungsbedarf zu erörtern. Dabei besteht zum einen das Bedürfnis, die verfassungsrechtliche Schutzpflicht des Staates in Bezug auf die gleichheitsrechtlichen Anforderungen

---

1483 Siehe oben § 7 I., S. 275 ff.

1484 Die Strafaussetzung ist insofern „nur" eine Modifikation der bestehenden Freiheitsstrafe, die eine Verurteilung voraussetzt siehe dazu *Kinzig*, in: Schönke/Schröder, StGB, 2019, § 56 Rn. 2.

1485 *Kirchhoff*, NJW 2017, 294 (298).

bei Sportgroßveranstaltungen durch einfaches Recht zu konkretisieren und zum anderen kann die Überlegung angestellt werden, ob die gesamte Thematik nicht durch öffentlich-rechtliche Stadionverbote zu regeln ist, indem die Zuständigkeit für die Festsetzung von Stadionverboten auf den Staat übertragen wird. Letzterer Ansatz ist aber von vorneherein zu verwerfen, da eine Verstaatlichung der gesamten Problematik vor dem Hintergrund der Privatautonomie und dem zivilrechtlichen Hausrecht verfassungsrechtlich nicht haltbar ist.

Die Ausführungen zur Lösung der Stadionverbot-Entscheidung nach der vorzugswürdigeren Schutzpflichtenlehre, die zu dem Ergebnis einer verhältnismäßigen Erfüllung der verfassungsrechtlichen Schutzpflichten durch die Judikative geführt haben,[1486] werfen die Frage auf, ob sich aus diesem Umstand ein Auftrag an den Gesetzgeber ableiten lässt und wenn ja, ob und wie dieser umsetzbar wäre.

1. Gestaltungsspielraum bei Schutzpflichten

Die Unterscheidung zwischen primärer und sekundärer Schutzpflicht legt zunächst die Annahme nahe, dass primär der Gesetzgeber zur Erfüllung der verfassungsrechtlichen Schutzpflichten berufen ist.[1487] Auch dem Bundesverfassungsgericht ist eine Verpflichtung des Gesetzgebers zur Nachbesserung aufgrund von verfassungsrechtlichen Schutzpflichten nicht unbekannt.[1488] In einer Entscheidung zum Schwangerschaftsabbruch statuierte das Bundesverfassungsgericht ausdrücklich Nachbesserungspflichten an den Gesetzgeber, die durch die verfassungsrechtlichen Schutzpflichten geboten seien.[1489] In der Literatur wird das Verhältnis von primär und sekundär Pflichten als komplementär[1490] sowie subsidiär[1491] beschrieben.

1486 Siehe oben § 5 III. 2. d), S. 206 ff.

1487 *Jarass*, AöR 1985, 363 (380); *Höfling*, Vertragsfreiheit, 1991, S. 54; *Hillgruber*, AcP 1991, 69 (76); *Krings*, Grund und Grenzen grundrechtlicher Schutzansprüche, 2003, S. 243 ff.

1488 BVerfGE 88, 203 (269, 309) zur sog. Beobachtungs- und Nachbesserungspflicht des Gesetzgebers, die sich nach hinreichender Beobachtungszeit in eine Korrektur- und Nachbesserungspflicht umwandeln kann.

1489 BVerfGE 88, 203 (269, 309); in der Stadionverbot-Entscheidung wurde ein solcher Auftrag nicht benannt, siehe dazu BVerfGE 148, 267.

1490 *Krings*, Grund und Grenzen grundrechtlicher Schutzansprüche, 2003, S. 244.

1491 *Ruffert*, Vorrang der Verfassung und Eigenständigkeit des Privatrechts, 2001, S. 233.

Trotz dieser Unterscheidung lässt sich aus der Verfassung selbst keine Pflicht entnehmen, dass eine Erfüllung der Schutzpflicht durch die Judikative nicht ausreichend ist. Bis auf Ausnahmefällen, in denen das Ermessen auf null reduziert ist, kann nur das „ob" nicht aber das „wie" einer Schutzpflicht bestimmt werden.[1492] Es ist deshalb möglich, dass der Staat der verfassungsrechtlich geforderten Schutzpflicht dadurch Rechnung trägt, dass er mehrere Instrumente auswählt, die erst in ihrer Gesamtheit den Schutz gewährleisten.[1493] Aus dem Wortlaut von Art. 1 Abs. 3 GG lassen sich keine primären und sekundären Pflichten ableiten, da dieser alle drei Staatsgewalten nebeneinander nennt. Der Umstand, dass die Gesetzgebung zuerst genannt wird, kann allein nicht für die Annahme von zwingend subsidiären Schutzpflichten überzeugen. Auch im Hinblick auf die Fülle an verfassungsrechtlichen Schutzpflichten, die der Staat gegenüber dem Bürger hat, wäre es nicht praktikabel, jede Schutzpflicht primär durch den Gesetzgeber zu regeln. Vielmehr muss Raum für die Judikative verbleiben, die unbestimmte Gesetze durch Auslegung hinreichend konkretisieren kann.

Im Fall der Stadionverbote wurde die verfassungsrechtliche Schutzpflicht des Staates durch das Bundesverfassungsgericht zwar in der Hinsicht konkretisiert, dass der Zugang zu spezifischen Sportgroßveranstaltungen an den gleichheitsrechtlichen Anforderungen des Art. 3 Abs. 1 GG zu messen sei,[1494] aber wäre es dennoch wünschenswert, wenn der Privatrechtsgesetzgeber diesen Anlass zum Handeln nimmt und die durch die Rechtsprechung konkretisierten Grundsätze zum allgemeinen Kontrahierungszwang in einfaches Recht umsetzen würde. Dadurch entstünde der Vorteil, dass sich der Private nicht auf den staatlichen Schutz berufen muss, sondern unmittelbar aus dem einfachen Recht einen Anspruch gegenüber dem Privaten auf gleichheitsgerechten Zugang hätte. Diesem Wunsch kann auch nicht entgegenstehen, dass die Schutzpflichtenerfüllung grundsätzlich durch verfassungskonforme Auslegung möglich ist.[1495] Selbst der zu konkretisierende allgemeine Kontrahierungszwang ist ein aus § 826 BGB hergeleitetes Rechtsinstitut, das keine ausdrückliche Grundlage im einfachen Recht hat.

1492 BVerfGE 77, 170 (215); *Kaspar*, Verhältnismäßigkeit und Grundrechtsschutz im Präventionsstrafrecht, 2014, S. 65.

1493 Zum Gestaltungsspielraum bei Erfüllung von Schutzpflichten siehe *Kempen*, in: Merten/Papier, HGR II, 2006, § 54 Rn. 69; *Möstl*, Die Staatliche Garantie für die öffentliche Sicherheit und Ordnung, 2002, S. 106.

1494 BVerfGE 148, 267 (283 f.).

1495 *Ruffert*, Vorrang der Verfassung und Eigenständigkeit des Privatrechts, 2001, S. 234.

Die vorstehenden Feststellungen resümierend, bleibt festzuhalten, dass das einfache Recht grundsätzlich die Möglichkeit bietet, die verfassungsrechtliche Schutzpflicht durch Konkretisierung der Fallgruppen des allgemeinen Kontrahierungszwangs zu erfüllen. Dadurch, dass aber selbst der allgemeine Kontrahierungszwang keinen ausdrücklichen Wortlaut im einfachen Recht findet, wäre es wünschenswert, wenn der Gesetzgeber die Feststellungen des Bundesverfassungsgerichts zum Anlass nimmt, gleichheitsgerechte Anforderungen für bestimmte Fallgruppen in einfaches Recht zu transformieren. Dies hätte den Vorteil, dass im Privatrechtsverkehr mehr Rechtssicherheit in Bezug auf den Zugang zu spezifischen Sportgroßveranstaltungen entstehen würde. Dabei handelt es sich aber nicht um eine verfassungsrechtliche Pflicht zur Erfüllung durch den Gesetzgeber, sondern vielmehr um ein wünschenswertes Begehren.

2. Anregung von Gesetzesentwürfen

Die folgenden Vorschläge sollen anregen, wie eine Umsetzung der verfassungsrechtlichen Schutzpflicht des Staates zur Gewährleistung eines gleichheitsgerechten Zugangs bei spezifischen Großveranstaltungen in einfaches Recht aussehen könnte.

a) Veranstaltungsgesetz

Ein potenziell neues Gesetz ist nicht zwingend auf den konkreten Fall der Stadionverbote zu beschränken, sondern könnte sich auf alle Konstellationen beziehen, die unter die spezifische Konstellation des Bundesverfassungsgerichts zu subsumieren sind.[1496] Alle Großveranstaltungen wie Konzerte, Diskotheken oder Festivals, die einem großen Publikum ohne Ansehen der Person eröffnet sind und in erheblichem Umfang über die Teilnahme am gesellschaftlichen Leben entscheiden, müssten bei Ausschluss bestimmter Personen einen sachlichen Grund vorweisen.

Denkbar wäre die Umsetzung der gleichheitsrechtlichen Anforderungen in einem Veranstaltungsgesetz (VeranstG), dessen Ausgestaltung der folgende beispielhafte Entwurf veranschaulichen soll:

„§ 1 Anwendungsbereich

1496 BVerfGE 148, 267 (283 f.).

„Dieses Gesetz gilt für Veranstaltungen, die einem großen Publikum ohne Ansehen der Person eröffnet werden und in erheblichem Umfang über die Teilnahme am gesellschaftlichen Leben entscheiden.

§ 2 Ausschluss bestimmter Personen

Ein einseitiger Ausschluss bestimmter Personen seitens der Veranstalter ist nur aus sachlichem Grund zulässig."

Gemessen an dem Arbeitsaufwand und der Flut von Vorschriften im Privatrecht drängt sich allerdings die Frage auf, ob ein solches Gesetz mehr Arbeit als Nutzen bringen würde. Der Umstand, dass eine Vielzahl von Veranstaltungen und unzählige Personen von dem Anwendungsbereich des Gesetzes betroffen wären, spricht aber dafür, dass die Nutzen des Veranstaltungsgesetzes überwiegen würden. Neben den gleichheitsrechtlichen Anforderungen könnten weitere Regelungen wie Sicherheitsstandards von dem Gesetz abgedeckt werden.

b) Erweiterung des AGG

Einen geringeren Arbeitsaufwand bringt die Idee mit sich, an bereits bestehende Gesetze, die Diskriminierung im Privatrechtsverkehr behandeln und lediglich einer Ergänzung bedürften, anzuknüpfen. In Betracht kommt eine Ergänzung des Allgemeinen Gleichbehandlungsgesetzes (AGG).

Bei genauer Betrachtung fällt aber auf, dass es im Hinblick auf den Anwendungsbereich schon gar keiner Ergänzung mehr bedarf, denn Großveranstaltungen fallen bereits unter Dienstleistungen im Sinne des § 2 Abs. 1 Nr. 8 AGG.[1497] Danach ist eine Benachteiligung unzulässig in Bezug auf den Zugang zu und die Versorgung mit Gütern und Dienstleistungen, die der Öffentlichkeit zur Verfügung stehen, einschließlich Wohnraum. Der Dienstleistungsbegriff orientiert sich vor dem europarechtlichen Hintergrund des AGG[1498] an Art. 56 AEUV, wonach Leistungen erfasst sind, die in der Regel gegen Entgelt erbracht werden.[1499] Auch

---

1497 A. A. *Rothfuß*, in: Ridder/Breitbach u.a., VersG, 2020, § 6 Rn. 26, der verkennt, dass eine Dienstleistung nicht deshalb ihren Charakter als Dienstleistung verliert, weil sie zusätzlich unter dem Schutz der Versammlungsfreiheit steht. Vielmehr spricht der zusätzliche Schutz durch Art. 8 GG „Erst-Recht" dafür, dass auch ein Schutz vor besonderer Diskriminierung nach dem AGG gegeben sein muss.

1498 Das Gesetz orientiert sich eng an der Umsetzung von EU Richtlinien, siehe dazu *Thüsing*, in: MüKo, BGB, 2018, § 2 AGG Rn. 1.

1499 Nach BT-Drs. 16/1780, S. 32 entspricht der verwendete Begriff der Dienstleistung der europäischen Dienstleistungsfreiheit; *Franke*, in: Däubler/Bertzbach, AGG, 2018, § 2 Rn. 56.

der Stadionbenutzungsvertrag enthält mit der Benutzung gegen Entgelt Teile von dienstvertraglichen Elementen und ist deshalb nach gebotener weiter Auslegung als Dienstvertrag im Sinne von § 2 Abs. 1 Nr. 8 AGG einzuordnen.[1500] Als zweite Voraussetzung ist es erforderlich, dass die Dienstleistung der Öffentlichkeit zur Verfügung steht. Dies ist der Fall, wenn ein Angebot zum Vertragsschluss durch Anzeigen in Tageszeitungen, Schaufensterauslagen, Veröffentlichungen im Internet oder auf vergleichbare Weise öffentlich gemacht wird.[1501] Die Eintrittskarten für Sportgroßveranstaltungen werden in der Regel über das Internet oder an Vorverkaufsstellen ohne Ansehen der Person verkauft, sodass zweifelsfrei von einer Dienstleistung auszugehen ist, die der Öffentlichkeit zur Verfügung gestellt wird.

Für das Erfordernis einer Gesetzesänderung spricht aber, dass nach § 1 AGG die Ziele des Diskriminierungsschutzes auf das Verhindern oder Beseitigen von Benachteiligungen aus Gründen der Rasse oder wegen der ethnischen Herkunft, des Geschlechts, der Religion oder Weltanschauung, einer Behinderung, des Alters oder der sexuellen Identität begrenzt sind. Gleichermaßen enthält auch das zivilrechtliche Benachteiligungsverbot für Massengeschäfte nach § 19 AGG nur spezifische Diskriminierungsmerkmale, die sich auf besonders normierte Gründe beschränken.[1502] Eine sachgrundlose Diskriminierung, die nicht an die benannten spezifischen Merkmale des § 1 AGG anknüpft, ist nach dieser Zielsetzung für Dienstleistungen, das heißt auch für Stadionbenutzungsverträge gemäß § 2 Abs. 1 Nr. 8 AGG möglich.

Geschützt wird nicht der allgemeine Gleichbehandlungsgrundsatz, sondern ausschließlich besondere Diskriminierungsmerkmale. Um den vom Bundesverfassungsgericht in der Stadionverbot-Entscheidung angemahnten Schutz durch gleichheitsrechtliche Anforderungen zu umfassen,[1503] müsste das AGG in seiner Zielsetzung auf den allgemeinen Gleichbehandlungsgrundsatz erweitert

---

1500 Nach weiter Auslegung fallen nicht nur Dienst- und Werkverträge unter eine Dienstleistung i. S. v. § 2 Abs. 1 Nr. 8 AGG, sondern auch Geschäftsbesorgungsverträge, Mietverträge, Finanzdienstleistungen, Leasingverträge, siehe dazu BT-Drs. 16/1780, S. 32; a. A. *Ridder/Breitbach/Deiseroth*, in: VersG, 2020, Rn. 26.

1501 BT-Drs. 16/1780, S. 32; *Franke*, in: Däubler/Bertzbach, AGG, 2018, § 2 Rn. 59 ff.; *Boysen*, in: Münch/Kunig, GG, 2021, Art. 3 Rn. 152.

1502 *Thüsing*, in: MüKo, BGB, 2018, § 1 AGG Rn. 4 ff. äußert sich kritisch zu der Beschränkung auf besondere Merkmale und fordert im Vergleich zu anderen Ländern wie den USA einen allgemeinen Diskriminierungsschutz, der auch den allgemeinen Gleichbehandlungsgrundsatz umfasst.

1503 BVerfGE 148, 267 (283 f.).

werden. Dies hätte zur Folge, dass nicht nur Sportgroßveranstaltungen in der vom Bundesverfassungsgericht angeführten spezifischen Konstellation, sondern alle Dienstleistungen und Waren im Sinne von § 2 Abs. 1 Nr. 8 AGG an den Anforderungen des allgemeinen Gleichheitssatzes gemessen werden müssten. Eine Beschränkung des Anwendungsbereichs des AGG ist vor dem Hintergrund des Grundsatzes der Privatautonomie im Zivilrecht aber zwingend notwendig. Die gleichheitsrechtlichen Anforderungen sind nach Rechtsprechung des Bundesverfassungsgerichts nicht bereits dann zu stellen, wenn Dienstleistungen der Öffentlichkeit zur Verfügung gestellt wurden, sondern sie müssen als zweite Voraussetzung in erheblichem Umfang über die Teilnahme am gesellschaftlichen Leben entscheiden.[1504] Eine Übertragung auf alle Dienstleistungen, die der Öffentlichkeit zur Verfügung gestellt werden, würde den Schutz uferlos werden lassen.[1505]

Ebenfalls zu weit würde in dieser Hinsicht eine Änderung von § 19 Abs. 1 AGG gehen. Nach Nr. 1 fallen Massengeschäfte, die typischerweise ohne Ansehen der Person zu vergleichbaren Bedingungen in einer Vielzahl von Fällen zustande kommen, unter den Schutz besonderer Diskriminierungsverbote. Zu solchen Geschäften zählen insbesondere der Einzelhandel, die Gastronomie, Badeanstalten und Fitnessstudios,[1506] sodass auch Sportgroßveranstaltungen als Freizeitveranstaltung für ein großes Publikum vom Anwendungsbereich umfasst werden. Die Entscheidung des Bundesverfassungsgerichts umfasst zwar mit Sportgroßveranstaltungen solche Massengeschäfte, knüpft aber gleichzeitig an die Monopolstellung des Veranstalters an.[1507] Gerade die Monopolstellung, die sozialmächtige Stellung der Veranstalter und die erhebliche gesellschaftliche Bedeutung von Sportgroßveranstaltungen machen die vom Bundesverfassungsgericht begründete spezifische Konstellation aus. Es handelt sich um einen Sonderfall, der nicht auf alle Arten von Massengeschäften übertragbar ist.

Änderungen der § 1 AGG oder § 19 Abs. 1 AGG würden zu einem unverhältnismäßigen Eingriff in die Privatautonomie führen. Durch die Einbeziehung des allgemeinen Gleichbehandlungsgrundsatzes wären nicht nur die Stadionverbote beziehungsweise spezifischen Großveranstaltungen umfasst, sondern auch alle anderen der Öffentlichkeit zur Verfügung stehenden Dienstleistungen und Waren nach § 2 Abs. 1 Nr. 8 AGG beziehungsweise Massengeschäfte nach

---

1504 BVerfGE 148, 267 (283 f.).
1505 Siehe oben § 8 I. 4., S. 299 ff.
1506 BT-Drs. 16/1780, S. 41.
1507 BVerfGE 148, 267 (282 f.); *Orth*, Vereins- und Verbandsstrafen, 2009, S. 94.

§ 19 Abs. 1 AGG. Eine solche Erweiterung würde zu einer uferlosen Einschränkung der Privatautonomie führen, die verfassungsrechtlich nicht haltbar ist.

c) § 6 VersG

Lohnenswert ist ein Blick in das Versammlungsgesetz des Bundes. Nach § 6 VersG können bestimmte Personen oder Personenkreise in der Einladung von der Teilnahme an einer Versammlung ausgeschlossen werden. Unter Versammlungen im Sinne des VersG fallen nach weiter Auslegung als öffentliche Versammlung in geschlossenen Räumen auch Sportgroßveranstaltungen in Stadien, da der Zugang zum Stadion durch das Erfordernis einer Eintrittskarte beschränkt ist.[1508] Eine Modifikation könnte darin liegen, den Ausschluss nach § 6 VersG an einen sachlichen Grund zu knüpfen. Eine Erweiterung scheitert aber in der Praxis daran, dass das Bundesverfassungsgericht den engen Versammlungsbegriff vertritt und Spaßveranstaltungen wie Sportgroßveranstaltungen nicht unter den Schutz der Versammlungsfreiheit im Sinne von Art. 8 Abs. 1 GG stellt.[1509] Sofern Stadionbesuche ohnehin nicht nach der verfassungsgerichtlichen Judikatur als Versammlung gelten, ist § 6 VersG schon gar nicht erst anwendbar, denn der Versammlungsbegriff im Sinne von Art. 8 Abs. 1 GG gilt auch für das VersG.[1510]

d) Ergänzung des BGB um den allgemeinen Kontrahierungszwang

Ein progressiver Ansatz wäre, den Anwendungsbereich nicht nur auf Großveranstaltungen zu beschränken, sondern eine Vorschrift für den allgemeinen Kontrahierungszwang im BGB zu ergänzen. Dieser ergibt sich seither nach herrschender Auffassung aus einer Herleitung nach § 826 BGB.[1511] Dem Wortlaut nach ist der Schädiger zum Ersatz des Schadens verpflichtet, wenn dieser einem anderen in gegen die guten Sitten verstoßender Weise einen vorsätzlichen Schaden hinzufügt. Zwar ergibt die Herleitung Sinn,[1512] aber braucht es dennoch

---

1508 BVerfGE 128, 226 (251); *Rothfuß*, in: Ridder/Breitbach u.a., VersG, 2020, § 6 Rn. 1.

1509 Loveparade-Entscheidung, BVerfG, NJW 2001, 2459 (2460); siehe oben § 5 III. 2. a) bb) (3), S. 183 ff.

1510 *Wapler*, in: Ridder/Breitbach u.a., VersG, 2020, § 1 Rn. 25 ff.

1511 BGH, NJW 1990, 761 (762 f.); NVwZ 1994, 1240 (1241); *Nipperdey*, Kontrahierungszwang und diktierter Vertrag, 1920, S. 57 ff.; *Hackl*, Vertragsfreiheit und Kontrahierungszwang, 1980, S. 28 ff.; *Busche*, Privatautonomie und Kontrahierungszwang, 1999, S. 151; *Orth*, Vereins- und Verbandsstrafen, 2009, S. 138.

1512 Siehe oben § 5 III. 2. d) bb) (2) (aa), S. 212 ff.

gehöriger Interpretationsstärke, um aus dem bloßen Wortlaut des § 826 BGB einen Kontrahierungszwang herauslesen zu können. Es erscheint – auch wenn es der bislang überzeugendste Ansatz ist – weit hergeholt, dass sich der allgemeine Kontrahierungszwang über den Schadensersatzanspruch einer deliktsrechtlichen Norm ergibt.

Aus diesem Grund ist eine ausdrückliche Normierung des allgemeinen Kontrahierungszwangs in einer zivilrechtlichen Norm des BGB, welche die Voraussetzungen des allgemeinen Kontrahierungszwangs festlegt, anzuregen. Zu verorten wäre die Vorschrift bei den Normen des Vertragsschlusses nach §§ 145 ff. BGB, indem eine allgemeine Pflicht zum Vertragsschluss für spezifische Konstellationen festgelegt wird.[1513] Die Aufzählung könnte mit weiterer Konkretisierung gleichheitsgerechter Anforderungen durch die Rechtsprechung immer wieder fortgeschrieben und ergänzt werden, um Rechtssicherheit im Privatrechtsverkehr zu gewährleisten. Veranschaulichen lässt sich der Vorschlag an folgendem Entwurf:

§ 145a Allgemeiner Kontrahierungszwang

Ein Vertragsangebot darf nur aus sachlichem Grund abgelehnt werden, wenn es sich bei der Leistung um

1. *ein essenzielles Lebensbedürfnis*
2. *eine Veranstaltung, die einem großen Publikum ohne Ansehen der Person eröffnet ist und in erheblichem Umfang über die Teilnahme am gesellschaftlichen Leben entscheidet,*
3. *… [Ergänzungsmöglichkeiten]*

handelt.

Alternativ könnte die Vorschrift allein die Leistung des essenziellen Lebensbedürfnisses umfassen, dessen Auslegung durch die Rechtsprechung weiter zu konkretisieren ist.[1514] Stadionbesuche könnten dahin gehend ausgelegt werden, dass sie wie Theaterbesuche unter die essenziellen Lebensbedürfnisse fallen.[1515]

1513 Zu diesen Konstellationen lassen sich die essenziellen Lebensbedürfnisse sowie Sportgroßveranstaltungen mit Massencharakter zählen, siehe oben § 5 III. 2. d) bb) (2) (bb), S. 215 ff.

1514 Vertretbar ist es bspw. auch, Stadionbesuche ohnehin unter die essenziellen Lebensbedürfnisse zu subsumieren, siehe die Interpretation zu BGH, NJW 2010, 534 (535) von *Orth/Schiffbauer*, RW 2011, 177 (180 f.).

1515 Siehe oben § 5 III. 2. d) bb) (2) (bb), S. 215 ff.

3. Fazit

Aus der Erfüllung der verfassungsrechtlichen Schutzpflicht im Hinblick auf gleichheitsgerechte Anforderungen bei privaten Sportgroßveranstaltungen durch die Rechtsprechung[1516] lässt sich keine konkrete Pflicht zur Nachbesserung ableiten. Dadurch, dass der allgemeine Kontrahierungszwang als Rechtsinstitut anerkannt ist[1517] und die Rechtsprechung diesen durch die Entscheidung des Bundesverfassungsgerichts weiter konkretisiert hat,[1518] wurde die Pflicht bereits durch verfassungskonforme Auslegung erfüllt. Da sowohl die vom Bundesverfassungsgericht aufgeworfene spezifische Konstellation als auch der allgemeine Kontrahierungszwang keine ausdrückliche Erwähnung im Gesetz finden, ist es dennoch wünschenswert, wenn der Gesetzgeber tätig wird. Dies würde zum einen für mehr Rechtssicherheit im Privatrechtsverkehr sorgen und zum anderen dem Privaten einen unmittelbaren Anspruch gegenüber dem Grundrechtsbeeinträchtigenden verschaffen, ohne die verfassungsrechtlichen Schutzpflichten gegenüber dem Staat anstrengen zu müssen. Vielversprechend sind neue Ansätze wie ein spezielles Veranstaltungsgesetz oder die Ergänzung des BGB um den allgemeinen Kontrahierungszwang. Letzteres hätte den Vorteil, dass sich gleich für mehrere Konstellationen, die sich bislang nur aus richterlicher Rechtsfortbildung entwickelt haben, eine Stütze im Gesetz wiederfinden würde.

1516 BVerfGE 148, 267 (283 f.).

1517 BGH, NVwZ 1994, 1240 (1241); NJW 1990, 761, 762 f.; *Nipperdey*, Kontrahierungszwang und diktierter Vertrag, 1920, S. 57 ff.; *Hackl*, Vertragsfreiheit und Kontrahierungszwang, 1980, S. 28 ff.; *Busche*, Privatautonomie und Kontrahierungszwang, 1999, S. 151; *Walker*, in: Gödicke/Hammen u.a., FS Schapp, 2010, 491 (494).

1518 BVerfGE 148, 267 (283 f.).

Literaturverzeichnis

Armbrüster, Christian, Eigentumsschutz durch den Beseitigungsanspruch nach § 1004 I 1 BGB und durch Deliktsrecht, Neue Juristische Wochenschrift (NJW) 2003, 3087 ff.

Aschenbeck, Arndt, Fußballfans im Abseits, Kassel 1998.

Bader, Johann/Ronellenfitsch, Michael, BeckOK VwVfG – Beck'scher Online-Kommentar, 52. Aufl., München Stand: 01.07.2021.

Baer, Susanne, „Ende der Privatautonomie" oder grundrechtlich fundierte Rechtssetzung? – Die deutsche Debatte um das Antidiskriminierungsrecht, Zeitschrift für Rechtspolitik (ZRP) 2002, 290 ff.

BAFF, „Chaoten und Wahnsinnige" – Wie werden gefährliche Fans gemacht?, in: ders., Ballbesitz ist Diebstahl – Fans zwischen Kultur und Kommerz, Göttingen 2004, 165 ff.

Baier, Dirk, Gutachten für den 23. Deutschen Präventionstag: „Gewalt und Radikalität – Forschungsstand und Präventionsperspektiven", in: Erich, Marks/Fünfsinn, Helmut, Gewalt und Radikalität – Ausgewählte Beiträge des 23. Deutschen Präventionstages: 11. und 12. Juni 2018 in Dresden, Mönchengladbach 2019, 13 ff.

Barczak, Tristan, Konstitutionalisierung der Privatrechtsordnung, in: Scheffczyk, Fabian/Wolter, Kathleen, Linien der Rechtsprechung des Bundesverfassungsgerichts, Berlin 2017, 91 ff.

Bärsch, Sibylle/Bärsch, Tom, Theorien zur Gewalt – was jeder über die Theorien, Ursachen, Bedingungen, Erklärungs- und Lösungsansätze von Gewalt wissen sollte, Schwerte 2007.

Becker, Florian, Öffentliches und Privates Recht, Neue Zeitschrift für Verwaltungsrecht (NVwZ) 2019, 1385 ff.

Bierhoff, Hans-Werner/Wagner, Ulrich, Aggression: Definition, Theorie und Themen, in: Bierhoff, Hans Werner/Wagner, Ulrich, Aggression und Gewalt – Phänomene, Ursachen und Interventionen, Stuttgart 1998, 2 ff.

Bleckmann, Albert, Staatsrecht II – Die Grundrechte, 4. Aufl., Berlin 1997.

Bleckmann, Felix, Grundrechtsverletzung durch Gefährderansprache am Arbeitsplatz, Zeitschrift für Sport und Recht (SpuRt) 2018, 6 ff.

Bliesener, Thomas/Lösel, Friedrich, Identitätsbildung, Gruppenstruktur und Gruppenerleben bei Hooligans, in: Herzog, Markwart, Fußball als Kulturphänomen – Kunst, Kult, Kommerz, Stuttgart 2002, 253 ff.

Blomeyer, Arwed, Gewissensprivilegien im Vertragsrecht?, JuristenZeitung (JZ) 1954, 309 ff.

Böckenförde, Ernst-Wolfgang, Staat, Verfassung, Demokratie – Studien zur Verfassungstheorie und zum Verfassungsrecht, Frankfurt am Main 1991.

Boehme-Neßler, Volker, Privatisierungsbremsen in den Landesverfassungen?, Landes- und Kommunalverwaltung (LKV) 2013, 481 ff.

Borowski, Martin, Grundrechte als Prinzipien, 3. Aufl., Baden-Baden 2018.

Böttger, Andreas, Die Gewalt der Hooligans – eine Folge moderner gesellschaftlicher Entwicklungsprozesse? – Ergebnisse einer qualitativen Studie zu Biographien gewalttätiger Jugendlicher, Hannover 1998.

Böttger, Kevin, Gewalt, Fankultur und Sicherheit im deutschen Fußball, Hamburg 2014.

Brade, Alexander/Müller, Maxi, Corona-Triage: Untätigkeit des Gesetzgebers als Schutzpflichtverletzung?, Neue Zeitschrift für Verwaltungsrecht (NVwZ) 2020, 1793 ff.

Bremer, Christoph, Fußball ist unser Leben!? – Ein Zuschauersport und seine Fans, Marburg 2004.

Bressensdorf, Tobias von, Das private „Hausrecht", Baden-Baden 2020.

Breucker, Marius, Präventivmaßnahmen gegen reisende Hooligans, Neue Juristische Wochenschrift (NJW) 2004, 1631 ff.

Breucker, Marius, Zulässigkeit von Stadionverboten, Juristische Rundschau (JR) 2005, 133 ff.

Breucker, Marius, Sicherheitsmaßnahmen für die Fußballweltmeisterschaft 2006 – Prävention durch Polizei und Deutschen Fußball Bund, Neue Juristische Wochenschrift (NJW) 2006, 1233 ff.

Bühner, Tina, „Affäre auf Ibiza", Juristische Arbeitsblätter (JA) 2021, 395 ff.

Busche, Jan, Privatautonomie und Kontrahierungszwang, Tübingen 1999.

Butzer, Hermann, Flucht in die polizeiliche Generalklausel?, Verwaltungsarchiv (VerwArch) 2002, 506 ff.

Bydlinski, Franz, Zu den dogmatischen Grundfragen des Kontrahierungszwanges, Archiv für die civilistische Praxis (AcP) 1980, 1 ff.

Calliess, Christian, Rechtsstaat und Umweltstaat – Zugleich ein Beitrag zur Grundrechtsdogmatik im Rahmen mehrpoliger Verfassung, Tübingen 2001.

Calliess, Christian, Sicherheit im freiheitlichen Rechtsstaat – Eine verfassungsrechtliche Gratwanderung mit staatstheoretischem Kompass, Zeitschrift für Rechtspolitik (ZRP) 2002, 1 ff.

Canaris, Claus-Wilhelm, Grundrechte und Privatrecht, Archiv für die civilistische Praxis (AcP) 1984, 201 ff.

Canaris, Claus-Wilhelm, Verfassungs- und europarechtliche Aspekte der Vertragsfreiheit, in: Badura, Peter, FS Lerche – Wege und Verfahren des Verfassungslebens – Festschrift für Peter Lerche zum 65. Geburtstag, München 1993, 873 ff.

Claus, Robert, Hooligans – Eine Welt zwischen Fußball, Gewalt und Politik, 2. Aufl., Göttingen 2018.

Coing, Helmut, Anmerkung zu BGH, Urt. v. 26.6.1952 – IV ZR 228/51, Juristen-Zeitung (JZ) 1952, 688 ff.

Critcher, Charles, Der Fußballfan, in: Hopf, Wilhelm, Fußball – Soziologie und Sozialgeschichte einer populären Sportart, 3. Aufl., Münster 1998, 150 ff.

Daiber, Birgit, Verhältnismäßigkeit im engeren Sinne, Juristische Arbeitsblätter (JA) 2020, 37 ff.

Däubler, Wolfgang/Bertzbach, Martin, AGG – Allgemeines Gleichbehandlungsgesetz, Nomoskommentar. Handkommentar, 4. Aufl., Baden-Baden 2018.

Dauner-Lieb, Barbara/Langen, Werner, BGB – Bürgerliches Gesetzbuch Schuldrecht Nomos Kommentar, 4. Aufl., Baden-Baden 2021.

Deger, Johannes, Sind Chaos-Tage und Techno-Paraden Versammlungen?, Neue Juristische Wochenschrift (NJW) 1997, 923 ff.

Dembowski, Gerd, Spieler kommen, Trainer gehen – Fans bleiben – Kleine Standortbestimmung der Fußballfans, in: BAFF, Ballbesitz ist Diebstahl – Fans zwischen Kultur und Kommerz, Göttingen 2004, 8 ff.

Denninger, Erhard, Vom Elend des Gesetzgebers zwischen Übermaßverbot und Untermaßverbot, in: Däubler-Gmelin, Herta/Klinkel, Klaus u.a., FS Mahrenholz – Gegenrede: Aufklärung – Kritik – Öffentlichkeit; Festschrift für Ernst Gottfried Mahrenholz, Baden-Baden 1994, 561 ff.

Deusch, Florian, Polizeiliche Gefahrenabwehr bei Sportgroßveranstaltungen – Darstellung anhand des Fußballsports, Berlin 2005.

Dietlein, Johannes, Das Untermaßverbot. Bestandsaufnahme und Entwicklungschancen einer neuen Rechtsfigur, Zeitschrift für Gesetzgebung (ZG) 1995, 131 ff.

Dietlein, Johannes, Die Lehre von den grundrechtlichen Schutzpflichten, 2. Aufl., Berlin 2005.

Doehring, Karl, Das Staatsrecht der Bundesrepublik Deutschland, 3. Aufl., Frankfurt am Main 1984.

Dollard, John, Frustration und Aggression, 5. Aufl., Weinheim 1973.

Dörr, Oliver/Grote, Rainer/Marauhn, Thilo, EMRK/GG – Konkordanzkommentar zum europäischen und deutschen Grundrechtsschutz, 2. Aufl., Tübingen 2013.

Dreier, Horst, GG – Grundgesetz Kommentar, 3. Aufl., Art. 1–19 GG, Band 1, Tübingen 2013.

Dreier, Horst, GG – Grundgesetz Kommentar, 3. Aufl., Art. 83–146 GG, Band 3, Tübingen 2018.

Dudenredaktion, Duden – Die deutsche Rechtschreibung: Das umfassende Standardwerk auf der Grundlage der aktuellen amtlichen Regeln, 28. Aufl., Berlin 2020.

Dürig, Günter, Grundrechte und Zivilrechtsprechung, in: Maunz, Theodor, FS Nawiasky – Vom Bonner Grundgesetz zur gesamtdeutschen Verfassung: Festschrift zum 75. Geburtstag von Hans Nawiasky, München 1956, 157 ff.

Duttler, Gabriel/Bresemann, Patrick, Was Fans und „Fanarbeiter" zu sagen haben, in: Kubera, Thomas/Kugelmann, Dieter, Fußballgroßveranstaltungen im Spannungsverhältnis – zwischen Freiheit und Sicherheit: Eine wissenschaftliche Untersuchung zur Bedeutung von Kommunikation und Dialog, Heidelberg 2019, 13 ff.

Eidenmüller, Horst, Der unliebsame Kritiker: Theaterkritik und Schmähkritik, Neue Juristische Wochenschrift (NJW) 1991, 1439 ff.

Engelbrecht, Kai, »Gestörte Fußballfreude«, Juristische Arbeitsblätter (JA) 2007, 197 ff.

Ensthaler, Jürgen/Zech, Herbert, Verkehrsfähigkeit von Inhaberkarten nach § 807 BGB – Abtretungsverbote für Fußball-Bundesliga-Karten, Neue Juristische Wochenschrift (NJW) 2005, 3389 ff.

Epping, Volker/Hillgruber, Christian, BeckOK, GG – Beck'sche Online-Kommentare Grundgesetz, 47. Aufl., München Stand: 15.05.2021.

Faßbender, Kurt, Der Klima-Beschluss des BVerfG – Inhalte, Folgen und offene Fragen, Neue Juristische Wochenschrift (NJW) 2021, 2085 ff.

Feltes, Thomas, Sicherheit bei Großveranstaltungen durch Überwachung der TeilnehmerInnen? – Zur aktuellen Diskussion um den Umgang mit Gewalt in und um Fußballstadien, Zeitschrift Neue Kriminalpolitik (NK) 2013, 48 ff.

Finger, Thorsten, Das Aufenthaltsverbot – Die neue Standardmaßnahmen des nordrhein-westfälischen Gefahrenabwehrrechts, Deutsche Verwaltungspraxis (DVP) 2015, 367 ff.

Fischer, Thomas, StGB – Strafgesetzbuch Kommentar, 68. Aufl., München 2021.

Franz, Einiko/Günther, Thomas, Fußball-Weltmeisterschaft 2006: Die Welt zu Gast bei Irren? – Nein, bei Freunden! – Polizei- und ordnungsrechtliche

Maßnahmen gegen Hooligans bei Sportgroßveranstaltungen, Nordrhein-Westfälische Verwaltungsblätter (NWVBl) 2006, 201 ff.

Friedmann, Fabian, Polizei und Fans – ein gestörtes Verhältnis? – Eine empirische Untersuchung von gewalttätigem Zuschauerverhalten im deutschen Profifußball, Hamburg 2009.

Gabler, Jonas, Die Ultras – Fußballfans und Fußballkulturen in Deutschland, 5. Aufl., Köln 2013.

Gamillscheg, Franz, Die Grundrechte im Arbeitsrecht, Archiv für die civilistische Praxis (AcP) 1964, 385 ff.

Gebauer, Gunter, Fernseh- und Stadionfußball als religiöses Phänomen – Idole, Heilige und Ikonen am, Himmel' von Fangemeinden, in: Herzog, Markwart, Fußball als Kulturphänomen – Kunst, Kult, Kommerz, Stuttgart 2002, 305 ff.

Gerlach, Jens/Manzke, Simon, Verschuldensunabhängige Verbandsstrafen im Profifußball und ihre Verlagerung auf Störer und Zuschauer – Teil 1: Schuldrechtliche Bewertung, Zeitschrift für Sport und Recht (SpuRt) 2020, 282 ff.

Gerlach, Jens/Manzke, Simon, Verschuldensunabhängige Verbandsstrafen im Profifußball und ihre Verlagerung auf Störer und Zuschauer – Teil 2: Reformvorschläge, Zeitschrift für Sport und Recht (SpuRt) 2021, 2 ff.

Gietl, Andreas, Bundesweites Stadionverbot – Wechselwirkungen von Zivil-, Straf- und öffentlichem Recht, Juristische Rundschau (JR) 2010, 50 ff.

Goldhammer, Michael/Neuhöfer, Stefan, Grundrechte in der Pandemie – Allgemeine Lehren, Juristische Schulung (JuS) 2021, 212 ff.

Graf, Jürgen, BeckOK, StPO – Beck'sche Online-Kommentar Strafprozessordnung mit RiStBV und MiStra, 39. Aufl., München Stand: 01.01.2021.

Groebel, Jo, Fans. Eine kleine Motivpsychologie, in: Thein, Martin, Fußball, deine Fans – Ein Jahrhundert deutsche Fankultur, Göttingen 2013, 25 ff.

Gröpl, Christoph/Windthorst, Kay/Coelln, Christian von, GG Studienkommentar – Grundgesetz, 4. Aufl., München 2020.

Grünberger, Michael/Washington, Jermaine, Anmerkung zu BVerfG, Beschl. v. 27.8.2019 – 1 BvR 879/12, JuristenZeitung (JZ) 2019, 1104 ff.

Gsell, Beate/Krüger, Wolfgang/Lorenz, Stephan/Reymann, Christoph, BeckOGK, BGB – beck-online.GROSSKOMMENTAR Bürgerliches Gesetzbuch, München Stand: 01.06.2021.

Guckelberger, Anette, Die Drittwirkung der Grundrechte, Juristische Schulung (JuS) 2003, 1151 ff.

Gurlit, Elke, Grundrechtsbindung von Unternehmen, Neue Zeitschrift für Gesellschaftsrecht (NZG) 2012, 249 ff.

Gusy, Christoph, Freiheitsentziehung und Grundgesetz, Neue Juristische Wochenschrift (NJW) 1992, 457 ff.

Gusy, Christoph, Polizei und private Sicherheitsdienste im öffentlichen Raum – Trennlinien und Berührungspunkte, Verwaltungsarchiv (VerwArch) 2001, 344 ff.

Guttmann, Allen, Sports spectators, New York 1986.

Hackl, Karl, Vertragsfreiheit und Kontrahierungszwang – im deutschen, im österreichischen und im italienischen Recht, Berlin 1980.

Hager, Johannes, Grundrechte im Privatrecht, JuristenZeitung (JZ) 1994, 373 ff.

Hain, Karl-Eberhardt, Der Gesetzgeber in der Klemme zwischen Übermaß- und Untermaßverbot?, Deutsches Verwaltungsblatt (DVBl) 1993, 982 ff.

Hain, Karl-Eberhardt, Das Untermaßverbot in der Kontroverse. Eine Antwort auf Dietlein. Zu Johannes Dietlein, ZG 1995, 131–141, Zeitschrift für Gesetzgebung (ZG) 1996, 75 ff.

Hau, Wolfgang/Poseck, Roman, BeckOK, BGB – Beck'sche Online-Kommentare Bürgerliches Gesetzbuch, 58. Aufl., München Stand: 01.05.2021.

Hauk, Julia, Polizeirechtliche Standardmaßnahmen – ein Überblick, Juristische Ausbildung (Jura) 2017, 922 ff.

Hebeler, Timo, Die Gefährderansprache, Neue Zeitschrift für Verwaltungsrecht (NVwZ) 2011, 1364 ff.

Hebeler, Timo/Berg, Katharina, Die Grundrechte im Lichte der Digitalisierung – Teil I: Allgemeine Grundrechtslehren, Juristische Arbeitsblätter (JA) 2021, 89 ff.

Hecker, Wolfgang, Aufenthalts- und Ausreiseverbote, in: Roggan, Fredrik/Kutscha, Martin, Recht der Inneren Sicherheit-HdB – Handbuch zum Recht der Inneren Sicherheit, 2. Aufl., Berlin 2006, 331 ff.

Hecker, Wolfgang, Aufenthaltsverbote für Fußballfans, Neue Zeitschrift für Verwaltungsrecht (NVwZ) 2016, 1301 ff.

Heermann, Peter, Anmerkung zu BGH Urt. v. 30.10.2009 – V ZR 253/08, Neue Juristische Wochenschrift (NJW) 2010, 537 ff.

Heidel, Thomas/Hüßtege, Rainer/Mansel, Heinz-Peter/Noack, Ulrich, BGB – Nomoskommentar, 4. Aufl. 2021.

Heintschel-Heinegg, Bernd von, BeckOK, StGB – Beck'sche Online-Kommentare Strafgesetzbuch, 50. Aufl., München Stand: 01.05.2021.

Heitmeyer, Wilhelm/Peter, Jörg-Ingo, Jugendliche Fußballfans – Soziale und politische Orientierungen, Gesellungsformen, Gewalt, 2. Aufl., Weinheim/München 1992.

Hellgardt, Alexander, Wer hat Angst vor der unmittelbaren Drittwirkung?, JuristenZeitung (JZ) 2018, 901 ff.

Henckel, Wolfram, Vorbeugender Rechtsschutz im Zivilrecht, Archiv für die civilistische Praxis (AcP) 1974, 97 ff.

Henseler, Maren, Die rechtlichen Dimensionen des bundesweiten Stadionverbots, Berlin 2016.

Hermes, Georg, Das Grundrecht auf Schutz von Leben und Gesundheit – Schutzpflicht und Schutzanspruch aus Art. 2 Abs. 2 Satz 1 GG, Heidelberg 1987.

Herrmann, Hans Ulrich, Die Fußballfans – Untersuchungen zum Zuschauersport, Schorndorf 1977.

Heussen, Benno, Grenzen eines grenzenlosen Grundrechtsschutzes, Zeitschrift für Rechtspolitik (ZRP) 2021, 128 ff.

Hillgruber, Christian, Grundrechtsschutz im Vertragsrecht, Archiv für die civilistische Praxis (AcP) 1991, 69 ff.

Hillgruber, Christian, Der Schutz des Menschen vor sich selbst, München 1992.

Hobusch, Alexander, Der moderne Eingriffsbegriff in der Fallbearbeitung, Juristische Arbeitsblätter (JA) 2019, 278 ff.

Höfling, Wolfram, Vertragsfreiheit – Eine grundrechtsdogmatische Studie, Heidelberg 1991.

Hofmann, Philipp, Das System des privatrechtlichen Hausrechts, Juristische Ausbildung (Jura) 2014, 141 ff.

Hömig, Dieter/Wolff, Heinrich Amadeus, GG – Nomos Kommentar zum Grundgesetz für die Bundesrepublik Deutschland, 12. Aufl., Baden-Baden 2018.

Isensee, Josef, Das Grundrecht auf Sicherheit – Zu den Schutzpflichten des freiheitlichen Verfassungsstaates, Berlin 1983.

Isensee, Josef, Die Ambivalenz des Eigentumsgrundrechts, in: Ossenbühl, Fritz, FS Salzwedel – Symposion zu Ehren von Jürgen Salzwedel aus Anlaß seines 60. Geburtstages, Heidelberg 1990, 3 ff.

Isensee, Josef/Kirchhof, Paul, HStR IV – Handbuch des Staatsrechts der Bundesrepublik Deutschland, 3. Aufl., Aufgaben des Staates, IV, Heidelberg 2006.

Isensee, Josef/Kirchhof, Paul, HStR VII – Handbuch des Staatsrechts der Bundesrepublik Deutschland, 3. Aufl., Freiheitsrechte, VII, Heidelberg 2009.

Isensee, Josef/Kirchhof, Paul, HStR IX – Handbuch des Staatsrechts der Bundesrepublik Deutschland, 3. Aufl., Allgemeine Grundrechtslehren, Band 9, Heidelberg 2011.

Jarass, Hans D., Grundrechte als Wertentscheidung bzw. objektivrechtliche Prinzipien in der Rechtsprechung des Bundesverfassungsgerichts, Archiv des öffentlichen Rechts (AöR) 1985, 363 ff.

Jarass, Hans D./Pieroth, Bodo, GG – Grundgesetz für die Bundesrepublik Deutschland Kommentar, 16. Aufl., München 2020.

Jauernig, Othmar, BGB – Bürgerliches Gesetzbuch Kommentar, 18. Aufl., München 2021.

Jeand'Heur, Bernd, Grundrechte im Spannungsverhältnis zwischen subjektiven Freiheitsgarantien und objektiven Grundsatznormen – zur Erweiterung der Grundrechtsfunktionen und deren Auswirkungen auf die Grundrechtsdogmatik, JuristenZeitung (JZ) 1995, 161 ff.

Jellinek, Georg, Allgemeine Staatslehre, Berlin 1914.

Jobst, Simon, Konsequenzen einer unmittelbaren Grundrechtsbindung Privater, Neue Juristische Wochenschrift (NJW) 2020, 11 ff.

Jöckel, Jana, Vom „Wunder von Bern" zum „Sommermärchen" – Fußball-Weltmeisterschaften und die deutsche Nation, Münster 2015.

Jutzi, Siegfried, »Gefährderanschreiben« gegen Randalierer, Zeitschrift für Landes- und Kommunalrecht Hessen – Rheinland-Pfalz – Saarland (LKRZ) 2009, 75 ff.

Kainer, Friedemann, Rückkehr der unmittelbar-horizontalen Grundrechtswirkung aus Luxemburg?, Neue Zeitschrift für Arbeitsrecht (NZA) 2018, 894 ff.

Kalenborn, Tristan, Die praktische Konkordanz in der Fallbearbeitung, Juristische Arbeitsblätter (JA) 2016, 6 ff.

Kaspar, Johannes, Verhältnismäßigkeit und Grundrechtsschutz im Präventionsstrafrecht, Baden-Baden 2014.

Kater, Johannes, Grundrechtsbindung und Grundrechtsfähigkeit gemischtwirtschaftlicher Aktiengesellschaften – Folgenanalyse unter besonderer Beachtung der Position der Privataktionäre, Tübingen 2016.

Kauerhof, Rico, Zwischen Prävention und Repression. – Zum sensiblen Umgang mit der Stadionverbotsproblematik in Deutschland, in: Kauerhof, Rico/Nagel, Sven/Zebisch, Mirko, Stadionverbote im internationalen Vergleich – Studien zum Sportrecht, Leipzig 2012, 43 ff.

Kempen, Bernhard, Die Formenwahlfreiheit der Verwaltung, München 1989.

Kempen, Bernhard, Grundrechtsabwägung im Vertragsrecht? – zugleich: Anmerkung zu den Parabolantennenbeschlüssen des Bundesverfassungsgerichts, Deutsche Zeitschrift für Wirtschafts- und Insolvenzrecht (DZWir) 1994, 499 ff.

Kilian, Wolfgang, Kontrahierungszwang und Zivilrechtssystem, Archiv für die civilistische Praxis (AcP) 1980, 47 ff.

Kindhäuser, Urs/Neumann, Ulfrid/Paeffgen, Hans-Ullrich, StGB – Nomoskommentar Strafgesetzbuch, 5. Aufl., Baden-Baden 2017.

Kingreen, Thorsten, Das Grundrecht von Ehe und Familie (Art. 6 I GG), Juristische Ausbildung (Jura) 1997, 401 ff.

Kingreen, Thorsten/Poscher, Ralf, POR – Polizei- und Ordnungsrecht mit Versammlungsrecht, 11. Aufl., München 2020.

Kirchhof, Paul, Gleichmaß und Übermaß, in: Badura, Peter, FS Lerche – Wege und Verfahren des Verfassungslebens – Festschrift für Peter Lerche zum 65. Geburtstag, München 1993, 133 ff.

Kirchhoff, Guido, Übermittlung von Gefährderdaten durch die Polizei an Fußballveranstalter, Neue Juristische Wochenschrift (NJW) 2017, 294 ff.

Kirchhoff, Guido, Polizeiliche Meldeauflagen zur Gefahrenabwehr, Neue Zeitschrift für Verwaltungsrecht (NVwZ) 2020, 1617 ff.

Kirsch, Andreas, Gewalt bei sportlichen Großveranstaltungen – Parallelitäten und Divergenzen zwischen der Bundesrepublik Deutschland und den USA, Frankfurt am Main 2000.

KK, StPO – Karlsruher Kommentar zur Strafprozessordnung, 8. Aufl., München 2019.

Klatt, Matthias, Der Grundsatz der Verhältnismäßigkeit – Ein Strukturelement des globalen Konstitutionalismus, Juristische Schulung (JuS) 2014, 193 ff.

Klein, Christoph M., Sicherheit durch Stadionverbote? – Eine empirische Studie zu den Auswirkungen auf Fußballstadien und ihr Umfeld, Opladen/Berlin 2019.

Klein, Eckart, Grundrechtliche Schutzpflichten des Staates, Neue Juristische Wochenschrift (NJW) 1989, 1633 ff.

Klesczewski, Diethelm, Anmerkung zum BGH Urt. v. Urt. v. 30.10.2009 – V ZR 253/08, JuristenZeitung (JZ) 2010, 251 ff.

Klode, Viola, Pyrotechnik und Stadionverbote aus Perspektive der Ultras, Holzkirchen 2012.

Knebel, Sophie Victoria, Die Drittwirkung der Grundrechte und -freiheiten gegenüber Privaten – Regulierungsmöglichkeiten sozialer Netzwerke, Baden-Baden 2018.

König, Thomas, Fankultur – Eine soziologische Studie am Beispiel des Fußballfans, Münster 2002.

Krahm, Bastian, Polizeiliche Maßnahmen zur Eindämmung von Hooligangewalt – Eine Untersuchung unter besonderer Berücksichtigung verfassungsrechtlicher und rechtsvergleichender Aspekte, Stuttgart 2007.

Krings, Günter, Grund und Grenzen grundrechtlicher Schutzansprüche – Die subjektiv-rechtliche Rekonstruktion der grundrechtlichen Schutzpflichten und ihre Auswirkung auf die verfassungsrechtliche Fundierung des Verbrauchervertragsrechts, Berlin 2003.

Kubera, Thomas/Werner, Andreas, Fußball und Sicherheit – Einführung, in: Kubera, Thomas/Kugelmann, Dieter, Fußballgroßveranstaltungen im Spannungsverhältnis – zwischen Freiheit und Sicherheit: Eine wissenschaftliche Untersuchung zur Bedeutung von Kommunikation und Dialog, Heidelberg 2019, 55 ff.

Kübert, Rainer/Neumann, Holger, Fans und Medien im sozialen System Fußball, in: Kübert, Rainer, Fußball, Medien und Gewalt – Medienpädagogische Beiträge zur Fußballfan-Forschung, München 1994, 21 ff.

Kulick, Andreas, Horizontalwirkung im Vergleich – Ein Plädoyer für die Geltung der Grundrechte zwischen Privaten, Tübingen 2020.

Kulick, Andreas, Weniger Staat wagen – Zur Geltung der Grundrechte zwischen Privaten, Archiv des öffentlichen Rechts (AöR) 2020, 650 ff.

Kutscha, Martin, Innere Sicherheit und Verfassung, in: Roggan, Fredrik/Kutscha, Martin, Recht der Inneren Sicherheit-HdB – Handbuch zum Recht der Inneren Sicherheit, 2. Aufl., Berlin 2006, 23 ff.

Lackner, Karl/Kühl, Kristian, StGB – Strafgesetzbuch Kommentar, 29. Aufl., München 2018.

Lämmer, Manfred, Gladiatoren oder Gentlemen?, in: Höfling, Wolfram/Horst, Johannes, Sport und Gewalt, Tübingen 2011, 11 ff.

Lang, Heinrich, Das Opfer bleibt, der Schläger geht., Verwaltungsarchiv (VerwArch) 2005, 283 ff.

Lange, Martin, Sicherheit im „Sommermärchen" – Staatliche und private Sicherheitsverantwortung bei Sportgroßveranstaltungen am Beispiel der FIFA Fußball-Weltmeisterschaft, Hamburg 2013.

Laufke, Franz, Vertragsfreiheit und Grundgesetz, in: Nipperdey, Hans Carl, FS Lehmann – Das deutsche Privatrecht in der Mitte des 20. Jahrhunderts: Festschrift für Heinrich Lehmann zum 80. Geburtstag, Berlin 1956, 145 ff.

Leggereit, Rainer, Der Verbringungsgewahrsam – ein generell rechtswidriges Instrumentarium der Vollzugspolizei?, Neue Zeitschrift für Verwaltungsrecht (NVwZ) 1999, 263 ff.

Lehmann, Erik/Weigand, Jürgen, Sportlich Profis – wirtschaftlich Amateure? – Fußballvereine als Wirtschaftsunternehmen, in: Herzog, Markwart, Fußball als Kulturphänomen – Kunst, Kult, Kommerz, Stuttgart 2002, 93 ff.

Lehner, Roman, Zivilrechtlicher Diskriminierungsschutz und Grundrechte – Auch eine grundrechtliche Betrachtung des 3. und 4. Abschnittes des Allgemeinen Gleichbehandlungsgesetzes (§§ 19-23 AGG), Tübingen 2013.

Lehner, Roman, „Triage“ und Grundrechte – Überlegungen aus der Perspektive von Schutzpflichtendogmatik und Diskriminierungsverboten, Die Öffentliche Verwaltung (DÖV) 2021, 252 ff.

Leisner, Walter, Grundrechte und Privatrecht, München 1960.

Lerche, Peter von, Übermaß und Verfassungsrecht – zur Bindung des Gesetzgebers an die Grundsätze der Verhältnismäßigkeit und der Erforderlichkeit, Köln 1961.

Lindner, Franz Josef, Theorie der Grundrechtsdogmatik, Tübingen 2005.

Lindner, Rolf/Breuer, Heinrich Th., Fußball als Show – Kommerzialisierung, Oligopolisierung und Professionalisierung des Fußballsports, in: Hopf, Wilhelm, Fußball – Soziologie und Sozialgeschichte einer populären Sportart, 3. Aufl., Münster 1998, 162 ff.

Lisken, Hans/Denninger, Erhard, PolR-HdB – Handbuch des Polizeirechts, 6. Aufl., München 2018.

Lösel, Friedrich/Bliesener, Thomas/Fischer, Thomas/Pabst, Markus A., Hooliganismus in Deutschland – Ursachen, Entwicklung, Prävention und Intervention; Abschlußbericht eines Forschungsprojektes für das Bundesministerium des Innern, Berlin 2001.

Lücke, Jörg, Die Drittwirkung der Grundrechte an Hand des Art. 19 Abs. 3 GG: zur horizontalen Geltung der Grundrechte in neuer Sicht, JuristenZeitung (JZ) 1999, 377 ff.

Maaß, Rainald, Der Verbringungsgewahrsam nach dem geltenden Polizeirecht, Neue Zeitschrift für Verwaltungsrecht (NVwZ) 1985, 151 ff.

Mallmann, Walter, Menschenwürde und „gute Sitten“, JuristenZeitung (JZ) 1951, 27 ff.

Martini, Mario, Das allgemeine Persönlichkeitsrecht im Spiegel der jüngeren Rechtsprechung des Bundesverfassungsgerichts, Juristische Arbeitsblätter (JA) 2009, 839 ff.

Marzahn, Thomas, Fans im Fokus – Zivilrechtliche Reaktionen auf ein soziologisches Phänomen – Entscheidungsbesprechung BGH Urt. v. 30.10.2009 – V ZR 253/08, Zeitschrift für das Juristische Studium (ZJS) 2010, 428 ff.

Masing, Johannes/Wahl, Rainer, Schutz durch Eingriff, JuristenZeitung (JZ) 1990, 553 ff.

Maunz, Theodor/Dürig, Günter, GG – Grundgesetz Kommentar, München 94. EL Januar 2021.

Mayer, Otto, Deutsches Verwaltungsrecht, 3. Aufl., Berlin 1924.

Medicus, Dieter, Der Grundsatz der Verhältnismäßigkeit im Privatrecht, Archiv für die civilistische Praxis (AcP) 1992, 35 ff.

Meier, Benjamin, Der Fußballfan: ein Gewalttäter? – Prävention und Repression im Umgang mit Fangewalt, Wien 2017.

Merten, Detlef/Papier, Hans-Jürgen, HGR II – Handbuch der Grundrechte in Deutschland und Europa, Band IV: Grundrechte in Deutschland – Einzelgrundrechte I, Heidelberg 2006.

Merten, Detlef/Papier, Hans-Jürgen, HGR IV – Handbuch der Grundrechte in Deutschland und Europa, Band IV: Grundrechte in Deutschland – Einzelgrundrechte I, Heidelberg 2011.

Michael, Lothar, Die drei Argumentationsstrukturen des Grundsatzes der Verhältnismäßigkeit – Zur Dogmatik des Über- und Untermaßverbotes und der Gleichheitssätze, Juristische Schulung (JuS) 2001, 148 ff.

Michaelis, Lars Oliver, Der Grundsatz der Verhältnismäßigkeit – Gebrauchsanweisung für die Waage der Justitia, Juristische Arbeitsblätter (JA) 2021, 573 ff.

Michl, Fabian, Situativ staatsgleiche Grundrechtsbindung privater Akteure, JuristenZeitung (JZ) 2018, 910 ff.

Miller, Neal E., The frustration-aggression-hypothesis, Psychological Review (Psychol. Rev.) 1941, 337 ff.

Moldenhauer, Stephanie/Scherer, Hendrik, Stadionverbote in der sozialen Welt der Fußballfans – Zum Beitrag der Situationsanalyse für die sozialwissenschaftliche Fußballfanforschung, in: Grau, Andreas/Heyde, Judith von der u.a., Sozialwissenschaftliche Perspektiven der Fußballfanforschung, Weinheim/Basel 2017, 176 ff.

Möstl, Markus, Probleme der verfassungsprozessualen Geltendmachung gesetzgeberischer Schutzpflichten – Die Verfassungsbeschwerde gegen legislatives Unterlassen, Die Öffentliche Verwaltung (DÖV) 1998, 1029 ff.

Möstl, Markus, Die Staatliche Garantie für die öffentliche Sicherheit und Ordnung – Sicherheitsgewährleistung im Verfassungsstaat, im Bundesstaat und in der Europäischen Union, Tübingen 2002.

Möstl, Markus, Standardmaßnahmen des Polizei- und Ordnungsrechts, Juristische Ausbildung (Jura) 2011, 840 ff.

Möstl, Markus/Kugelmann, Dieter, BeckOK, PolG NRW – Beck'sche Online-Kommentare Polizei- und Ordnungsrecht Nordrhein-Westfalen, 18. Aufl., München Stand: 01.06.2021.

Muckel, Stefan, Mittelbare Drittwirkung des allgemeinen Gleichheitssatzes, Juristische Arbeitsblätter (JA) 2018, 553 ff.

Muckel, Stefan, Wandel des Verhältnisses von Staat und Gesellschaft – Folgen für Grundrechtstheorie und Grundrechtsdogmatik, 1. Referat, in: VVDStRL – Vereinigung der Deutschen Staatsrechtslehrer, Berlin 2019, 246 ff.

Muckel, Stefan, Grundrechtsberechtigung und Grundrechtsverpflichtung – Wer kann sich auf Grundrechte berufen und wer wird durch sie verpflichtet? – Neue Aspekte zu scheinbar gefestigten Kategorien der allgemeinen Grundrechtslehren, Juristische Arbeitsblätter (JA) 2020, 411 ff.

MüKo, StPO – Münchener Kommentar zur Strafprozessordnung, §§ 151 – 332 StPO, Band 2, München 2016.

MüKo, BGB – Münchener Kommentar zum Bürgerlichen Gesetzbuch, 8. Aufl., §§ 1 – 240 BGB, Band 1, München 2018.

MüKo, BGB – Münchener Kommentar zum Bürgerlichen Gesetzbuch, 8. Aufl., §§ 705 – 853 BGB, Band 7, München 2020.

MüKo, BGB – Münchener Kommentar zum Bürgerlichen Gesetzbuch, 8. Aufl., §§ 854 – 1296 BGB, Band 8, München 2020.

MüKo, StGB – Münchener Kommentar zum Strafgesetzbuch, 4. Aufl., §§ 1 – 37 StGB, Band 1, München 2020.

MüKo, StGB – Münchener Kommentar zum Strafgesetzbuch, 4. Aufl., §§ 38 – 79b StGB, Band 2, München 2020.

MüKo, ZPO – Münchener Kommentar zur Zivilprozessordnung mit Gerichtsverfassungsgesetz und Nebengesetzen, 6. Aufl., §§ 355 – 945b, Band 2, München 2020.

MüKo, StGB – Münchener Kommentar zum Strafgesetzbuch, 4. Aufl., §§ 80 – 184j, Band 3, München 2021.

Müller-Eiselt, Peter Gerrit, Highway oder Nadelöhr? – Zu den Voraussetzungen und Grenzen polizeilicher Datenübermittlung an Private – dargestellt anhand der Kooperationspraxis zwischen Polizei und Fußballvereinen bei der Verhängung von Stadionverboten, Deutsches Verwaltungsblatt (DVBl) 2014, 1168 ff.

Müller-Eiselt, Peter Gerrit, Die Gewährleistung der Sicherheit bei Fußballspielen – Eine rechtliche Analyse unter besonderer Berücksichtigung des DFL-Sicherheitskonzepts „Stadionerlebnis", Baden-Baden 2015.

Müller-Eiselt, Peter Gerrit, Abwehr terroristischer Bedrohungen bei Fußballspielen, Neue Zeitschrift für Verwaltungsrecht (NVwZ) 2016, 643 ff.

Müller-Eiselt, Peter Gerrit, Regelungsvorschlag zu dynamischen Verweisungen in Vereinssatzungen, Zeitschrift für Sport und Recht (SpuRt) 2017, 178 ff.

Münch, Ingo v./Kunig, Philip, GG – Grundgesetz Kommentar, 7. Aufl., München 2021.

Münzberg, Wolfgang, Bemerkungen zum Haftungsgrund der Unterlassungsklage, JuristenZeitung (JZ) 1967, 689 ff.

Musielak, Hans-Joachim, Vertragsfreiheit und ihre Grenzen, Juristische Schulung (JuS) 2017, 949 ff.

Musielak, Hans-Joachim/Voit, Wolfgang, ZPO – Zivilprozessordnung mit Gerichtsverfassungsgesetz Kommentar, 18. Aufl., München 2021.

Neuner, Jörg, Privatrecht und Sozialstaat, München 1999.

Neuner, Jörg, Diskriminierungsschutz durch Privatrecht, JuristenZeitung (JZ) 2003, 57 ff.

Neuner, Jörg, Das BVerfG im Labyrinth der Drittwirkung, Neue Juristische Wochenschrift (NJW) 2020, 1851 ff.

Niemeier, Fee, Gefahrenabwehrrechtliche Möglichkeiten der Bekämpfung ritualisierten Gewaltverhaltens im Zusammenhang mit Fußballveranstaltungen, Berlin 2015.

Nipperdey, Hans Carl, Kontrahierungszwang und diktierter Vertrag – Schriften des Instituts für Wirtschaftsrecht an der Universität Jena, Jena 1920.

Nipperdey, Hans Carl, Gleicher Lohn der Frau für gleiche Leistung – Ein Beitrag zur Auslegung der Grundrechte, Recht der Arbeit (RdA) 1950, 121 ff.

Nipperdey, Hans Carl, Grundrechte und Privatrecht – Kölner Universitätsreden, Krefeld 1961.

Nolte, Martin, Aufgaben und Befugnisse der Polizeibehörden bei Sportgroßveranstaltungen, Neue Zeitschrift für Verwaltungsrecht (NVwZ) 2001, 147 ff.

Nolting, Hans-Peter, Psychologie der Aggression – Warum Ursachen und Auswege so vielfältig sind, Reinbek 2015.

Orth, Jan F., Vereins- und Verbandsstrafen – am Beispiel des Fußballsports, Frankfurt am Main 2009.

Orth, Jan F., Anm. zu LG Frankfurt, Urt. v. 20.3.2019, Az. 2-06 O 420/18, Zeitschrift für Sport und Recht (SpuRt) 2019, 139 ff.

Orth, Jan F., Grundlagen, in: Cherkeh, Rainer T./Momsen, Carsten/Orth, Jan F., Handbuch Sportstrafrecht, München 2021, 9 ff.

Orth, Jan F., Haltung, Zeitschrift für Sport und Recht (SpuRt) 2021, 53 ff.

Orth, Jan F./Pommerening, Patrick, Zulässigkeit und Wirksamkeit dynamischer Verweisungen im Sportrecht, Zeitschrift für Sport und Recht (SpuRt) 2010, 222 ff.

Orth, Jan F./Pommerening, Patrick, Zulässigkeit und Wirksamkeit dynamischer Verweisungen im Sportrecht (2. Teil), Zeitschrift für Sport und Recht (SpuRt) 2011, 10 ff.

Orth, Jan F./Schiffbauer, Björn, Die Rechtslage beim bundesweiten Stadionverbot, Rechtswissenschaft (RW) 2011, 177 ff.

Ossenbühl, Fritz, Maßhalten mit dem Übermaßverbot, in: Badura, Peter, FS Lerche – Wege und Verfahren des Verfassungslebens – Festschrift für Peter Lerche zum 65. Geburtstag, München 1993, 151 ff.

Palandt, Otto, BGB – Kommentar zum Bürgerlichen Gesetzbuch, 80. Aufl., Beck'sche Kurzkommentare, Band 7, München 2021.

Paulus, Christoph G./Zenker, Wolfgang, Grenzen der Privatautonomie, Juristische Schulung (JuS) 2001, 1 ff.

Petersen-Thrö, Ulf, Die Meldeauflage als probates Gefahrenabwehrmittel im Vorfeld von Veranstaltungen, Kommunaljurist (KommJur) 2006, 289 ff.

Petri, Grischka, Die Dopingsanktion, Berlin 2004.

Pilz, Gunter A., Gewalt im Umfeld von Fußballspielen, in: Bierhoff, Hans Werner/Wagner, Ulrich, Aggression und Gewalt – Phänomene, Ursachen und Interventionen, Stuttgart 1998, 128 ff.

Pilz, Gunter A., Zuschauerausschreitungen im Fußballsport – Versuch einer Analyse, in: Hopf, Wilhelm, Fußball – Soziologie und Sozialgeschichte einer populären Sportart, 3. Aufl., Münster 1998, 171 ff.

Pilz, Gunter A., Sport, Fairplay und Gewalt – Beiträge zu Jugendarbeit und Prävention im Sport, Hildesheim 2013.

Pilz, Gunter A./Wölki, Franciska, Ultraszene in Deutschland, in: Pilz, Gunter A./Behn, Sabine u.a., Wandlungen des Zuschauerverhaltens im Profifußball, Schorndorf 2006, 63 ff.

Poscher, Ralf, Grundrechte als Abwehrrechte, Tübingen 2003.

Posser, Herbert/Wolff, Amadeus, BeckOK VwGO – Beck'scher Online-Kommentar Verwaltungsgerichtsordnung, 58. Aufl., München Stand: 01.07.2021.

Raiser, Ludwig, Vertragsfreiheit heute, JuristenZeitung (JZ) 1958, 1 ff.

Räker, Jan, Stadionverbote nur noch per Paketpost? – Anmerkungen zum Urteil des AG Frankfurt a.M. v. 17.8.2007, Zeitschrift für Sport und Recht (SpuRt) 2008, 99 ff.

Remmert, Barbara, Verfassungs- und verwaltungsrechtsgeschichtliche Grundlagen des Übermaßverbotes, Heidelberg 1995.

Ridder, Helmut/Breitbach, Michael/Deiseroth, Dieter, VersG – Versammlungsrecht des Bundes und der Länder, 2. Aufl., Baden-Baden 2020.

Riederer, Christoph/Frevel, Bernhard, „Immer schlimmer, immer öfter, immer mehr"? Fußball und Gewalt im Spiegel der Medien seit den 1970er-Jahren, in: Kubera, Thomas/Kugelmann, Dieter, Fußballgroßveranstaltungen im Spannungsverhältnis – zwischen Freiheit und Sicherheit: Eine wissenschaftliche Untersuchung zur Bedeutung von Kommunikation und Dialog, Heidelberg 2019, 33 ff.

Röger, Ralf/Stephan, Alexander, Hausarbeitsfall: Die Videoüberwachung, Nordrhein-Westfälische Verwaltungsblätter (NWVBl) 2001, 243 ff.

Roose, Jochen/Schäfer, Mike S./Schmidt-Lux, Thomas, Einleitung. Fans als Gegenstand soziologischer Forschung, in: dies., Fans: Soziologische Perspektiven, 2. Aufl., Wiesbaden 2017, 1 ff.

Ruch, Andreas, Gruppenzugehörigkeit als Prognosekriterium – gefahrenabwehrrechtliche Grenzen der polizeilichen Anregung zivilrechtlicher Stadionverbote, JuristenZeitung (JZ) 2015, 936 ff.

Ruffert, Matthias, Vorrang der Verfassung und Eigenständigkeit des Privatrechts – Eine verfassungsrechtliche Untersuchung zur Privatrechtsentwicklung des Grundgesetzes, Tübingen 2001.

Ruffert, Matthias, Privatrechtswirkung der Grundrechte – Von Lüth zum Stadionverbot und darüber hinaus?, Juristische Schulung (JuS) 2020, 1 ff.

Rupp, Hans Heinrich, Vom Wandel der Grundrechte, Archiv des öffentlichen Rechts (AöR) 1976, 161 ff.

Sachs, Michael, Grundrechte: Ausstrahlung der Versammlungsfreiheit auf die zivilrechtlichen Grundlagen der Eigentümerbefugnisse – Besprechung der Bierdosen-Flashmob Entscheidung (BVerfG, Beschl. v. 18.7.2015 – 1 BvQ 25/15), Juristische Schulung (JuS) 2015, 954 ff.

Sachs, Michael, Grundrechte: Ausstrahlungswirkung von Art. 3 I GG auf das Privatrecht – Bedeutung des allgemeinen Gleichheitssatzes für das Verhalten Privater in Sonderkonstellationen (bundesweites Stadionverbot). Entscheidungsbesprechung zum Beschluss v. 11.4.2018 – 1 BvR 3080/09 Juristische Schulung (JuS) 2019, 89 ff.

Sachs, Michael, Grundrechte: Ausstrahlungswirkung von Art. 3 I GG auf das Privatrecht – Bedeutung des allgemeinen Gleichheitssatzes für das Verhalten Privater in Sonderkonstellationen (bundeweites Stadionverbot). Anmerkung zu BVerfG, Beschl. v. 11.4.2018 – 1 BvR 2080/09 Juristische Schulung (JuS) 2019, 89 ff.

Sachs, Michael, GG – Grundgesetz Kommentar, 9. Aufl., München 2021.

Schaaf, Henning, Drittwirkung der Grundrechte – Dogmatik und Fallbearbeitung, Juristische Ausbildung (Jura) 2021, 249 ff.

Schiffbauer, Björn, Die Anwendbarkeit und Anwendung rechtsstaatlicher Prozessgrundsätze im Verbandsverfahren, in: Cherkeh, Rainer T./Momsen, Carsten/Orth, Jan F., Handbuch Sportstrafrecht, München 2021, 135 ff.

Schiffbauer, Björn, „Unerträglich" als valides Argument des Gesetzgebers? – Aktuelle Normsetzung und das Konzept des Rechts, Neue Juristische Wochenschrift (NJW) 2021, 2097 ff.

Schild, Wolfgang, Stadionverbote, in: WFV, Das Recht der Sportstätte – Referate bei einem Richter-Seminar, Stuttgart 1985, 66 ff.

Schladebach, Marcus, Praktische Konkordanz als verfassungsrechtliches Kollisionsprinzip – Eine Verteidigung, Der Staat (STAAT) 2014, 263 ff.

Schlink, Bernhard, Freiheit durch Eingriffsabwehr – Rekonstruktion der klassischen Grundrechtsfunktion, Europäische Grundrechte Zeitschrift (EuGRZ) 1984, 457 ff.

Schmidt-Lux, Thomas, Geschichte der Fans, in: Roose, Jochen/Schäfer, Mike S./ Schmidt-Lux, Thomas, Fans: Soziologische Perspektiven, 2. Aufl., Wiesbaden 2017, 37 ff.

Schmitt, Linus, Das bundesweite Fußball-Stadionverbot – Eine rechtliche Untersuchung mit Praxishinweisen für Fußballvereine und Betroffene, Frankfurt am Main 2013.

Schoch, Friedrich/Schneider, Jens-Peter, VwVfG – Verwaltungsrecht Kommentar, Band 3, München Stand: Juli 2020.

Schoenemann, Peter, Grenzen des Gestaltungsspielraums für die Normsetzung, Nordrhein-Westfälische Verwaltungsblätter (NWVBl) 2012, 329 ff.

Schönberger, Sophie, Wandel des Verhältnisses von Staat und Gesellschaft – Folgen für Grundrechtstheorie und Grundrechtsdogmatik, 2. Referat, in: VVDStRL – Vereinigung der Deutschen Staatsrechtslehrer, Berlin 2019, 290 ff.

Schönke, Adolf/Schröder, Horst, StGB – Kommentar zum Strafgesetzbuch, 30. Aufl., München 2019.

Schröder, Ulrich Jan, Der Schutzbereich der Grundrechte, Juristische Arbeitsblätter (JA) 2016, 641 ff.

Schucht, Carsten, Der Verbringungsgewahrsam im Polizeirecht – Eine kritische Bestandsaufnahme nach mehr als 30 Jahren Polizeipraxis, Die Öffentliche Verwaltung (DÖV) 2011, 553 ff.

Schucht, Carsten, Die polizei- und ordnungsrechtliche Meldeauflage: Standortbestimmung und dogmatische Neuausrichtung, Neue Zeitschrift für Verwaltungsrecht (NVwZ) 2011, 709 ff.

Schulz, Hans-Joachim/Weber, Robert, Zuschauerausschreitungen – Das Problem der Fans, in: Pilz, Gunter A., Sport und körperliche Gewalt, 11. Aufl., Reinbek bei Hamburg 1986, 55 ff.

Schulze, Reiner, BGB – Bürgerliches Gesetzbuch Handkommentar, 10. Aufl., Baden-Baden 2019.

Schulze-Marmeling, Dietrich, Vom Spieler zum Fan. Kleine Geschichte der Fußballfans, in: ders., Fans und Fußball – „Holt Euch das Spiel zurück", Göttingen 1995.

Schulze-Marmeling, Dietrich, Fußball: Zur Geschichte eines globalen Sports, Göttingen 2000.

Schwabe, Jürgen, Die sogenannte Drittwirkung der Grundrechte – zur Einwirkung der Grundrechte auf den Privatrechtsverkehr, München 1971.

Siegel, Thorsten, Grundlagen und Grenzen polizeilicher Videoüberwachung – Bestimmtheit durch Verhältnismäßigkeit?, Neue Zeitschrift für Verwaltungsrecht (NVwZ) 2012, 738 ff.

Siegel, Thorsten, Hooligans im Verwaltungsrecht – Stadionverbote und andere polizeirechtliche Maßnahmen zur Eindämmung von Gewalt in Fußballstadien, Neue Juristische Wochenschrift (NJW) 2013, 1035 ff.

Singer, Reinhard, Vertragsfreiheit, Grundrechte und der Schutz des Menschen vor sich selbst, JuristenZeitung (JZ) 1995, 1133 ff.

Smeritschnig, Daniel, Grundzüge der Kriminologie – Ursachen von Aggression, Gewalt und Straftaten: Warum wird man Täter? Warum wird man Opfer?: ein Handbuch für Polizei- und Justizwachebeamte in der Grundausbildung, 2. Aufl., Linz 2019.

Smets, Christoph, Die Stadionverbotsentscheidung des BVerfG und die Umwälzung der Grundrechtssicherung auf Private, Neue Zeitschrift für Verwaltungsrecht (NVwZ) 2019, 34 ff.

Sommerey, Marcus, Die Jugendkultur der Ultras, Stuttgart 2010.

Staake, Marco, Stadionverbote und Grundrechtsschutz – Zum aktuellen Stand nach der Entscheidung des BVerfG, Zeitschrift für Sport und Recht (SpuRt) 2018, 138 ff.

Starck, Christian, Der verfassungsrechtliche Schutz des ungeborenen menschlichen Lebens: zum zweiten Abtreibungsurteil des BVerfG, JuristenZeitung (JZ) 1993, 816 ff.

Staudinger, Julius von, BGB – Kommentar zum Bürgerlichen Gesetzbuch, §§ 826–829; ProdHaftG, Berlin 2018.

Staudinger, Julius von, BGB – Kommentar zum Bürgerlichen Gesetzbuch, §§ 139–163, Berlin 2020.

Stelkens, Paul/Bonk, Heinz Joachim/Sachs, Michael, VwVfG – Verwaltungsverfahrensgesetz Kommentar, 9. Aufl., München 2018.

Stern, Klaus, Staatsrecht III/1 – Staatsrecht der Bundesrepublik Deutschland, München 1988.

Stern, Klaus, Zur Entstehung und Ableitung des Übermaßverbotes, in: Badura, Peter, FS Lerche – Wege und Verfahren des Verfassungslebens – Festschrift für Peter Lerche zum 65. Geburtstag, München 1993, 165 ff.

Stern, Klaus, Staatsrecht IV/2 – Staatsrecht der Bundesrepublik Deutschland, München 2011.

Stocker, Iris/Kraus, Tim, „Kontrolle ist gut, Vertrauen ist besser?", Juristische Arbeitsblätter (JA) 2021, 127 ff.

Stoll, Peter-Tobias/Lüers, Jan-Carl, Stadionverbote: private Gefahrenprävention und öffentliches Recht, Die Öffentliche Verwaltung (DÖV) 2014, 222 ff.

Tegtmeyer, Henning/Vahle, Jürgen, PolG NRW – Polizeigesetz Nordrhein-Westfalen, 12. Aufl., Stuttgart 2018.

v. Mangoldt, Hermann/Klein, Friedrich/Starck, Christian, GG – Grundgesetz Kommentar, 7. Aufl., München 2018.

Vieweg, Klaus, Normsetzung und -anwendung deutscher und internationaler Verbände – Eine rechtstatsächliche und rechtliche Untersuchung unter besonderer Berücksichtigung der Sportverbände, Berlin 1990.

Vorwerk, Volkert/Wolf, Christian, BeckOK, ZPO – Beck'sche Online-Kommentare Zivilprozessordnung, 41. Aufl., München Stand: 01.07.2021.

Voßkuhle, Andreas, Theorie und Praxis der verfassungskonformen Auslegung von Gesetzen durch Fachgerichte, Archiv des öffentlichen Rechts (AöR) 2000, 177 ff.

Walker, Wolf-Dietrich, Bundesweite Stadionverbote auf dem Prüfstand des Zivilrechts, in: Gödicke, Patrick/Hammen, Horst u.a., FS Schapp – Festschrift zum siebzigsten Geburtstag für Jan Schapp, Tübingen 2010, 491 ff.

Walker, Wolf-Dietrich, Zur Bindung von Vereinsmitgliedern an Sanktionsvorschriften übergeordneter Verbände, Neue Zeitschrift für Gesellschaftsrecht (NZG) 2017, 1241 ff.

Walker, Wolf-Dietrich/Klopp, Thorben, Anmerkung zum BGH Urt. v. 30.10.2009 – V ZR 253/08, Lindenmaier-Möhring (LMK) 2010, 295984 ff.

Walter, Christian/Grünewald, Benedikt, BeckOK, BVerfGG – Beck'sche Online-Kommentare Bundesverfassungsgerichtsgesetz, 11. Aufl., München Stand: 01.07.2021.

Walter, Michael/Wilms, Yvonne, Kriminalrechtlicher Erziehungsgedanke und elterliches Erziehungsrecht – Zur Zulässigkeit und den Voraussetzungen jugendrechtlicher Weisungen gemäß § 10 I JGG, Neue Zeitschrift für Strafrecht (NStZ) 2004, 600 ff.

Weber, Klaus, Creifelds, Rechtswörterbuch, 26. Aufl., München Stand: 01.03.2021.

Weller, Marc-Philippe/Schulz, Alix/Smela, Jana, Hausverbote im Privatrecht, Juristische Schulung (JuS) 2021, 722 ff.

Wendt, Rudolf, Der Garantiegehalt der Grundrechte und das Übermaßverbot: zur maßstabsetzenden Kraft der Grundrechte in der Übermaßprüfung, Archiv des öffentlichen Rechts (AöR) 1979, 414 ff.

Wiedemann, Herbert, Verfassungsrecht. Handelsrecht: Zur Vereinbarkeit eines entschädigungslosen Wettbewerbsverbot für einen Handelsvertreter mit Art. 121 GG – Anmerkung zu BVerfG, 7.2.1990 – 1 BvR 26/84, JuristenZeitung (JZ) 1990, 695 ff.

Willms, Björn, Hooligans, Medien und Sicherheit bei der Fußballweltmeisterschaft 2006, in: Jäger, Thomas/Viehrig, Henrike, Sicherheit und Medien, Wiesbaden 2009, 125 ff.

Winter, Rainer, Die Produktivität der Aneignung- Zur Soziologie medialer Fankulturen, in: Holly, Werner/Püschel, Ulrich, Medienrezeption als Aneignung – Methoden und Perspektiven qualitativer Medienforschung, Wiesbaden 1993, 69 ff.

Wolf, Manfred, Gleichbehandlungsgrundsatz und privatrechtliches Teilhaberecht, in: Bauer, Fritz, FS Raiser – Funktionswandel der Privatrechtsinstitutionen: Festschrift für Ludwig Raiser zum 70. Geburtstag, Tübingen 1974, 597 ff.

Zöller, Mark Alexander, Datenübermittlung zwischen Polizei, Strafverfolgungsbehörden und Nachrichtendiensten, in: Roggan, Fredrik/Kutscha, Martin, Recht der Inneren Sicherheit-HdB – Handbuch zum Recht der Inneren Sicherheit, 2. Aufl., Berlin 2006, 445 ff.

Kölner Schriften zu Recht und Staat

Herausgegeben von
Hartmut Schiedermair und Bernhard Kempen

Band 1 Bernhard Kempen: Die deutsch-polnische Grenze nach der Friedensregelung des Zwei-plus-Vier-Vertrages. 1997.

Band 2 Hans-Georg Maaßen: Die Rechtsstellung des Asylbewerbers im Völkerrecht. Überlegungen zu den völkerrechtlichen Rahmenbedingungen einer europäischen Asylrechtsharmonisierung. 1997.

Band 3 Udo Fink: Kollektive Friedenssicherung. Kapitel VII UN-Charta in der Praxis des Sicherheitsrats der Vereinten Nationen. 1999.

Band 4 Stephan Grigolli: Sprachliche Minderheiten in Italien, insbesondere Südtirol, und in Europa. Der Gebrauch der Sprache vor Behörden und Gerichten und die Vergabe öffentlicher Stellen. 1997.

Band 5 Uta Stoy-Schnell: Das Bundesverfassungsgericht und die Corte costituzionale. Ein Vergleich der Verfassungsgerichtsbarkeiten in Deutschland und Italien. 1998.

Band 6 Christian Hillgruber: Die Aufnahme neuer Staaten in die Völkerrechtsgemeinschaft. Das völkerrechtliche Institut der Anerkennung von Neustaaten in der Praxis des 19. und 20. Jahrhunderts. 1998.

Band 7 Jochen Seitz: Planungshoheit und Grundeigentum. Die verfassungsrechtlichen Schranken der städtebaulichen Entwicklungsmaßnahmen. 1999.

Band 8 Jochen Herbst: Rechtskontrolle des UN-Sicherheitsrates. 1999.

Band 9 Kristin Möller: Die Beschaffung naturschutzrechtlicher Ausgleichsflächen im Baurecht. 1999.

Band 10 Klaus Löffelbein: Genehmigungsfreies Bauen und Nachbarrechtsschutz. Die baurechtlichen Anzeige- und Freistellungsverfahren der Länder aus nachbarlicher Sicht. 2000.

Band 11 Patrick Mittmann: Die Rechtsfortbildung durch den Gerichtshof der Europäischen Gemeinschaften und die Rechtsstellung der Mitgliedstaaten der Europäischen Union. 2000.

Band 12 Martin R. Albus: Zur Notwendigkeit eines Internationalen Umweltgerichtshofs. Zugleich eine Analyse der Staatenpraxis zum Internationalen Umwelthaftungsrecht und der Rechtsschutzmöglichkeiten bei grenzüberschreitenden Umweltbeeinträchtigungen. 2000.

Band 13 Irene Baur: Die Haftung der Europäischen Zentralbank. 2001.

Band 14 Tobias R. Ehlen: Zentralisierungsmöglichkeiten der deutschen Börsenaufsicht. 2003.

Band 15 Ulrich Steiner: Wertsicherungsklauseln. Zur Europarechtskonformität des neuen § 2 PaPkG. 2003.

Band 16 Stephanie Vogel: Der Prüfungsumfang des Bundesverfassungsgerichts bei Verfassungsbeschwerden am Beispiel der Kunstfreiheitsrechtsprechung. 2004.

Band 17 Thomas Schmidt: Deutsche Hochschulräte. Begriff, Darstellung und rechtliche Analyse. 2004.

Band 18 Kirsten Schmalenbach: Die Haftung Internationaler Organisationen im Rahmen von Militäreinsätzen und Territorialverwaltungen. 2004.

Band 19 Gunter Warg: Von Verteidigung zu kollektiver Sicherheit. Der Nato-Vertrag auf Rädern. 2004.

Band 20 Bernhard Kempen / Yvonne Dorf: Bodenreform 1945–1949. Eine verfassungsrechtliche Neubewertung. 2004.

Band 21 Jeanette Nolte: Die völkerrechtliche Vertragspraxis der EG und die Haftung der Mitgliedstaaten am Beispiel der Fischereipolitik. 2004.

Band 22 Rüdiger Schmid-Kühnhöfer: Die Staatlichkeit von Beihilfen. Mittel- und Transferzurechnung nach Art. 87 Abs. 1 EG-Vertrag. 2004.

Band 23 Florian Schöler: Die Reform des Europäischen Kartellverfahrensrechts durch die Verordnung (EG) Nr. 1/2003. 2004.

Band 24 Christina Maria Pelzer: Die Kompetenzen der EG im Bereich Forschung. Eine Analyse ihrer Reichweite und Grenzen vor dem Hintergrund des Art. 5 Abs. 3 GG. Dargestellt am Beispiel der Gentechnologie. 2004.

Band 25 Nikolaus Vieten: Die verfassungsrechtliche Zulässigkeit der Wiedereinführung einer Vermögensteuer. Zugleich eine Untersuchung des Halbteilungsbeschlusses des Bundesverfassungsgerichts. 2005.

Band 26 Bernhard Kempen (Hrsg.): Die rechtsstaatliche Bewältigung der demokratischen Bodenreform. 2005.

Band 27 Erik Hansalek: Die parlamentarische Kontrolle der Bundesregierung im Bereich der Nachrichtendienste. 2006.

Band 28 Thomas Günther: Zur Zulässigkeit der Errichtung privater Volksschulen als Bekenntnisschulen religiös-ethnischer Minderheiten nach Art. 7 Abs. 5 GG. Am Bei-spiel einer islamischen Grundschule. 2006.

Band 29 Christian Hoppe: Staatshaftung und Rechtsschutz bei Verletzung grundfreiheitlicher Schutzpflichten. 2006.

Band 30 Julia Schäfer: Die Entscheidung des ECOFIN-Rats über das Vorliegen eines übermäßigen Defizits. Eine Entscheidung zwischen Politik und Recht. 2007.

Band 31 Erika Elisabeth Orth: Ein Grundrecht auf Umweltschutz in Europa? Eine rechtsdogmatische Einordnung des Art. 37 GRC. 2007.

Band 32 Cécile Günther: Die Auslegung des Rechts auf Bildung in der europäischen Grundrechtsordnung. Eine Analyse von Schutzbereich und Reichweite – dargestellt am Beispiel des Art. 14 EU-GRCh (Art. II-74 EuVerf). 2007.

Band 33 Muna A. Yousif: Die extraterritoriale Geltung der Grundrechte bei der Ausübung deutscher Staatsgewalt im Ausland. 2007.

Band 34 Stefanie von Hoff: Die Rolle des US-Supreme Court im Prozess der Verfassungsänderung in den Vereinigten Staaten von Amerika. 2008.

Band 35 Alexander Metz: Das Recht Prominenter am eigenen Bild in Kollision mit Drittinteressen. Insbesondere vor dem Hintergrund des Falles Caroline von Hannover. 2008.

Band 36 Susanne Dyrchs: Das hybride Khmer Rouge-Tribunal. Entstehung, Entwicklung und rechtliche Grundlagen. 2008.

Band 37 Heiko F. Schmitz-Elvenich: Targeted Killing. Die völkerrechtliche Zulässigkeit der gezielten Tötung von Terroristen im Ausland. 2008.

Band 38 Stefania Slavu: Die Osterweiterung der Europäischen Union. Eine Analyse des EU-Beitritts Rumäniens. 2008.

Band 39 Thomas Krings: Der Grundrechtsberechtigte des Grundrechts aus Art. 13 GG. 2009.

Band 40 Zan He: The ICJ´s Practice on Provisional Measures. 2010.

Band 41 Anna Köhler: Private Sicherheits- und Militärunternehmen im bewaffneten Konflikt. Eine völkerrechtliche Bewertung. 2010.

Band 42 Jens Beynio: Die völkerrechtliche Zulässigkeit der Aufrüstung mit Kernwaffen. 2010.

Band 43 Johannes Maria Baumann: Die Rechtsprechung des EuGH zum Vorrang von Gemeinschaftsrecht vor mitgliedstaatlichen Verwaltungsakten und Gerichtsurteilen. 2010.

Band 44 Susanne Koch: Die grenzüberschreitende Wirkung von nationalen Genehmigungen für umweltbeeinträchtigende industrielle Anlagen. 2010.

Band 45 Sebastian Gerlach: Innere Konfliktregelungsmechanismen der Afrikanischen Union vor dem Hintergrund der entsprechenden Bestimmungen der Europäischen Union. 2010.

Band 46 Anne Rausch: *Responsibility to Protect.* Eine juristische Betrachtung. 2011.

Band 47 Bernhard Kempen / Kolja Naumann: Demokratie und Religion. Tagungsband zum Kolloquium der Wissenschaftlichen Arbeitsgruppe für weltkirchliche Aufgaben der Deutschen Bischofskonferenz und der Demokratie Stiftung an der Universität zu Köln am 23.11.2009 in Köln. 2011.

Band 48 Clemens David Comans: Ein „modernes" europäisches Datenschutzrecht. Bestandsaufnahme und Analyse praktischer Probleme des europäischen Datenschutzes unter besonderer Berücksichtigung der Richtlinie zur Vorratsdatenspeicherung. 2012.

Band 49 Christian Peter Kokew: Der Auslandsschutz deutscher Staatsangehöriger bei Entführungen. 2012.

Band 50 Julia Pullen: Die Immunität von Staatsunternehmen im zivilrechtlichen Erkenntnis- und Vollstreckungsverfahren. 2012.

Band 51 Leonard Koops: Seeräubereibekämpfung durch die Bundeswehr im Einklang mit dem Grundgesetz. Verfassungsrechtliche Anforderungen an einen Einsatz der Streitkräfte zur Bekämpfung der Seepiraterie außerhalb deutscher Seegebiete. 2013.

Band 52 Gesine Anna Eva Krohne: Die Ausbürgerung illoyaler Staatsangehöriger. Geltendes Verfassungsrecht, internationaler Rechtsvergleich und rechtspolitische Reformperspektiven. 2013.

Band 53 Vincent Brenner: Der privatrechtsgestaltende Verwaltungsakt im Regulierungsrecht. Zu den Möglichkeiten und Grenzen der Privatrechtsgestaltung mittels Verwaltungsakt am Beispiel des Eisenbahn- und Telekommunikationszugangsrechts. 2014.

Band 54 Elisabeth Rossa: Kinderrechte. Das Übereinkommen über die Rechte des Kindes im internationalen und nationalen Kontext. 2014.

Band 55 Lukas Preußler: *Question prioritaire de constitutionnalité.* Perspektiven konkreter Normenkontrolle in Frankreich. 2015.

Band 56 Anna Lageder: Die Bindungswirkung von Urteilen im Vertragsverletzungsverfahren. Das Beispiel der vergaberechtlichen Praxis in Deutschland, Österreich und Italien. 2015.

Band 57 Anna Eschbach: Delegierte Rechtsakte und Durchführungsrechtsakte im Europarecht. Eine Untersuchung anhand des Demokratie- und Rechtstaatsprinzips unter besonderer Berücksichtigung des Urteils zur Rs. C-427/12 des Europäischen Gerichtshofs. 2015.

Band 58 Christian Marzlin: Die Exzellenzinitiative von Bund und Ländern auf dem verfassungsrechtlichen Prüfstand. Zuständigkeiten, Grundrechte und Rechtsschutz. 2015.

Band 59 Julia Hennewig: Die Immunität internationaler Organisationen in den Vertragsstaaten der EMRK. 2019.

Band 60 Sarah Friedrich: Die extraterritoriale Geltung von Grund- und europäischen Menschen-rechten. 2020.

Band 61 Sarah Gronemeyer: Die Zulässigkeit von Anwesenheitspflichten in Lehrveranstaltungen. 2021.

Band 62 Jessica Kempen: Zur Europarechtskonformität der Pflichtmitgliedschaft in den Industrie- und Handelskammern. 2021.

Band 63 Kristina Kober: Der Schutz von Geschäftsgeheimnissen im Gerichtsprozess unter Beacht-ung von Art. 6 EMRK. 2021.

Band 64 Valerie Blettenberg: Die unions- und völkerrechtlichen Reaktionsmechanismen gegen ver-tragswidrig agierende Mitgliedstaaten. 2021.

Band 65 Marius Steinbach: Stadionverbote im Lichte der Verfassung. 2022.

www.peterlang.com

www.ingramcontent.com/pod-product-compliance
Ingram Content Group UK Ltd.
Pitfield, Milton Keynes, MK11 3LW, UK
UKHW021836290926
8980IPUK00004B/488

9 783631 881002